Uni-Taschenbücher 803

D1993771

UTB
FÜR WISSEN
SCHAFT

Eine Arbeitsgemeinschaft der Verlage

Wilhelm Fink Verlag München
Gustav Fischer Verlag Stuttgart
Francke Verlag Tübingen
Harper & Row New York
Paul Haupt Verlag Bern und Stuttgart
Dr. Alfred Hüthig Verlag Heidelberg
Leske Verlag + Budrich GmbH Opladen
J. C. B. Mohr (Paul Siebeck) Tübingen
R. v. Decker & C. F. Müller Verlagsgesellschaft m. b. H. Heidelberg
Quelle & Meyer Heidelberg · Wiesbaden
Ernst Reinhardt Verlag München und Basel
K. G. Saur München · New York · London · Paris
F. K. Schattauer Verlag Stuttgart · New York
Ferdinand Schöningh Verlag Paderborn · München · Wien · Zürich
Eugen Ulmer Verlag Stuttgart
Vandenhoeck & Ruprecht in Göttingen und Zürich

Grundwissen der Ökonomik
Betriebswirtschaftslehre

Herausgegeben von

F.X. Bea, Tübingen
E. Dichtl, Mannheim
M. Schweitzer, Tübingen

Wirtschaftsinformatik II

Strukturierte Programmierung in COBOL

Hans Rudolf Göpfrich

3., völlig neubearbeitete und erweiterte Auflage

127 Abbildungen

Gustav Fischer Verlag · Stuttgart

Anschrift des Verfassers:

Dr. Hans Rudolf Göpfrich
Wirtschaftsuniversität Wien
Institut für Informationsverarbeitung und Informationswirtschaft
Abteilung Wirtschaftsinformatik
Augasse 2–6
A-1090 Wien

CIP-Titelaufnahme der Deutschen Bibliothek

Wirtschaftsinformatik. – Stuttgart : Fischer.
(Grundwissen der Ökonomik : Betriebswirtschaftslehre)
Teilw. mit d. Erscheinungsorten Stuttgart, New York. –

2. Strukturierte Programmierung in COBOL.
[Hauptbd.]. Hans Rudolf Göpfrich. –
3., völlig neubearb. u. erw. Auflage. – 1988
(UTB für Wissenschaft : Uni-Taschenbücher ; 803)
ISBN 3-437-40197-1
NE: Göpfrich Hans Rudolf [Mitverf.]; UTB für Wissenschaft /Uni-Taschenbücher

© Gustav Fischer Verlag · Stuttgart · New York · 1988
Wollgrasweg 49, D-7000 Stuttgart 70
Das Werk einschließlich aller seiner Teile ist urheberrechtlich geschützt. Jede Verwertung außerhalb der engen Grenzen des Urheberrechtsgesetzes ist ohne Zustimmung des Verlags unzulässig und strafbar. Das gilt insbesondere für Vervielfältigungen, Übersetzungen, Mikroverfilmungen und die Einspeicherung und Verarbeitung in elektronischen Systemen.
Druck und Einband: Clausen & Bosse, Leck
Umschlagentwurf: Alfred Krugmann, Stuttgart
Printed in Germany 1 2 3 4 5 6 7

ISBN 3-437-40197-1

Vorwort der Herausgeber

Für die Studierenden im Anfänger- wie im Fortgeschrittenenstadium ist es erfahrungsgemäß eine große Hilfe, wenn ihnen der Stoff eines Teilgebietes eines Faches in einer knappen, systematisch aufbereiteten und leicht faßlichen Form dargeboten wird. Gleichzeitig müssen sie die Gewißheit haben, daß die wichtigsten Inhalte in einer Weise abgedeckt sind, die den jeweiligen Prüfungserfordernissen Rechnung trägt.
Diesem Ziel dienen die Uni-Taschenbücher (UTB), die wir in der Reihe «Grundwissen der Ökonomik: Betriebswirtschaftslehre» beim Gustav Fischer Verlag herausgeben. Die Themen der einzelnen Bände sind so gewählt, daß davon der Wissensbereich der modernen Betriebswirtschaftslehre erfaßt wird.
Als Autoren konnten Hochschullehrer gewonnen werden, die dank der Verschiedenheit von Alter, Herkunft und Wissenschaftsauffassung die Gewähr dafür bieten, daß der Charakter der Reihe von keiner bestimmten Schulrichtung geprägt, sondern ein getreues Abbild der Wissenschaftsvielfalt in der Betriebswirtschaftslehre geboten wird.
Eine Besonderheit der Reihe besteht im übrigen darin, daß Bände, bei denen es sich vom Gegenstand her anbietet, durch Arbeitsbücher ergänzt werden. Diese Studienhilfen dienen vor allem der Vertiefung theoretischer Erörterungen, der Einübung von Wissen und der Anwendung des Erlernten auf praktische Fälle. Außerdem sind sie ein nützliches Instrument für eine wirksame Lernkontrolle. Mit diesem Konzept ist zugleich die Chance verbunden, die Tätigkeit von Dozenten didaktisch zu unterstützen und sie von Arbeiten zu befreien, deren Erledigung zwangsläufig zu Lasten vordringlicher Aufgaben ginge.
Abschließend sei noch darauf hingewiesen, daß Teil der Reihe eine «Allgemeine Betriebswirtschaftslehre» in drei Bänden ist, die, von einem Expertenteam verfaßt, die Klammer um die einzelnen Titel bildet. Die positive Aufnahme, die diese am Markt gefunden hat, führte bereits nach kurzer Zeit zu Neuauflagen, eine Gelegenheit, die von Autoren und Herausgebern zu beträchtlichen Erweiterungen und Verbesserungen genutzt wurde.

Mannheim und Tübingen, März 1988

F.X. Bea
E. Dichtl
M. Schweitzer

Vorwort des Verfassers zur 3. Auflage

Diese Einführung in die Programmiersprache COBOL ist vor einem Jahrzehnt als Selbststudienkurs für die Fernuniversität Hagen entstanden (UTB-Taschenbuchversion 1979). 1982 wurde der Kurs vollständig neu bearbeitet und vor allem durch die stärkere Einbeziehung von programmiersprachenunabhängigen Entwurfsüberlegungen (Strukturierte Programmierung) wesentlich verbessert. Außerdem wurden die Behandlung von Tabellen sowie die Verarbeitung nicht-sequentieller Dateien in den Kurs aufgenommen, womit der allgemeinen Entwicklung der Anwendungsprogrammierung in der Wirtschaft (Verarbeitung großer Datenbestände im wahlfreien Zugriff) Rechnung getragen wurde. Diese (zweite) Kursversion wurde mehrere Jahre lang an der Wirtschaftsuniversität Wien, an der Fernuniversität Hagen sowie an einer Reihe weiterer Hochschulen und Universitäten im deutschsprachigen Raum in der COBOL-Programmierausbildung eingesetzt. Mit der nunmehr vorliegenden dritten Auflage wurden die Kursinhalte neuerlich auf den aktuellsten Stand gebracht: Es wurden nicht nur weitere praxisrelevante Kapitel in den Kurs integriert (z.B. Programmtextmanipulation, Programmkommunikation), sondern es wird auch eine Darstellung der Programmiersprache COBOL geboten, wie sie in der neuesten, erst im September 1985 verabschiedeten Norm (ANS-COBOL-85) festgelegt ist.

Dieses Buch richtet sich (gemeinsam mit dem zugehörigen Arbeitsbuch, mit dem es nunmehr eine kompakte stoffliche und didaktische Einheit bildet) an folgende Zielgruppen:

- Studenten der Wirtschaftswissenschaften und EDV-Laien in der Praxis erhalten das notwendige Rüstzeug, um selbständig den Computer zur Lösung einfacher betrieblicher Aufgaben programmieren und verwenden zu können. Dieser Zielgruppe soll ein Grundwissen über die Möglichkeiten der kommerziellen Anwendungsprogrammierung (COBOL-Programmierung) vermittelt werden.
- Studenten, die Informatik oder Wirtschaftsinformatik als Haupt- oder Nebenfach studieren, wird ein breit angelegtes, fundiertes Grundlagenwissen über die Strukturierte Programmierung in COBOL für ein weiterführendes Studium vermittelt. Nach dem Durcharbeiten dieses Kurses muß ein angehender COBOL-Programmierer imstande sein,

jedes Systemhandbuch mit Verständnis zu benutzen und sich weiterführende COBOL-Kenntnisse völlig eigenständig anzueignen.

- DV-Fachkräfte in Wirtschaft und Verwaltung (Systementwickler, Programmierer) können das Buch (und auch das dazugehörige Arbeitsbuch) zur Wissensauffrischung und als Nachschlagewerk benutzen. Da ein überaus großer Teil des Buchs programmiersprachenunabhängige Entwurfsprobleme behandelt, bietet der Kurs auch für Nicht-COBOL-Programmierer wertvolle Informationen über Programmiermethodik und Programmierstil.
- Interessierte können die Grundlagen der Programmierung und die Grundzüge der Programmiersprache COBOL im Selbststudium erlernen.

Von der vorhergehenden zweiten Auflage unterscheidet sich der vorliegende Kurs in folgenden Punkten:

- Inhaltliche/fachliche Verbesserungen:
  - In einem noch stärkeren Ausmaß als bisher werden die Grundsätze der Strukturierten Programmierung betont, alle Programmierbeispiele wurden strikt nach diesen Regeln entwickelt. Es wird deutlich klargestellt, daß die schwierigste Arbeit beim Programmieren nicht das Codieren, sondern das Spezifizieren und das Entwerfen ist.
  - Was die Ausführungen zur COBOL-Sprache anbelangt, so orientiert sich der vorliegende Kurs nunmehr *ausschließlich* am internationalen COBOL-Standard ANS-COBOL-85. Herstellerspezifische Erweiterungen, die in der zweiten Auflage noch berücksichtigt waren, wurden ausnahmslos eliminiert. Es wurden auch alle jene Teile des Kurses gestrichen, die «obsolete elements» behandelt hätten.[1] Dies gilt z.B. für die LABEL RECORDS-Klausel und für die Kommentarparagraphen der IDENTIFICATION DIVISION.
  - Alle weniger gebräuchlichen COBOL-Elemente wurden zugunsten einer intensiveren Behandlung von praxisrelevanteren Themenkreisen aus dem Kurs eliminiert. So wurden beispielsweise die Ausführungen über die CURRENCY-SIGN-Klausel, über die BLANK WHEN ZERO-Klausel und auch über die Verarbeitung von relativen Dateien vollständig gestrichen.
  - Einige in der Praxis (leider immer noch) eingesetzte, jedoch durch-

[1] «Obsolete elements» sind COBOL-Teile, die bei der nächsten Überarbeitung der COBOL-Norm eliminiert werden.

aus durch andere Sprachteile substituierbare COBOL-Elemente wurden aus methodischen Gründen – ganz bewußt – ebenfalls eliminiert bzw. nicht in den Kurs aufnommen. Dazu gehören z.B. die GO TO-Anweisung, die GO TO...DEPENDING ON-Anweisung, die EXIT-Anweisung oder die REPLACING-Klausel.

- Neu in den Kurs aufgenommen wurden neben der EVALUATE-Anweisung noch die in-line PERFORM-Anweisung, die INITIALIZE-Anweisung, das Kapitel über die Verwendung von COBOL-Bibliotheken (COPY-Anweisung) und das Kapitel über die Kommunikation zwischen Objektprogrammen (CALL-Aufruf, CANCEL-Befehl, LINKAGE SECTION, EXTERNAL-Klausel).
- Im Hinblick auf eine möglichst große Verständlichkeit wurden bei der Abfassung der Beispielprogramme auch Teile codiert, die nicht unbedingt erforderlich wären, die aber die Lesbarkeit eines Programms wesentlich erhöhen. Ebenso wurden formale Regeln, die an geeigneter Stelle auch dokumentiert sind, strikt eingehalten (Programmierkonventionen). Der Leser soll somit von Beginn an zu einer möglichst großen Programmierdisziplin erzogen werden, sowohl was ein methodisches Vorgehen bei der Programmentwicklung anbelangt als auch in bezug auf die Formulierung eines möglichst einfachen, leicht verständlichen und wartbaren COBOL-Programms.
- Bei der erstmaligen Verwendung von Begriffen werden nunmehr durchgängig auch die englischen Bezeichnungen der COBOL-Norm angegeben.

● Didaktische Verbesserungen:

- Das Buch ist (gemeinsam mit dem Arbeitsbuch) als Selbststudienmaterial entwickelt worden. Wenn die beiden Bücher richtig benutzt werden, kann der COBOL-Anfänger sich damit das notwendige Wissen im Selbststudium erwerben, seine Beispielprogramme selbständig auf «seiner» EDV-Anlage installieren und testen und sich so das notwendige Instrumentarium für die Programmierung größerer Programmsysteme aneignen: Der Studierende wird durch den gesamten Kurs «geführt» und erhält immer wieder Anweisungen zur Bearbeitung gezielt ausgewählter Übungsaufgaben. Trotzdem läßt der Kurs dem Lehrveranstaltungsleiter alle Freiheiten: Er kann – wie dies z.B. an der Wirtschaftsuniversität Wien gehandhabt wird – die selbständige Erarbeitung des im Buch und im zugehörigen Arbeitsbuch enthaltenen Stoffs *vor* der Lehrveranstaltung voraussetzen und in der Veranstaltung umfangreichere Programmierbeispiele besprechen, die die Studenten selbständig in Gruppenarbeit zu lösen haben. Er kann die beiden Bücher aber auch als veranstaltungsbegleitende Unterlagen verwenden, indem er darauf seinen Vortrag aufbaut bzw. die darin enthaltenen Beispiele (oder Teile davon) in der Lehrveranstaltung behandelt.

– Aus didaktischen Gründen wurde auch der Kursaufbau einer Bereinigung unterzogen: Die Ausführungen über die Verarbeitung sequentiell organisierter Dateien wurden aus der Darstellung der COBOL-Grundbefehle ausgegliedert und in einem eigenen Kapitel zusammengefaßt. Bereits zum frühestmöglichen Zeitpunkt wird ein einfaches, aber vollständiges COBOL-Programm dargestellt, anhand dessen in der Folge die COBOL-Sprachelemente erklärt werden. Das Einführungsbeispiel «Fakturierung und Lagerbestandsfortschreibung» zieht sich nunmehr durch den gesamten Kurs und wird unter Einbeziehung der jeweils gerade neu behandelten Sprachelemente mehrmals variiert.
– Im Hinblick auf eine möglichst vielseitige Verwendbarkeit des vorliegenden Lehrmaterials wurde größter Wert darauf gelegt, daß COBOL unabhängig von einem konkreten Compiler oder einer bestimmten Hardware- bzw. Softwareumgebung behandelt wird: Inhalt des Kurses ist ausschließlich die Strukturierte Programmierung in COBOL. Eine Beschreibung einer konkreten (systemabhängigen) Programmierumgebung (Standardprozeduren, Editorbefehle, Dateizuweisungen, Bildschirmmaskengeneratoren usw.) ist nicht Inhalt dieses Kurses. Da Programmieren allerdings nur durch praktische Übung am Terminal erlernt werden kann, wird die Aneignung der für die Installation und das Testen eines selbstgeschriebenen Programms notwendigen Systemkenntnisse durch einige gezielte Übungsaufgaben im Arbeitsbuch oder durch Hinweise im Lehrtext initiiert. Dadurch weiß der COBOL-Anfänger jederzeit, wann er auch auf andere Informationsquellen als auf dieses Buch zurückgreifen muß. Dem Lehrveranstaltungs-/Kursleiter bleibt somit die Vermittlung all jener Fakten vorbehalten, die die konkrete Programmentwicklungsumgebung betreffen (Programmeingabe mit Hilfe eines Editors, Übersetzung mit Hilfe eines Compilers, Dateizuweisungen usw.).
– Da die bisherigen, von vielen Seiten genannten Stärken des Buchs (die Praxisnähe, die didaktisch und optisch gute Aufbereitung, der Einführungscharakter sowie das günstige Preis-/Leistungsverhält-

nis) unbedingt forciert werden sollten, wurde in noch stärkerem Ausmaß als bisher auf eine gute optische Präsentation der Lehrinhalte geachtet. Dementsprechend wurden zahlreiche zusätzliche Abbildungen eingefügt, die die verbalen Ausführungen verdeutlichen und somit die Vermittlung des Lehrstoffs wesentlich unterstützen. Dadurch konnte allerdings das Ziel, den Umfang des Kurses beizubehalten, nicht erreicht werden.

Entsprechend den Anforderungen der COBOL-Norm ist an dieser Stelle folgender Text anzuführen:

«COBOL is an industry language and is not the property of any company or group of companies, or of any organization or group of organizations.

No warranty, expressed or implied, is made by any contributor or by the CODASYL COBOL Committee as to the accuracy and functioning of the programming system and language. Moreover, no responsibility is assumed by any contributor, or by the committee, in connection therewith.

The authors and copyright holders of the copyrighted materials used herein (FLOW-MATIC (trade-mark of Sperry Rand Corporation), Programming for the UNIVAC (R) I and II, Data Automation Systems copyrighted 1958, 1959, by Sperry Rand Corporation; IBM commercial Translater Form No. F 28-8013, copyrighted 1959 by IBM; FACT, DSI 27A5260-2760, copyrighted by Minneapolis-Honeywell) have specifically authorized the use of this material in whole or in part, in the COBOL specifications. Such authorization extends to the reproduction and use of COBOL specifications in programming manuals or similar publications.»

Allen, die zum Entstehen dieses einführenden Programmierkurses beigetragen haben, möchte ich an dieser Stelle meinen herzlichsten Dank aussprechen. Dieser Dank gilt vor allem meinem akademischen Lehrer und Freund Hans Robert Hansen, dem früheren Autor (1. Auflage) bzw. Mitautor (2. Auflage) dieses Kurses, der mir nicht nur mit der 3. Auflage die alleinigen Autorenrechte übertragen hat, sondern der auch durch seine wohlwollende fachliche und organisatorische Unterstützung einen maßgeblichen Beitrag zum Gelingen dieses Kurses geleistet hat. Ebenso gilt mein Dank allen Kolleginnen und Kollegen der Abteilung Wirtschaftsinformatik, die das Kursmaterial mit großer Sorgfalt durchgearbeitet und zahlreiche wertvolle Hinweise und Anregungen gegeben bzw. an der Korrektur des Manuskripts mitgearbeitet haben. Im einzelnen sind dies: Elvira Riedl (Sekretärin an der Abteilung Wirtschaftsinformatik), Lore Alkier, Susanne Kouba, Susanne Kremser, Hannes Schindlauer (alle: Assistenten an der Abteilung Wirtschaftsinformatik) und Peter Skamrada (Anwendungsprogrammierer im EDV-Zentrum der Wirtschaftsuniversität). Für die aufopfernde Unterstützung bei der überaus aufwendigen Textformatierung bedanke ich mich ganz besonders bei meinem Kollegen Gustaf Neumann (ebenfalls Assistent an der Abteilung Wirtschaftsinformatik). Schließlich möchte ich mich auch bei den vielen studentischen Kursteilnehmern der Fernuniversität Hagen und der Wirtschaftsuniversität Wien herzlich bedanken, die im Laufe des mehrjährigen Einsatzes des Kurses durch kritische Anmerkungen wesentlich zu einer Verbesserung des Lehrtextes beigetragen haben. Zahlreiche Studenten haben auch im Rahmen von Lehrveranstaltungen an der Weiterentwicklung des Kurses und an der Abfassung der dritten Auflage mitgearbeitet. Nicht zuletzt gilt mein Dank meinen Eltern und meiner Schwester, deren Verständnis und aufopfernde Unterstützung während der Entstehungszeit dieses Bands für ein gutes Gelingen entscheidend waren.

Wien, März 1988 Hans Rudolf Göpfrich

Inhaltsverzeichnis

Einführung und Gebrauchsanleitung

Der vorliegende Kurs *„Wirtschaftsinformatik“* soll den Aufbau und die Arbeitsweise von Computern in den Grundzügen kennzeichnen und den Einsatz dieser Maschinen in der Wirtschaft umreißen. Der vermittelte Stoff entspricht im wesentlichen den Inhalten, die an den meisten Hochschulen im Rahmen der Einführungsveranstaltungen in die EDV angeboten werden, und ist in vier Bände gegliedert:

- Hansen, H.R.: Wirtschaftsinformatik I – Einführung in die betriebliche Datenverarbeitung, UTB 802, Gustav Fischer Verlag, 5. Auflage, Stuttgart – New York 1986.
- Hansen, H.R.: Arbeitsbuch Wirtschaftsinformatik I – EDV-Begriffe und Aufgaben, UTB 1281, Gustav Fischer Verlag, 3. Auflage, Stuttgart – New York 1987.
- Göpfrich, H.R.: Wirtschaftsinformatik II – Strukturierte Programmierung in COBOL, UTB 803, Gustav Fischer Verlag, 3. Auflage, Stuttgart – New York 1988.
- Göpfrich, H.R.: Arbeitsbuch Wirtschaftsinformatik II – COBOL-Begriffe und Aufgaben, UTB 1283, Gustav Fischer Verlag, 3. Auflage, Stuttgart – New York 1988.

Das Textbuch bildet stofflich und didaktisch zusammen mit dem zugehörigen Arbeitsbuch jeweils eine kompakte Einheit:

Im Band *„Wirtschaftsinformatik I“* werden die EDV-Grundbegriffe erläutert und die Bestandteile von Datenverarbeitungssystemen (Daten, Datenträger, Hardware, Software und Menschen) analysiert, es werden die Beziehungen zwischen diesen Komponenten untersucht und die Datenverarbeitungsfunktionen in Informationssystemen (Datenerfassung, -speicherung und -übertragung) gekennzeichnet. Außerdem werden Büroinformationssysteme (insbesondere automatisierte Textverarbeitung, elektronische Textkommunikationsdienste) behandelt. Das zu diesem Band gehörige *„Arbeitsbuch Wirtschaftsinformatik I“* enthält ein Glossar, in dem die wichtigsten EDV-Begriffe in alphabetischer Reihenfolge erläutert werden. Ferner sind darin 250 Übungsaufgaben mit Musterlösungen enthalten, die zur Selbstkontrolle Ihrer Lernfortschritte dienen können. Außerdem sind in diesem Arbeitsbuch vier zweistündige Klausurarbeiten mit je rund 50 Prüfungsfragen (Multiple Choice-Fragen) enthalten. Mit Hilfe der angegebenen Bewertungsmaßstäbe und Lösungen, die den Klausuraufgaben folgen, können Sie diese selbst korrigieren und benoten.

Im vorliegenden Band *„Wirtschaftsinformatik II“* und im dazugehörigen *„Arbeitsbuch Wirtschaftsinformatik II“* werden Sie lernen, wie sich die EDV zur Lösung kommerzieller Aufgaben einsetzen läßt, d.h. wie man einem Rechner Anweisungen in einer der Maschine verständlichen Sprache erteilt. Dieser Programmierkurs wird an der Wirtschaftsuniversität Wien, an der Fernuniversität Hagen sowie an einer Reihe weiterer Hochschulen und Universitäten seit mehreren Jahren im Studienbetrieb eingesetzt. Während das Textbuch „Wirtschaftsinformatik II“ das Grundlagenwissen über die systematische Vorgehensweise beim Entwurf von Aufgabenlösungen und die Grundzüge der Programmiersprache COBOL anhand zahlreicher kleinerer und größerer Demonstrationsbeispiele vermittelt, enthält das „Arbeitsbuch Wirtschaftsinformatik II“ ein Glossar mit den wichtigsten Grundbegriffen der Strukturierten Programmierung in COBOL, 56 Übungsaufgaben mit ausführlich kommentierten Musterlösungen sowie ein Verzeichnis aller im Textbuch erklärten COBOL-Formate. Die Übungsaufgaben sollen wiederum zur Selbstkontrolle Ihrer Lernfortschritte dienen. Durch Hinweise im Lerntext werden Sie jeweils darauf aufmerksam gemacht, an welchen Stellen diese Aufgaben zu lösen sind.

Die *Zielsetzungen des vorliegenden Programmierkurses* lassen sich wie folgt formulieren:

- Sie sollen Programmieren lernen (Entwicklung einer algorithmischen Problemlösung).
- Sie sollen die Programmiersprache COBOL lernen (Formulierung der Problemlösung in COBOL).
- Sie sollen lernen, COBOL-Programme auf einer („Ihrer“) EDVA zu installieren und zu testen.

Bei der Anwendungsprogrammentwicklung ist nicht nur die Verfügbarkeit einer Programmiersprache entscheidend, die den modernen Anforderungen der EDV entspricht, sondern es ist – noch vor der Codierung (also vor der Programmierung im engeren Sinn) – auch die Durchführung einer umfassenden Problemanalyse notwendig und es muß ein sorgfältiger Entwurf der Programmstruktur und der Programmlogik vorgenommen werden. Auf dem Weg von der Aufgabenstellung bis hin zum fertigen Programm werden in den einzelnen Phasen der Softwareentwicklung verschiedene Hilfsmittel eingesetzt, die einerseits ein systematisches Vorgehen bei der Programmentwicklung, andererseits die Erstellung änderungsfreundlicher, leicht verständlicher Programme gewährleisten sollen. Dementsprechend wird im vorliegenden Kurs nicht nur die Programmiersprache COBOL gelehrt, sondern es wird auch die Notwendigkeit eines *methodischen Entwurfs* unter Einhaltung der Regeln der *Strukturierten Programmierung* besonders hervorgehoben und es wird bei der Entwicklung der Beispielprogramme streng methodisch-systematisch vorgegangen. Durch die strikte Einhaltung dieser Regeln im gesamten Kurs sollen Sie von Beginn an zu einem sauberen Programmierstil „erzogen“ werden.

In diesem Programmierkurs werden Sie eine höhere Programmiersprache der dritten Generation erlernen, die sich besonders gut für die EDV-mäßige Lösung von Programmierproblemen im kommerziellen Bereich eignet. *COBOL* (*Co*mmon *B*usiness *O*riented *L*anguage) ist eine wirtschaftsorientierte Sprache, die für die Programmierung von EDVA fast aller EDV-Herstellerfirmen gleichermaßen brauchbar ist.

Während die Programmiersprachen der ersten und zweiten Generation (Maschinensprachen, Assemblersprachen) mehr oder weniger stark auf die technischen Eigenheiten bestimmter DV-Anlagen zugeschnitten sind, orientieren sich die höheren Programmiersprachen in ihrem Aufbau und ihrer Handhabung weit mehr an den zu lösenden Aufgaben. Diese Sprachen der dritten Generation ermöglichen die Erstellung von Programmen in einer weitgehend maschinenunabhängigen, abstrakten Schreibweise. Sprachen der vierten Generation werden verwendet, um die Effizienz der Anwendungsprogrammentwicklung durch das Datenverarbeitungspersonal zu erhöhen bzw. es dem Endbenutzer in einer Fachabteilung zu ermöglichen, ein EDV-System selbständig – ohne Einbeziehung der zentralen Datenverarbeitungsabteilung – zur Problemlösung zu verwenden. Sprachen der fünften Generation werden im Anwendungsbereich „Künstliche Intelligenz“ eingesetzt.

COBOL ist eine Sprache der dritten Generation und die am meisten verwendete höhere Programmiersprache für betriebswirtschaftliche Anwendungen. Kommerzielle Programme sind im allgemeinen eingabe-/ausgabeintensiv, d.h. sie beanspruchen die Eingabe-/Ausgabeeinheiten einer EDVA in höherem Maße als den Zentralprozessor. Gegenüber technisch-wissenschaftlichen Sprachen, bei denen die Forderung nach einem effizienten Programmieren von komplexen mathematischen Algorithmen im Vordergrund steht, zeichnet sich COBOL als kommerzielle Programmiersprache dadurch aus, daß leistungsfähige Sprachelemente für die Verarbeitung großer, komplexer Datenmengen und für die Unterstützung von Eingabe-/Ausgabevorgängen zur Verfügung gestellt werden.

Im Gegensatz zu anderen, möglicherweise etwas leichter erlernbaren Programmiersprachen ist COBOL kein Spielzeug, sondern ein professionelles Werkzeug für professionelles Arbeiten und professionelle Ergebnisse. Der wichtigste Vorteil von COBOL liegt darin, daß die Sprache als einzige höhere Programmiersprache international genormt ist und daß diese Sprachnormen ständig an die neueste informationstechnologische Entwicklung angepaßt werden. Damit kann COBOL heute praktisch auf allen Mainframes aller Computerhersteller, gleichermaßen aber auch auf Mikrocomputern eingesetzt werden. Darin dürfte auch der Hauptgrund für die außerordentliche Beliebtheit dieser Sprache liegen. Der letzte gültige Stand der Normung ist ANS-COBOL-85, das Sie in den Grundzügen in diesem Band lernen werden. Weitere Gründe dafür, daß COBOL sich zur weltweit am häufigsten verwendeten Programmiersprache entwickelt hat, sind die relativ leichte Erlernbarkeit der Sprache und die gute Lesbarkeit der Programme.

In diesem Programmierkurs werden – wie bereits erwähnt – die wesentlichsten Teile der COBOL-Norm ANS-COBOL-85 vermittelt. Programme, die noch nach dem „alten" COBOL-Standard ANS-COBOL-74 geschrieben wurden, können (im allgemeinen) unverändert weiterverwendet werden. COBOL-85 bietet lediglich zusätzliche, allerdings besonders wichtige Sprachelemente, vor allem im Hinblick auf die Strukturierte Programmierung. Die Ausführungen orientieren sich aus Gründen der Allgemeingültigkeit *ausschließlich* am internationalen COBOL-Standard, eventuelle herstellerabhängige Erweiterungen wurden nicht dargestellt.

Der Kurs kann allerdings nur ein Basiswissen über die Programmierung in COBOL vermitteln. Es ist nicht das Ziel, alle Details und Feinheiten dieser Sprache darzustellen, eine Behandlung des vollständigen COBOL-Sprachumfangs würde – bei ähnlich aufwendiger didaktischer Aufbereitung – einen weiteren Band vom Umfang dieses Taschenbuchs füllen. Vielmehr sollen Sie mit dem Aufbau einer praxisrelevanten höheren Programmiersprache vertraut gemacht werden und ein Problembewußtsein für die Programmierung von EDVA für Aufgaben der Wirtschaft gewinnen. Nach dem Durcharbeiten dieses Bands und des dazugehörigen Arbeitsbuchs werden Sie aber in der Lage sein, jedes COBOL-Handbuch mit Verständnis zu benützen und Ihre Programmierkenntnisse bei Bedarf selbständig weiterzuentwickeln. Im Anhang finden Sie eine Liste einiger weiterer wichtiger COBOL-Sprachelemente, die im Kurs nicht behandelt werden konnten. Diese Liste soll Sie zu einer selbständigen Weiterentwicklung Ihrer COBOL-Kenntnisse anspornen.

Wie ein COBOL-Programm auf einer EDVA installiert, übersetzt und getestet wird, kann nicht allgemeingültig beschrieben werden. Diese Arbeitsschritte hängen von der konkreten verfügbaren *Programmentwicklungsumgebung* ab. Daher sind im Lehrtext lediglich an den entsprechenden Stellen Hinweise eingebaut, die Sie veranlassen sollen, sich zeitgerecht das notwendige Systemwissen anzueignen. Die im vorliegenden Band dargestellten Beispielprogramme wurden auf einem IBM-3083-Zentralrechner unter dem Betriebssystem VM/SP-CMS installiert und mit dem COBOL-Compiler VS COBOL II getestet. Dieser Compiler entspricht zwar noch der COBOL-Norm ANS-COBOL-74, enthält jedoch bereits die wichtigsten Sprachelemente von COBOL-85 als herstellerspezifische Erweiterungen.

Für das Verständnis des in diesem Programmierkurs behandelten Stoffs benötigen Sie Grundkenntnisse über den Aufbau und die Arbeitsweise von EDVA. Diese Vorkenntnisse entsprechen dem im Band „Wirtschaftsinformatik I“ oder in anderen einführenden EDV-Lehrbüchern üblicherweise enthaltenen Stoff.

Didaktisch ist der gesamte Programmierkurs so gestaltet, daß Sie das notwendige Wissen völlig eigenständig im Selbststudium erwerben können. Ihre Arbeit mit dem vorliegenden Kursmaterial wird erleichtert, wenn Sie folgende *Hinweise und Anregungen* beachten:

- Am Ende dieses Bands finden Sie eine *Aufstellung ausgewählter Literatur*. Die Lektüre dieser Veröffentlichungen wird empfohlen, wenn beim Textstudium Unklarheiten auftreten. Eine Anschaffung ist dann empfehlenswert, wenn Sie Ihr Wissen vertiefen oder ergänzen wollen.

- *Versuchen Sie nicht auswendig zu lernen, sondern zu verstehen!* Dies gilt insbesondere für alle Kapitel, in denen Sprachelemente von COBOL erläutert werden. COBOL-Anweisungen lernt man nicht auswendig, sondern nur durch die ständige Verwendung in einem Programm. Da Sie nicht COBOL, sondern die Anwendung von COBOL lernen sollen, kommt es darauf an, die Sprachelemente zunächst zu verstehen – um sie dann ständig in praktischen Beispielen anzuwenden. Sie können dabei natürlich jederzeit auch im Textbuch nachschlagen. Im allgemeinen wird dies auch bei Prüfungen so gehandhabt.

- Beginnen Sie mit der Bearbeitung des Textbuchs. Für jedes Kapitel des vorliegenden Kurses existieren besondere *Lehrziele*, die zu Beginn jedes Kapitels angeführt sind. Diese sollen Ihnen die Orientierung beim Durcharbeiten des Lehrtextes erleichtern und Ihnen eine Beurteilung erlauben, ob der angestrebte Lernprozeß stattgefunden hat oder nicht.

- Die Abschnitte des Kursmaterials bauen aufeinander auf und sollten in der angegebenen Reihenfolge bearbeitet werden. Beim Überschlagen einzelner Passagen müssen Sie mit Verständnisschwierigkeiten rechnen, weil damit der Lernfluß (d.h. das allmähliche Erarbeiten des Lehrstoffs) gestört wird.

- Der Band enthält – neben zahlreichen zur Veranschaulichung dienenden kleineren Beispielen – insgesamt 11 größere *Demonstrationsbeispiele*: Zu einer vorgegebenen Aufgabenstellung wird Ihnen die Entwicklung eines Struktogramms und dessen Codierung in COBOL „vorexerziert". Die Demonstrationsbeispiele haben die Funktion, den zuvor im Lehrtext behandelten (theoretischen) Stoff anhand eines anschaulichen, vollständigen Anwendungsbeispiels zusammenzufassen.

- Wenn Sie bei der Lektüre des Lehrtextes Begriffe nachschlagen müssen, so leisten Ihnen der *Index* des Textbuchs und das *Glossar* des Arbeitsbuchs dabei wertvolle Unterstützung.

- Wie bereits erwähnt, sind in den Lehrtext insgesamt 56 Hinweise auf zu bearbeitende *Übungsaufgaben* eingestreut. Sie sollten diese im „Arbeitsbuch Wirtschaftsinformatik II" enthaltenen Aufgaben zur Selbstkontrolle jeweils sofort bearbeiten, ehe Sie mit dem Textstudium fortfahren. Diese Beispiele sind dem behandelten Stoff angepaßt. Sie sollen Ihr ständiges Mitdenken sichern, dienen zur schrittweisen praktischen Einübung des im Lehrtext vermittelten Wissens und stellen damit „Meilensteine" im Lernprozeß dar. Lösen Sie die Aufgabenstellungen daher *unbedingt selbständig* und vergleichen Sie Ihre Lösung erst danach mit der vorgegebenen Musterlösung. Falls Ihre Lösung nicht mit dieser Musterlösung übereinstimmt, können folgende Fälle vorliegen:

  - Ihre Lösung ist ähnlich der vorgegebenen und damit sinngemäß richtig. – Setzen Sie Ihr Textstudium fort bzw. beginnen Sie mit der Bearbeitung der nächsten Aufgabe.

  - Sie bemerken aufgrund der vorgegebenen Lösung Fehler bzw. Verständnismängel. – Lesen Sie den der Übungsaufgabe vorangehenden Abschnitt nochmals sorgfältig durch und setzen Sie Ihr Textstudium danach fort bzw. gehen Sie zur Bearbeitung der nächsten Aufgabe über, sobald Sie die vorgegebene Musterlösung verstanden haben.

  - Sie können sich nicht erklären, warum die dargestellte Musterlösung anders ist als die von Ihnen entwickelte Lösung. – Arbeiten Sie den entsprechenden Abschnitt (unter Umständen auch die vorhergehenden Abschnitte) des Lehrtextes nochmals intensiv durch. Werden dadurch die Unklarheiten nicht beseitigt, so wenden Sie sich bitte an den Verfasser (Anschrift auf der Rückseite des inneren Titelblatts).

- Den vorliegenden Kurs nur im „Trockenstudium" durchzuarbeiten bringt wenig: Genau wie ein Akkordeon-Schüler das Musizieren nur durch ständige praktische Übung auf seinem Instrument so perfekt erlernen kann, daß er später einmal in ein Orchester aufgenommen werden kann, genau so erlernt ein Programmieranfänger die Programmierung nur durch andauerndes eigenständiges Entwerfen von Lösungen zu Programmierbeispielen und durch Installation und Testen der Programme auf einer EDVA so perfekt, daß er später in einem Programmiererteam an der Lösung komplexerer Problemstellungen mitarbeiten kann. Nur das Erleben der Frustration über Entwurfs- und Syntaxfehler (= falsche Töne des Akkordeonspielers) und das Gefühl der Genugtuung über ein letztlich doch funktionierendes Programm (= fehlerfreier Vortrag eines Musikwerks) bewirken den gewünschten Lerneffekt. *Entwickeln Sie daher alle im Lerntext bzw. im Arbeitsbuch geforderten Problemlösungen unbedingt selbständig und installieren Sie Ihre Programme auf einer Ihnen verfügbaren EDVA!*

- Sie fördern Ihr Problembewußtsein und erreichen eine größere Sicherheit beim Abschätzen Ihrer Lernleistung, wenn Sie Wiederholungen und die Lösung der Übungsaufgaben zur Selbstkontrolle nicht allein, sondern in einer kleinen *Lerngruppe* von drei bis fünf Mitgliedern durchführen. Sie lernen dadurch auch die typischen Probleme kennen, mit denen eine Programmentwicklungsgruppe (Programmiererteam) in der Praxis konfrontiert wird (technische, organisatorische, gruppendynamische Probleme).

Der *Arbeitsaufwand* für die Bearbeitung dieses Programmierkurses ist von Ihren bereits vorhandenen Vorkenntnissen und von Ihrem individuellen Lerntempo abhängig. Programmieranfängern wird an der Wirtschaftsuniversität Wien der Gesamtstoff inklusive zahlreicher weiterer Programmierbeispiele in einer vierstündigen einsemestrigen Lehrveranstaltung vermittelt. Im reinen Selbststudium sollten Sie ca. vier Wochen intensive Lernzeit ansetzen.

Viel Spaß und Erfolg beim Programmieren!

Kapitel 1

Methodische Entwicklung von Anwendungsprogrammen

Lehrziele

Nach dem Durcharbeiten dieses Kapitels sollten Sie

- *die einzelnen Phasen der Entwicklung eines Anwendungsprogramms kennen und im Detail nachvollziehen können,*
- *das Konzept der Strukturierten Programmierung sowie die grundlegenden Prinzipien zweier auf diesem Konzept basierender Programmentwurfsmethoden (Jackson-Methode, Nassi-Shneiderman-Methode) verstehen,*
- *für vorgegebene Problemstellungen Daten- und Programmstrukturen in Jackson-Baumdiagrammen und Programmabläufe in Nassi-Shneiderman-Struktogrammen darstellen können,*
- *einfache Programmieraufgaben von der Problemstellung bis zum codierfähigen Stadium selbständig entwerfen können.*

Wie Sie bereits im Band „Wirtschaftsinformatik I" gelernt haben, benötigt jeder Computer zur Lösung von Datenverarbeitungsaufgaben neben der Hardware auch die entsprechende Software (Programme).

> Ein **Programm** ist eine in einer Programmiersprache formulierte endliche Folge von Arbeitsanweisungen an eine Datenverarbeitungsanlage (EDVA). **Software** ist der Sammelbegriff für die Anwendungsprogramme und die Systemprogramme von Rechnern.

Anwendungsprogramme sind Programme, die branchen- bzw. anwendungsproblembezogen sind und für die Lösung speziell anfallender fachlicher Probleme programmiert wurden. Dies können kommerzielle, auf allgemeine betriebliche Funktionen bezogene Programme (z.B. Verkaufsabrechnung, Lohnverrechnung etc.), technisch-wissenschaftliche Programme (z.B. statische Berechnungen, Simulationsprogramme etc.) bzw. Branchenprogramme sein.

Systemprogramme sind Programme, die der Steuerung und der Überwachung von EDV-Anlagen dienen (Betriebssysteme) sowie sonstige anwendungsneutrale bzw. systemnahe Programme (Datenbankverwaltungssysteme, Datenfernverarbeitungssysteme und Programmentwicklungssysteme).

In den folgenden Abschnitten und Kapiteln werden wir uns nur noch auf die Anwendungssoftware – und dabei primär auf deren Entwicklung – beschränken. Sie werden anhand einfacher Beispiele lernen, wie man ausgehend von einer vorgegebenen Problemstellung Anwendungsprogramme methodisch sinnvoll entwirft und wie man den Entwurf in einer möglichst systematischen Form in eine dem Computer verständliche Sprache – im gegenständlichen Fall in die höhere Programmiersprache COBOL – umsetzt.

1.1 Phasen der Anwendungsprogrammentwicklung

Um einen Überblick über Fragestellungen, Vorgehensweisen und einzusetzende Hilfsmittel bei der Softwareentwicklung zu geben, wird das Modell des Softwarelebenszyklus herangezogen.

> Das **Modell des Softwarelebenszyklus** beschreibt den „Weg“ eines Computerprogramms vom Beginn seiner Erstellung bis zum Ende seiner Verwendung. In diesem Zyklus unterscheidet man die Phasen
>
> - Problemanalyse,
> - Entwurf,
> - Programmierung,
> - Test,
> - Abnahme,
> - Inbetriebnahme und Wartung.

Obwohl dieses Phasenschema (vgl. auch Abb. 1.1) idealtypisch ist, kann es in wesentlichen Zügen sowohl bei der Entwicklung kleinerer Programme als auch bei komplexen, umfangreichen Systementwicklungsprojekten beobachtet werden. Die wesentlichen Merkmale der einzelnen Phasen werden in der Folge überblicksartig dargestellt.

1.1.1 Problemanalyse

Bevor an die Lösung eines Programmierproblems herangegangen werden kann, ist es notwendig, die Aufgabenstellung klarzustellen und übersichtlich und möglichst detailliert zu beschreiben und zu dokumentieren. Meist geht man dabei von einer Analyse des aktuellen Systemzustands aus (*Istzustandsana-*

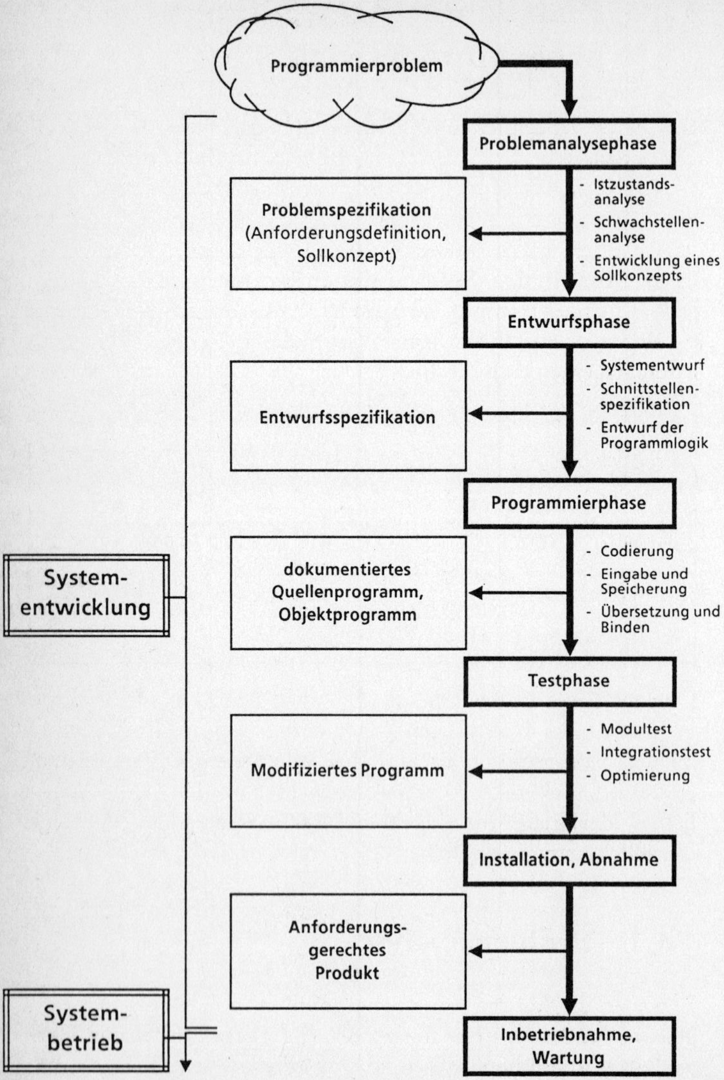

Abb. 1.1: Modell des Softwarelebenszyklus

lyse) und untersucht, wo verbesserungswürdige Schwachstellen liegen (*Schwachstellenanalyse*). Darauf aufbauend kann das zu lösende Problem funktional beschrieben werden (*Entwicklung eines Sollkonzepts*), d.h. es werden Ziele und Anforderungen an das zu entwickelnde Programm(system) ermittelt, die Umgebungsbedingungen untersucht (Hardware, Systemsoftware) und die relevanten Funktionen festgelegt und dokumentiert.

In dieser Entwicklungsphase ist es besonders wichtig, den „Auftraggeber" bzw. alle von dem neu zu entwickelnden Programmsystem betroffenen Personenkreise möglichst intensiv in den Entscheidungsprozeß einzubeziehen, um etwaigen Fehlentwicklungen bzw. späteren Akzeptanzproblemen vorzubeugen. Dazu ist es meist sinnvoll, schon im Sollkonzept die Benutzerschnittstelle (Gestaltung von Bildschirminhalten, Verzweigungsmöglichkeiten im Programm, Listenlayout etc.) sowie das Format der Datenbestände (Eingabe- und Ausgabedaten) festzulegen.

Das Sollkonzept (vielfach auch *Problemspezifikation*, Anforderungsdefinition, Problemvorgabe oder Pflichtenheft genannt) sollte als „Ergebnisdokument" der Problemanalysephase somit folgende Punkte enthalten:

- die Zielsetzungen der Programmentwicklung bzw. des zu entwickelnden Programms,
- eine Beschreibung der mit dem zu entwickelnden Programm zu lösenden fachlichen Probleme,
- eine Darstellung des fachlichen, organisatorischen und DV-technischen Umfelds (Hardware, Software, Zusammenhänge mit anderen Programmen oder Datenbeständen, Schutz von Programm und Daten vor unberechtigtem Zugriff, Datensicherung etc.),
- die Funktionen des Programmsystems,
- eine Darstellung der Benutzerschnittstelle (Dialog Mensch – Programm, zweckmäßige Gestaltung von Bildschirmformularen und Listen, einfache und einheitliche Verzweigungen zwischen den Programmteilen etc.),

- eine Beschreibung aller vom System verarbeiteten Eingabe- und Ausgabedatenbestände.

Das Sollkonzept bedient sich meist der natürlichen Sprache unter Zuhilfenahme diverser grafischer Hilfsmittel und Methoden (Datenflußpläne, SADT-Diagramme – Structured Analysis and Design Technique, ISAC-Verfahren – Information System work and Analysis of Changes u.a.).

1.1.2 Entwurf

Während in der Problemanalysephase die Anforderungen an ein Softwaresystem ermittelt werden und im Sollkonzept einerseits verbindlich festgelegt wird, *was das Programm* können soll (Funktionen), andererseits *wie der Benutzer* mit dem zu entwickelnden System arbeiten wird (Benutzeroberfläche), geht es in der Phase des Entwurfs darum, *wie das Programm* das gestellte Problem lösen soll (programmtechnische Lösung). Ausgehend vom Sollkonzept wird in folgenden Arbeitsschritten eine (algorithmische) Aufgabenlösung entwickelt:

Zunächst wird die *Programmstruktur* entworfen: Das zu lösende Gesamtproblem wird in kleinere, überschaubare Teilprobleme untergliedert (*Systementwurf*) und es werden die Zusammenhänge zwischen den so gebildeten Teilproblemen untersucht und detailliert beschrieben (*Schnittstellenspezifikation*). Aus dieser Programmstruktur wird anschließend die Ablauflogik für das Programm (in der Folge als *Programmlogik* bezeichnet) entwickelt: Es wird festgelegt, welche (kleinsten) Arbeitsanweisungen vom Computer in welcher Reihenfolge ausgeführt werden sollen, um als Ergebnis eine Lösung des Gesamtproblems zu erreichen. Der auf diese Weise entwickelte Lösungsweg wird in der *Entwurfsspezifikation* dokumentiert, die damit den Bauplan des zu entwickelnden Anwendungsprogramms darstellt.

Für die Unterstützung des Systementwicklers bei diesen Arbeitsschritten gibt es eine Reihe von Hilfsmitteln, von denen einige in den folgenden Abschnitten noch genauer besprochen werden. Vor allem handelt es sich dabei um grafische Methoden zur Darstellung von Programmstruktur, Schnittstellen und Programmlogik.

Sorgfältige, saubere Entwurfsarbeiten und eine möglichst detaillierte Entwurfsspezifikation sollten dazu führen, daß die nachfolgende Codierung (Umsetzung des Entwurfs in eine *beliebige* Programmiersprache) zur reinen Routinearbeit wird.

1.1.3 Programmierung

In der Programmierphase wird die maschinell lesbare Anwendungssoftware entsprechend der Entwurfsspezifikation erstellt (*Umsetzung des Programmentwurfs in eine Programmiersprache*, *Eingabe in die EDVA und Speicherung auf einem externen Speichermedium* (meist Magnetplatte), Überführung des Programms in eine ablauffähige Form = *Übersetzung*[1]).

Zu Beginn der Programmierphase sollte das Programmierproblem bereits vollständig algorithmisch gelöst sein (Entwurf), so daß der Programmierer sich voll auf die syntaktisch richtige Umsetzung der (meist grafischen) Entwurfsspezifikation in die Programmiersprache konzentrieren kann. Ist der Bauplan des Programms (Entwurfsspezifikation) detailliert genug, so kann das Programm über einen Editor (Dateiaufbereiter) unmittelbar in die EDVA eingegeben werden. Formulierung und Eingabe des Programms sind dann ein Arbeitsschritt.

Das so erstellte *Quellenprogramm* (Source-Programm) wird anschließend durch ein Übersetzungsprogramm maschinell in die

[1] Da es für die Übersetzung von COBOL-Programmen praktisch ausschließlich Compiler gibt, werden die Ausführungen in diesem Buch auf die Darstellung von Kompiliervorgängen beschränkt, während von der Beschreibung eines Interpreters abgesehen wurde. Die in diesem Abschnitt verwendeten Begriffe Editor, Compiler, Quellenprogramm, Objektprogramm, Interpreter sowie Binden und Laden eines Programms wurden bereits im Abschnitt „Software" im Band „Wirtschaftsinformatik I" erklärt.

Maschinensprache übersetzt. Dabei werden im Quellenprogramm enthaltene syntaktische Fehler vom Compiler festgestellt und es wird – als Ergebnis des Übersetzungsvorgangs – einerseits das übersetzte Programm erzeugt und auf der Magnetplatte gespeichert (*Objektprogramm*), andererseits wird – meist ebenfalls auf der Magnetplatte – eine *Übersetzungsliste* angelegt. Die Übersetzungsliste besteht aus einem Programmlisting (= Liste der im Programm enthaltenen Befehle) und einem Fehlerlisting (= Liste der bei der Kompilierung gefundenen syntaktischen Fehler). Aufgrund dieser Fehlerliste kann der Programmierer die Fehler im Quellenprogramm beheben und den Übersetzungsvorgang wiederholen. Das Ergebnis der Programmierphase ist ein syntaxfehlerfreies Quellenprogramm und ein übersetztes Objektprogramm in Maschinensprache, das für die Programmausführung nur noch gebunden und geladen werden muß.

1.1.4 Test

Ist das Programm syntaxfehlerfrei übersetzt, so kann mit der Suche nach logischen Fehlern begonnen werden. Dabei wird das gesamte Programmsystem von speziell ausgebildeten Testern, die nicht mit den Programmierern der Programmierphase identisch sein sollten, unter möglichst „lebensechten" Bedingungen getestet und gegebenenfalls modifiziert. Es werden Testdaten generiert, die möglichst alle in der Realität auftretenden Fälle abdecken sollten. Mit Hilfe dieser Daten wird überprüft, ob jeder Teil des Programmsystems korrekt ist und die gewünschten Funktionen erfüllt (*Modultest*). Erst wenn alle Teile des Systems klaglos funktionieren, sollte das Zusammenwirken aller Systemkomponenten getestet werden (*Integrationstest*). Ist die Funktionsfähigkeit des Gesamtsystems nach diesem Funktionstest sichergestellt, kann eine Leistungsmessung vorgenommen und gegebenenfalls eine *Optimierung* durchgeführt werden.

1.1.5 Abnahme

Zur Abnahme gehören alle Aktivitäten, die zum *Übergang der Nutzungsrechte* am fertiggestellten Programm vom Systementwickler auf den Auftraggeber führen. Das fertige Anwendungsprogramm wird auf der EDVA des Auftraggebers installiert und es wird dessen Zustimmung eingeholt, daß das Programmsystem der Problemvorgabe entspricht (*Abnahmetest*). Weiters werden die notwendigen rechtlichen Schritte gesetzt. Durch die Abnahme übernimmt der Auftraggeber das in Auftrag gegebene Softwareprodukt inklusive der zugehörigen Dokumentation (Benutzerdokumentation, gegebenenfalls auch Systemdokumentation).

1.1.6 Inbetriebnahme und Wartung

Nach der Abnahme wird das Anwendungsprogramm auf der EDVA des Auftraggebers in Betrieb genommen. Die Aufnahme des Echtbetriebs kann entweder durch eine *Stichtagsumstellung* (das alte System wird zu einem bestimmten Zeitpunkt durch das neue abgelöst) oder durch eine *schrittweise Umstellung* (Teile des alten Systems werden nach und nach durch Teile des neuen ersetzt) erfolgen. Bei einer *Parallelumstellung* werden das alte und das neue System über einen begrenzten Zeitraum hinweg parallel betrieben.

Die Wartung eines Programms umfaßt einerseits das *Korrigieren von nachträglich aufgetretenen Programmfehlern* sowie andererseits die *Anpassung eines korrekten Programmsystems an neue Anforderungen* jeglicher Art (z.B. Spezifikationsänderungen durch Änderung der Rechtslage, zusätzliche Programmfunktionen, Programmanpassung an neue Betriebssystemversionen etc.).

Verändern sich die Anforderungen an ein Programmsystem jedoch derart, daß eine Anpassung, Ergänzung oder Verbesserung nicht mehr sinnvoll ist, so ist dies häufig der Ausgangspunkt für ein Nachfolgeprojekt: Der Softwarelebenszyklus beginnt von neuem.

1.2 Dokumentation von Anwendungsprogrammen

> **Dokumentation** umfaßt „alle Dokumente und ihre Erstellung, die das Arbeiten der Benutzer mit der Software und die zu deren Erstellung und Änderung nötige Kommunikation unterstützen.“[2]

Dokumentation umspannt somit *alle* Phasen eines Softwareentwicklungsprozesses. Je nach der Zielgruppe unterscheidet man zwischen Benutzer- und Systemdokumentation.

Die *Benutzerdokumentation* richtet sich als „Gebrauchsanleitung“ an den (die) jeweiligen Programmbenutzer, leitet sich im wesentlichen aus dem Sollkonzept ab und umfaßt

- eine kurze Beschreibung der mit dem Programm zu lösenden Probleme,
- eine Darstellung der Grobkonzeption des im Programm verwirklichten Lösungswegs,
- Informationen über die Systemfunktionen und ihre Zusammenhänge,
- eine Erklärung der Inbetriebnahme des Programms,
- eine Erklärung des Programmablaufs und der effizienten Programmbenutzung in Form einer „Mustersitzung“,
- Hinweise auf besondere bei der Programmbenutzung zu beachtende Details,

[2] Kimm, R.; Koch, W.; Simonsmeier, W.; Tontsch, F.: Einführung in Software Engineering, Berlin – New York 1979, S. 85.

- eine Liste aller möglichen Ausnahmesituationen und Hinweise auf die erforderlichen Benutzerreaktionen.

Die *Systemdokumentation* beschreibt die innere Struktur und die Arbeitsweise des Programmsystems sowie den Prozeß seiner Erstellung und richtet sich vor allem an die Programmierer, die das System später zu warten haben. Die Systemdokumentation umfaßt somit in übersichtlicher Form die Inhalte aller projektinternen Papiere, die im Programmentwicklungsprozeß projektbegleitend entstanden sind:

- eine detaillierte Beschreibung der zu lösenden Problemstellung aus funktionaler Sicht (Sollkonzept),
- eine Darstellung der entwickelten Problemlösung aus programmtechnischer Sicht (Programmstruktur, Schnittstellenspezifikation, Programmlogik)
- eventuell Programmlistings,
- eine Beschreibung aller vom Programm verarbeiteten Datenbestände,
- Verzeichnisse aller im Programm verwendeten Dateien, Unterprogramme und Programmbibliotheken etc.,
- Hinweise für die Installation und Inbetriebnahme des Programmsystems.

Eine gute Dokumentation zeichnet sich vor allem durch eine hohe Zielgruppenorientierung, einen sachgerechten Detaillierungsgrad sowie durch leichte Verständlichkeit und eine gute optische Aufbereitung aus.

1.3 Methodischer Entwurf von Anwendungsprogrammen

Wenn Sie in Abb. 1.1 nochmals jene Phasen des Softwarelebenszyklus betrachten, die die Programmentwicklung im engeren Sinn betreffen (Problemanalyse, Entwurf, Programmierung, Test), so können Sie vier *Entwicklungszustände* erkennen, die ein Anwendungsprogramm im Laufe seines Entstehens zu durchlaufen hat: Problemspezifikation, Entwurfsspezifikation, Quellenprogramm und Objektprogramm. Jeder dieser Entwicklungszustände stellt eine Art „Meilenstein" in der Entwicklung des Programms dar und in jedem dieser Zustände wird das zu lösende Problem (und zwar stets dasselbe Problem bzw. stets derselbe Weg zu seiner Lösung) durch jeweils unterschiedliche Darstellungsmittel (verbale oder grafische „Sprachen") beschrieben. Auf einige dieser Darstellungsmittel wird in der Folge näher eingegangen.

Entwicklungszustände eines Anwendungsprogramms	Zur Problembeschreibung verwendete Darstellungsmittel ("Sprachen")
Problemspezifikation	Problembeschreibungssprachen (z.B. natürliche Sprache, SADT, ISAC)
Entwurfsspezifikation	Strukturbeschreibungssprachen (z.B. Baumdiagramme), Logikbeschreibungssprachen (z.B. Nassi-Shneiderman-Diagramme, Entscheidungstabellen)
Maschinell lesbares Anwendungsprogramm (Quellenprogramm)	Programmiersprache (z.B. COBOL)
Ausführbares Anwendungsprogramm (Objektprogramm)	Maschinensprache (z.B. die maschineninterne Sprache der EDVA IBM 3083 oder der EDVA Siemens 7.551)

Abb. 1.2: Entwicklungszustände eines Anwendungsprogramms und zur Problembeschreibung verwendete Darstellungsmittel („Sprachen")

Abb. 1.2 soll verdeutlichen, daß der *Programmentwicklungsprozeß* lediglich in der ständigen „Umformulierung" eines einmal genau definierten Programmierproblems von einer „Sprache" in eine andere besteht. Dabei nimmt die Formalisierbarkeit und damit auch die Automatisierbarkeit dieser Umformulierungsvorgänge mit zunehmender Systemnähe zu: Während die Umsetzung der Problemspezifikation in die Entwurfsspezifikation auch heute noch praktisch völlig dem Faktor Mensch überlassen ist und an den Programmierer hohe Ansprüche stellt, ist die Transformation der Entwurfsspezifikation in ein Quellenprogramm aufgrund der Regeln, die durch die Programmiersprache vorgegeben sind, schon weit mehr formalisierbar. Diese Umsetzung kann bei Verwendung bestimmter Softwarewerkzeuge (zumindest zum Teil) sogar automatisch durchgeführt werden (durch sog. Pre-Compiler oder sonstige Softwarewerkzeuge, wie Bildschirmmasken- und Listengeneratoren usw.). Die Übersetzung eines Quellenprogramms in die Maschinensprache erfolgt in jedem Fall vollautomatisch durch einen Compiler.

Der vorliegende Kurs befaßt sich mit der Erstellung allgemein verständlicher, gut strukturierter, änderungsfreundlicher und in der Entwicklung kostengünstiger COBOL-Anwendungsprogramme. Ehe die Programmiersprache COBOL im Detail dargestellt wird, soll daher anhand eines einfachen Beispiels zunächst gezeigt werden, *wie man bei der Entwicklung eines Anwendungsprogramms systematisch und zweckmäßig vorgeht*: Im folgenden Abschnitt 1.3 wird die Entwicklung eines Anwendungsprogramms bis zur fertigen Entwurfsspezifikation (also die *programmiersprachenunabhängige Entwicklungsarbeit*) beschrieben. Die *Umsetzung der Entwurfsspezifikation in die Programmiersprache COBOL* ist Inhalt der Abschnitte 1.4ff.

Die *Erstellung eines COBOL-Programms* auf einer bestimmten EDV-Anlage ist von der vom EDV-Hersteller bzw. EDV-Betreiber vorgegebenen Programmentwicklungsumgebung abhängig. Die *Übersetzung eines COBOL-Programms* in die Maschinensprache erfolgt automatisch mittels eines herstellerspezifischen Compilerprogramms. Beides ist daher – zumindest im Detail – nicht Gegenstand dieses Kurses.

1.3.1 Problemspezifikation

Sie haben bereits gelernt, daß es in der Phase der Problemanalyse darum geht, das zu lösende Problem und alle wichtigen Umgebungsbedingungen funktional möglichst vollständig, eindeutig und allgemein verständlich zu definieren. Ziel dieses ersten Arbeitsschritts bei der Programmentwicklung ist es, ein Dokument zu erstellen, das das Problem, noch nicht aber die Lösung des Problems beschreibt (Problemspezifikation).

Für die im vorliegenden Kurs zu lösenden Programmierprobleme wird eine Problemspezifikation immer bereits vorgegeben sein (Aufgabenstellungen für die Demonstrations- und Übungsbeispiele). Als Beispiel zur Darstellung einer Problemspezifikation und für die anschließende Beschreibung der Grundsätze des Programmentwurfs wird die im Band „Wirtschaftsinformatik I" dargestellte Verkaufsabrechnung in einem Lebensmittelsupermarkt herangezogen:[3]

Um die Problemstellung genau abgrenzen zu können, soll zunächst in einer Grafik dargestellt werden, welche Aufgaben bei der Verkaufsabwicklung prinzipiell zu erfüllen sind. So müssen beispielsweise Rechnungen (bzw. Kassenbons) gedruckt werden, es müssen die Lagerabgänge in der Lagerbestandsdatei abgebucht werden, bei Unterschreiten eines bestimmten Lagermindestbestands muß automatisch eine Nachbestellung ausgelöst werden und im Falle eingegangener Lieferungen muß die Lagerbestandsdatei um die Zugänge aktualisiert werden. Daneben werden Statistiken erstellt, es wird das Rechnungswesen (Finanzbuchhaltung, Kostenrechnung) geführt

[3] Das Beispiel aus dem Abschnitt „Begriff und Wesen der elektronischen Datenverarbeitung" im Band „Wirtschaftsinformatik I" wurde – wie Sie in der Folge erkennen werden – aus didaktischen Gründen in einigen Punkten modifiziert (Terminaleingabe statt Datenerfassung auf fotoelektrischem Weg; sequentielles Suchen nach Datensätzen in einer (zunächst) sequentiell organisierten Lagerbestandsdatei; Annahme, daß die Verkaufskraft nur formal richtige Artikelnummern und Mengenangaben eintippt; Annahme, daß jede Ausgabezeile unmittelbar an einen angeschlossenen Terminaldrucker gesendet wird usw.).

usw. Eine mögliche Teilübersicht über die anfallenden Aufgaben liefert Abb. 1.3.

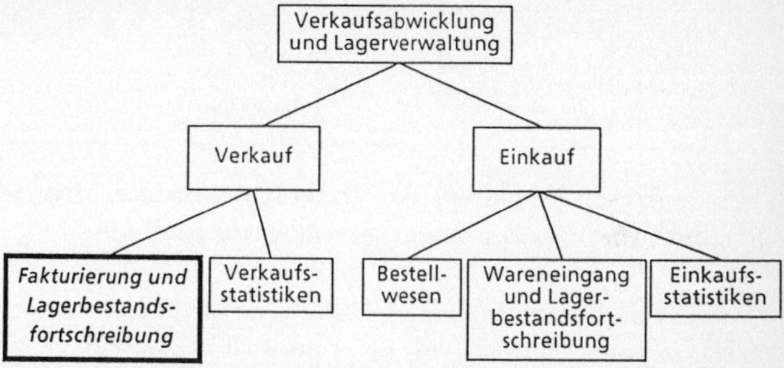

Abb. 1.3: Teilübersicht über die Aufgabenbereiche einer Verkaufsabwicklung

Für unser einführendes Beispiel wollen wir eines dieser Probleme, und zwar das Problem *„Fakturierung und Lagerbestandsfortschreibung"*, herausgreifen. Für dieses Problem könnte eine Problemspezifikation wie folgt aussehen (verschiedene Zusammenhänge mit anderen der vorstehend aufgezeigten Problemstellungen interessieren uns hier nicht):

Funktionen des zu entwickelnden Programms:

Für jeden Kunden des Supermarkts „Frisch & Billig GmbH" sollen am Verkaufsort die Daten aller gekauften Artikel über ein Terminal erfaßt und es soll auf einem angeschlossenen Terminaldrucker eine Rechnung ausgedruckt werden. Die verkauften Mengen sind gleichzeitig in der Lagerbestandsdatei abzubuchen.

Datenbestände:

In einer Lagerbestandsdatei werden diverse Angaben über jeden Artikel gespeichert, den das Unternehmen führt. Die Datensätze dieser auf Magnetplatte befindlichen Datei sind wie folgt aufgebaut (Abb. 1.4).

Artikel-nummer (3-stellig)	Artikel-bezeichnung (15-stellig)	Einheit (2-stellig)	Preis (4 Stellen vor und 2 Stellen nach dem Dezimalpunkt)	Bestand (5-stellig)

Abb. 1.4: Datensatzaufbau der Lagerbestandsdatei des Beispiels „Fakturierung und Lagerbestandsfortschreibung“

Die Datei ist nach Artikelnummern aufsteigend sortiert; wir nehmen zunächst vereinfachend an, daß sie sequentiell organisiert ist und aus 999 Datensätzen besteht (daß also jede Artikelnummer zwischen „001“ und „999“ in dieser Datei existiert).

Die Rechnung, die jeder Kunde am Verkaufsort erhält, soll (inklusive aller zu druckenden Leerzeilen) aus einem fünfzeiligen Rechnungskopf, einem Rechnungsrumpf variabler Länge und einem fünfzeiligen Rechnungsfuß bestehen (Abb. 1.5).

```
*****************************************************************
FRISCH & BILLIG GmbH                                        Datum

BEZEICHNUNG          PREIS/EINHEIT          MENGE      GESAMTPREIS
------------------------------------------------------------------
XXXXXXXXXXXXXXX      X.XXX,XX             XXXX XX       XXX.XXX,XX
       :                  :                  :  :            :
       :                  :                  :  :            :
       :                  :                  :  :            :
------------------------------------------------------------------
                       SUMME                         DM XXX.XXX,XX

                       Betrag dankend erhalten
*****************************************************************
```

Abb. 1.5: Layout der Rechnungen für das Fakturierungsprogramm

Datenflußplan: (Abb. 1.6)

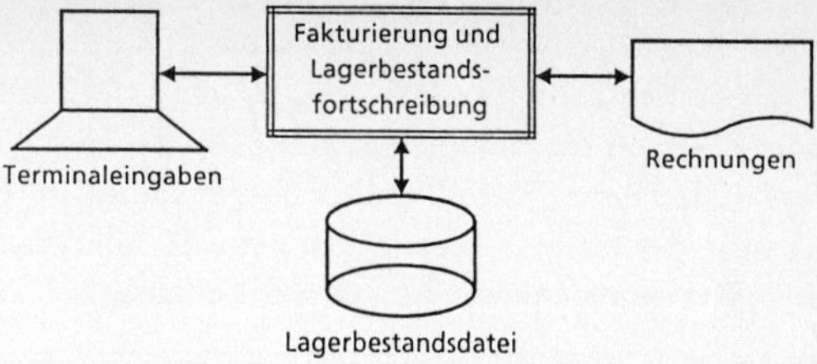

Abb. 1.6: Datenflußplan für das Fakturierungsprogramm

Programmablauf:

Sobald ein Kunde an den Verkaufstisch kommt und die gekaufte Ware bezahlen möchte, erfaßt eine Verkaufskraft am Terminal

- ein Kennzeichen dafür, daß mit der nächsten eingegebenen Artikelnummer die Dateneingabe für einen neuen Kunden beginnt (wir nennen dieses Kennzeichen in der Folge „Kundenbeginnkennzeichen"),
- die Nummern und Mengen aller verkauften Artikel sowie
- ein Kennzeichen dafür, daß alle auf den Kunden bezogenen Artikel nunmehr vollständig erfaßt wurden und die Rechnung vom Programm fertiggestellt und ausgedruckt werden soll („Kundenendekennzeichen").

Sobald ein Kundenbeginnkennzeichen eingegeben wurde, kann vom Programm bereits der Kopfteil der Rechnung geschrieben werden.

Der Mittelteil der Rechnung wird schrittweise erzeugt: Für jede eingegebene Artikelnummer wird jeweils die Lagerbestandsdatei nach dem dieser Nummer entsprechenden Datensatz sequentiell durchsucht. Sobald der betreffende Satz gefunden ist, wird am Terminal die Verkaufsmenge des Artikels eingegeben. Damit stehen dem Programm alle für das Zusammensetzen und Ausdrucken einer Rechnungsrumpfzeile notwendigen Angaben (Bezeichnung, Einzelpreis, Menge, Einheit) zur Verfügung. Es soll nun vom Programm der Gesamtpreis (= Menge × Einzelpreis) berechnet und zur bisher angefallenen Summe hinzugezählt werden. Dann kann eine Zeile mit den entsprechenden Daten auf die Rechnung gedruckt und die verkaufte Menge in der Lagerbestandsdatei abgebucht werden.

Jeder Kunde kann beliebig viele Artikel kaufen. Wird von der Verkaufskraft als Artikelnummer „000“ eingegeben (= „Kundenendekennzeichen“), so soll die Summenzeile auf die Rechnung gedruckt und die fertige Rechnung dem Kunden ausgehändigt werden. Anschließend wird der nächste Kunde bedient. Es können natürlich beliebig viele Kunden an einem Tag an den Verkaufstisch kommen.

Ausgehend von dieser Problembeschreibung, die hier in Form der natürlichen Sprache unter Zuhilfenahme grafischer Hilfsmittel dargestellt wurde, werden wir nun schrittweise dieses zunächst absolut nicht-triviale Problem in einfachere Teilprobleme aufgliedern, die inhaltlich wesentlich besser überschaubar sind. Diese Bildung von Teilproblemen aus dem ursprünglichen Gesamtproblem ist Gegenstand der nächsten Abschnitte.

1.3.2 Entwurf der Programmstruktur

1.3.2.1 Datenstrukturen als Grundlage für den Programmentwurf

Der eigentliche Zweck der Datenverarbeitung und die Aufgabe jedes Computerprogramms ist die Verarbeitung von größeren oder kleineren maschinell verarbeitbaren Informationsmengen (Daten, Datenbeständen). Vor allem im kommerziellen Bereich kommt es weniger darauf an, komplizierte Rechenalgorithmen durch ein Programm abzubilden, sondern es werden vielmehr große, komplexe Datenbestände in vielfältiger Form verarbeitet. *Daher kommt in der kommerziellen Datenverarbeitung den zu verarbeitenden Daten (Eingabedaten, vom Programm(system) erzeugte Ausgabedaten) eine zentrale Bedeutung zu.*

Der Kern der in der Folge dargestellten, von Jackson[4] entwik-

[4] Vgl. dazu auch Jackson, M.A.: Grundsätze des Programmentwurfs, 6. Auflage, Darmstadt 1986.

kelten *Datenstrukturorientierten Entwurfsmethode* ist die Vorstellung, daß jedes System – und daher auch jedes Softwareprodukt – eine hierarchische Struktur aufweist, die mit einem einfachen grafischen Strukturierungsmittel dargestellt werden kann. Sowohl die vom Programm zu verarbeitenden Daten als auch das Programm selbst können daher mit denselben Strukturierungsmitteln strukturiert und mit denselben grafischen Hilfsmitteln dargestellt werden.

Aus diesen Gründen liegt es nahe, die Struktur der vom Programm zu verarbeitenden Daten auch zum Ausgangspunkt für die Programmentwurfsüberlegungen zu machen.

Die **Datenstrukturorientierte Entwurfsmethode** (auch **Jackson-Methode** genannt) ist eine Methode für den Programmentwurf, bei der die Programmstruktur (hierarchische Anordnung von Programmkomponenten) unmittelbar aus der Struktur der zu verarbeitenden Daten abgeleitet wird. Die Struktur eines Programms wird dabei so entworfen, daß jede Datenkomponente in genau einer Programmkomponente vollständig abgearbeitet wird. Sowohl Daten- als auch Programmstruktur werden unter Verwendung lediglich dreier Strukturierungselemente (Sequenz, Auswahl, Wiederholung) in Form von Bäumen grafisch dargestellt.

Durch die Einbeziehung der Datenstrukturen in den Entwurf der Programmstruktur kann eine ungünstige Modularisierung des Gesamtproblems vermieden werden. Eine Anlehnung der Programmstruktur an die Datenstrukturen gewährleistet einen leicht verständlichen Programmablauf (so erstellte Programme lassen den von der Problembeschreibung vorgegebenen Datenfluß meist ohne weiteres erkennen), das Programm selbst wird übersichtlich und wartungsfreundlich.

Eine systematische Strukturierung der zu verarbeitenden Daten ist daher die Grundlage für die in den folgenden Abschnitten dargestellten Entwurfstechniken.

Daten sind Information in maschinell verarbeitbarer Form. Durch schrittweise Detaillierung werden die einzelnen Komponenten von Daten offengelegt und genau beschrieben. Diese Datenkomponenten bezeichnet man als **Datenelemente**. Die Beziehungen, die zwischen Datenelementen bestehen, nennt man – zusammen mit den Datenelementen – **Datenstruktur**.

Grafisch stellt Jackson hierarchische Strukturen (also auch Datenstrukturen) in Form von *Bäumen* dar (vgl. auch Abb. 1.10). Die Knoten sind dabei als Datenelemente, die Kanten als Beziehungen zwischen diesen Datenelementen zu interpretieren.

Ein **Baum** ist ein Gebilde aus Kanten und Knoten und weist folgende Eigenschaften auf:

- Es gibt genau *einen* Knoten, in den keine Kante einmündet (Wurzel des Baums).
- Jeder Knoten, mit Ausnahme der Wurzel, hat genau *einen* unmittelbaren Vorgänger, d.h. es besteht genau *eine* Beziehung zu einem unmittelbar vorgelagerten Knoten.
- Jeder Nichtwurzelknoten kann von der Wurzel aus entlang von Kanten und Knoten erreicht werden (es gibt genau *einen* „Weg“ von der Wurzel zu einem Knoten).
- Blätter eines Baums sind jene Knoten, von denen keine Kanten mehr ausgehen.

Die Beziehungen zwischen den Knoten werden – nach Jackson – auch als **Kontrollstruktur** bezeichnet. Die Beziehungen zwischen Knoten und ihrem *unmittelbaren* Vorgänger heißen **elementare Kontrollstrukturen.**

Jackson beschränkt die möglichen Beziehungen zwischen den einzelnen Datenelementen – und später auch zwischen den einzelnen Programmkomponenten – auf drei elementare Kontrollstrukturen:

- Sequenz,
- Auswahl und
- Wiederholung.

Bei der **Sequenz** setzt sich ein Datenelement aus zwei oder mehreren Datenelementen zusammen, wobei jedes einzelne genau einmal, in einer von links nach rechts zu interpretierenden Reihenfolge, vorkommt.

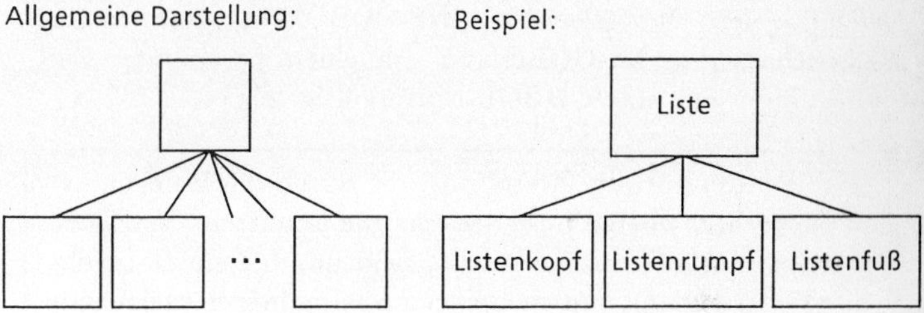

Abb. 1.7: Grafische Darstellung der Sequenz nach Jackson

Die Sequenz „Liste“ in Abb. 1.7 besteht aus den Datenelementen „Listenkopf“, „Listenrumpf“ und „Listenfuß“.

Die **Auswahl** (Selektion), die durch das Zeichen „o“ in der rechten oberen Ecke der unmittelbaren Nachfolgeknoten gekennzeichnet wird, zeigt an, daß ein Datenelement sich aus zwei oder mehreren Datenelementen zusammensetzt, wobei in einem konkreten Fall aber nur genau eines von ihnen vorliegen kann.

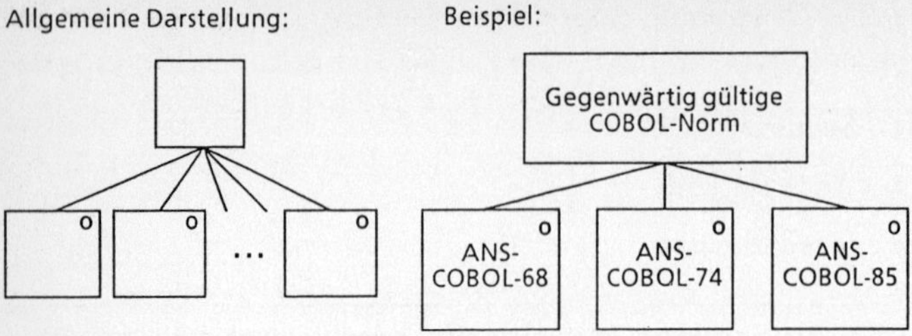

Abb. 1.8: Grafische Darstellung der Auswahl nach Jackson

Die Auswahl „Gegenwärtig gültige COBOL-Norm“ in Abb. 1.8 besteht *entweder* aus dem Datenelement „ANS-COBOL-68“ *oder* aus dem Datenelement „ANS-COBOL-74“ *oder* aus dem Datenelement „ANS-COBOL-85“ (zu einem bestimmten Zeitpunkt kann nur *eine* COBOL-Norm gültig sein).

> Die **Wiederholung** (Iteration), die durch das Zeichen „*“ in der rechten oberen Ecke des einzigen unmittelbaren Nachfolgeknotens gekennzeichnet ist, zeigt an, daß ein Datenelement aus keinem, aus einem oder aus mehreren gleichartig aufgebauten Datenelementen besteht.

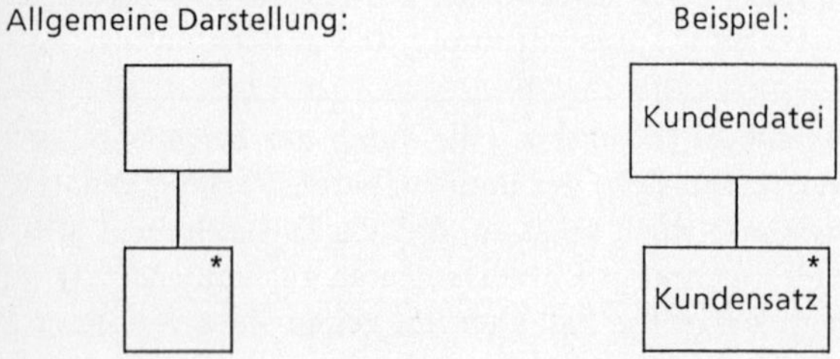

Abb. 1.9: Grafische Darstellung der Wiederholung nach Jackson

Die Wiederholung (Iteration) „Kundendatei“ in Abb. 1.9 besteht aus einem Datenelement „Kundensatz“, das keinmal, einmal oder mehrmals vorkommen kann.[5]

Diese Strukturierung der Daten wird sich im allgemeinen über mehrere Hierarchiestufen hinweg vollziehen, die Daten werden *schrittweise* immer detaillierter beschrieben. Das Ergebnis läßt sich dann – wie bereits erwähnt – in Form von Baumdiagrammen (Jackson-Baum, Datenstrukturdiagramm) darstellen (Abb. 1.10).

Ein **Datenstrukturdiagramm** ist ein Baumdiagramm zur grafischen Beschreibung von (hierarchischen) Datenstrukturen.

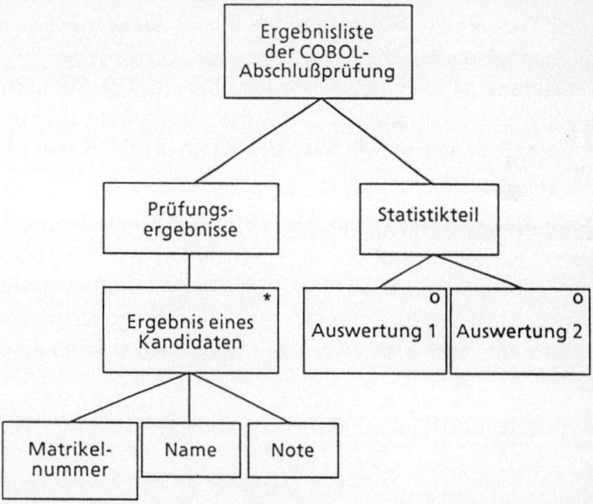

Abb. 1.10: Beispiel für die Beschreibung von Datenstrukturen mit Hilfe eines Datenstrukturdiagramms

[5] Anmerkung: „Kundendatei“ ist die Wiederholung (Iteration), „Kundensatz“ das wiederholte (iterierte) Element.

Diese Grundbegriffe sollen anhand des Beispiels „Fakturierung und Lagerbestandsfortschreibung“ veranschaulicht werden:

Auf den ersten Blick kann man zunächst die vom Programm zu lesenden Terminaleingaben, die gespeicherten Lagerbestandsdaten und alle zu schreibenden Fakturen als zu verarbeitende Daten erkennen. Diese Daten sollen in der Folge schrittweise detailliert und ihre Struktur soll genau beschrieben werden.

Eingabedaten:

Die Eingabedaten (Terminaleingaben) umfassen alle Daten, die für die Kunden am Verkaufsort über Terminal erfaßt werden: ein Kundenbeginnkennzeichen, das anzeigt, daß in der Folge die Daten für einen neuen Kunden eingegeben werden und daher mit dem Drucken einer neuen Rechnung begonnen werden soll, eine Menge von artikelbezogenen Daten (alle Artikelnummern und Mengenangaben) und ein Kundenendekennzeichen, mit dem das Fertigstellen der Rechnung verbunden ist (Sequenz). Da alle diese Daten für *jeden* Kunden eingegeben werden müssen, tritt das Datenelement „kundenbezogene Daten“ genau so oft auf, wie Kunden die Kasse passieren (Wiederholung).

Das Datenelement „Artikeldaten“ stellt eine Wiederholung von artikelbezogenen Daten dar, die sich jeweils aus Artikelnummer und Mengenangabe zusammensetzen: Für *jeden* verkauften Artikel wird über Terminal die Artikelnummer und die Menge eingegeben (Sequenz), und ein Kunde kann *beliebig viele* Artikel kaufen (Wiederholung).

Das so entwickelte Datenstrukturdiagramm zeigt Abb. 1.11.

Lagerbestandsdaten:

Die Lagerbestandsdatei (im Datenstrukturdiagramm „physische Lagerbestandsdatei“ genannt) ist auf der Magnetplatte einmal gespeichert und besteht aus mehreren (999) Artikelsätzen (Wiederholung). Jeder einzelne dieser Artikelsätze entspricht entweder der am Terminal eingegebenen Artikelnummer („gesuchter Artikelsatz“) oder weist eine andere Artikelnummer auf („nicht-gesuchter Artikelsatz“). Diese beiden Satzarten sind vom Programm jeweils

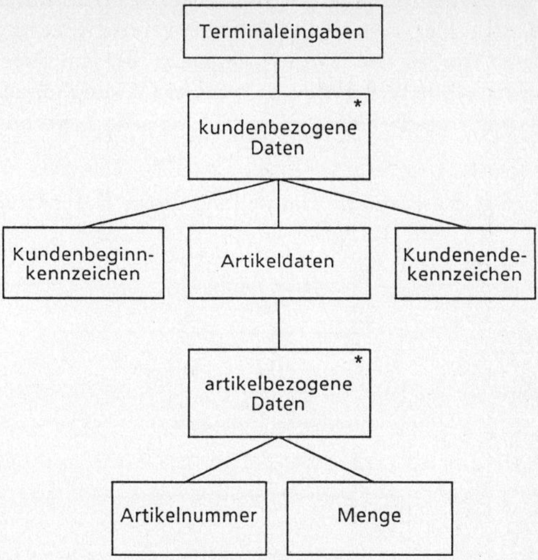

Abb. 1.11: Datenstrukturdiagramm für die Terminaleingabedaten des Beispiels „Fakturierung und Lagerbestandsfortschreibung“

unterschiedlich zu verarbeiten und müssen daher bereits bei der Darstellung der Datenstrukturen unterschieden werden. Jeder Datensatz besteht aus den Datenelementen „Artikelnummer“, „Artikelbezeichnung“, „Einheit“, „Preis“ und „Bestand“.

Da aber die physische Lagerbestandsdatei für jede am Terminal eingegebene Artikelnummer sequentiell durchsucht werden soll, muß das Programm für jeden Kunden logisch gesehen eigentlich eine ganze „Gruppe von Lagerbestandsdateien“ abarbeiten: Für *jeden* Artikel, den ein Kunde kauft (und er kauft beliebig viele), wird die physische Lagerbestandsdatei *einmal* durchsucht (Wiederholung „logische Lagerbestandsdateien“, wiederholtes Element „physische Lagerbestandsdatei“).

Die Verarbeitung dieser „logischen Gruppe von Lagerbestandsdateien“ erfolgt aber nicht nur für einen, sondern für beliebig viele

Kunden. Das Datenelement „logische Lagerbestandsdateien" tritt daher innerhalb der vom Programm zu verarbeitenden Lagerbestandsdaten (Wurzel des Baums) genau so oft auf, wie Kunden bedient und Rechnungen gedruckt werden (Wiederholung „Lagerbestandsdaten", wiederholtes Element „logische Lagerbestandsdateien").

Abb. 1.12 zeigt die grafische Darstellung dieser Datenstruktur.

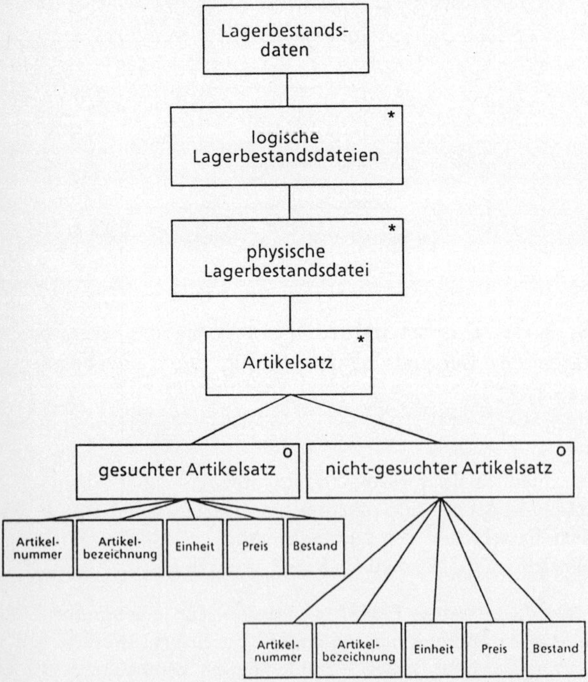

Abb. 1.12: Datenstrukturdiagramm für die Lagerbestandsdaten des Beispiels „Fakturierung und Lagerbestandsfortschreibung"

Ausgabedaten:

Die Ausgabedaten, deren Druckbild bereits in Abb. 1.5 wiedergegeben wurde, umfassen alle zu druckenden Fakturen (Wiederholung), von denen sich jede einzelne aus Rechnungskopf, -rumpf und -fuß zusammensetzt (Sequenz). Der Rechnungskopf besteht aus insgesamt fünf Kopfzeilen (Sequenz aus Sternchenzeile, Firmenangabe und Rechungsdatum, Leerzeile, Spaltenüberschrift und Trennlinie), der Rechnungsfuß ist ebenfalls eine Sequenz aus fünf Zeilen (Trennlinie, Summenzeile, Leerzeile, Textzeile und Sternchenzeile). Der Rechnungsrumpf ist eine Wiederholung von gleichartig aufgebauten Rumpfzeilen, die auf die Rechnung gedruckt werden. Eine einzelne zu druckende Fakturenzeile ist eine Sequenz aus Artikelbezeichnung, Preis pro Einheit, Menge, Einheit und Gesamtpreis.

Abb. 1.13 zeigt diese Struktur grafisch.

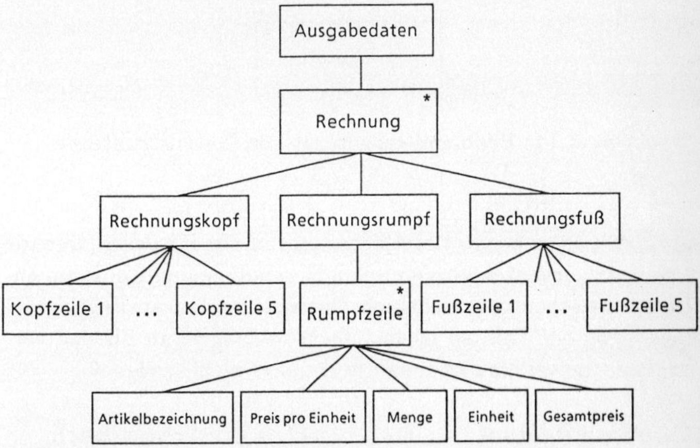

Abb. 1.13: Datenstrukturdiagramm für die Ausgabedaten des Beispiels „Fakturierung und Lagerbestandsfortschreibung"

Wie aus diesem Beispiel erkennbar ist, kommt es in dieser ersten Entwurfsphase darauf an, die vom Programm zu verarbeitenden Daten *problembezogen richtig und in einem sachge-*

rechten Detaillierungsgrad zu beschreiben. Datenstrukturen sind immer problembezogen, d.h. ein Datenstrukturdiagramm muß die Datenelemente so beschreiben, daß alle für ein *bestimmtes* zu lösendes Programmierproblem relevanten Zusammenhänge zum Ausdruck kommen. Aus ein und demselben Datenbestand können meist mehrere unterschiedliche Datenstrukturdiagramme abgeleitet werden. So könnte etwa die Lagerbestandsdatei im oben beschriebenen Beispiel – alternativ zu der in Abb. 1.12 dargestellten Datenstruktur – auch durch folgendes Diagramm – und keineswegs „falsch" – beschrieben werden (Abb. 1.14):

Abb. 1.14: Problembezogenheit von Datenstrukturen

Die Frage ist lediglich, ob das entwickelte Datenstrukturdiagramm im gegebenen Detaillierungsgrad *alle* für das zu lösende Problem relevanten strukturellen Beziehungen und Zusammenhänge zwischen den einzelnen Datenelementen ausdrückt. Ist dies nicht der Fall, so ist das Jackson-Diagramm für das vorliegende Beispiel zu ungenau und daher nicht geeignet.

→ Übungsaufgaben Nr. II–1 bis II–3 im Arbeitsbuch

1.3.2.2 Systementwurf

Im ersten Entwurfsschritt wurden die vom Programm zu verarbeitenden Datenstrukturen offengelegt und Sie haben gelernt, daß diese unter ausschließlicher Verwendung der drei elementaren Kontrollstrukturen Sequenz, Auswahl und Wiederholung dargestellt werden können. Der nächste Entwurfsschritt besteht nun darin, eine geeignete *(Grob)Struktur für das zu entwickelnde Programm* zu finden. Dazu ist es notwendig, eine Aufteilung des zu lösenden Gesamtproblems in überschaubare Teilprobleme vorzunehmen. Die Struktur des Programms wird dann so gewählt, daß jeder Programmteil eines dieser Teilprobleme vollständig löst.

> Ein Programmierproblem ist im allgemeinen zu komplex für eine unmittelbare Ausformulierung in einer Programmiersprache. Daher wird das Gesamtproblem in mehrere kleinere, einfacher durchschaubare, möglichst geschlossene Teilprobleme zerlegt. Sollten sich einzelne dieser Teilprobleme immer noch als zu komplex herausstellen, so wird diese Verfeinerung eine Hierarchiestufe tiefer fortgeführt. Man spricht bei dieser Vorgehensweise von **Top down-Entwurf** oder auch „schrittweiser Verfeinerung".

Der ideale Verlauf einer schrittweisen Verfeinerung sieht wie folgt aus: Die Entwicklung eines Programms erfolgt in kleinsten Schritten, wobei in jedem Schritt so wenig wie möglich entschieden wird. Bei jeder Entscheidung legt man fest, *was* zu tun ist. *Wie* es zu tun ist, wird im folgenden Verarbeitungsschritt geklärt, dessen Ergebnis selbst wieder vor der nächsten Verfeinerung als eine Was-Beschreibung betrachtet wird. In derartigen Schritten geht man so lange vor, bis als Ergebnis einzelne Teilprobleme vorliegen, die in bezug auf ihre interne Logik für eine Formulierung in einer Programmiersprache überschaubar genug sind.

> Durch Top down-Vorgehensweise werden Problemteile (**Problemkomponenten**) gebildet, die im zu entwickelnden Programm als eindeutig voneinander abgegrenzte Programmteile (**Programmkomponenten**) realisiert werden.

> Die Beziehungen, die zwischen Problemkomponenten (Teilproblemen) bestehen, bezeichnet man zusammen mit den Problemkomponenten selbst als **Problemstruktur.** Die Beziehungen, die zwischen Programmkomponenten bestehen, bezeichnet man zusammen mit den Programmkomponenten selbst als **Programmstruktur.** Die Programmstruktur sollte die Problemstruktur möglichst 1:1 abbilden.

Problem- bzw. Programmstrukturen können – genau wie zuvor die Datenstrukturen – grafisch als Baum dargestellt werden, wiederum unter Verwendung der drei elementaren Kontrollstrukturen Sequenz, Auswahl und Wiederholung. Wir nennen einen solchen Baum in der Folge Problemstrukturdiagramm bzw. Programmstrukturdiagramm.

> Ein **Problemstrukturdiagramm** bzw. ein **Programmstrukturdiagramm** ist ein Baumdiagramm zur grafischen Beschreibung von hierarchischen Problem- bzw. Programmstrukturen.

Zu klären bleibt die Frage, wie man das Gesamtproblem inhaltlich zweckmäßig strukturieren soll. Da in der kommerziellen Datenverarbeitung – wie bereits erwähnt – den von einem Programm zu verarbeitenden Daten eine zentrale Bedeutung zukommt, macht Jackson die Struktur der Ein- und Ausgabedaten zum Ausgangspunkt für den Programmentwurf: *Die Problemstruktur (und damit auch die Programmstruktur) hat sich exakt an den Datenstrukturen der zu verarbeitenden Daten zu orientieren.*

Programmkomponenten sind so festzulegen, daß jedes einzelne vom Programm zu verarbeitende Datenelement in einer eindeutig abgegrenzten Programmkomponente vollständig verarbeitet wird und damit jede einzelne im Programm auszuführende Arbeitsanweisung genau einer Programmkomponente eindeutig zugeordnet werden kann. Datenelemente, die in der Datenstruktur hintereinander auftreten (Sequenz von Datenelementen) müssen in hintereinander auszuführenden Programmteilen verarbeitet werden (*Sequenz von Programmkomponenten in der Programmstruktur*). In gleicher Weise werden alternative Datenelemente (Auswahl von Datenelementen) in Programmkomponenten abgearbeitet, die beim Programmablauf alternativ durchlaufen werden (*Auswahl von Programmkomponenten in der Programmstruktur*). Wiederholte Datenelemente werden in (physisch nur einmal vorhandenen) Programmteilen verarbeitet, die keinmal, einmal oder mehrmals durchlaufen werden (*Wiederholung von Programmkomponenten in der Programmstruktur*).

Änderungs- und Wartungsfreundlichkeit sowie Einfachheit und Übersichtlichkeit des Programms sind die Folgen eines derart systematischen Vorgehens beim Programmentwurf.

Diese Entwurfsschritte sollen wiederum anhand des Beispiels „Fakturierung und Lagerbestandsfortschreibung“ veranschaulicht werden: Es wird in der Folge die Programmstruktur entwickelt und in einem Programmstrukturdiagramm dargestellt.

Da die Programmstruktur alle zu verarbeitenden Datenbestände berücksichtigen muß, liegt es nahe, bei der schrittweisen Zerlegung des Gesamtproblems in Teilprobleme jene Datenelemente zusammenzufassen und in einer Programmkomponente gemeinsam zu verarbeiten, die in den Ein- und Ausgabedatenstrukturen einander logisch entsprechen (z.B. gleich oft auftreten). Betrachtet man die im Abschnitt 1.3.2.1 entwickelten Datenstrukturdiagramme, so lassen sich die in Abb. 1.15 dargestellten Entsprechungen feststellen. Abb. 1.16 zeigt das aus diesen Datenstrukturen abgeleitete Programmstrukturdiagramm.

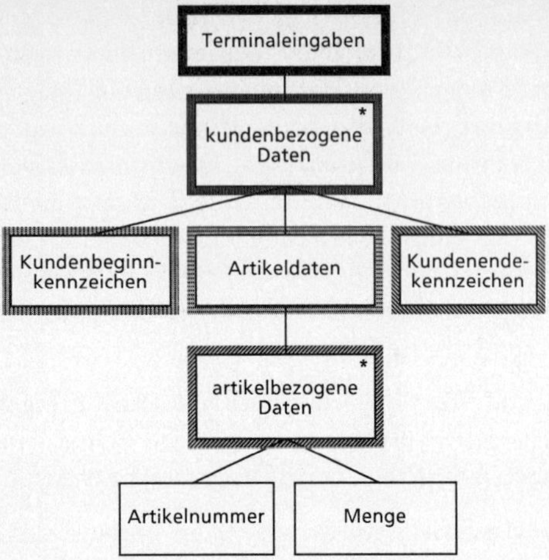
Terminaleingaben
*
kundenbezogene Daten
Kundenbeginn-kennzeichen
Artikeldaten
Kundenende-kennzeichen
*
artikelbezogene Daten
Artikelnummer
Menge

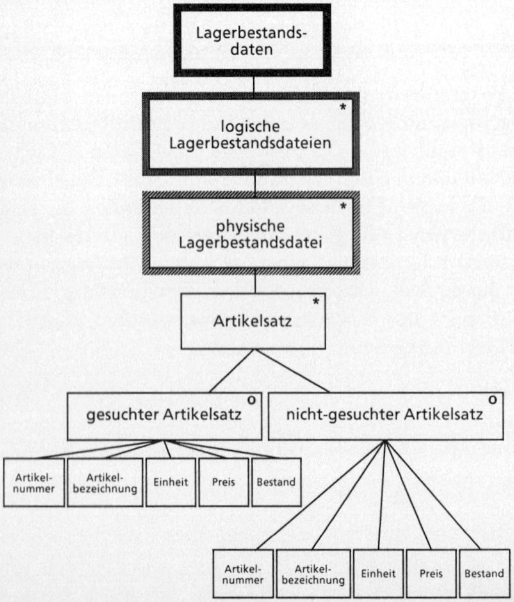
Lagerbestands-daten
*
logische Lagerbestandsdateien
*
physische Lagerbestandsdatei
*
Artikelsatz
o
gesuchter Artikelsatz
o
nicht-gesuchter Artikelsatz
Artikel-nummer
Artikel-bezeichnung
Einheit
Preis
Bestand
Artikel-nummer
Artikel-bezeichnung
Einheit
Preis
Bestand

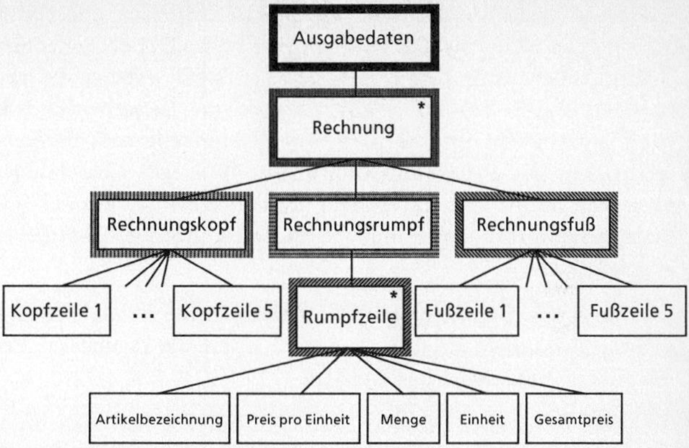

Abb. 1.15: Entsprechungen zwischen den Datenstrukturen des Beispiels „Fakturierung und Lagerbestandsfortschreibung“

Auf der obersten Hierarchieebene entsprechen einander die Datenelemente „Terminaleingaben“, „Lagerbestandsdaten“ und „Ausgabedaten“: Bei jedem Programmlauf wird *ein Eingabedatenbestand* mit den *Lagerbestandsdaten* zu *einem Ausgabedatenbestand* verarbeitet. Das Gesamtproblem „Fakturierung und Lagerbestandsfortschreibung“ kann daher auch in der in Abb. 1.16 (Gesamtproblem P) dargestellten Terminologie ausgedrückt werden.

Auf der nächsttieferen Hierarchiestufe erkennt man die Zusammenhänge zwischen den Datenelementen „kundenbezogene Daten“, „logische Lagerbestandsdateien“ und „Rechnung“: Für *jeden* Kunden wird *eine* logische „Gruppe von Lagerbestandsdateien“ verarbeitet und *eine* Rechnung gedruckt. Die genannten Datenelemente werden daher in einer Programmkomponente verarbeitet, die wiederholt ausgeführt wird (Teilproblem TPa in Abb. 1.16).

Eine offenkundige Entsprechung herrscht zwischen den Datenelementen „Kundenbeginnkennzeichen“ und „Rechnungskopf“, „Artikeldaten“ und „Rechnungsrumpf“ sowie „Kundenendekennzeichen“ und „Rechnungsfuß“. Die Programmkomponente TPa wird daher in drei kleinere Programmkomponenten zerlegt, die hintereinander auszuführen sind: TPb, TPc und TPd.

Eine weitere Hierarchiestufe tiefer entsprechen einander die Datenelemente „artikelbezogene Daten“, „physische Lagerbestandsdatei“ und „Rumpfzeile“: Für *jeden* verkauften Artikel werden die artikelbezogenen Daten *einmal* erfaßt, es wird die Lagerbestandsdatei *einmal* durchsucht und es wird *eine* Rumpfzeile auf die Rechnung gedruckt. Die Programmkomponente TPc läßt sich daher in einen Programmteil TPe untergliedern, der keinmal, einmal oder mehrmals ausgeführt werden muß (je nachdem, wie viele Artikel ein Kunde gekauft hat).

Bei allen anderen Datenelementen bestehen zwar keine unmittelbaren Entsprechungen, sie müssen jedoch ebenfalls in unserer Programmstruktur berücksichtigt werden:

Das Drucken von Rechnungskopf und -fuß besteht lediglich im sequentiellen Ausdrucken von Kopf- bzw. Fußzeilen. Wir sind bei den beiden Programmkomponenten TPb und TPd damit auf einer Ebene angelangt, wo eine weitere Detaillierung nicht mehr notwendig ist, da diese Teilprobleme bereits überschaubar genug erscheinen.

Lediglich TPe ist noch genauer zu analysieren: Es werden hintereinander (Sequenz) die artikelbezogenen Daten gelesen (TPf in Abb. 1.16), die Lagerbestandsdatei wird nach einem der eingegebenen Artikelnummer entsprechenden Datensatz sequentiell durchsucht (TPg) und es werden, sobald der entsprechende Datensatz gefunden ist, die nötigen Berechnungen durchgeführt, ehe die Rumpfzeile ausgedruckt und der Lagerbestand fortgeschrieben wird (TPh). Auch die beiden Programmkomponenten TPf und TPh müssen nun nicht mehr weiter untergliedert werden.

Der Programmteil TPg besteht aus einer Programmkomponente TPi, in der *ein* Artikelsatz aus der Lagerbestandsdatei gelesen und verarbeitet wird. TPi wird jedoch *mehrmals* ausgeführt (Wiederholung), und zwar so lange, bis die Artikelnummer des aus der Lagerbestandsdatei eingelesenen Artikelsatzes mit der über Terminal eingegebenen Artikelnummer übereinstimmt[6]. Die Verarbeitung des eingelesenen Satzes besteht lediglich darin, *entweder* gar nichts zu

[6]Die Annahmen, daß a) in der Lagerbestandsdatei alle 999 Artikelsätze vorhanden sind und b) die Verkaufskraft nur formal richtige Artikelnummern eintippt, gewährleisten, daß der gesuchte Datensatz mit Sicherheit gefunden wird.

tun (wenn ein nicht-gesuchter Artikelsatz eingelesen wurde) *oder* die Suche abzubrechen und den eingelesenen Datensatz für die Durchführung der nötigen Berechnungen in TPh zur Verfügung zu stellen (wenn der gesuchte Datensatz gefunden wurde).

Die so entwickelte Programmstruktur läßt klar erkennen, welche Programmteile hintereinander bzw. alternativ, vor allem aber welche wiederholt ausgeführt werden müssen (Schleifen im Programm). Fassen wir das Ergebnis des Systementwurfs nochmals zusammen (Abb. 1.16):

Mit dem zu schreibenden Programm werden Terminaleingaben zusammen mit den Lagerbestandsdaten zu Ausgabedaten (Rechnungen) verarbeitet. Dabei wird jene Programmkomponente, in der die Lagerbestandsdatei *n-mal* durchsucht (*n* ist die Anzahl der von einem Kunden gekauften Artikel) und *eine* Rechnung gedruckt wird, für jeden Kunden genau *einmal* ausgeführt. Diese Programmkomponente besteht aus drei Teilen, die hintereinander ablaufen müssen: Drucken des Rechnungskopfes, des Rechnungsrumpfes und des Rechnungsfußes.

Der Rechnungsrumpf wird durch *n*-maliges Ausführen jener Programmkomponente gedruckt, in der (jeweils sequentiell) die artikelbezogenen Daten am Terminal erfaßt, die Lagerbestandsdatei nach einem entsprechenden Datensatz durchsucht und eine Rumpfzeile auf die Rechnung gedruckt wird.

Das Durchsuchen der Lagerbestandsdatei erfolgt in einer Programmkomponente, die so lange wiederholt ausgeführt werden muß, bis der gesuchte Datensatz gefunden wurde.

Die Teilprobleme (Programmkomponenten), die auf diese Weise gebildet wurden, sind in Abb. 1.16 – etwas weniger detailliert – durch „TP1" bis „TP6" gekennzeichnet.

Mit der abgebildeten Problem- bzw. Programmstruktur ist es uns gelungen, ein zunächst recht komplexes Problem in kleinere Teile aufzuspalten. Die Programmstruktur lehnt sich dabei eng an die gegebenen Datenstrukturen an: Jedes Datenelement der Datenstrukturen wird in genau *einem* Programmteil *vollständig* abgearbeitet (z.B. werden die Überschriftszeilen der Rechnung ausschließlich in TP1 geschrieben, die Rumpfzeilen ausschließlich in TP2 und die Fußzeilen ausschließlich in TP3). Man darf daher erwarten, daß das

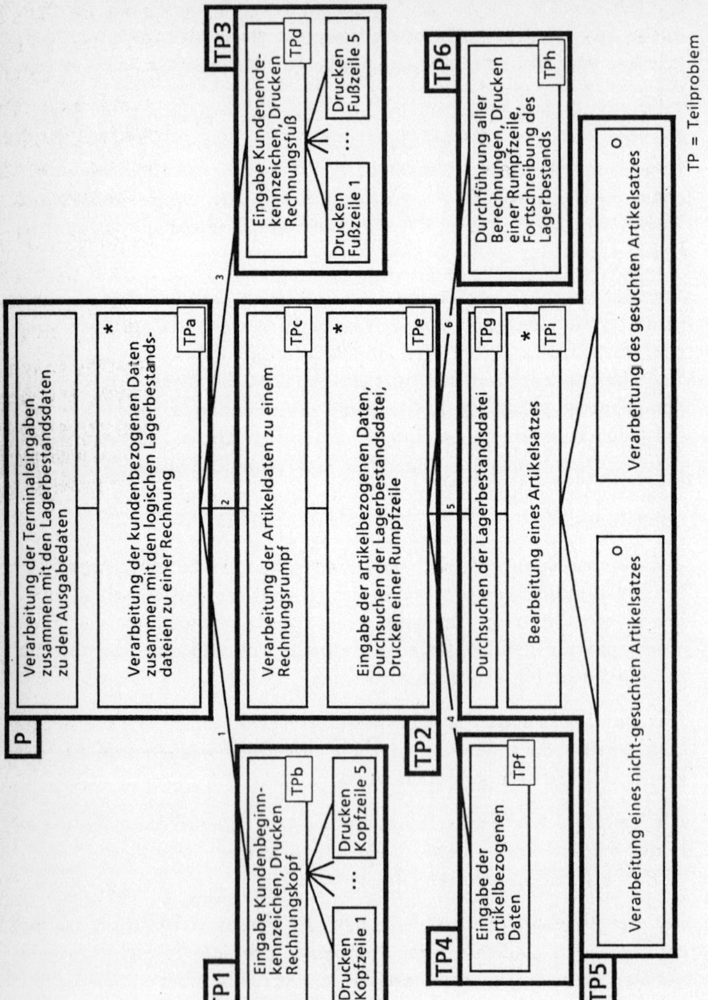

Abb. 1.16: Programmstrukturdiagramm für das Beispiel „Fakturierung und Lagerbestandsfortschreibung“

Programm Änderungen gegenüber flexibel und folglich sehr wartungsfreundlich sein wird. Will man z.B. das (fertiggestellte) Programm dahingehend ändern, daß die Kunden pro Tag und die Artikel je Kunde gezählt werden sollen, so braucht man nur jene Programmkomponenten für das Einfügen der entsprechenden Zählanweisungen zu suchen, die genau einmal pro Kunde bzw. einmal pro Artikel durchlaufen werden (also die Programmkomponenten TPa bzw. TPe in Abb. 1.16). Allein dort können die geforderten Verarbeitungsschritte (Zählen der Kunden bzw. Artikel) eingefügt werden.

Die vorgesehenen Programmkomponenten weisen nun bereits eine Überschaubarkeit auf, die es erlaubt, zum nächsten Entwurfsschritt überzugehen: zur Entwicklung der Programmlogik (Reihenfolge der einzelnen vom Programm auszuführenden Anweisungen). Zuvor muß aber noch beschrieben werden, wie die einzelnen Programmkomponenten zusammenhängen (welche Daten zwischen den Programmteilen „übergeben" werden müssen). Dies geschieht in der Schnittstellenspezifikation.

1.3.2.3 Schnittstellenspezifikation

Um den Inhalt der Schnittstellenspezifikation erläutern zu können, müssen zunächst einige im Band „Wirtschaftsinformatik I" nur kurz erwähnte Begriffe präzisiert werden.

Exkurs:

Die Begriffspaare Variable/Konstante; numerische Variable/Zeichenvariable; numerisches/alphanumerisches Datenfeld; numerische Konstante/Zeichenkonstante

Eine *Variable* ist durch die Verknüpfung eines Variablennamens mit einem Datentyp definiert. Der *Name der Variablen* bleibt stets gleich, während ihr Inhalt verschiedene Werte annehmen kann. Die Menge der zulässigen Werte einer Variablen ist ihr *Datentyp.* Es gibt Variablen vom *Typ numerisch* (ihr Wert kann nur eine Zahl sein) und Variablen vom *Typ character* (Zeichenvariablen; ihr Wert ist eine alphanumerische oder alphabetische Zeichenfolge (Zeichenkette, String)). Eine Variable wird in einem Programm durch ein *Datenfeld* repräsentiert.

Beispiele:

- Variablenname: ZAHL
  Variablentyp: numerische Variable
  Mögliche Inhalte: 5, 27, 11.
- Variablenname: STADT
  Variablentyp: Zeichenvariable
  Mögliche Inhalte: „WIEN“, „STUTTGART“, „ROM“.

Konstanten erkennt man daran, daß sie keinen Namen haben und nur als Wert aufscheinen. Dieser Wert ist unveränderlich. Auch hier unterscheidet man zwischen *numerischen Konstanten* (Zahlen) und *Zeichenkonstanten.* Die Beschränkung, daß Konstanten keinen Namen haben können, ist nicht allgemeingültig (sog. figurative Konstanten in COBOL, vgl. Abschnitt 2.2.2).

Als **Schnittstelle** bezeichnet man in der Systemtheorie „die Verbindungsstelle zweier interagierender Systeme“[7].

Bei der **Schnittstellenspezifikation** werden die Zusammenhänge zwischen den einzelnen Programmkomponenten offengelegt und genau beschrieben.

Zusammenhänge zwischen den Programmkomponenten können darin bestehen, daß ein Programmteil mit Dateninhalten arbeiten muß, die ein anderer Programmteil erzeugt bzw. verwendet hat. Wird ein System in Form eines einzigen großen Programms realisiert, so erstreckt sich der Geltungsbereich von im Hauptspeicher befindlichen Daten im allgemeinen automatisch über alle Programmteile. Werden jedoch die einzelnen Systemteile als eigenständige, getrennt übersetzbare und ablauffähige Programme realisiert (Modularisierung von Programmsystemen, Unterprogrammtechnik), so muß gewährleistet werden, daß die Daten, die ein solches Programm zur Verarbeitung benötigt, auch dann noch verfügbar sind, wenn das Programm, das sie erzeugt hat, nicht mehr die Steuerung des Programmablaufs innehat. In diesem Fall muß ein „Datenaustausch“ zwischen den einzelnen Systemkomponenten stattfinden. Manchmal genügt es, wenn die entsprechenden Datenfelder zwischen diesen Programmkomponenten übergeben werden[8]. Es kann allerdings auch sein, daß Schnittstellen zwischen Teilsystemen durch ganze extern gespeicherte Dateien repräsentiert werden.

Ein simples Hilfsmittel zur Beschreibung der Datenübergabe zwischen Programmkomponenten ist eine Schnittstellentabelle.

[7] Schneider, H.-J. (Hrsg): Lexikon der Informatik und Datenverarbeitung, 2. Auflage, München – Wien 1986, S. 513f.

[8] Wie ein solcher Datenaustausch realisiert wird, werden Sie im Kapitel 7 dieses Bands lernen.

In einer **Schnittstellentabelle** wird für jede Schnittstelle in einer Programmstruktur genau beschrieben, welche Daten die übergeordnete Programmkomponente an die untergeordnete Programmkomponente übergibt bzw. welche Daten diese an die vorgelagerte Programmkomponente zurückliefert.

Den Aufbau einer Schnittstellentabelle zeigt Abb. 1.17.

Kantennummer	IN	Variablentyp	OUT	Variablentyp

Abb. 1.17: Aufbau einer Schnittstellentabelle

- In der Spalte „Kantennummer“ wird eine Schnittstelle identifiziert.
- In der Spalte „IN“ wird eingetragen, welche Daten von der unmittelbar vorgelagerten Programmkomponente an eine unmittelbar nachgelagerte zur Bearbeitung übergeben werden.
- In der Spalte „OUT“ wird gekennzeichnet, welche Daten von einer unmittelbar nachgelagerten Programmkomponente an die unmittelbar vorgelagerte als Ergebnisse zurückgeliefert werden.
- In den Spalten „Variablentyp“ wird der Variablentyp der übergebenen Daten eingetragen (numerische Variable oder Zeichenvariable).

Für das Beispiel „Fakturierung und Lagerbestandsfortschreibung“ ergibt sich folgende Schnittstellenspezifikation (vgl. auch Abb. 1.16; zur Identifizierung wurden die Schnittstellen im Programmstrukturdiagramm durchnumeriert):

Schnittstelle 1:

Die Schnittstellentabelle der Kante 1 ist leer, da keinerlei Daten übergeben werden.

Schnittstellen 2 und 3:

In TP2 wird unter anderem die Gesamtsumme, die ein Kunde zu bezahlen hat, berechnet. Diese Summe muß zunächst an das Hauptproblem P übergeben werden, ehe sie über die Schnittstelle 3 an TP3 weitergeleitet werden kann, wo sie für das Drucken der Summenzeile in der Rechnung benötigt wird. Die Schnittstellentabelle für diese beiden Schnittstellen hat daher folgendes Aussehen (Abb. 1.18).

Kantennummer	IN	Variablentyp	OUT	Variablentyp
2	kumulierte Summe = 0	numerische Variable	kumulierte Summe = Endwert	numerische Variable
3	kumulierte Summe = Endwert	numerische Variable	-	-

Abb. 1.18: Schnittstellentabelle für die Schnittstellen 2 und 3 des Beispiels „Fakturierung und Lagerbestandsfortschreibung"

Schnittstellen 4, 5 und 6:

Die in TP4 erfaßte Artikelnummer muß an die vorgelagerte Programmkomponente TP2 und von dort nach TP5 übergeben werden, weil in diesem Programmteil die Lagerbestandsdatei nach dem Artikelsatz mit der entsprechenden Artikelnummer durchsucht wird. Der nach erfolgreicher Suche im Arbeitsspeicher vorhandene Datensatz (gesuchter Artikelsatz) muß über die Schnittstelle 5 an TP2 und von dort an TP6 weitergeleitet werden, wo alle notwendigen Berechnungen durchgeführt werden, eine Rechnungszeile gedruckt und der Lagerbestand fortgeschrieben wird.

Außerdem wird in TP6 die (bisher angefallene) Gesamtsumme für den Kunden berechnet. Es muß daher der alte, für die bisher fakturierten Artikel angefallene Betrag von TP2 nach TP6 übergeben werden. Den neuen, erhöhten Betrag liefert TP6 an TP2 zurück. Die Schnittstellentabelle für die Schnittstellen 4, 5 und 6 hat daher folgendes Aussehen (Abb. 1.19).

Kantennummer	IN	Variablentyp	OUT	Variablentyp
4	-	-	eingegebene Artikelnummer	numerische oder Zeichenvariable
5	eingegebene Artikel-nummer	numerische oder Zeichenvariable	gefundener Artikelsatz	ganzer Datensatz (num. und Zeichenvariablen)
6	gefundener Artikelsatz	ganzer Datensatz (num. und Zeichenvariablen)	kumulierte Summe = neuer Wert	numerische Variable
	kumulierte Summe = alter Wert	numerische Variable		

Abb. 1.19: Schnittstellentabelle für die Schnittstellen 4, 5 und 6 des Beispiels „Fakturierung und Lagerbestandsfortschreibung"

→ **Übungsaufgabe Nr. II–4 im Arbeitsbuch**

1.3.3 Entwurf der Programmlogik

1.3.3.1 Darstellungsmittel für die Programmlogik

Ziel der Entwurfsphase ist es, die Reihenfolge der Arbeitsanweisungen, die vom Programm ausgeführt werden müssen, so genau festzulegen, daß die daran anschließende Programmierphase wirklich nur mehr in der syntaktisch richtigen Ausformulierung des Problemlösungswegs in einer (beliebigen) Programmiersprache besteht. Es müssen daher nun im letzten Entwurfsschritt für die zuvor entwickelten und im Programmstrukturdiagramm dargestellten Programmkomponenten diese einzelnen (kleinsten) Arbeitsanweisungen festgelegt und die Reihenfolge ihrer Ausführung muß mittels geeigneter Hilfsmittel exakt beschrieben werden.

> Die Ausführungsreihenfolge von Arbeitsanweisungen bezeichnet man als **Programmlogik.**

Wenn man für alle im Systementwurf gebildeten Programmkomponenten die Programmlogik entwickelt und dokumentiert hat, so liegt damit – in Verbindung mit der Programmstruktur – auch die Programmlogik für das Gesamtsystem und damit die algorithmische Problemlösung für das gesamte Programmierproblem vor. Ziel dieses Entwurfsschritts ist es also, die *algorithmische Lösung des Programmierproblems* zu entwickeln und zu dokumentieren.

Arbeitsanweisungen (Befehle) können hintereinander, alternativ oder wiederholt ausgeführt werden. Damit erkennen Sie auch bei der Programmlogik wieder die drei bereits bekannten elementaren Kontrollstrukturen Sequenz, Auswahl und Wiederholung. Während es aber bei den Datenstrukturen um die (statische) Beschreibung der vom Programm zu verarbeitenden Datenelemente mit Hilfe von Sequenz, Auswahl und Wiederholung ging und bei den Programmstrukturen um eine (statische) Beschreibung der in der Folge zu entwickelnden Programmteile, geht es bei der Darstellung der Programmlogik um eine *(statische) Beschreibung des (dynamischen) Programmablaufs*, um Sequenz, Auswahl und Wiederholung von durch das Programm auszuführenden Befehlen.

Bei der Entwicklung der Programmlogik kann man sich eng am Programmstrukturdiagramm orientieren, weil dort bereits sehr deutlich zu erkennen ist, wo ganze Programmkomponenten (d.h. Folgen von Arbeitsanweisungen) sequentiell, alternativ oder wiederholt auszuführen sind.

Für die Darstellung der Programmlogik gibt es zahlreiche Möglichkeiten, z.B.:

- Programmablaufpläne nach DIN 66001,

- Pseudocodes,
- Struktogramme nach DIN 66261 (Nassi-Shneiderman-Diagramme).

Sie haben einen groben Programmablaufplan einer Fakturierung bereits im Band „Wirtschaftsinformatik I" gesehen.[9]

> In einem **Programmablaufplan** (Flußdiagramm) werden zur Darstellung von Abläufen in einem Programm genormte Symbole nach DIN 66001 verwendet[10].

Derartige Programmablaufpläne werden in der Praxis noch häufig verwendet, weisen jedoch erhebliche Schwachpunkte auf. Da die Möglichkeit, Verzweigungen zu anderen Programmteilen durchzuführen, in keiner Weise durch diese Methode eingeschränkt wird, ist der Programmierer allzu oft verleitet, solche Sprünge im Programm völlig unstrukturiert einzusetzen und die Steuerung des Programmablaufs mehr oder weniger willkürlich von einer Stelle des Programms zu einer anderen weiterzugeben. Das Programm wird dadurch überaus schwer lesbar, die Fehlersuche in einem solchen Programm ist äußerst aufwendig und Änderungen können nur unter Schwierigkeiten und unverhältnismäßig hohem Zeitaufwand – wenn überhaupt – durchgeführt werden.

> Als **Pseudocode** bezeichnet man die Formulierung der Programmlogik in einer um Kurznotationen, Kunstwörter und Wörter mit festgelegter Bedeutung erweiterten natürlichen Sprache.

---

[9] Vgl. dazu auch Abschnitt „Begriff und Wesen der elektronischen Datenverarbeitung" im Band „Wirtschaftsinformatik I".

[10] Vgl. dazu auch DIN-Norm 66001: Informationsverarbeitung; Sinnbilder für Datenfluß- und Programmablaufpläne, in: DIN Deutsches Institut für Normung e.V. (Hrsg.), Informationsverarbeitung 1, 4. Auflage, Berlin – Köln 1978.

Während also Programmablaufpläne und auch Struktogramme (vgl. Abschnitt 1.3.3.2) den Programmablauf grafisch darstellen, wird durch einen Pseudocode die Programmlogik mit Hilfe verbaler Hilfsmittel beschrieben. Dies hat den Vorteil, daß eine derartige Darstellung der Programmlogik mit Hilfe eines Pre-Compilers oft automatisch in eine Programmiersprache „übersetzt“ werden kann. Auch können aus Pseudocodes oft auf einfache Weise Programmdokumentationen (z.B. Struktogramme) erzeugt werden. Allerdings weist ein Pseudocode eine erheblich geringere Überschaubarkeit auf als eine grafische Darstellung der Programmlogik.

Struktogramme sind eine grafische Darstellung der Programmlogik und werden im nächsten Abschnitt ausführlich behandelt.

1.3.3.2 Strukturierte Programmierung und Struktogrammtechnik

Jedes Programm sollte soweit wie möglich linear lesbar sowie selbstdokumentierend sein: *Statischer Programmtext und dynamische Programmausführung sollten weitestgehend übereinstimmen* (keine unnötigen, vor allem aber keine unstrukturierten Verzweigungen innerhalb eines Programms). Beim Durchlesen des Programmtextes vom Beginn bis zum Ende sollte damit genau erkenntlich sein, was das Programm leistet. Fehlersuche und spätere Pflege eines Programms werden ganz wesentlich erleichtert, wenn man sich bei der Entwicklung und Beschreibung der Programmlogik an bestimmte Regeln hält, die unter dem Begriff „Strukturierte Programmierung“ ein fester Bestandteil der Entwurfs- und Programmiermethodik geworden sind.

Strukturierte Programmierung ist eine Vorgehensweise beim Programmentwurf, die durch folgende Merkmale gekennzeichnet ist:[11]

- Jedes Programmsystem wird schrittweise von oben nach unten (top down) entwickelt.
- Die Ablaufsteuerung eines Programms wird durch die Einhaltung bestimmter Verzweigungsregeln vollständig normiert: Das Programm setzt sich ausschließlich aus standardisierten Bausteinen zusammen (Sequenz, Auswahl, Wiederholung), die je eine Teilaufgabe des Programmierproblems widerspiegeln.
- Jeder Programmbaustein hat genau einen „Eingang“ und einen „Ausgang“.
- Das Programm sollte linear lesbar sein, d.h. es sollte keine unbedingten Sprünge von einem Programmteil zu einem anderen enthalten.

Strukturierte Programmierung ist also wesentlich mehr als nur GO TO-freie Programmierung, wie in der Praxis häufig fälschlicherweise angenommen wird. Ziel der Strukturierten Programmierung ist es nicht nur, eine bestimmte Verzweigungsanweisung (GO TO-Anweisung) im Programm zu vermeiden, sondern es soll bereits beim Programmentwurf verhindert werden, daß man in der Programmlogik unbedingte (meist willkürliche) Verzweigungen vorsieht, die dann im Programm nur mehr durch unbedingte Sprunganweisungen zu realisieren sind.

Aufbauend auf Arbeiten von Böhm und Jacopini[12] haben Nas-

[11] Zum Teil wurden die Forderungen der Strukturierten Programmierung bereits beim Grobentwurf des Fakturierungsprogramms berücksichtigt.

[12] Vgl. dazu auch Böhm, C.; Jacopini, G.: Flow Diagrams, Turing Machines and Languages with only two Formation Rules, in: Communications of the ACM, Volume 9, Number 5, May 1966, S. 366ff.

si und Shneiderman[13] eine Logikbeschreibungsmethode entwickelt, mit der man die Programmlogik grafisch darstellen kann und die den Programmierer zur Einhaltung der Regeln der Strukturierten Programmierung *zwingt*. Man nennt diese Logikbeschreibungsmethode *Struktogrammtechnik* oder *Nassi-Shneiderman-Methode*.

Die **Struktogrammtechnik (Nassi-Shneiderman-Methode)** ist eine Methode für den Programmentwurf, bei der die Programmlogik top down durch schrittweise Verfeinerung von Teilproblemen entworfen wird. Für die Darstellung der Programmlogik werden grafische Sinnbilder verwendet, die die Zusammenhänge zwischen den einzelnen Arbeitsanweisungen beschreiben.[14] Dabei dürfen nur die drei elementaren Strukturelemente Sequenz, Auswahl und Wiederholung verwendet werden: Ausschließlich diese drei Kontrollstrukturen regeln die Ausführungsreihenfolge von Arbeitsanweisungen. Was dabei als Arbeitsanweisung zu betrachten ist, hängt vom gewünschten Detaillierungsgrad der Beschreibung ab. Im Idealfall (beim größten Detaillierungsgrad) entspricht eine Arbeitsanweisung einem im Programm auszuführenden Befehl.

Bei einer **Sequenz** sind zwei oder mehrere Arbeitsanweisungen hintereinander auszuführen.

Eine Sequenz von Arbeitsanweisungen wird in einem Nassi-Shneiderman-Diagramm (Struktogramm) als Folge von übereinandergesetzten Rechtecken dargestellt. Die Ablaufsteuerung ist dabei von oben nach unten gerichtet. Jede Anweisung wird genau einmal ausgeführt (Abb. 1.20).

[13] Vgl. dazu auch Nassi, I.; Shneiderman, B.: Flowchart Techniques for Structured Programming, in: SICPLAN Notices, August 1973, S. 12ff.

[14] Diese Sinnbilder wurden im Jänner 1985 in der DIN-Norm 66261 (Informationsverarbeitung; Sinnbilder für Struktogramme nach Nassi-Shneiderman) genormt.

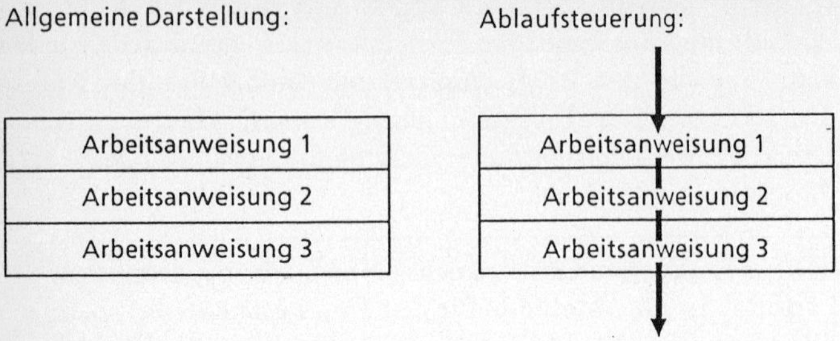

Abb. 1.20: Darstellung der Sequenz in einem Struktogramm

Bei einer **Auswahl** ist – abhängig vom Wahrheitswert einer zu prüfenden Bedingung (wahr oder falsch) – von zwei Arbeitsanweisungen *genau eine* auszuführen (einfache Alternative)[15].

Die grafische Darstellung der Auswahl und die entsprechende Ablaufsteuerung zeigt Abb. 1.21.

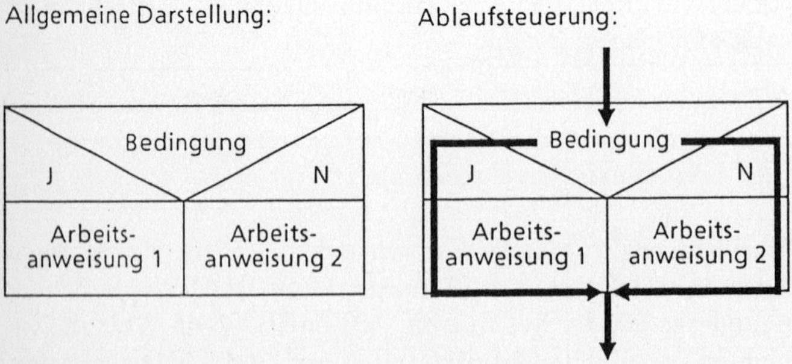

Abb. 1.21: Darstellung der Auswahl in einem Struktogramm

Die Auswahl stellt jedoch nur einen Spezialfall der Fallunterscheidung (Mehrfachauswahl) dar.

[15] Eine der beiden Arbeitsanweisungen kann auch eine „leere" Anweisung sein.

Bei einer **Fallunterscheidung** (Mehrfachauswahl) ist – abhängig vom Ergebnis einer zu prüfenden Bedingung – *genau eine* von mehreren Arbeitsanweisungen auszuführen.

Abb. 1.22 zeigt die grafische Darstellung der Mehrfachauswahl und die entsprechende Ablaufsteuerung.

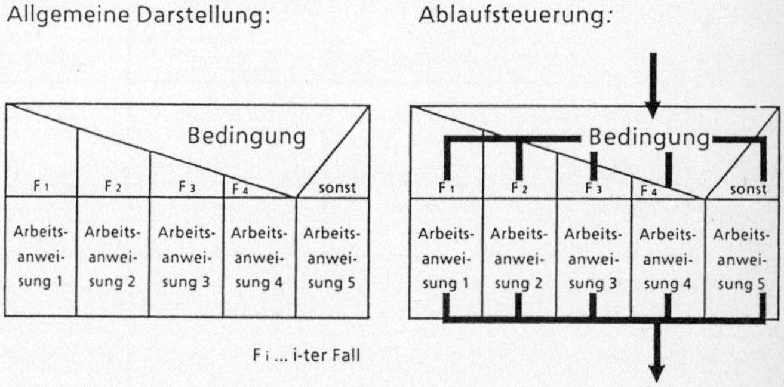

Abb. 1.22: Darstellung der Mehrfachauswahl in einem Struktogramm

Exkurs:

Entscheidungstabellen

Für jeden einzelnen möglicherweise eintretenden Fall (d.h. für jedes mögliche Ergebnis der Bedingungsprüfung) müssen im Programm die entsprechenden Konsequenzen (Arbeitsschritte) vorgesehen werden. Für die Darstellung einer Mehrfachauswahl innerhalb der Programmlogik ist es daher wichtig, daß alle theoretisch möglichen Fälle erfaßt und die an das jeweilige Ergebnis der Bedingungsprüfung geknüpften Arbeitsschritte festgelegt werden. Ein einfaches Hilfsmittel dafür – vor allem bei komplexeren Bedingungen (Bedingungskombinationen) – ist eine Entscheidungstabelle.

> Eine **Entscheidungstabelle** ist eine übersichtliche, tabellarische Funktionsdarstellung, in der detailliert und eindeutig die Bedingungen (bzw. Bedingungskombinationen) und die daran geknüpften Aktionen beschrieben werden.

Abb. 1.23 zeigt den formalen Aufbau einer Entscheidungstabelle.

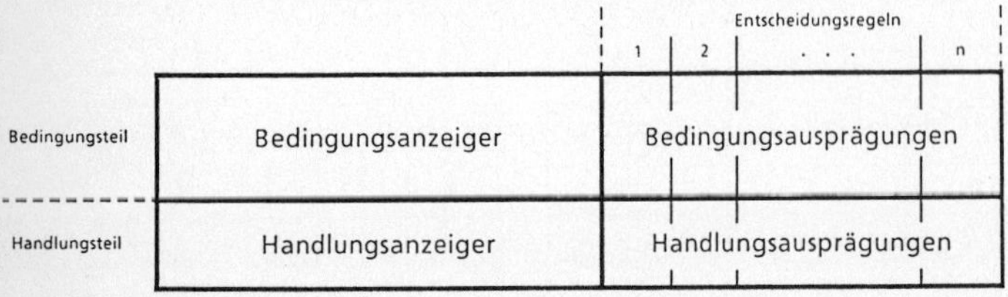

Abb. 1.23: Aufbau einer Entscheidungstabelle

Im linken Teil der Entscheidungstabelle werden die Bedingungen und die Handlungen dargestellt. Der rechte Teil ist in Spalten geteilt, in denen die Wenn-Dann-Beziehungen gekennzeichnet werden („Entscheidungsregeln"). Bedingungen und Handlungen werden durch einen Beschreibungstext im linken Teil und durch die Eintragung der Bedingungs- bzw. Handlungsausprägung im rechten Teil der Entscheidungstabelle zeilenweise definiert. Für die Eintragung der Bedingungsausprägungen werden dabei die Symbole „J" und „N" verwendet, je nachdem, ob die betreffende Bedingung in den einzelnen Entscheidungsregeln erfüllt ist oder nicht. Für eine Handlung wird „X" eingetragen, wenn sie ausgelöst werden soll.

Ein Beispiel für eine Entscheidungstabelle zeigt Abb. 1.24.

Wichtig ist dabei – wie bereits erwähnt – die Vollständigkeit der Entscheidungstabelle (d.h. daß sie mit ihren Entscheidungsregeln auch tatsächlich alle theoretisch möglichen Bedingungskombinationen abdeckt).

	Entscheidungsregel							
	1	2	3	4	5	6	7	8
Mitarbeiter ist Akademiker	J	J	J	J	N	N	N	N
Mitarbeiter kann japanisch	J	J	N	N	J	J	N	N
Mitarbeiter ist bereit, in Japan zu arbeiten	J	N	J	N	J	N	J	N
Mitarbeiter wird nach Japan versetzt	X	-	-	-	X	-	-	-
Mitarbeiter bekommt Gehalt > 5000 DM	X	X	X	X	-	-	-	-

Abb. 1.24: Beispiel für eine Entscheidungstabelle

Bei einer Wiederholung geht es um eine (möglicherweise) mehrfache Ausführung von Arbeitsanweisungen (Programmschleife). Man unterscheidet dabei zwei Schleifenarten: die DO WHILE-Schleife und die REPEAT UNTIL-Schleife.

> Bei einer **DO WHILE-Schleife** (Wiederholung mit vorausgehender Bedingungsprüfung) wird – in Abhängigkeit vom Wahrheitswert einer auszuwertenden Bedingung – eine Arbeitsanweisung keinmal, einmal oder auch mehrmals ausgeführt.

Abb. 1.25 zeigt die grafische Darstellung und die entsprechende Ablaufsteuerung.

Bei der DO WHILE-Schleife wird die Bedingung geprüft, *bevor* die Arbeitsanweisung ausgeführt wird:

- Ist die Bedingung erfüllt, so wird die Arbeitsanweisung ausgeführt. Danach wird die Ablaufsteuerung wieder zur auszuwertenden Bedingung zurückverlegt (unbedingte Verzweigung zum Beginn der Schleife) und die Bedingung wird abermals geprüft.
- Ist die Bedingung nicht erfüllt, so wird an das Ende der Schleife verzweigt (bedingte Verzweigung an das Ende der Schleife).

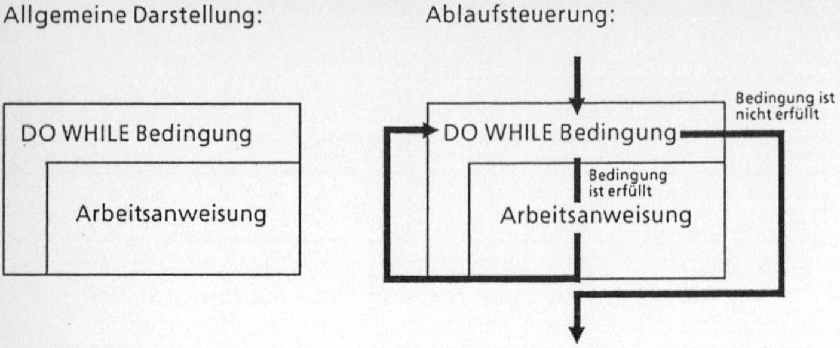

Abb. 1.25: Darstellung der DO WHILE-Schleife in einem Struktogramm

Die in der Schleife enthaltene Arbeitsanweisung wird somit *keinmal, einmal oder mehrmals* ausgeführt.

Bei einer **REPEAT UNTIL-Schleife** (Wiederholung mit nachfolgender Bedingungsprüfung) wird – in Abhängigkeit vom Wahrheitswert einer auszuwertenden Bedingung – eine Arbeitsanweisung einmal oder mehrmals ausgeführt.

Abb. 1.26 zeigt die grafische Darstellung und die entsprechende Ablaufsteuerung.

Bei der REPEAT UNTIL-Schleife wird die Bedingung geprüft, *nachdem* die Arbeitsanweisung ausgeführt wurde:

- Ist die Bedingung erfüllt, so wird die Schleife verlassen.
- Ist die Bedingung nicht erfüllt, so wird die Ablaufsteuerung an den Beginn der Schleife zurückverlegt und die Arbeitsanweisung abermals ausgeführt.

Die in der Schleife enthaltene Anweisung wird somit *mindestens einmal* ausgeführt.

Obwohl sich in den meisten Programmiersprachen (so auch in COBOL) beide Schleifenkonstrukte durch entsprechende Befehle im Programmtext realisieren lassen, ist es aus Gründen

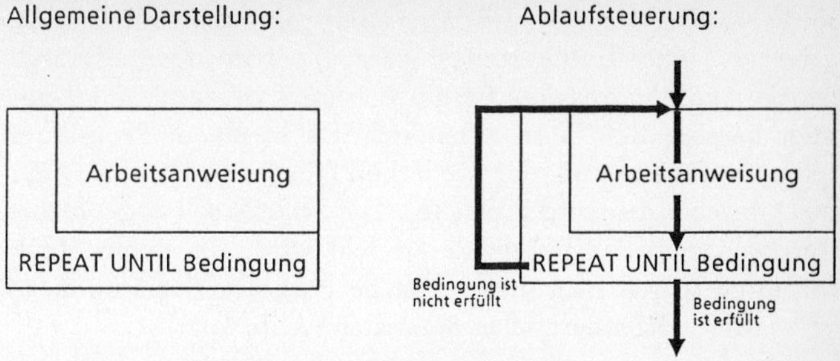

Abb. 1.26: Darstellung der REPEAT UNTIL-Schleife in einem Struktogramm

der Übersichtlichkeit komplexerer Struktogramme ratsam, sich auf eine der beiden beschriebenen Schleifenarten zu beschränken. In den folgenden Beispielen werden daher ausschließlich DO WHILE-Schleifen verwendet. In jedem Fall ist jedoch darauf zu achten, daß die die Schleife steuernde Bedingung zum Zeitpunkt ihrer Auswertung auch tatsächlich sinnvoll ausgewertet werden kann. Betrachten Sie dazu das in Abb. 1.27 dargestellte Beispiel.

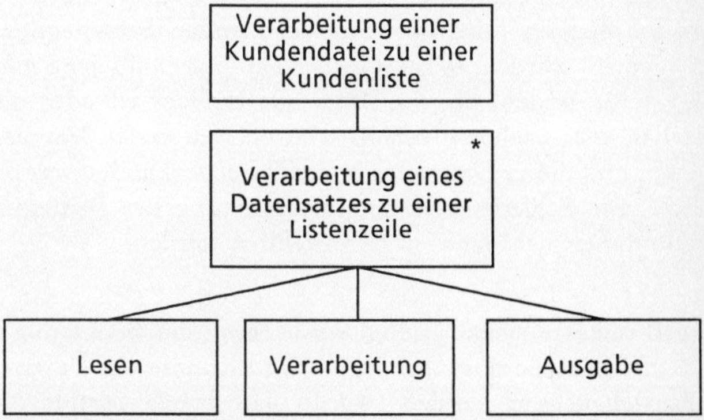

Abb. 1.27: Beispiel eines Programmstrukturdiagramms

In diesem Beispiel sind die Sätze einer Datei sequentiell zu bearbeiten: Jeder Datensatz soll gelesen, verarbeitet und ausgedruckt werden. Aus dem Programmstrukturdiagramm erkennt man bereits, daß diese Arbeitsschritte in einem Programmteil auszuführen sind, der wiederholt (für jeden Datensatz einmal) durchlaufen wird (Schleife). Die Schleife soll abgebrochen werden, wenn das Dateiende erreicht wird. In einem Struktogramm würde man diese einfache Programmlogik zunächst vermutlich folgendermaßen darstellen (Abb. 1.28).

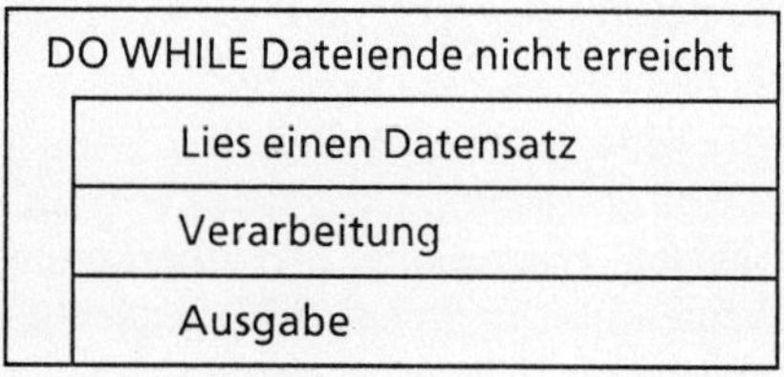

Abb. 1.28: Programmlogik zum Programmstrukturdiagramm in Abb. 1.27

Würde man diese Programmlogik in ein Programm umsetzen und dieses Programm starten, so ergibt sich dabei folgendes Problem: Die Bedingung zur Schleifensteuerung muß bereits ganz am Beginn (also noch vor dem ersten Schleifendurchlauf) geprüft werden; es kann jedoch erst innerhalb der Schleife festgestellt werden, ob das Dateiende erreicht ist oder nicht (nämlich erst, nachdem versucht wurde, den ersten Datensatz zu lesen und dieser Datensatz in der Datei vorhanden war oder nicht). Die Schleifensteuerung (Auswertung der Bedingung) könnte daher nicht sinnvoll durchgeführt werden.

Eine einfache Lösung dieses „Problems“ ergibt sich, wenn der erste Datensatz schon gelesen wird, *bevor* die Bedingung für die Schleifensteuerung abgeprüft wird. Konnte ein Datensatz erfolgreich gelesen werden (wurde also das Dateiende nicht erreicht), so werden innerhalb der Schleife zunächst die gewünschten Verarbeitungsschritte durchgeführt (Verarbeitung,

Ausgabe), ganz am Ende der Schleife wird versucht, den nächsten Datensatz der Datei zu lesen. Damit steht beim erneuten Abprüfen der Schleifenbedingung (die Ablaufsteuerung wird ja vom Ende der Schleife zur auszuwertenden Bedingung zurückverlegt) jeweils bereits der nächste Datensatz (bzw. am Ende ein Dateiendekennzeichen) zur Verfügung. Aus diesem Grund nennt man diese Technik **Reading ahead-Technik** oder „Methode des Vorauslesens“ (Abb. 1.29).

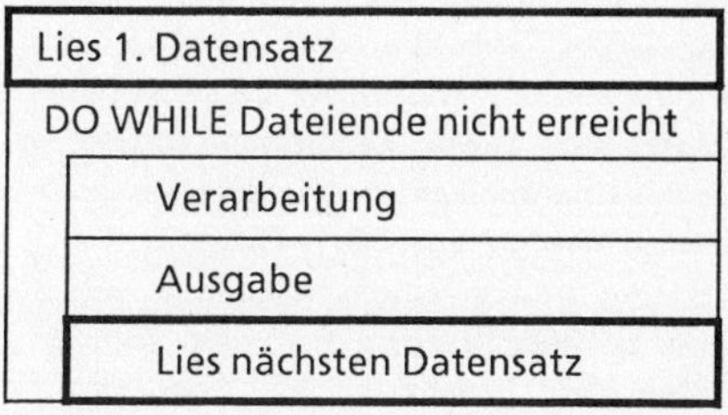

Abb. 1.29: Reading ahead-Technik

Die Überlegungen beziehen sich aber nicht nur auf das Lesen aus (sequentiellen) Dateien, sondern betreffen grundsätzlich alle Schleifen: *Zum Zeitpunkt der Auswertung der die Schleife steuernden Bedingung muß diese Bedingung auch sinnvoll auswertbar sein.* Lautet die Abbruchbedingung z.B. $A > 5$, so muß A zum Zeitpunkt der Auswertung dieser Bedingung *immer* (also auch vor dem ersten Schleifendurchlauf) einen mit der Zahl 5 vergleichbaren Wert enthalten (Initialisieren von Datenfeldern vor Schleifen).

Die Aneinanderreihung bzw. Verschachtelung der elementaren Kontrollstrukturen Sequenz, Auswahl und Wiederholung zur Darstellung der Programm(ablauf)logik ergibt ein **Struktogramm (Nassi-Shneiderman-Diagramm).**

Die Grundbegriffe der Struktogrammtechnik sollen in der Folge wieder anhand des Beispiels „Fakturierung und Lagerbestandsfortschreibung“ veranschaulicht werden: Für die einzelnen im Programmstrukturdiagramm dargestellten Programmkomponenten bzw. letztlich für das gesamte Programm wird die Programmlogik entwickelt und in Struktogrammform dargestellt.

Das Programmstrukturdiagramm, wie es in Abb. 1.16 dargestellt wurde, war bereits sehr detailliert. Man könnte die Ablauflogik des Programms daraus fast schon unmittelbar ableiten, indem man den Programmstrukturbaum von oben nach unten und von links nach rechts durchgeht. Um aber den Entwurf der Programmlogik besser erklären zu können, soll in der Folge auf eine etwas weniger detaillierte Darstellung Bezug genommen werden, die die Anordnung der Teilprobleme des Fakturierungsbeispiels in etwas gröberer Betrachtungsweise zeigt (Abb. 1.30). Es handelt sich dabei um keinen Jackson-Baum, weil in einem solchen ja alle Iterationen und Selektionen explizit gekennzeichnet werden müßten; diese werden in Abb. 1.30 aber nicht berücksichtigt. Ansonsten entspricht diese Darstellung aber genau dem im Abschnitt 1.3.2.2 entwickelten Programmstrukturdiagramm (vgl. auch Abb. 1.16).

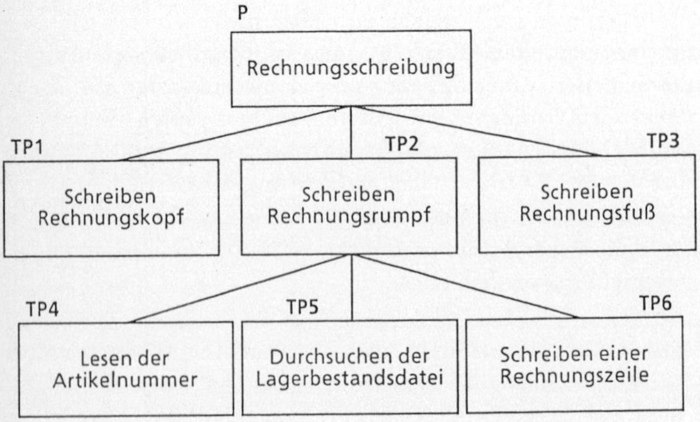

Abb. 1.30: Hierarchische Anordnung der Teilprobleme des Beispiels „Fakturierung und Lagerbestandsfortschreibung“ (Programmkomponenten des Fakturierungsprogramms)

Da wir „top down“ vorgehen, betrachten wir zuerst das

Gesamtproblem P („Rechnungsschreibung“):

Da *für jeden Kunden eine Faktura* gedruckt werden soll, wird dieses Gesamtproblem dadurch vollständig gelöst, daß eine Programmkomponente „Schreiben einer Rechnung“ wiederholt (und zwar für jeden Kunden genau einmal) ausgeführt wird (vgl. auch die Erläuterungen bei der Ableitung der Programmstruktur aus den Datenstrukturen in Abschnitt 1.3.2.2). Wir entwerfen daher zunächst folgendes Struktogramm (Abb. 1.31).

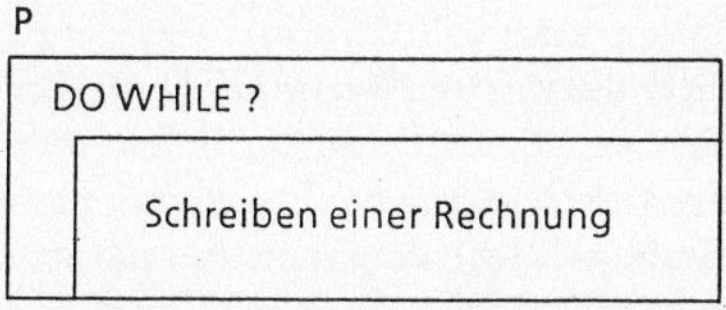

Abb. 1.31: Programmlogik für das Gesamtprogramm P

Allerdings muß noch spezifiziert werden, wie diese Schleife gesteuert werden soll (Formulierung der Bedingung zur Schleifensteuerung):

Bisher haben wir abstrakt von einem „Kundenbeginnkennzeichen“ gesprochen, ohne genau festzulegen, was damit gemeint ist. Im Programm wollen wir dieses Kundenbeginnkennzeichen folgendermaßen realisieren: Das Programm soll jeweils vor dem Drucken einer Rechnung an die Verkaufskraft die Frage stellen, ob Daten für einen neuen Kunden erfaßt werden sollen. Die Verkaufskraft antwortet dann durch die Eingabe von „J“ oder „N“. Diese Eingabe wollen wir als Kundenbeginnkennzeichen betrachten.

Dieses Kundenbeginnkennzeichen kann nun aber zur Steuerung der o.g. Schleife herangezogen werden: Solange „J“ eingegeben wird, soll noch eine weitere Rechnung für einen weiteren Kunden gedruckt werden. Damit können wir unser Grobstruktogramm weiterentwikkeln (Abb. 1.32).

Man erkennt hier sofort das Problem der Abprüfbarkeit der Schleifensteuerungsbedingung: Die Auswertung, ob das Kundenbeginnkennzeichen gleich „J“ ist, kann erst mit einem absehbaren Ergebnis

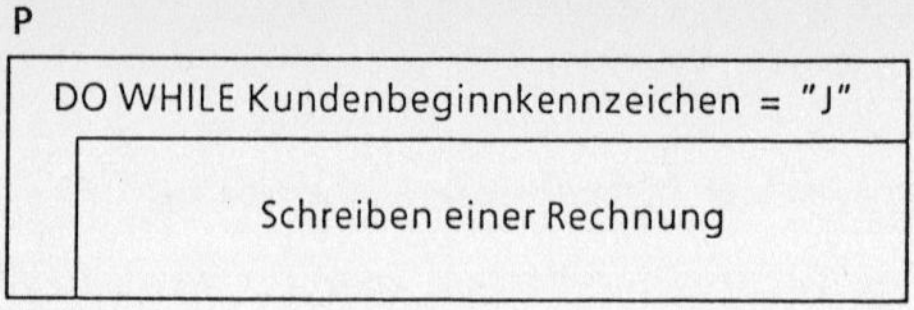

Abb. 1.32: Verfeinerte Programmlogik 1 für das Gesamtprogramm P

durchgeführt werden, nachdem das Kundenbeginnkennzeichen einmal mit einem sinnvollen Wert versorgt worden ist, sei es durch eine Eingabe der Verkaufskraft am Terminal oder durch die Zuweisung eines Anfangswerts durch das Programm (Initialisierung). In unserem Beispiel lösen wir dieses Problem, indem wir vor der Schleife das Kundenbeginnkennzeichen vom Programm aus auf den Wert „J" setzen und am Ende der Schleife jeweils das nächste Kundenbeginnkennzeichen durch die Verkaufskraft am Terminal eingeben lassen (Abb. 1.33).

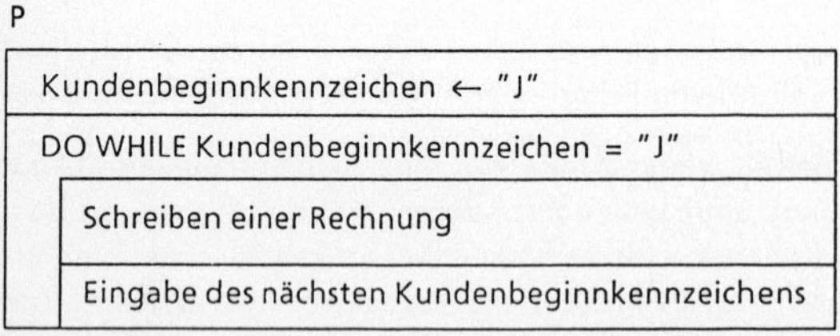

Abb. 1.33: Verfeinerte Programmlogik 2 für das Gesamtprogramm P

Anhand unseres Programmstrukturdiagramms (vgl. Abb. 1.16) können wir nun diese Darstellung schrittweise detaillieren: Der wiederholte Teil des Programms („Schreiben einer Rechnung") ist eine Sequenz aus drei Programmkomponenten: „Schreiben Rechnungskopf" (TP1), „Schreiben Rechnungsrumpf" (TP2) und „Schreiben Rechnungsfuß" (TP3). Das auf diese Weise entstehende Struktogramm zeigt Abb. 1.34.

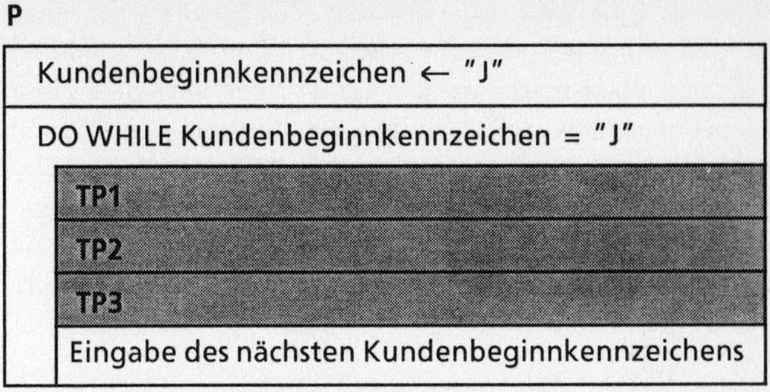

Abb. 1.34: Struktogramm für das Gesamtprogramm P

Betrachten wir nun die einzelnen Programmkomponenten (Teilprobleme) der Programmstruktur genauer:

Teilproblem bzw. Programmkomponente TP1:

TP1 („Schreiben Rechnungskopf“) ist eine Sequenz: Eine Kopfzeile nach der anderen wird gedruckt (Abb. 1.35).

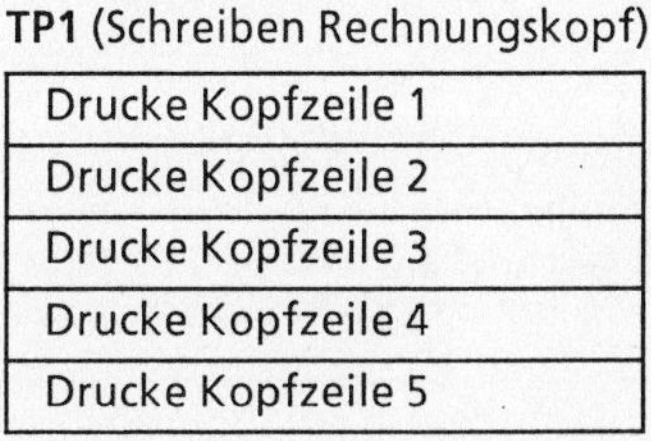

Abb. 1.35: Struktogramm für die Programmkomponente TP1

Teilproblem bzw. Programmkomponente TP2:

TP2 („Schreiben Rechnungsrumpf“) ist eine Wiederholung, denn es werden pro Kunde mehrere Artikel verarbeitet (vgl. auch Abb. 1.16). Der iterierte Teil ist eine Sequenz aus den Programmkomponenten TP4, TP5 und TP6. Beendet wird die Schleife durch die Eingabe eines Kundenendekennzeichens. Als Kundenendekennzeichen wählen wir die Artikelnummer „000“: Wird diese Artikelnummer von der

Verkaufskraft eingegeben, so ist dies das Zeichen für unser Programm, daß nun alle Daten für einen Kunden fertig erfaßt sind und die Rechnung ausgedruckt werden kann. Auch bezüglich dieses Kundenendekennzeichens stellt sich uns das Problem der Abprüfbarkeit der Schleifensteuerungsbedingung, so daß die erste Artikelnummer bereits vor der Schleife eingegeben werden muß. Weiters ist zu beachten, daß vor der Schleife das Datenfeld für die Berechnung der Gesamtsumme pro Kunde auf Null gesetzt werden muß (Abb. 1.36).

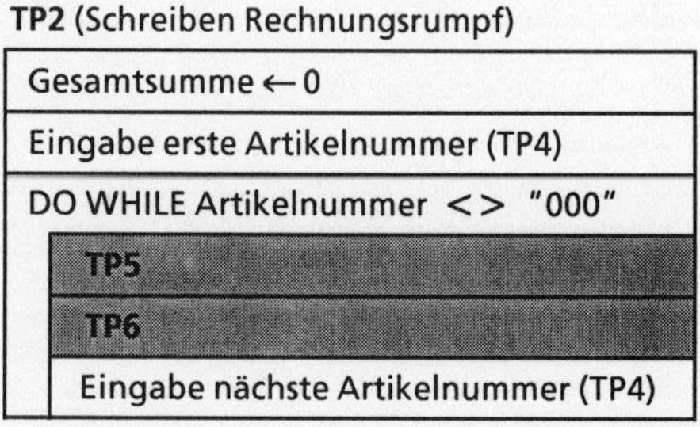

Abb. 1.36: Struktogramm für die Programmkomponente TP2

Teilproblem bzw. Programmkomponente TP3:

In der Programmkomponente TP3 („Schreiben Rechnungsfuß") wird der Rechnungsfuß geschrieben. Wie in TP1 haben wir es dabei mit einer Sequenz zu tun: Eine Fußzeile nach der anderen wird gedruckt (Abb. 1.37).

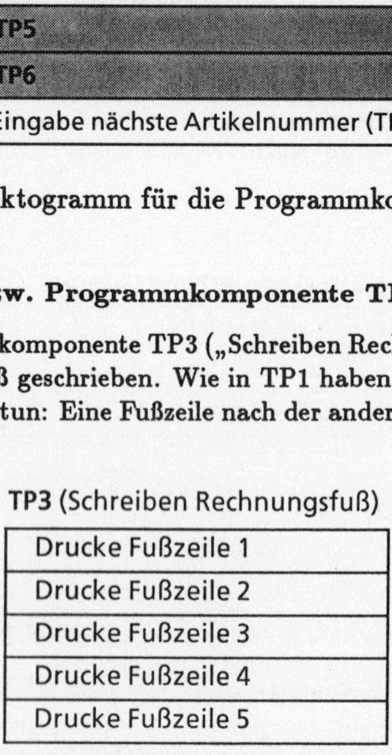

Abb. 1.37: Struktogramm für die Programmkomponente TP3

Teilproblem bzw. Programmkomponente TP5:

In TP5 („Durchsuchen der Lagerbestandsdatei") wird die Lagerbestandsdatei Satz für Satz durchgelesen und es wird die aus der Datei in den Hauptspeicher eingelesene Artikelnummer mit der von der Verkaufskraft am Terminal eingegebenen (TP4) verglichen. Je nachdem, ob die eingelesene Artikelnummer gleich oder ungleich der eingegebenen ist, sind zwei verschiedene Aktionen zu setzen:

- Wurde bei dieser sequentiellen Suche der gesuchte Datensatz gefunden, so müssen lediglich die gefundenen Daten für die weitere Verarbeitung in TP6 (z.B. in einem Zwischenfeld) zur Verfügung gestellt werden. Um das Suchen in der Lagerbestandsdatei abzubrechen, verwenden wir einen Schalter S[16]: Solange der gesuchte Satz nicht gefunden wurde, bleibt S auf „0" gesetzt. Durch das Setzen des Schalters von „0" auf „1" veranlassen wir das Programm, die Schleife abzubrechen (wenn der gesuchte Datensatz bereits gefunden wurde, braucht nicht mehr weitergesucht werden).
- Wurde der gesuchte Satz durch den zuletzt ausgeführten Lesezugriff auf die Lagerbestandsdatei noch nicht gefunden, so brauchen überhaupt keine Aktionen mit dem gelesenen Satz angestellt werden, der Schalter S, der die Schleife steuert, bleibt auf „0" gesetzt. Damit wird beim nächsten Schleifendurchlauf in der Lagerbestandsdatei weitergesucht.

Diese Überlegungen ergeben das in Abb. 1.38 dargestellte Struktogramm. Zu beachten ist, daß der Schalter S *vor* der Schleife auf „0" zu setzen ist.

Teilproblem bzw. Programmkomponente TP6:

Nachdem in TP5 der gesuchte Datensatz in der Lagerbestandsdatei gefunden und zur weiteren Bearbeitung zur Verfügung gestellt wurde, wird in TP6 („Schreiben einer Rechnungszeile") von der Verkaufskraft am Terminal die Verkaufsmenge des betreffenden Artikels eingegeben, anschließend werden alle notwendigen Berechnungen

[16] Ein *Schalter* ist eine Variable zur Steuerung des Programmablaufs, die nur ganz bestimmte (meist zwei) Werte annehmen kann. In Abhängigkeit von dem in dieser Variablen enthaltenen Wert werden bei der Programmausführung bestimmte Programmteile durchlaufen oder nicht.

TP5 (Durchsuchen der Lagerbestandsdatei)

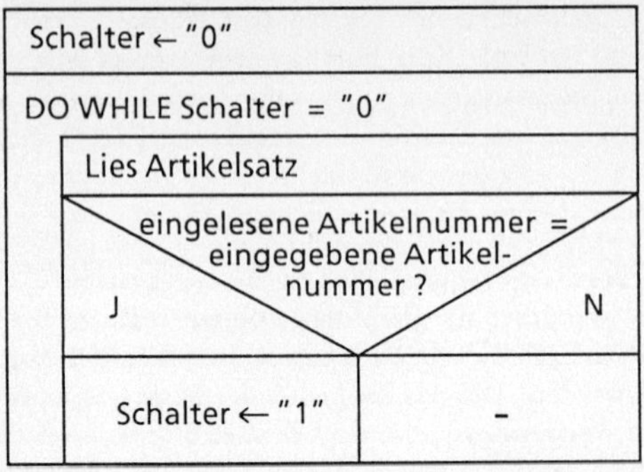

Abb. 1.38: Struktogramm für die Programmkomponente TP5

durchgeführt, es wird eine Rechnungszeile aufbereitet und ausgedruckt und der um die Verkaufsmenge aktualisierte Datensatz wird in die Lagerbestandsdatei zurückgeschrieben (Fortschreiben des Lagerbestands). TP6 ist damit eine Sequenz von Arbeitsanweisungen (Abb. 1.39).

TP6 (Schreiben einer Rechnungszeile)

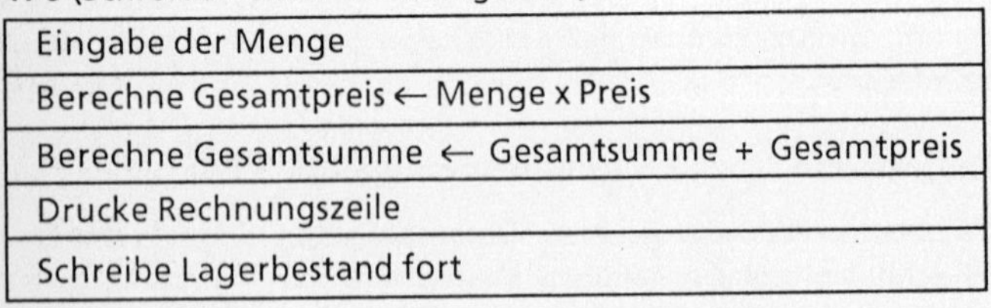

Abb. 1.39: Struktogramm für die Programmkomponente TP6

Faßt man nun alle diese Teilstruktogramme zu einem großen Diagramm zusammen, so ergibt sich das in Abb. 1.40 dargestellte Gesamtstruktogramm.

Sie erkennen daraus leicht: Ohne diese strenge Entwurfsmethodik wären wir kaum in der Lage gewesen, das Programm sinnvoll zu entwerfen und einen derart detaillierten, wohlstrukturierten Bauplan für das in der Folge zu schreibende Programm zu entwickeln. Dazu war das Problem weitaus zu komplex. Durch unsere *Top down-Vorgehensweise* ist es uns jedoch gelungen, kleinere, überschaubare Teilprobleme zu bilden, die wir weitestgehend isoliert weiterentwerfen konnten. Durch die *Orientierung dieser Programmstruktur an den Datenstrukturen* haben wir erreicht, daß der gesamte Entwurf (Bauplan) anwendungsproblemorientiert, klar und übersichtlich ist. Die *Beschränkung auf drei elementare Strukturelemente sowohl bei der Darstellung der Datenstrukturen als auch bei der Beschreibung der Programmstruktur als auch beim Entwurf der Programmlogik* hat letztlich zur Entwicklung einer Programmlogik geführt, die einfach und leicht nachvollziehbar ist, weil sie aus *standardisierten Programmbausteinen* zusammengesetzt ist und keine willkürbedingten Verzweigungen enthält. Bei Änderungen ist unser Entwurf äußerst flexibel.

Das anhand dieses Entwurfs in der Folge entwickelte Programm wird sowohl die im Programmstrukturdiagramm (Abb. 1.16) dargestellte Programmstruktur als auch die im Struktogramm (Abb. 1.40) dargestellte Programmlogik exakt wiedergeben, es wird weitestgehend linear lesbar und daher gut verständlich und selbstdokumentierend sein. Das Auffinden von etwaigen Programmfehlern in der Testphase wird durch eine derartige Programmstruktur und -logik wesentlich vereinfacht.

Erst jetzt, aufgrund unseres detaillierten, von einer bestimmten Programmiersprache noch völlig unabhängigen Programmentwurfs und seiner systematischen und übersichtlichen Darstellung in Form von Datenstruk-

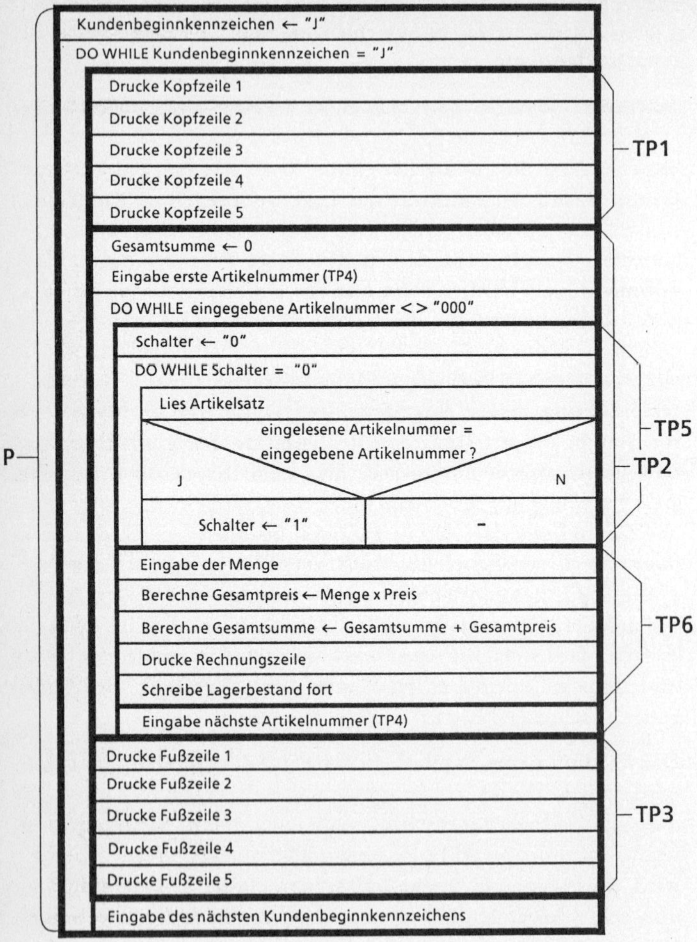

Abb. 1.40: Struktogramm für das Beispiel „Fakturierung und Lagerbestandsfortschreibung“

tur- und Programmstrukturdiagrammen sowie Struktogrammen gehen wir daran, die Problemlösung in einer Programmiersprache zu formulieren.

Dies wird der Inhalt der nächsten Abschnitte sein.

Übungsaufgaben Nr. II–5 bis II–6 im Arbeitsbuch ⟵

1.4 Methodische Programmierung von Anwendungsprogrammen

In der Programmierphase ist vom Programmierer die *Umsetzung der Entwurfsspezifikation in ein lauffähiges Maschinenprogramm* vorzunehmen. Die dazu notwendigen Arbeitsschritte sind in Abb. 1.41 dargestellt:

- *Umsetzung der Entwurfsspezifikation in eine Programmiersprache* (Formulierung des Programms, z.B. in COBOL), *Eingabe des Programms in die EDVA* mit Hilfe eines Editors und *Speicherung des Programms* auf einem externen Speichermedium, meist auf einer Magnetplatte (COBOL-Quellenprogramm),
- maschinelle *Übersetzung des Quellenprogramms* in die Maschinensprache durch einen Compiler (COBOL-Compiler) und Speicherung des übersetzten Objektprogramms auf der Magnetplatte (oft in einer sog. Modulbibliothek),
- Korrektur der bei der Übersetzung vom Compiler festgestellten Fehler im Quellenprogramm anhand einer bei der Kompilierung erzeugten Fehlerliste und neuerliche Übersetzung des Programms,
- *Binden* des Objektprogramms (z.B. „Zusammenbinden" aller getrennt übersetzten Unterprogramme) zu einem ladefähigen Programm, *Laden* des Programms in den Hauptspeicher der EDVA, *Ausführung des Programms*.

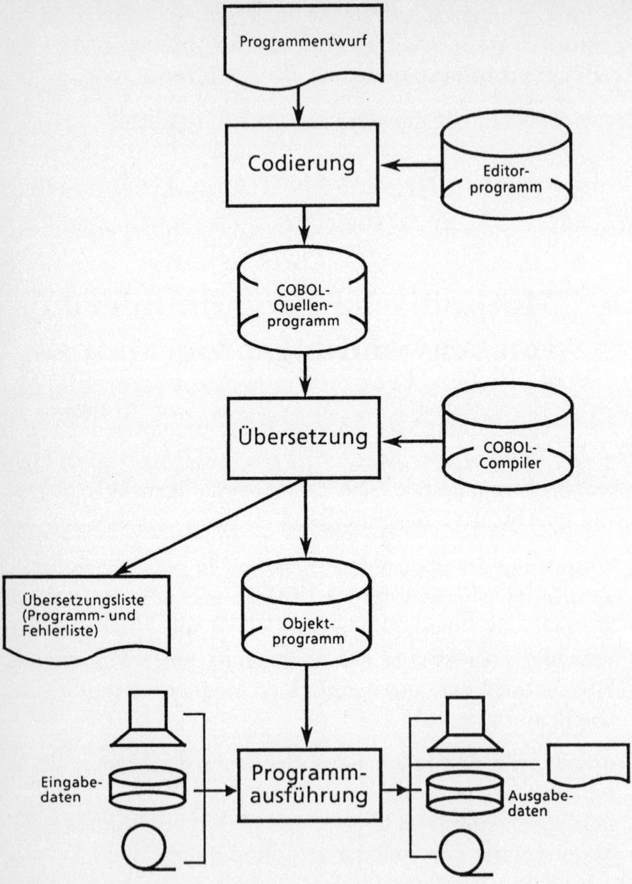

Abb. 1.41: Arbeitsschritte bei der Erzeugung eines lauffähigen Maschinenprogramms

Bei einem hohen Detaillierungsgrad der entwickelten Struktogramme läßt sich die *Umsetzung in eine Programmiersprache* sehr einfach vornehmen: Der Problemlösungsweg ist durch die Programmlogik bereits vorgegeben (das Problem ist algorithmisch bereits gelöst), es kommt nur mehr auf eine syntaktisch richtige Formulierung dieses Lösungswegs an. In jeder Programmiersprache gibt es dazu Befehle, die es ermöglichen, die entworfene Ablauflogik (Sequenz, Auswahl und Wiederholung von Arbeitsanweisungen) genau 1:1 im Programm abzubilden. Auch in COBOL kann die Programmlogik, die im Struktogramm zunächst grafisch dargestellt wurde, durch die Verwendung solcher Befehle exakt realisiert werden. Eine Sequenz von Anweisungen wird z.B. dadurch realisiert, daß man die einzelnen sequentiell auszuführenden COBOL-Befehle einfach hintereinander codiert, eine Auswahl wird (im allgemeinen) durch die Verwendung einer IF-Anweisung, eine Mehrfachauswahl durch eine IF- oder eine EVALUATE-Anweisung und eine DO WHILE-Schleife durch eine PERFORM-Anweisung realisiert[17]. Damit ist eine einfache, systematische Umsetzung des Programmentwurfs in ein COBOL-Quellenprogramm möglich.

Die *Implementierung eines Programms* auf einer bestimmten EDVA hängt von der jeweils verfügbaren *Programmentwicklungsumgebung* ab.

Beispielsweise werden an der Wirtschaftsuniversität Wien bei der COBOL-Grundausbildung auf den Zentralrechnern sog. *Standardprozeduren* (Prozeduren sind gespeicherte Folgen von Betriebssystemkommandos) zur Verfügung gestellt, die dem COBOL-Anfänger die Eingabe, Übersetzung und Ausführung eines Programms erleichtern und ihn von Betriebssystemkommandos weitgehend entlasten sollen (Abb. 1.42). Diese Standardprozeduren erfüllen folgende Aufgaben:

- EDIT-Prozedur:

  Stellt dem Programmierer den Systemeditor zur Verfügung und

[17] Näheres zu diesen Anweisungen folgt im Kapitel 2.

ermöglicht es damit, eine Datei, die z.B. ein COBOL-Programm oder auch eine selbstgeschriebene Prozedur enthalten kann (COBOL-Datei bzw. Prozedurdatei), am Terminal zu erfassen und auf der Magnetplatte abzuspeichern. Weiters können bereits bestehende Dateien (COBOL-Programme, Prozeduren) damit geändert werden.

- COB-Prozedur:

  Übersetzt ein in einer COBOL-Datei befindliches COBOL-Quellenprogramm und erzeugt ein übersetztes Objektprogramm, das ebenfalls auf der Platte abgespeichert wird, dazu eine LISTING-Datei, die die Übersetzungsliste des Kompilierungslaufs (Programm- und Fehlerlisting) enthält. Außerdem ermöglicht die COB-Prozedur die sofortige Änderung fehlerhafter Quellenprogramme durch den Aufruf der EDIT-Prozedur, falls bei der Übersetzung Fehler aufgetreten sind.

- GO-Prozedur:

  Startet zunächst eine vom Programmierer zu schreibende Prozedur (Prozedurdatei in Abb. 1.42), die z.B. alle Dateizuordnungen für das auszuführende Programm durchführt, lädt alle auszuführenden Unterprogramme in den Hauptspeicher, bindet sie dynamisch zusammen und beginnt mit der Programmausführung.

Oft sind solche Standardprozeduren in größere Programmsysteme eingebettet, die diese Standardfunktionen – und darüber hinaus noch wichtige Zusatzfunktionen – dann menügesteuert zur Verfügung stellen (*Programmierwerkzeuge*). Vor allem auf Mikrocomputern werden mittlerweile überaus leistungsfähige COBOL-Programmentwicklungssysteme angeboten.

⟶ Übungsaufgabe Nr. II–7 im Arbeitsbuch

Ehe – wieder anhand des einführenden Fakturierungsbeispiels – gezeigt wird, wie man die Strukturelemente Sequenz, Auswahl und Wiederholung in der Programmiersprache COBOL exakt realisiert (Abschnitt 2.6), sollen die Grundbegriffe der COBOL-Programmierung erläutert werden.

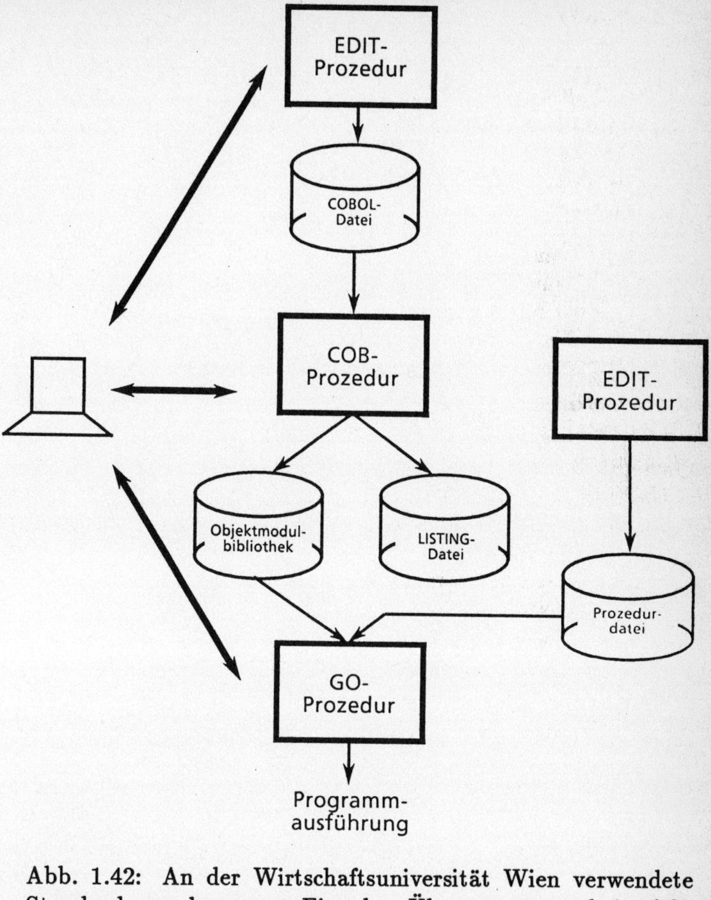

Abb. 1.42: An der Wirtschaftsuniversität Wien verwendete Standardprozeduren zur Eingabe, Übersetzung und Ausführung eines COBOL-Programms auf einem der verfügbaren Zentralrechner (vereinfachte Darstellung)

Kapitel 2

Einführung in die COBOL-Syntax

Lehrziele

Nach dem Durcharbeiten dieses Kapitels sollten Sie

- *die historische Entwicklung von COBOL skizzieren können,*
- *Vor- und Nachteile von COBOL gegenüber anderen Programmiersprachen aufzählen können,*
- *einen Überblick über die Grundelemente von COBOL geben können,*
- *aufgrund der dafür vorgegebenen Regeln COBOL-Zeichenketten bilden können,*
- *die COBOL-Notation verstehen und anwenden können,*
- *das COBOL-Programmschema verstehen,*
- *den hierarchischen Aufbau eines COBOL-Programms kennen,*
- *das für alle COBOL-Programme gleichermaßen gültige Programmgerüst darstellen und die formalen Regeln anwenden können, die beim Schreiben eines COBOL-Programms*

beachtet werden müssen,

- *über Aufbau und Inhalt der einzelnen Abschnitte eines COBOL-Programms Bescheid wissen,*
- *Datenbeschreibungen in einem COBOL-Programm erstellen können,*
- *eine Grundmenge von COBOL-Anweisungen beherrschen, mit denen Sie einfache Programme schreiben können,*
- *die elementaren Strukturelemente des Programmentwurfs (Sequenz, Auswahl und Wiederholung) in der Programmiersprache COBOL realisieren können,*
- *einfache Problemstellungen selbständig in COBOL codieren, implementieren und testen können.*

2.1 Allgemeines zur Programmiersprache COBOL

COBOL (Common Business Oriented Language) ist eine problemorientierte höhere Programmiersprache, die in erster Linie für betriebswirtschaftliche Anwendungen entwickelt wurde. Durch die kommerzielle Ausrichtung unterscheidet sich COBOL von anderen, technisch-wissenschaftlich orientierten Programmiersprachen.

Der Grundstein zur Entwicklung von COBOL wurde 1959 gelegt, als das US-Verteidigungsministerium in Zusammenarbeit mit der Computerindustrie die Arbeitsgemeinschaft CODASYL gründete (*Co*nference on *Da*ta *Sy*stems *L*anguages). Ziel dieser Arbeitsgemeinschaft war die Entwicklung einer höheren Sprache für die Programmierung von kommerziellen Datenverarbeitungsproblemen und damit eine Loslösung von der bis dahin ausschließlich in Maschinensprache möglichen Programmierung der Anwendungssoftware. Effizienz und Wirtschaftlichkeit der Programmierung sollten erheblich verbessert werden durch eine in ihrer Struktur von den individuellen Eigenschaften eines Rechnersystems unabhängige Programmiersprache, die an der natürlichen Sprache der Benutzer und den spezifischen Erfordernissen der Aufgabenstellung orientiert ist.

Noch im Gründungsjahr stellte CODASYL die von den untergeordneten Fachkomitees entwickelte erste Version dieser Sprache vor. Bereits der Name COBOL (Common Business Oriented Language) brachte zum Ausdruck, daß diese Sprache nicht als Universalsprache dienen sollte (wie später z.B. PL/1), sondern zur programmtechnischen Lösung von vorwiegend kommerziellen Problemstellungen. Im Folgejahr wurde die erste COBOL-Version unter dem Namen COBOL-60 veröffentlicht. Seither erfolgten – bis zum heutigen Tag – laufend Anpassungen und Erweiterungen, die COBOL an die Erfordernisse der modernen EDV herangeführt haben.

Seit 1968 gibt es vom amerikanischen Normungsinstitut (American National Standards Institute – ANSI) veröffentlichte *Normen* für COBOL:

- American National Standard COBOL 68
  (ANS-COBOL-68, erste COBOL-Norm),
- American National Standard COBOL 74
  (ANS-COBOL-74, zweite COBOL-Norm),
- American National Standard COBOL 85
  (ANS-COBOL-85, dritte COBOL-Norm).

Diese amerikanischen Normen basierten jeweils auf den einzelnen COBOL-Versionen von CODASYL und wurden in der Folge von der ISO (International Organization for Standardization) in das internationale Normenwerk übernommen. Der aktuelle Stand der COBOL-Normung ist *ANS-COBOL-85*.[1]

[1] Wenn in der Folge von „COBOL-Norm“ die Rede sein wird, ist immer die derzeit aktuelle Norm ANS-COBOL-85 gemeint. Die folgenden Ausführungen beziehen sich *ausschließlich* auf die in dieser Norm festge-

ANS-COBOL-85 besteht aus elf Modulen, die jeweils in ein oder zwei Leistungsstufen (Levels) unterteilt sind. Die COBOL-Norm definiert drei „Qualitätsstufen“ von normkonformen COBOL-Compilern, je nachdem, in welchen Levels die einzelnen Module bei einer konkreten Compiler-Implementierung realisiert sind. Ein Compiler kann demnach dem „Minimum COBOL Subset“, dem „Intermediate COBOL Subset“ bzw. dem „High COBOL Subset“ entsprechen. Durch diesen modularen Aufbau der Sprachdefinition soll für Datenverarbeitungsanlagen unterschiedlichster Ausstattung eine sinnvolle (normkonforme) Anwendung von COBOL ermöglicht werden.

COBOL hat sich zur am meisten verbreiteten Programmiersprache überhaupt entwickelt. Zahlreichen Totsagungen und abfälligen Kommentaren über ihre Effizienz zum Trotz hat sich im Laufe der COBOL-Geschichte immer wieder gezeigt, wie hervorragend sich diese Programmiersprache an neue Leistungsanforderungen anpassen kann. Nicht zuletzt die 1985 verabschiedete dritte COBOL-Norm ist ein guter Beweis dafür. Ca. 40 % aller Softwareprodukte sind heute in COBOL geschrieben, ein 90 %iger Marktanteil an bestehender Anwendungssoftware im kommerziellen Bereich dürfte noch sehr vorsichtig geschätzt sein. COBOL ist damit *die mit Abstand wichtigste Programmiersprache für kommerzielle Problemstellungen.* Die Hauptgründe für die große Verbreitung von COBOL sind ohne Zweifel die leichte Verständlichkeit der Sprache sowie die weitgehende Unabhängigkeit von COBOL-Programmen gegenüber bestimmten Computertypen. Ein weiterer Grund dafür ist die Tatsache, daß zahlreiche EDV-Hersteller bei ihren systemnahen Programmen oft ausschließlich Schnittstellen zu COBOL zur Verfügung stellen (z.B. bei Datenbanksystemen). Weil durch die Einführung der dritten COBOL-Norm ANS-COBOL-85 zahlreiche Nachteile beseitigt wurden,

legte Sprachdefinition von COBOL. Herstellerspezifische Erweiterungen (Abweichungen von der Norm) sind – aus Gründen der Allgemeingültigkeit der in diesem Band getroffenen Aussagen – nicht berücksichtigt!

die COBOL zuvor angelastet worden waren, aber auch wegen der mittlerweile gesicherten Verfügbarkeit von COBOL auf Mikrocomputern kann der Sprache für die mittlere Zukunft ein *relativ konstanter Marktanteil* prognostiziert werden.

Durch die Aufzählung der wichtigsten Vor- und Nachteile von COBOL gegenüber anderen Programmiersprachen sollen auch die Wesensmerkmale der Sprache hervorgehoben werden:

Vorteile:

- Die Möglichkeit zur Bearbeitung großer Datenmengen und zur Realisierung eingabe-/ausgabeorientierter Problemstellungen ist eines der wichtigsten Kriterien für eine auf kaufmännische DV-Zwecke abgestimmte Programmiersprache. COBOL verfügt über höchst leistungsfähige Dateizugriffsverfahren, mit denen auf Datensätze sequentiell oder wahlfrei (über relative Satzadressen bzw. über Schlüsselbegriffe) zugegriffen werden kann. COBOL eignet sich daher hervorragend für die *Bearbeitung großer, komplexer Datenmengen.*
- COBOL weist eine große Ähnlichkeit mit der englischen Umgangssprache auf. Durch die Bildung von Sätzen in einer fast natürlichen Sprache ist ein COBOL-Programm *leicht verständlich*, und mit einigen Kommentarzeilen versehen ist es weitgehend *selbstdokumentierend.*
- COBOL ist *leicht erlernbar.* Mit einem Minimum an COBOL-Kenntnissen lassen sich bereits nach wenigen Unterrichtstagen einfache Programme erstellen.[2]
- Durch die *internationale Normung* ist die Verwendung von COBOL-Programmen auf EDV-Anlagen verschiedener Hersteller weitestgehend problemlos. Die herstellerunabhängige Formulierung eines COBOL-Standards ist sicherlich der

[2] Dennoch sollte die Bezeichnung „leicht" für das moderne, umfassende COBOL-Instrumentarium von heute mit gewissen Einschränkungen verwendet werden.

wichtigste Grund für die weite Verbreitung von COBOL: Normkonforme COBOL-Compiler sind heute praktisch auf allen Mainframes aller Computerhersteller, aber auch auf Mikrocomputern verfügbar.

Nachteile:

- Dem Vorteil einer guten Lesbarkeit steht der durch das Schreiben von nahezu vollständigen englischen Sätzen entstehende *hohe Schreibaufwand* beim Programmieren gegenüber. Dadurch erscheint COBOL langatmig und oft schwerfällig.
- Die Beschreibung der Eingabe- und Ausgabedaten erfolgt in einem *starren Schema*, was sich bei bestimmten Problemstellungen nachteilig auswirken kann.
- *Wichtige Teilbereiche* der Programmierung (z.B. Schnittstellen zu Datenbanken oder zu Bildschirmmaskengeneratoren) sind – zumindest derzeit – *nicht genormt.*

Die genannten Nachteile sollten allerdings nicht überbewertet werden: Ein effizienter Gebrauch eines modernen Editorsystems erlaubt es, den Schreibaufwand zu minimieren (Verwendung von Gerüst-Files, die bereits alle jene COBOL-Teile enthalten, die bei jedem Programm zu codieren sind; Kopieren von Programmzeilen mit anschließendem Ändern des Programmtextes usw.). Außerdem darf nicht vergessen werden, daß gerade durch diese Eigenschaften COBOL-Programme zwei Vorteile besitzen, die man praktisch bei keiner anderen Programmiersprache findet: Ein COBOL-Programm ist auch für Einsteiger und „Nicht-Programmierer" in hohem Maße verständlich, und man erspart sich – zumindest teilweise – aufwendige Kommentare und Dokumentationen des Programmtextes. Den (vermeintlich) hohen Schreibaufwand bei der Programmierung kann man somit bei der Dokumentation teilweise wieder einsparen.

2.2 Grundlagen der Programmierung in COBOL

Die Sprache COBOL ist eine stark stilisierte Untermenge der englischen Umgangssprache. Grundelement dieser Sprache ist das Wort (exakter: eine Zeichenkette, die aus einzelnen Zeichen gebildet wird).

2.2.1 COBOL-Zeichenvorrat

Die Menge der Zeichen, die in einem COBOL-Programm verwendet werden dürfen, nennt man **COBOL-Zeichenvorrat** (engl.: COBOL character set).[3]

Der von der COBOL-Norm definierte COBOL-Zeichenvorrat besteht aus insgesamt 78 Zeichen:

- Großbuchstaben A bis Z,
- Kleinbuchstaben a bis z,
- Ziffern 0 bis 9,
- 16 Sonderzeichen:

_	(Leerzeichen, engl.: blank),
+	(Pluszeichen),
−	(Minuszeichen),
*	(Stern),
/	(Schrägstrich),
=	(Gleichheitszeichen),
$	(Dollar-Zeichen),
,	(Komma),
;	(Semikolon),

[3]In der Folge werden bei allen COBOL-Grundbegriffen zur Erläuterung in Klammern jeweils auch die englischen Bezeichnungen der COBOL-Norm angeführt.

. (Punkt),
" (Anführungszeichen),
((linke Klammer),
) (rechte Klammer),
> (Größer-Zeichen),
< (Kleiner-Zeichen),
: (Doppelpunkt).

Ein Kleinbuchstabe wird dabei, sofern er außerhalb eines nicht-numerischen Literals[4] verwendet wird, als identisch mit dem entsprechenden Großbuchstaben betrachtet. Nur für die Bildung nicht-numerischer Literale[5] oder für Kommentarzeilen in einem COBOL-Programm[6] dürfen auch andere als die in der COBOL-Norm definierten Zeichen herangezogen werden.

> Aus den Zeichen des COBOL-Zeichenvorrats werden **Zeichenketten** (engl.: character strings) und **Trennzeichen** (engl.: separators) gebildet.

Formal ist ein COBOL-Programm eine Folge von Zeichenketten, die durch Trennzeichen (z.B. Leerzeichen, Klammern usw.) voneinander getrennt sind.

2.2.2 COBOL-Zeichenketten

Zeichenketten lassen sich in die in Abb. 2.1 dargestellten Gruppen einteilen.

[4] Näheres dazu folgt im Abschnitt 2.2.2.2.

[5] Näheres dazu folgt im Abschnitt 2.2.2.2.

[6] Näheres dazu folgt im Abschnitt 2.2.5.

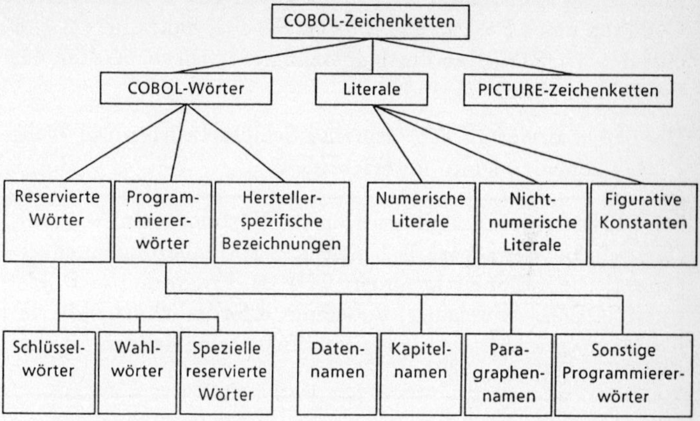

Abb. 2.1: Übersicht über die COBOL-Zeichenketten

2.2.2.1 COBOL-Wörter

a) Reservierte Wörter:

Die **reservierten Wörter** (engl.: reserved words) sind in der Definition der COBOL-Sprache vorgegeben. Ihre Zeichenfolge und Bedeutung sind exakt festgelegt und sie dürfen in einem COBOL-Programm nur in dieser Form und Bedeutung verwendet werden.

Für ANS-COBOL-85 gibt es eine genau definierte Menge von reservierten Wörtern.[7] Da allerdings jeder Implementor (EDV-Hersteller, Softwarehaus) in seiner COBOL-Implementierung Spracherweiterungen vorsehen kann[8], vergrößert sich dadurch

[7] Im Anhang finden Sie eine Übersicht über die reservierten Wörter der ANS-COBOL-Norm.

[8] Die COBOL-Norm stellt ja nur eine Mindestanforderung an die Implementierung dar.

möglicherweise auch die Menge der reservierten Wörter. Beim Codieren eines Programms müssen Sie sich daher im entsprechenden COBOL-Handbuch informieren, welche Wörter nun tatsächlich reserviert sind.

Bei den reservierten Wörtern sind Schlüsselwörter und Wahlwörter voneinander zu unterscheiden:

> **Schlüsselwörter** sind reservierte Wörter, deren Vorhandensein bei der syntaktisch richtigen Formulierung einer semantischen Einheit in einem COBOL-Programm (z.B. einer COBOL-Anweisung) unbedingt erforderlich ist, d.h. sie *müssen* verwendet werden, wenn die betreffende semantische Einheit codiert wird.

Bei der Beschreibung der COBOL-Sprachelemente (COBOL-Notation) werden Schlüsselwörter unterstrichen dargestellt (vgl. Abschnitt 2.2.4). Beispiele für Schlüsselwörter sind: ADD, MULTIPLY, CORR, GIVING, DIVISION usw.

> **Wahlwörter** ergänzen die Schlüsselwörter, haben jedoch keine Auswirkung auf die Bedeutung einer bestimmten semantischen Einheit. Wahlwörter sind wahlweise anwendbar und können daher auch weggelassen werden. Sie dienen lediglich der besseren Lesbarkeit eines Programms.

Bei der Beschreibung der COBOL-Sprachelemente sind Wahlwörter nicht unterstrichen (vgl. Abschnitt 2.2.4).

Daneben gibt es noch **spezielle reservierte Wörter**, von denen die figurativen Konstanten im Abschnitt 2.2.2.2 besprochen werden.

b) Programmiererwörter:

> **Programmiererwörter** (engl.: user-defined words) können vom Programmierer nach bestimmten Regeln frei gebildet werden. Diese Wörter dürfen nicht mit reservierten Wörtern identisch sein.

Programmiererwörter lassen sich – je nachdem, wofür sie gebildet wurden – in verschiedene Kategorien einteilen, z.B. Programmnamen, Datennamen, Dateinamen, Kapitelnamen, Paragraphennamen, Bedingungsnamen, Stufennummern usw. Für die Bildung von Programmiererwörtern gelten die folgenden Regeln:

- Die maximale Länge von Programmiererwörtern ist 30 Zeichen.
- Zulässige Zeichen sind:
  - die Buchstaben A bis Z,
  - die Ziffern 0 bis 9,
  - der Bindestrich.
- Der Bindestrich darf weder am Anfang noch am Ende des Programmiererworts stehen.
- Mit Ausnahme von Kapitelnamen, Paragraphennamen und Stufennummern müssen alle Programmiererwörter mindestens einen Buchstaben enthalten.

Hier wird zunächst nur auf Datennamen, Kapitelnamen und Paragraphennamen eingegangen. Die anderen Programmiererwörter werden an geeigneter Stelle in diesem Band besprochen.

Datennamen benennen Datenfelder mit variablem Inhalt. Durch den Datennamen kann der Inhalt eines Datenfelds angesprochen und zur Verarbeitung herangezogen werden.

Folgende Datennamen entsprechen den angeführten Regeln:

KUNDEN-BEGINN-KENNZEICHEN
ADRESSE
ZUNAME
ZAEHLER-1

Folgende Datennamen sind falsch gebildet:

21-85 .... kein Buchstabe vorhanden
FELD1- .... Bindestrich am Ende
INDEX .... reserviertes Wort

> **Kapitelnamen** und **Paragraphennamen** benennen Stellen in einem Programm, zu denen im Programmablauf von anderen Stellen aus verzweigt werden kann. Aus Kapitel- bzw. Paragraphennamen werden Kapitel- bzw. Paragraphenüberschriften gebildet. Durch diese wird ein Programm in Kapitel und Paragraphen unterteilt.[9]

Folgende Kapitel- bzw. Paragraphennamen entsprechen den oben angeführten Regeln:

START-ABSCHNITT
TP1
0123
SCHREIBEN-EINER-RUMPFZEILE
DRUCKEN-LISTENKOPF

Folgende Kapitel- bzw. Paragraphennamen sind falsch:

DRITTER-VERARBEITUNGS-PARAGRAPH
.... mehr als 30 Zeichen
-TEILPROBLEM5- ... Bindestrich am Anfang und am Ende
LÖSCHEN .... Umlaute nicht erlaubt
FEHLER VERARBEITUNG .... Leerstelle nicht erlaubt
DIVISION .... reserviertes Wort

Bei der Bildung von Programmiererwörtern sollte man stets auf mnemotechnische Grundsätze Rücksicht nehmen: Ein Datenname sollte in irgendeiner Form auf den Inhalt des betreffenden damit benannten Datenfelds hinweisen. Es ist z.B. unzweckmäßig, für ein Datenfeld, in dem Adressen abgespeichert sind, den Datennamen X24A32 zu vergeben. Besser wäre etwa ADR

[9] Näheres dazu folgt im Abschnitt 2.3.

oder ADRESSE. Gleiches gilt analog für alle anderen Kategorien von Programmiererwörtern: So sollten etwa Kapitel- oder Paragraphennamen immer auf den Inhalt des betreffenden Abschnitts des COBOL-Programms hinweisen.

c) Herstellerspezifische Bezeichnungen:

Herstellerspezifische Bezeichnungen (engl.: implementor-names) sind Wörter, die zwar den gleichen Bildungsregeln unterliegen wie die Programmiererwörter, die dem Programmierer allerdings vom Computerhersteller bzw. durch die jeweilige COBOL-Implementierung vorgegeben sind. Sie bezeichnen meist Hardwareeinheiten (z.B. Computer, Terminal, Konsole, Drucker usw.).

2.2.2.2 Literale

Literale (engl.: literals) sind Zeichenketten, die sich durch die Zeichenfolge selbst definieren (Konstanten). Das bedeutet, daß bei Literalen der Name identisch ist mit dem Wert. Gleichzeitig hat dies zur Folge, daß die Inhalte von Literalen nicht verändert werden können.

Man unterscheidet numerische und nicht-numerische Literale.

a) Numerische Literale:

Der Wert eines **numerischen Literals** (numerische Konstante) ist die algebraische Größe, die durch die Zeichen des Literals dargestellt wird.

Für die Bildung von numerischen Literalen gelten die folgenden Regeln:

- Ein numerisches Literal darf nicht mehr als 18 Dezimalstellen enthalten.

- Zulässige Zeichen sind:
  - die Ziffern 0 bis 9,
  - die Vorzeichen + bzw. –,
  - der Dezimalpunkt.
- Ein numerisches Literal muß mindestens eine Ziffer enthalten.
- Ein numerisches Literal darf maximal ein Vorzeichen besitzen. Dieses muß das am weitesten links stehende Zeichen des Literals sein. Ein numerisches Literal ohne Vorzeichen gilt als positiv.
- Ein numerisches Literal darf maximal einen Dezimalpunkt enthalten. Der Dezimalpunkt darf an jeder Stelle stehen, ausgenommen am rechten Ende des Literals.
- Ein numerisches Literal darf nicht in Anführungszeichen eingeschlossen werden. In diesem Falle würde es sich um ein nicht-numerisches Literal handeln.

Die folgenden numerischen Literale entsprechen den dargestellten Regeln:

12
3.14
+3.14
−3.14
−.0000001
12345.6789012345678

Die folgenden numerischen Literale sind falsch:

13,454 .... Dezimalkomma nicht erlaubt
8+ .... Vorzeichen am rechten Ende
−152. .... Dezimalpunkt am rechten Ende

b) Nicht-numerische Literale:

Der Wert eines **nicht-numerischen Literals** (nicht-numerische Konstante) ist jene Zeichenfolge, die durch das Literal dargestellt wird. Nicht-numerische Literale müssen in Anführungszeichen (") eingeschlossen sein.

Für die Bildung von nicht-numerischen Literalen gelten folgende Regeln:

- Die maximale Länge eines nicht-numerischen Literals ist 160 Zeichen. Als Länge gilt die Anzahl der Zeichen zwischen den beiden Anführungszeichen.
- Innerhalb der Anführungszeichen ist jedes Zeichen des auf einer EDV-Anlage verfügbaren Zeichenvorrats zulässig (daher auch Leerzeichen, Sonderzeichen, Umlaute). Da ein nicht-numerisches Literal lediglich als Zeichenfolge zu interpretieren ist, können innerhalb der beiden Anführungszeichen auch reservierte COBOL-Wörter vorhanden sein.

Die folgenden nicht-numerischen Literale entsprechen den oben dargestellten Regeln:

"DIVISIONSFEHLER, DA DIVISOR = 0"
"BITTE DIE ZAHL X EINGEBEN:_"
"+123"
"03.07.1988"
"DIE DIVISION IST FEHLGESCHLAGEN!"

Beachten Sie den Unterschied zwischen dem numerischen Literal +123 und dem nicht-numerischen Literal "+123": Während das numerische Literal den positiven algebraischen Wert 123 darstellt, ist das nicht-numerische Literal als eine Zeichenfolge von vier Zeichen zu interpretieren: das Pluszeichen „+" sowie die Zeichen „1", „2" und „3".

c) Figurative Konstanten:

Figurative Konstanten (engl.: figurative constant values) sind Konstanten, denen ein fixer Datenname (reserviertes COBOL-Wort) zugeordnet ist.

Die wichtigsten figurativen Konstanten sind:

- ZERO, ZEROS oder ZEROES
  (algebraischer Wert 0 oder alphanumerisches Zeichen „0“)
- SPACE oder SPACES (Leerstelle)
- HIGH-VALUE oder HIGH-VALUES
  (Zeichen mit der höchsten Rangordnung in der Sortierreihenfolge des COBOL-Programms)
- LOW-VALUE oder LOW-VALUES
  (Zeichen mit der niedrigsten Rangordnung in der Sortierreihenfolge des COBOL-Programms)
- ALL
  (mehrmalige Wiederholung des unmittelbar danach dargestellten nicht-numerischen Literals, z.B. ALL "*“).

2.2.2.3 PICTURE-Zeichenketten

PICTURE-Zeichenketten (engl.: PICTURE character-strings) dienen zur Festlegung von Feldattributen bei der Definition von Datenfeldern in COBOL. Sie werden aus ganz bestimmten Zeichen des COBOL-Zeichenvorrats gebildet.

Die Regeln zur Bildung von PICTURE-Zeichenketten werden im Abschnitt 2.4 dargestellt.

⟶ **Übungsaufgaben Nr. II–8 bis II–11 im Arbeitsbuch**

2.2.3 Trennzeichen und Interpunktion

Die COBOL-Norm definiert folgende *Trennzeichen*, durch die die einzelnen COBOL-Zeichenketten voneinander getrennt werden:

- Mindestens eine *Leerstelle* trennt zwei aufeinanderfolgende Zeichenketten (Wörter, Literale, PICTURE-Zeichenketten, in Klammern gesetzte Ausdrücke).
- *Komma* und *Semikolon* können – gefolgt von einer Leerstelle – überall dort verwendet werden, wo auch eine Leerstelle erlaubt ist. Diese Interpunktionszeichen werden verwendet, um z.B. mehrere aufeinanderfolgende Operanden, Klauseln oder Anweisungen voneinander zu trennen und so die Lesbarkeit des Programms zu verbessern.
- Ein *Punkt*, gefolgt von einer Leerstelle, kennzeichnet das Ende eines COBOL-Eintrags bzw. eines COBOL-Satzes.[10]
- *Rechte und linke Klammern* gliedern z.B. komplexe (zusammengesetzte) arithmetische Ausdrücke oder Bedingungen.
- *Anführungszeichen* zur Bildung von nicht-numerischen Literalen sind ebenfalls Trennzeichen. Vor einem Anführungszeichen-auf kann immer nur eine Leerstelle oder eine linke Klammer, nach einem Anführungszeichen-zu kann immer nur eine Leerstelle, ein Komma, ein Semikolon, ein Punkt oder eine rechte Klammer auftreten.

Obwohl die COBOL-Norm die Verwendung von Leerstellen vor und nach anderen Trennzeichen weitgehend freistellt, ist es sinnvoll, sich beim Schreiben eines COBOL-Programms an der in der deutschen Sprache gebräuchlichen Interpunktion, wie sie in jedem Buch eingehalten wird, zu orientieren, nicht zuletzt deshalb, weil damit die Lesbarkeit des Programms deutlich verbessert wird. Demnach ist nach einem Komma, einem Semikolon oder einem Punkt – soferne diese Zeichen als Interpunkti-

[10] Näheres dazu folgt im Abschnitt 2.3.1.

onszeichen verwendet werden – immer eine Leerstelle zu schreiben, vorher jedoch nie. Einer linken Klammer soll nicht unmittelbar ein Leerzeichen folgen; einer rechten Klammer soll nicht unmittelbar ein Leerzeichen vorausgehen. Beliebig viele Leerstellen können dazu verwendet werden, um Einrückungen oder bestimmte Fluchtlinien im Text einzuhalten, die die Übersichtlichkeit des Programmtextes erhöhen sollen.

2.2.4 COBOL-Notation

> Durch die syntaktisch richtige Aneinanderreihung von COBOL-Zeichenketten und Trennzeichen entstehen Texteinheiten, denen jeweils eine bestimmte Bedeutung zugeordnet ist („semantische Einheiten"): **COBOL-Phrasen** (engl.: phrases), **COBOL-Klauseln** (engl.: clauses) bzw. **COBOL-Anweisungen** (engl.: statements). Klauseln bzw. Anweisungen werden zu **COBOL-Einträgen** (engl.: entries) bzw. zu **COBOL-Sätzen** (engl.: sentences) verkettet. Diese können in **Paragraphen** (engl.: paragraphs) bzw. in **Kapiteln** (engl.: sections) zusammengefaßt sein, denen wiederum **Programmteile** (engl.: divisions) übergeordnet sind.[11]

Um die formalen Regeln für die Bildung solcher semantischer Einheiten übersichtlich darstellen und die inhaltliche Bedeutung dieser Einheiten beschreiben zu können, definiert die COBOL-Norm eine eigene „Sprache", die COBOL-Notation.

[11] Näheres dazu folgt im Abschnitt 2.3.1.

Die **COBOL-Notation** ist eine Metasprache, die zur Beschreibung der formalen Regeln dient, die bei der Abfassung eines COBOL-Programms einzuhalten sind. Mit Hilfe der COBOL-Notation kann der syntaktisch richtige Aufbau jeder einzelnen semantischen Einheit eines COBOL-Programms dargestellt werden. Dazu werden sog. **Formate** verwendet.

Die Regeln der COBOL-Notation sollen in der Folge anhand eines Formats für die Addieranweisung erläutert werden:

```
    { Bezeichner-1 }
ADD {              }... TO { Bezeichner-2 [ ROUNDED ] }...
    { Literal-1    }
---                     --                  -------

    [ ON SIZE ERROR unbedingte-Anweisung-1 ]
         ---- -----

    [ NOT ON SIZE ERROR unbedingte-Anweisung-2 ]
      ---    ---- -----

    [ END-ADD ]
      -------
```

Ein Format besteht im allgemeinen aus Wörtern in Großschreibung, Wörtern in Groß-/Kleinschreibung, eckigen Klammern, geschwungenen Klammern, drei aufeinanderfolgenden Punkten und sonstigen Einzelzeichen (z.B. Vergleichsoperatoren usw.).

- In Großbuchstaben geschriebene Wörter sind reservierte COBOL-Wörter.

  Im oben angeführten Beispiel sind demnach die Wörter ADD, TO, ROUNDED, ON, SIZE, ERROR, NOT und END-ADD reservierte COBOL-Wörter.

- Reservierte COBOL-Wörter, die im Format unterstrichen sind, sind obligatorisch, d.h. sie müssen bei Verwendung der im Format dargestellten Einheit im COBOL-Programm codiert werden (Schlüsselwörter).

  Im dargestellten Beispiel sind alle vorhandenen reservierten COBOL-Wörter mit Ausnahme von ON Schlüsselwörter.

- Reservierte COBOL-Wörter, die nicht unterstrichen sind, sind wahlweise anwendbar und können auch weggelassen werden (Wahlwörter).

  Im angeführten Beispiel ist ON ein Wahlwort.

- Wörter in Groß-/Kleinschreibung sind Platzhalter, die COBOL-Wörter, Literale, PICTURE-Zeichenketten oder komplette Einträge repräsentieren.

  Im angeführten Beispiel steht etwa „Bezeichner-2" für einen an dieser Stelle der Anweisung anzuführenden eindeutigen Datennamen. „Unbedingte-Anweisung-1" steht z.B. für eine an dieser Stelle zu codierende unbedingte COBOL-Anweisung.

- Angaben in eckigen Klammern sind Zusätze. Diese Angaben sind zu codieren, wenn die betreffende Funktion erwünscht ist; sie können weggelassen werden, wenn diese Funktion nicht gebraucht wird.

  In unserem Beispiel sind die Zusätze „ROUNDED", „ON SIZE ERROR unbedingte-Anweisung-1", „NOT ON SIZE ERROR unbedingte-Anweisung-2" und „END-ADD" vorhanden und in eckige Klammern eingeschlossen. Daher können diese Zusätze auch weggelassen werden, wenn die Funktionen, die sie bewirken (z.B. Runden des Additionsergebnisses), nicht gewünscht sind.

- Bei Angaben in geschwungenen Klammern muß genau eine der untereinander dargestellten Auswahlmöglichkeiten entweder explizit geschrieben oder implizit ausgewählt werden.

  Im Beispiel sind u.a. Bezeichner-1 und Literal-1 von geschwungenen Klammern eingeschlossen. Als erster Operand nach dem Schlüsselwort ADD kann also entweder ein Datenname (z.B. MENGE-IN-KG) oder ein Literal (z.B. +14) angegeben werden.

- Drei aufeinanderfolgende Punkte zeigen an, daß die im Format unmittelbar davor dargestellte Einheit beliebig oft wiederholt werden kann.

  Drei aufeinanderfolgende Punkte sind im dargestellten Beispielbefehl u.a. hinter der Angabe

$$\left\{ \text{Bezeichner-2} \left[\underline{\text{ROUNDED}} \right] \right\}\ldots$$

angeführt. Das bedeutet, daß hinter dem Schlüsselwort TO beliebig viele Ergebnisfelder für die Addition angeführt werden können.

Eine Kombination der letzten beiden Regeln finden Sie in der Angabe

$$\left\{ \begin{matrix} \text{Bezeichner-1} \\ \text{Literal-1} \end{matrix} \right\}\ldots$$

Diese Darstellung ist wie folgt zu interpretieren:

- Als erster Operand der ADD-Anweisung kann entweder ein eindeutiger Datenname oder ein Literal angegeben werden (geschwungene Klammer).
- Es können beliebig viele Operanden für die ADD-Anweisung herangezogen werden (drei aufeinanderfolgende Punkte).

- Sind in einem Format die Sonderzeichen + (Pluszeichen), – (Minuszeichen), > (Größer-Zeichen), < (Kleiner-Zeichen), = (Gleichheitszeichen), >= (Größer-Gleich-Zeichen), <= (Kleiner-Gleich-Zeichen) oder . (Punkt) bzw. Stufennummern[12] vorhanden, so sind diese Zeichen stets obligatorisch, d.h. sie haben den Status eines Schlüsselworts, auch wenn sie nicht unterstrichen sind.

  Bei einem numerischen Vergleich

$$\text{Bezeichner-1} \left\{ \begin{matrix} > \\ = \\ < \\ >= \\ <= \end{matrix} \right\} \text{Bezeichner-2}$$

  sind die Vergleichsoperatoren nach dieser Regel immer anzugeben.

[12] Näheres dazu folgt im Abschnitt 2.4.

Aus dem oben dargestellten Format für die ADD-Anweisung können entsprechend den erläuterten Regeln z.B. folgende COBOL-Anweisungen abgeleitet werden:[13]

-
```
ADD 1 TO ZAHL1 ZAHL2 ZAHL3
  SIZE ERROR     MOVE "ACHTUNG!" TO MELDUNG-AM-BILDSCHIRM
  NOT SIZE ERROR MOVE "HURRA!"   TO MELDUNG-AM-BILDSCHIRM.
```

-
```
ADD 1 TO ZAHL1, ZAHL2, ZAHL3;
  ON SIZE ERROR     MOVE "ACHTUNG!" TO MELDUNG-AM-BILDSCHIRM,
  NOT ON SIZE ERROR MOVE "HURRA!"   TO MELDUNG-AM-BILDSCHIRM,
END-ADD.
```

  Diese Anweisung ist in ihrer Bedeutung mit der zuvor dargestellten Anweisung absolut identisch, jedoch sind alle Wahlwörter und Interpunktionszeichen hinzugefügt.

-
```
ADD ZAHL4, ZAHL5, 200 TO ZAHL6 ROUNDED, ZAHL7.
```

  Der Zusatz ROUNDED ist bei den nach dem Wort TO stehenden Operanden wahlweise. Er ist beim Operanden ZAHL6 angegeben, weil dieser gerundet werden soll; bei ZAHL7 ist er weggelassen, weil kein kaufmännisches Runden gewünscht ist.

→ **Übungsaufgaben Nr. II–12 bis II–13 im Arbeitsbuch**

2.2.5 COBOL-Programmschema

Beim Abfassen der einzelnen Zeilen eines COBOL-Programms ist eine Reihe von formalen Vorschriften zu beachten. Die Formulierung der COBOL-Einträge bzw. -Anweisungen hat in einem vorgegebenen **COBOL-Programmschema** (engl.: reference format) zu erfolgen, das in bestimmte Bereiche unterteilt ist (Abb. 2.2).

L bezeichnet dabei den linken Rand der COBOL-Zeile, C die 7., A die 8., B die 12. Position und R den rechten Rand. Ob-

[13] Die inhaltliche Bedeutung dieser COBOL-Anweisungen werden Sie nach der Lektüre des Abschnitts 2.5 verstehen.

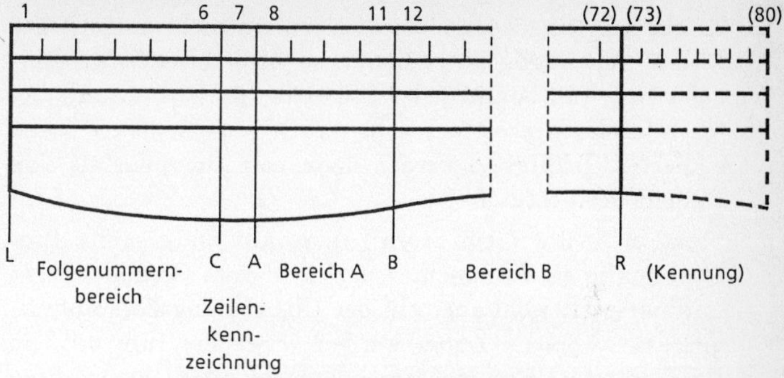

Abb. 2.2: COBOL-Programmschema

wohl die COBOL-Norm nichts über die Länge einer COBOL-Zeile aussagt, sind praktisch alle heute verfügbaren Compiler aus historischen Gründen, aus Gründen der Kompatibilität zu früheren COBOL-Versionen und aus diversen darstellungstechnischen Gründen (Bildschirme haben standardmäßig 80 Zeichen pro Zeile) auf das alte, insgesamt 80-spaltige Programmschema ausgelegt.

- Spalten 1 bis 6: Folgenummernbereich

  In diesen Spalten hat der Programmierer die Möglichkeit, Quellenprogrammzeilen durchzunumerieren. Diese Einträge haben allerdings ausschließlich Dokumentationscharakter, weil die Zeilen auf magnetischen Datenträgern anderweitig durchnumeriert werden. Im allgemeinen läßt der Programmierer diese Spalten daher frei.

- Spalte 7: Zeilenkennzeichnung

  Durch einen Eintrag in Spalte 7 wird die Art der betreffenden Zeile festgelegt. Steht in Spalte 7 ein Leerzeichen, handelt es sich um eine „normale" Programmzeile des Quellenprogramms, die vom Compiler auch als solche zu übersetzen ist. Durch einen Bindestrich in Spalte 7 wird eine Zeile als Folgezeile, durch einen Stern oder einen Schrägstrich als Kommentarzeile definiert:

Reicht z.B. eine Zeile nicht aus, um ein nicht-numerisches Literal vollständig zu codieren, so wird durch einen Bindestrich (-) in Spalte 7 der Folgezeile die Fortsetzung dieses Literals angezeigt. Die beiden in verschiedenen Zeilen codierten Teilliterale werden dann vom Compiler als eine Einheit betrachtet.

Steht in Spalte 7 ein Stern (*), so gilt die gesamte Programmzeile als Kommentar und wird vom Compiler nicht mitübersetzt, wohl aber auf der Übersetzungsliste mitausgedruckt. Solche Zeilen werden verwendet, um z.B. im Programmtext Kommentare einzufügen oder Überschriften durch Unterstreichungen hervorzuheben u.ä. Ein Schrägstrich (/) in Spalte 7 hat die gleiche Bedeutung wie ein Stern, nur wird beim Ausdrucken des Programmtextes am Drucker mit der betreffenden (Kommentar-)Zeile eine neue Seite begonnen.

- Spalten 8 bis 11: Bereich A

  In diesen Spalten müssen die Überschriften aller Abschnitte eines COBOL-Programms beginnen: die Überschriften der vier COBOL-Programmteile, die Überschriften aller Kapitel und die Überschriften aller Paragraphen. Ebenfalls im Bereich A müssen bestimmte Einträge in der DATA DIVISION beginnen.[14]

- Spalten 12 bis 72: Bereich B

  In Spalte 12 oder rechts davon beginnen alle anderen COBOL-Einträge der IDENTIFICATION DIVISION, der ENVIRONMENT DIVISION und der DATA DIVISION bzw. die COBOL-Anweisungen der PROCEDURE DIVISION.[15] Überschreitet ein Eintrag oder ein Befehl die Kapazität einer Zeile, so erfolgt die Fortsetzung in der nächsten Zeile in Spalte 12 oder rechts davon.

---

[14] Näheres dazu folgt in den Abschnitten 2.3.4, 2.4.2 und 3.2.

[15] Näheres dazu folgt in den Abschnitten 2.3, 2.4 und 2.5.

- Spalten 73 bis 80: Kennung

  Als man zur Programmierung noch Lochkarten verwendete, wurden diese Spalten dazu benutzt, um den Programmnamen auf jeder Lochkarte zu codieren. Heute haben diese Spalten keinerlei Bedeutung und werden vom Programmierer freigelassen.

Das gesamte COBOL-Programm wird also im Bereich zwischen den Spalten 7 und dem durch die jeweilige COBOL-Implementierung vorgegebenen rechten Rand (im allgemeinen Spalte 72) codiert. Leerzeilen und Kommentarzeilen können in beliebiger Anzahl in das Programm eingefügt werden.

2.3 Aufbau eines COBOL-Programms

2.3.1 Formale Struktur eines COBOL-Programms

Um den Aufbau eines COBOL-Programms zu verstehen, sollten Sie sich zunächst klarmachen, welche wesentlichen Bestandteile ein (systemunabhängiges) Programm eigentlich enthalten muß, damit es von einem Computer auch ausgeführt werden kann:

- Zunächst ist es notwendig, das Programm durch einen eindeutigen *Namen* zu identifizieren.
- Es muß im Programm die konkrete *Systemumgebung* beschrieben werden (EDVA, auf der das Programm kompiliert bzw. ausgeführt werden soll; Namen von Hardwareeinheiten; Zuweisung von physischen Dateien etc.).
- Alle *Dateneinheiten*, die das Programm im Hauptspeicher verarbeiten soll, müssen hinsichtlich Länge und Datentyp beschrieben und durch einen Datennamen „adressierbar“ gemacht werden.

- Es muß der *Lösungsalgorithmus*, d.h. die durch das Struktogramm bereits festgelegte Folge von Arbeitsanweisungen, codiert werden.

Die hierarchische Struktur eines COBOL-Programms wird in Abb. 2.3 in Form eines Datenstrukturdiagramms dargestellt.

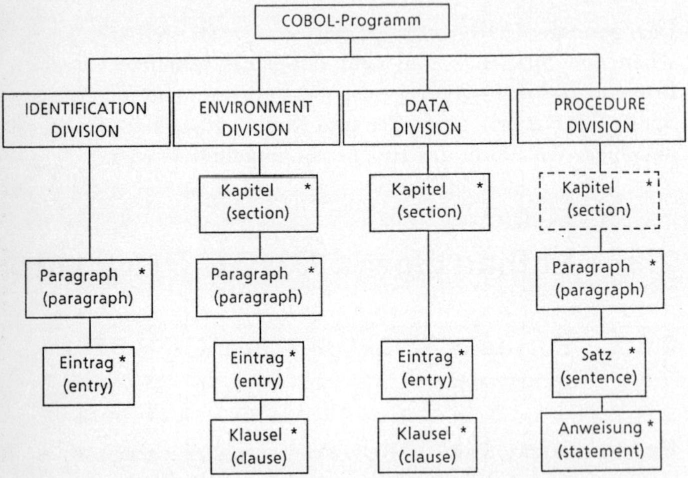

Abb. 2.3: Struktur eines COBOL-Programms

Um diese hierarchische Struktur verständlich zu machen, sei an dieser Stelle ein einfaches, aber vollständiges COBOL-Programm dargestellt (Abb. 2.4).[16]

[16]Sie müssen hier noch nicht alle Details dieses Programms verstehen. Arbeiten Sie zunächst in Ruhe die nächsten Abschnitte durch und blättern Sie immer wieder zu dieser Abbildung zurück. Das Beispiel dient zur Veranschaulichung des Aufbaus eines COBOL-Programms und zur Beschreibung der wichtigsten Grundzüge der COBOL-Programmierung. Wenn Sie die nächsten Abschnitte durchgearbeitet haben, werden Sie auch die Funktionen dieses einfachen Programms bzw. die Bedeutung und Funktionsweise der einzelnen darin enthaltenen COBOL-Klauseln und -Anweisungen verstehen. Wenn Sie bereits gelernt haben, die Ihnen auf „Ihrer“ EDVA zur Verfügung stehende COBOL-Programmentwicklungsumgebung zu benutzen (Übungsaufgabe 7 im Ar-

```
1    6 7 8   12                                                       (72)

       IDENTIFICATION DIVISION.
      ************************

       PROGRAM-ID. DEMO1.


       ENVIRONMENT DIVISION.
      *********************

       CONFIGURATION SECTION.
       SOURCE-COMPUTER. IBM-3083.
       OBJECT-COMPUTER. IBM-3083.
       SPECIAL-NAMES.
           CONSOLE IS BS.


       DATA DIVISION.
      **************

       WORKING-STORAGE SECTION.
       77  A                 PIC 99.
       77  B                 PIC 99.
       77  SUMME             PIC 999.
       77  DIFFERENZ         PIC 99.
       77  PRODUKT           PIC 9999.
       77  QUOTIENT          PIC 99.


       PROCEDURE DIVISION.
      *******************

       BERECHNUNGEN.
           DISPLAY "GEBEN SIE BITTE DIE ZAHL A EIN: " UPON BS,
           ACCEPT A FROM BS.
           DISPLAY "UND JETZT BITTE EINE ZAHL B (<= A, > 0): "
                    UPON BS,
           ACCEPT B FROM BS.
           ADD A, B          GIVING SUMME,
           SUBTRACT B FROM A GIVING DIFFERENZ,
           MULTIPLY A BY B   GIVING PRODUKT,
           DIVIDE A BY B     GIVING QUOTIENT.
           DISPLAY "SUMME =      ", SUMME     UPON BS,
           DISPLAY "DIFFERENZ = ", DIFFERENZ UPON BS,
           DISPLAY "PRODUKT =    ", PRODUKT   UPON BS,
           DISPLAY "QUOTIENT =   ", QUOTIENT  UPON BS.
           STOP RUN.
```

Abb. 2.4: Beispiel eines COBOL-Quellenprogramms

2.3.1.1 Divisions

Wie Sie aus Abb. 2.4 erkennen können, ist ein COBOL-Programm entsprechend den oben angeführten Erfordernissen aus vier großen Programmabschnitten zusammengesetzt.

Ein COBOL-Programm besteht aus vier **Programmteilen** (engl.: divisions), deren Reihenfolge vorgeschrieben ist:

- Identifizierungsteil (IDENTIFICATION DIVISION),
- Maschinenbeschreibungsteil (ENVIRONMENT DIVISION),
- Datenbeschreibungsteil (DATA DIVISION),
- Prozedurteil (PROCEDURE DIVISION).

Jeder dieser vier Programmteile besteht aus einer Division-Überschrift (= Name der Division gefolgt von einer Leerstelle, dem Wort DIVISION und einem Punkt) und entweder aus einem oder mehreren Kapiteln und/oder aus einem oder mehreren Paragraphen: Die ENVIRONMENT DIVISION, die DATA DIVISION und u.U. die PROCEDURE DIVISION weisen eine Gliederung in Kapitel auf, die IDENTIFICATION DIVISION und die PROCEDURE DIVISION sind in Paragraphen unterteilt. Unbedingt anzuführen ist nur die IDENTIFICATION DIVISION; alle anderen Divisions sind nur zu codieren, wenn sie benötigt werden.[17]

---

beitsbuch), dann können Sie nach dem Durcharbeiten des Abschnitts 2.3 versuchen, dieses einfache COBOL-Programm mit den für „Ihren" Compiler notwendigen Änderungen abzuschreiben (in „Ihren" Editor einzugeben), auf Magnetplatte zu speichern und anschließend zu übersetzen und auszuführen.

[17] Wir werden bei den in der Folge dargestellten Beispielen aus Kompatibilitätsgründen zu früheren COBOL-Versionen bzw. aus Gründen der Allgemeingültigkeit der getroffenen Aussagen Programmteile teilweise auch dann codieren, wenn sie laut COBOL-Norm nicht unbedingt notwendig wären.

Im oben dargestellten Beispiel (Abb. 2.4) sind alle vier Divisions codiert. Die Sternchenzeilen nach den Division-Überschriften sind Kommentarzeilen (Stern in Spalte 7 des COBOL-Programmschemas) und dienen – ebenso wie die eingefügten Leerzeilen – nur zur optischen Hervorhebung der Überschriften.

2.3.1.2 Kapitel

Die zweithöchste Gruppierung innerhalb eines Programms bilden die **Kapitel** (engl.: sections). Sie bestehen aus einer Kapitelüberschrift (= Kapitelname gefolgt von einer Leerstelle, dem Wort SECTION und einem Punkt) und aus mindestens einem Paragraphen (mit Ausnahme der DATA DIVISION, die keine Paragraphengliederung aufweist, sondern unmittelbar aus COBOL-Einträgen besteht). Die Gliederung in Kapitel ist nicht für alle Divisions obligatorisch. Die Kapitelnamen der ENVIRONMENT DIVISION und der DATA DIVISION sind als reservierte Wörter vorgegeben.

Im Falle des in Abb. 2.4 dargestellten Beispiels besteht die ENVIRONMENT DIVISION aus einem Kapitel mit der Kapitelüberschrift CONFIGURATION SECTION., die DATA DIVISION aus einem Kapitel WORKING-STORAGE SECTION.

2.3.1.3 Paragraphen

> **Paragraphen** (engl.: paragraphs) sind den Kapiteln untergeordnet. Sie bestehen aus einer Paragraphenüberschrift (Paragraphenname gefolgt von einem Punkt und einer Leerstelle) und mindestens einem COBOL-Eintrag (in der IDENTIFICATION DIVISION und in der ENVIRONMENT DIVISION) bzw. mindestens einem COBOL-Satz (in der PROCEDURE DIVISION). Die Paragraphennamen sind für die IDENTIFICATION DIVISION und die ENVIRONMENT DIVISION als reservierte Wörter vorgegeben.

Im oben dargestellten Beispiel besteht die IDENTIFICATION DIVISION aus einem Paragraphen mit dem Namen PROGRAM-ID, die CONFIGURATION SECTION aus den Paragraphen SOURCE-COMPUTER, OBJECT-COMPUTER und SPECIAL-NAMES und die PROCEDURE DIVISION aus einem Paragraphen BERECHNUNGEN.

2.3.1.4 Einträge und Sätze

> Ein **COBOL-Eintrag** (engl.: entry; nur in der IDENTIFICATION DIVISION, ENVIRONMENT DIVISION und DATA DIVISION) setzt sich aus einer oder mehreren COBOL-Klauseln zusammen. Ein **COBOL-Satz** (engl.: sentence; nur in der PROCEDURE DIVISION) besteht aus einer oder mehreren COBOL-Anweisungen. COBOL-Einträge bzw. COBOL-Sätze werden immer durch einen Punkt abgeschlossen, dem eine Leerstelle folgt.

COBOL-Einträge sind im angeführten Beispiel: der Programmname „DEMO1.", die Computerbezeichnung „IBM-3083.", der SPECIAL-NAMES-Eintrag „CONSOLE IS BS." und die Datenbeschreibungseinträge in der WORKING-STORAGE SECTION (z.B. „77 A PIC 99."). Ein Beispiel für einen COBOL-Satz ist etwa die Befehlsfolge

„DISPLAY "UND JETZT BITTE EINE ZAHL B (<= A, > 0): " UPON BS, ACCEPT B FROM BS."

2.3.1.5 Klauseln und Anweisungen

Die kleinsten logischen Einheiten eines COBOL-Programms sind **COBOL-Klauseln** (engl.: clauses) (IDENTIFICATION DIVISION, ENVIRONMENT DIVISION, DATA DIVISION) bzw. **COBOL-Anweisungen** (engl.: statements) (PROCEDURE DIVISION). COBOL-Klauseln (bzw. ganze Einträge) definieren oder beschreiben bestimmte Sachverhalte, die für die Anweisungen der PROCEDURE DIVISION bzw. für die Programmausführung von Relevanz sind. Eine COBOL-Anweisung beginnt immer mit einem COBOL-Verb, das den jeweiligen Verarbeitungsschritt beschreibt. Klauseln bzw. Anweisungen können unter Umständen noch **COBOL-Phrasen** (engl.: phrases) enthalten.

Ein Beispiel für eine Klausel ist im oben dargestellten Programm die PIC(TURE)-Klausel „PIC 99". Der Befehl „ADD A, B GIVING SUMME" ist ein Beispiel für eine COBOL-Anweisung.

2.3.2 IDENTIFICATION DIVISION

Der **Identifizierungsteil (IDENTIFICATION DIVISION)** ist immer der erste Teil eines COBOL-Programms. Er enthält die zur Identifizierung des Programms nötigen Angaben (Programmname); weiters kann der Programmierer in diesem Programmteil Kommentare jeder Art einfügen, die der Dokumentation dienen (Programmautor, Kompilierungsdatum, Versionsnummer usw.).[18]

[18] Dafür sind in der COBOL-Norm eigene Paragraphen vorgesehen. Da man aber derartige Dokumentationshinweise auch durch Kommentarzei-

Format[19]

IDENTIFICATION DIVISION.
PROGRAM-ID. Programmname.

Syntaktische Regeln

- Die Überschrift IDENTIFICATION DIVISION. beginnt – ebenso wie die Paragraphenüberschrift PROGRAM-ID. – immer im Bereich A des COBOL-Programmschemas (Spalten 8 bis 11).
- Der Programmname unterliegt den Regeln zur Bildung von Programmiererwörtern und beginnt immer im Bereich B des COBOL-Programmschemas. Bei den meisten Compilern ist die Länge des Programmnamens mit 8 Zeichen begrenzt.
- Der Paragraph PROGRAM-ID ist obligatorisch.

Beschreibung

Der im PROGRAM-ID-Paragraphen angegebene Programmname identifiziert das COBOL-Quellenprogramm sowie das zugehörige übersetzte Objektprogramm und die durch den Kompiliervorgang erzeugte Übersetzungsliste.

Beispiel

Als Beispiel betrachten Sie die IDENTIFICATION DIVISION des in Abb. 2.4 dargestellten COBOL-Programms DEMO1.

→ **Übungsaufgabe Nr. II–14 im Arbeitsbuch**

len anführen kann (Stern in Spalte 7 des COBOL-Programmschemas) und die erwähnten Paragraphen überdies in der COBOL-Norm als „obsolete elements" gekennzeichnet sind (d.h. daß sie bei einer eventuellen Revision der COBOL-Norm eliminiert werden), werden sie hier nicht besprochen.

[19] In der Folge werden in den Formaten nur jene Einheiten dargestellt, die im weiteren Text auch erklärt werden.

2.3.3 ENVIRONMENT DIVISION

Der **Maschinenbeschreibungsteil (ENVIRONMENT DIVISION)** ist der zweite Teil eines COBOL-Programms. Er enthält alle für das Programm nötigen Angaben über die konkrete Programmumgebung und stellt damit das Bindeglied zwischen dem systemunabhängigen Datenbeschreibungs- und Prozedurteil des COBOL-Programms einerseits und der realen Programmumwelt (Hardware, Systemsoftware) andererseits dar. Im ersten Teil der ENVIRONMENT DIVISION wird die Hardwarekonfiguration beschrieben, die für die Programmkompilierung sowie -ausführung vorgesehen ist; zusätzlich können Vereinbarungen über spezielle Hardwareeinheiten getroffen werden (CONFIGURATION SECTION). Der zweite Teil der ENVIRONMENT DIVISION enthält die für den Datentransfer zwischen externen Datenträgern und Objektprogramm nötigen Informationen (INPUT-OUTPUT SECTION).

Format

```
ENVIRONMENT DIVISION.
[ CONFIGURATION SECTION.
    [ SOURCE-COMPUTER. Computername. ]
    [ OBJECT-COMPUTER. Computername. ]
    [ SPECIAL-NAMES.
        [ herstellerspez.-Bezeichnung IS mnemonischer-Name ] ...
        [ DECIMAL-POINT IS COMMA ] .                          ] ]
[ INPUT-OUTPUT SECTION.
  FILE-CONTROL.
  { FILE-CONTROL-Eintrag } ... ]
```

Syntaktische Regeln

- Die Division-Überschrift, die beiden Kapitelüberschriften sowie alle Paragraphenüberschriften müssen im Bereich A des COBOL-Programmschemas beginnen (Spalten 8 bis 11), alle anderen im Format angeführten Einträge bzw. Klauseln beginnen frühestens in Spalte 12 (Bereich B).
- Werden die angeführten Kapitel bzw. Paragraphen benötigt, so müssen sie in der im Format angegebenen Reihenfolge codiert werden. Wird die INPUT-OUTPUT SECTION benötigt, so ist der FILE-CONTROL-Paragraph obligatorisch.
- Der anzugebende Computername ist eine herstellerspezifische Bezeichnung (vgl. auch Abschnitt 2.2.2.1) und dem Programmierer somit vorgegeben. Der Name des Source-Computers muß nicht mit dem Namen des Object-Computers identisch sein.

Beschreibung

Die ENVIRONMENT DIVISION besteht aus zwei Kapiteln: der CONFIGURATION SECTION und der INPUT-OUTPUT SECTION.

> Die **CONFIGURATION SECTION** beschreibt die für die Programmumwandlung und -ausführung zur Verfügung stehende Hardware.

Die CONFIGURATION SECTION ist in drei Paragraphen unterteilt:

> Der **SOURCE-COMPUTER-Paragraph** enthält die Beschreibung des Computers, auf dem das Programm kompiliert werden soll.

Wird der SOURCE-COMPUTER-Paragraph nicht codiert, so wird automatisch jener Computer als Source-Computer angenommen, auf dem das Programm übersetzt wird.

Der **OBJECT-COMPUTER-Paragraph** enthält die Beschreibung des Computers, auf dem das Programm ausgeführt werden soll.

Wird der OBJECT-COMPUTER-Paragraph nicht codiert, so wird automatisch jener Computer als Object-Computer angenommen, der in der jeweiligen Compilerimplementierung durch den Hersteller (engl.: implementor) festgelegt ist. Meist ist der Object-Computer identisch mit dem Source-Computer.

Der **SPECIAL-NAMES-Paragraph** enthält

- Klauseln für die Zuordnung von problembezogenen Bezeichnungen, die vom Programmierer frei gebildet werden können, zu herstellerabhängigen Bezeichnungen (z.B. für Hardwareeinheiten) und
- eine Klausel zur Umstellung von angloamerikanischer Dezimalpunkt-Schreibweise auf deutsche Dezimalkomma-Schreibweise.

Durch die Klausel „herstellerspezifische-Bezeichnung IS mnemonischer-Name" kann bestimmten (Hardware-)Einheiten, deren Bezeichnung durch den Hersteller (implementor) vorgegeben ist, eine herstellerunabhängige Bezeichnung zugeordnet werden, die im Programm benutzt wird, um die betreffende Einheit anzusprechen. Die Bildung des mnemonischen Namens unterliegt den allgemeinen Regeln für die Bildung von Programmiererwörtern (vgl. Abschnitt 2.2.2.1).

Beispiel:

CONSOLE IS BS.

Der Hardwarekomponente mit der herstellerspezifischen Bezeichnung CONSOLE wird durch diesen Eintrag eine programminterne Bezeichnung BS (für Bildschirm) verliehen. Unter diesem Namen kann das Peripheriegerät im Programm angesprochen werden, wenn z.B. Daten auf dem Terminalbildschirm ausgegeben werden sollen.

Die Klausel „DECIMAL-POINT IS COMMA“ bewirkt die Umstellung von angloamerikanischer Dezimalpunkt-Schreibweise auf die deutsche Dezimalkomma-Schreibweise: Der Währungsbetrag DM 120000 wird ohne DECIMAL-POINT IS COMMA-Klausel in angloamerikanischer Schreibweise als DM 120,000.00 geschrieben, in deutscher Schreibweise unter Verwendung der DECIMAL-POINT IS COMMA-Klausel als DM 120.000,00. Diese Vertauschung von Punkt und Komma wirkt sich auf *alle* numerischen Literale und *alle* in der DATA DIVISION definierten numerischen und numerisch-druckaufbereiteten Datenfelder aus.[20]

> Die **INPUT-OUTPUT SECTION** dient der Zuordnung von programmintern verwendeten Dateinamen zu den auf externen Speichermedien gespeicherten Datenbeständen und enthält alle Informationen, die für die Steuerung der Datenübertragung zwischen einem externen Speichermedium und dem Objektprogramm notwendig sind.

Die INPUT-OUTPUT SECTION ist nur zu codieren, wenn im Programm Datensätze von auf externen Datenträgern gespeicherten Dateien verarbeitet werden sollen. Sie ist in Paragraphen unterteilt, von denen in diesem Band nur der FILE-CONTROL-Paragraph behandelt wird.[21]

Beispiel

Als Beispiel dazu betrachten Sie die ENVIRONMENT DIVISION des in Abb. 2.4 dargestellten COBOL-Programms DEMO1:

Da im Programm DEMO1 keine Dateien verarbeitet werden, wird die INPUT-OUTPUT SECTION nicht benötigt. Aus der CONFIGURATION SECTION ist zu entnehmen, daß das Programm auf einer IBM-3083-EDVA übersetzt und ausgeführt wurde. Im SPECIAL-NAMES-Paragraphen wird der Hardwareeinheit, die in der

[20] Näheres dazu folgt im Abschnitt 2.4.

[21] Im Detail wird die INPUT-OUTPUT SECTION im Kapitel 3 besprochen.

IBM-COBOL-Implementierung CONSOLE heißt, der programminterne Name BS zugeordnet.[22] Eine Umstellung von Dezimalpunkt-Schreibweise auf Dezimalkomma-Schreibweise erfolgt nicht, da die DECIMAL-POINT IS COMMA-Klausel nicht codiert wurde.

Übungsaufgabe Nr. II–15 im Arbeitsbuch ←

2.3.4 DATA DIVISION

> Der dritte Teil eines COBOL-Programms ist der **Datenbeschreibungsteil (DATA DIVISION)**. In der DATA DIVISION werden alle Daten beschrieben, die vom Programm als Eingaben akzeptiert, verändert, erzeugt bzw. ausgegeben werden sollen.

Format

```
DATA DIVISION.
[ FILE SECTION.                                                        ]
[ [ Datei-                  { Dateipuffer-              }     ]        ]
[ [ beschreibungseintrag    { beschreibungseintrag      } ... ] ...    ]

[ WORKING-STORAGE SECTION.                                  ]
[ [ Stufennummer-77-Datenbeschreibungseintrag ]             ]
[ [ Datensatzbeschreibungseintrag             ] ...         ]
```

[22] Die in diesem Kurs dargestellten Demonstrations- und Übungsprogramme wurden auf einer IBM-3083-EDVA unter dem Betriebssystem VM/SP-CMS mit dem COBOL-Compiler VS COBOL II codiert, übersetzt und getestet. Wenn Sie einen anderen Compiler auf Ihrer EDVA verwenden, so müssen Sie sich über die in der ENVIRONMENT DIVISION verwendeten herstellerspezifischen Bezeichnungen (Computername, Name für die Bildschirmeinheit) im COBOL-Handbuch des betreffenden Herstellers informieren.

```
[ LINKAGE SECTION.                                        ]
[ [ Stufennummer-77-Datenbeschreibungseintrag ]           ]
[ [ Datensatzbeschreibungseintrag             ] ...       ]
```

Syntaktische Regeln

- Die Division-Überschrift und die drei Kapitelüberschriften beginnen immer im Bereich A des COBOL-Programmschemas (Spalten 8 bis 11).
- Wenn die einzelnen im Format angeführten Kapitel im COBOL-Programm gebraucht werden, müssen sie in der angegebenen Reihenfolge codiert werden.

Beschreibung

Die DATA DIVISION besteht aus drei Kapiteln, in denen die Datenfelder für die im Programm zu verarbeitenden Daten definiert werden. Grundsätzlich sind alle vom Programm verwendeten Daten in der WORKING-STORAGE SECTION zu beschreiben. Es gibt aber auch Daten, die das betreffende Programm „von außen" bekommt, z.B. aus auf Magnetplatte gespeicherten Dateien oder von anderen Programmen. Für die „Übergabe" solcher Daten sind in der DATA DIVISION jeweils spezielle Eingabe-/Ausgabebereiche zu definieren, über die das Programm mit seiner Umwelt „kommunizieren" kann. Für Daten, die in Dateien enthalten sind und zur Verarbeitung in den Arbeitsspeicher eingelesen werden müssen bzw. für Daten, die vom Programm in Dateien auf die Magnetplatte hinausgeschrieben werden sollen, sind solche Eingabe-/Ausgabebereiche (wir nennen sie in der Folge *Dateipuffer*) in der FILE SECTION zu definieren. Werden Daten aus einem anderen Programm übernommen (Unterprogrammtechnik), so sind die übernommenen Daten in der LINKAGE SECTION zu beschreiben.

In der **FILE SECTION** werden die im Programm verwendeten Dateien (Dateibeschreibungseinträge) und die dazugehörigen Dateipuffer (Dateipufferbeschreibungseinträge) beschrieben.

Die **WORKING-STORAGE SECTION** enthält die Beschreibung aller Daten, die nicht Teil externer Dateien sind und die nur programmintern zur Verarbeitung verwendet werden (z.B. Zähler, Schalter, Rechenfelder, Zwischenergebnisfelder, Felder zur Ausgabe am Bildschirm usw.).

Die **LINKAGE SECTION** ist nur in einem von einem anderen Programm aufgerufenen Programm (Unterprogramm) zu codieren. In ihr werden die Daten beschrieben, die von einem aufrufenden Programm an das aufgerufene Programm übergeben bzw. von diesem zurückgeliefert werden.[23]

In welcher Form Daten generell zu beschreiben bzw. Datenfelder zu definieren sind, wird im Abschnitt 2.4 besprochen. Die Einträge in der FILE SECTION werden im Kapitel 3, die Einträge in der LINKAGE SECTION im Kapitel 7 dargestellt.

Beispiel

Als Beispiel dazu betrachten Sie wiederum das in Abb. 2.4 dargestellte COBOL-Programm. Da dieses Programm weder externe Dateien verarbeiten noch mit einem anderen Programm „kommunizieren" muß, ist in diesem Beispiel in der DATA DIVISION nur die WORKING-STORAGE SECTION codiert. In ihr werden die für das Programm notwendigen Datenfelder beschrieben.

[23] Vgl. dazu auch Abschnitt 1.3.2.3.

2.3.5 PROCEDURE DIVISION

> Der vierte Teil eines COBOL-Programms ist der **Prozedurteil (PROCEDURE DIVISION)**. Er enthält in Form von syntaktisch richtigen COBOL-Anweisungen die einzelnen Verarbeitungsschritte, die den Lösungsalgorithmus einer Datenverarbeitungsaufgabe bilden.

Format 1

```
PROCEDURE DIVISION [ USING { Datenname-1 } ... ] .

 { Kapitelname SECTION.

 [ Paragraphenname.

     [ Satz ] ... ] ... } ...
```

Format 2

```
PROCEDURE DIVISION [ USING { Datenname-1 } ... ] .

 {Paragraphenname.

     [ Satz ] ... } ...
```

Syntaktische Regeln

- Die Division-Überschrift, die Kapitelüberschriften sowie die Paragraphenüberschriften beginnen immer im Bereich A des COBOL-Programmschemas (Spalten 8 bis 11).
- COBOL-Sätze beginnen immer im Bereich B des COBOL-Programmschemas (ab Spalte 12).
- Die rechte Begrenzung des COBOL-Programmschemas (meistens Spalte 72) darf nicht überschritten werden. Ist ein

Satz oder eine Anweisung länger, so kann die Fortsetzung in der nächsten Zeile ab Spalte 12 erfolgen.

- Die Regeln zur Bildung von Kapitel- bzw. Paragraphennamen wurden bereits im Abschnitt 2.2.2.1 besprochen.
- Während die PROCEDURE DIVISION in einen oder mehrere Paragraphen unterteilt sein *muß*, ist eine Aufteilung in Kapitel nicht unbedingt notwendig (Format 2).
- Die Angabe der USING-Klausel ist nur notwendig, wenn die PROCEDURE DIVISION einem von einem anderen Programm aufgerufenen COBOL-Programm angehört und Daten vom aufrufenden Programm an das aufgerufene übergeben werden sollen. Die Bedeutung dieser Klausel wird erst im Kapitel 7 erläutert.

Beschreibung

Den hierarchischen Aufbau der PROCEDURE DIVISION haben Sie bereits in Abb. 2.3 kennengelernt: Die PROCEDURE DIVISION besteht (wahlweise) aus einem oder mehreren Kapiteln, diese wiederum aus einem oder mehreren Paragraphen. Ein Paragraph umfaßt eine Folge von COBOL-Sätzen, die sich wiederum aus Anweisungen zusammensetzen.

Bei der Programmausführung werden die einzelnen in der PROCEDURE DIVISION enthaltenen Anweisungen in jener Reihenfolge abgearbeitet, in der sie angeführt sind (von oben nach unten), es sei denn, daß (explizite oder implizite) Verzweigungen zu anderen Programmteilen im Programmtext vorgesehen sind.

Beispiele

- Ein einfaches Beispiel soll die Gliederung der PROCEDURE DIVISION erläutern (Abb. 2.5):

```
PROCEDURE DIVISION.
ANFANG SECTION.
BEGINN.
    COBOL-Sätze ...
INITIALISIEREN.
    COBOL-Sätze ...
VERARBEITUNG SECTION.
LESEN.
    COBOL-Sätze ...
ARBEIT.
    COBOL-Sätze ...
ENDE.
    COBOL-Sätze ...
```

Abb. 2.5: Beispiel einer PROCEDURE DIVISION

Die PROCEDURE DIVISION besteht in diesem Beispiel aus zwei Kapiteln, von denen die ANFANG SECTION aus den beiden Paragraphen BEGINN und INITIALISIEREN besteht, die VERARBEITUNG SECTION aus den drei Paragraphen LESEN, ARBEIT und ENDE. Die einzelnen Paragraphen setzen sich aus einem oder mehreren COBOL-Sätzen zusammen.

- Als weiteres Beispiel betrachten Sie die PROCEDURE DIVISION des in Abb. 2.4 dargestellten COBOL-Programms. Die PROCEDURE DIVISION besteht in diesem Beispiel aus einem Paragraphen BERECHNUNGEN, der mehrere COBOL-Sätze (durch Punkte voneinander getrennt) enthält. Die Sätze bestehen zum Teil aus mehreren Anweisungen.

→ **Übungsaufgabe Nr. II–16 im Arbeitsbuch**

2.4 Datenbeschreibung in COBOL

Sie haben bereits im Abschnitt 2.3.4 gelernt, daß alle Daten, die in einem COBOL-Programm verarbeitet werden sollen, in der DATA DIVISION detailliert beschrieben werden müssen. COBOL sieht nämlich ein umfassendes Konzept vor, um ein Programm so maschinenunabhängig wie nur möglich zu machen: Der Programmierer definiert in der DATA DIVISION jene Dateneinheiten (Datenelemente, engl: data items), auf die dann in der PROCEDURE DIVISION durch COBOL-Anweisungen Bezug genommen wird.[24] Bei der Definition solcher Datenelemente in der DATA DIVISION werden Feldattribute und Feldnamen vereinbart, d.h. es wird festgelegt, wie lange das betreffende Datenelement ist, welchen Datentyp es aufweisen soll und unter welchem Namen es in den Anweisungen der PROCEDURE DIVISION adressiert werden soll. Weiters kann der Programmierer noch die Beziehungen eines Datenelements zu anderen Datenelementen beschreiben und damit ganze Datenstrukturen (in der COBOL-Norm auch Datensätze (records) genannt) darstellen. Aufgrund dieser in der DATA DIVISION getroffenen Vereinbarungen (Datenbeschreibungen) werden bei der Ausführung des Objektprogramms im Hauptspeicher Speichereinheiten entsprechender Länge reserviert. Die Inhalte dieser Speichereinheiten werden durch die Ausführung von Anweisungen, die in der PROCEDURE DIVISION enthalten sind, angesprochen. Der Programmierer muß sich in seinem COBOL-Programm daher (im allgemeinen) nicht um die systeminterne Datendarstellung kümmern, sondern kann Datenelemente maschinenunabhängig definieren und verwenden.

In diesem Abschnitt werden zunächst die Grundregeln der Datenbeschreibung besprochen, die für alle drei Kapitel der DATA DIVISION relevant sind. Darüber hinausgehende Regeln für die Beschreibung der Dateipuffer in der FILE SECTION bzw. für die Einträge in der LINKAGE SECTION werden in den Kapiteln 3 bzw. 7 dargestellt.

[24] Diese Dateneinheiten werden in der Folge auch als „Datenfelder“ bezeichnet.

2.4.1 Allgemeine Regeln zur Beschreibung von Datenfeldern in COBOL

Zur Beschreibung eines Datenfelds ist in COBOL folgendes Format heranzuziehen:

Format

```
             [ Datenname ] [ { PICTURE }                 ]
Stufennummer [           ] [ {         } IS Zeichenkette ]
             [ FILLER    ] [ { PIC     }                 ]

     [ VALUE IS Literal ] .
```

Ein **Datenbeschreibungseintrag** (engl.: data description entry) besteht somit aus folgenden Elementen:

- einer Stufennummer,
- einem programminternen Namen für das definierte Datenfeld (Datenname oder FILLER),
- einer PICTURE-Klausel zur Beschreibung der Feldattribute Länge und Typ des Datenfelds,
- verschiedenen Zusatzklauseln zur Beschreibung weiterer Feldeigenschaften.[25]

Die einzelnen Klauseln können in beliebiger Reihenfolge angeführt werden, lediglich der Datenname (bzw. FILLER) muß der Stufennummer, die das erste Element eines Datenbeschreibungseintrags sein muß, unmittelbar folgen.

[25] In diesem (vereinfachten) Format ist zunächst nur die VALUE-Zusatzklausel angeführt. Später werden Sie auch noch weitere Zusatzklauseln kennenlernen (vgl. Abschnitt 2.8).

2.4.2 Stufennummern

Die **Stufennummer** beschreibt die Position eines Datenfelds innerhalb einer hierarchischen Datenstruktur. Durch die Stufennummer kommt also die hierarchische Beziehung zwischen Datenfeldern zum Ausdruck.

Syntaktische Regeln

- Die Stufennummer ist immer das erste Element eines Datenbeschreibungseintrags.
- Bei der Definition von Datenfeldern (in der WORKING-STORAGE SECTION) dürfen grundsätzlich die Stufennummern 01 bis 49 und 77 verwendet werden. Eine besondere Bedeutung haben noch die Stufennummern 66 und 88.[26]
- Die Stufennummern 01 und 77 müssen immer im Bereich A des COBOL-Programmschemas beginnen (Spalten 8 bis 11), alle anderen Stufennummern können in Spalte 8 oder rechts davon beginnen.

Beschreibung

Es gibt Datenfelder, die zueinander in Beziehung stehen (Datenstrukturen, Datensätze), und Datenfelder, die unabhängig von irgendwelchen anderen Datenfeldern existieren (unabhängige Datenfelder).

Für unabhängige Datenfelder, die keiner hierarchischen Gliederung unterliegen (d.h. Datenfelder, die nicht Teil eines anderen Datenfelds sind und die auch nicht weiter unterteilt sind), verwendet man die Stufennummer 77; für Datenfelder, die untereinander in Beziehung stehen, werden die Stufennummern 01 bis 49 verwendet. Dabei sind folgende Regeln anzuwenden:

[26] Näheres dazu folgt im Abschnitt 2.8.

- Bei der Beschreibung von Feldern, die untereinander in Beziehung stehen (Datenstruktur), erhält das Datenelement auf der höchsten hierarchischen Stufe immer die Stufennummer 01.
- Untergeordnete Datenfelder bekommen eine der Unterordnung entsprechende höhere Stufennummer zwischen 02 und 49, wobei die Durchnumerierung nicht lückenlos aufsteigend erfolgen muß.
- Alle Unterteilungen eines Datenfelds (d.h. Datenelemente mit einer höheren Stufennummer) müssen *vor* dem nächsten Datenfeld mit der gleichen oder einer niedrigeren Stufennummer beschrieben werden.

> Datenelemente, die nicht weiter unterteilt sind, nennt man auch **elementare Datenelemente** (engl.: elementary data items); alle übrigen Datenelemente in einer Datenstruktur bezeichnet man als **Datengruppen** (engl.: group items). Die Datengruppe auf der höchsten Hierarchiestufe wird als **Datensatz** (engl.: record) bezeichnet.

Beispiel

In der Folge sollen die Grundsätze der Datenbeschreibung anhand eines Arbeitsspeicherbereichs dargestellt werden, der die Daten eines Personalstammsatzes aufnehmen soll. Der Datensatz hat folgenden Aufbau (Abb. 2.6).

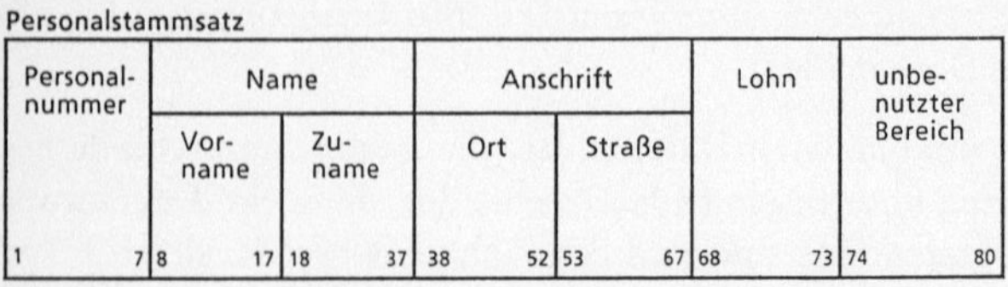

Abb. 2.6: Aufbau eines Personalstammsatzes

Der höchste, alle anderen Datenelemente umfassende Begriff ist hierbei „Personalstammsatz". Dieser erhält daher die Stufennummer 01 (Datensatz).

Auf der nächsten Stufe sind diesem Gesamtbereich Speicherbereiche für Personalnummer, Name, Anschrift und Lohn sowie ein Bereich untergeordnet, der nicht benannt werden soll. Diese Datenelemente sind untereinander gleichwertig und erhalten daher alle dieselbe Stufennummer (z.B. 05).

Der Bereich für den Namen ist eine Datengruppe und enthält zwei Datenelemente für Vor- und Zuname, der Bereich für die Anschrift ist ebenfalls eine Datengruppe und besteht aus zwei Bereichen für Ort und Straße. Diese (elementaren) Datenelemente erhalten daher wiederum eine dieser Unterordnung entsprechende höhere Stufennummer (z.B. 10).

2.4.3 Feldnamen

Einem Datenfeld muß immer (explizit oder implizit) auch ein Name zugeordnet werden.

Datennamen benennen Felder mit variablem Inhalt. Der Inhalt des Datenfelds kann über diesen Namen durch COBOL-Anweisungen angesprochen werden. Für Datenbereiche, die im Programm wohl definiert, nicht aber explizit durch COBOL-Anweisungen angesprochen werden müssen, vergibt man den speziellen Namen **FILLER**.

Syntaktische Regeln

- Ein Datenname oder das Wort FILLER muß der Stufennummer unmittelbar folgen.
- Die Regeln zur Bildung von Datennamen wurden bereits im Abschnitt 2.2.2.1 beschrieben.
- FILLER ist ein reserviertes COBOL-Wort und kann innerhalb eines Programms beliebig oft vergeben werden.

- Wird kein Feldname angegeben, so wird das beschriebene Datenelement automatisch mit dem Namen FILLER versehen.

Beispiel

Die Datenbeschreibung des Personalstammsatzes aus Abschnitt 2.4.2 sieht nach Vergabe von Datennamen für die entsprechenden Datenelemente wie folgt aus:

```
01  PERSONALSTAMMSATZ
    05 PERSONALNUMMER
    05 NAME
       10 VORNAME
       10 ZUNAME
    05 ANSCHRIFT
       10 ORT
       10 STRASSE
    05 LOHN
    05 FILLER
```

Mit dieser (vorläufigen) Datenbeschreibung haben wir die einzelnen (logischen) Teile des 80-stelligen Personalstammsatzes durch die Zuordnung eines Feldnamens adressierbar gemacht und die hierarchischen Beziehungen der Felder untereinander zum Ausdruck gebracht. Das Feld PERSONALSTAMMSATZ stellt dabei einen Datensatz, die Felder NAME und ANSCHRIFT stellen Datengruppen dar. Alle übrigen Felder sind elementare Datenelemente.

2.4.4 PICTURE-Klausel

Neben der Beschreibung der Stellung eines Datenfelds in einer hierarchischen Datenstruktur (Stufennummer) und der Vergabe eines Feldnamens, mit dem der Inhalt dieses Datenfelds vom Programm aus adressiert werden kann, ist es auch notwendig, die Eigenschaften eines Felds (Feldattribute) festzulegen. Für die Feldattribute Länge und Datentyp geschieht dies durch die PICTURE-Klausel, die für alle elementaren Datenelemente angeführt werden muß.

Die **PICTURE-Klausel** beschreibt die generellen Feldeigenschaften, d.h. die Länge und den Typ eines Datenfelds.

<u>Format</u>

$$\left\{\begin{array}{l}\underline{\text{PICTURE}}\\ \underline{\text{PIC}}\end{array}\right\}\ \text{IS Zeichenkette}$$

<u>Syntaktische Regeln</u>

- Die PICTURE-Klausel darf nur für elementare Datenelemente codiert werden. Für jedes elementare Datenelement *muß* eine PICTURE-Klausel vorgesehen werden.
- PIC ist lediglich eine Abkürzung und daher gleichbedeutend mit PICTURE.
- Die in der PICTURE-Klausel angegebene Zeichenkette ist eine Folge von Zeichen, die nach bestimmten Regeln kombiniert werden. Durch die Anzahl der Zeichen wird die Feldlänge, durch die verwendeten Zeichen selbst wird der Feldtyp festgelegt.
- Die Zeichenkette darf maximal 30 Zeichen umfassen.[27]

2.4.4.1 Feldtypen

Es gibt grundsätzlich drei Typen von Feldern:

- numerische Felder,
- alphabetische Felder,
- alphanumerische Felder.

---

[27] Damit ist die Anzahl der in der PICTURE-Zeichenkette enthaltenen Zeichen gemeint, nicht jedoch die Feldlänge: Alphabetische und alphanumerische Felder können bis zu 160 Zeichen lang sein, numerische Felder dürfen bis zu 18 Dezimalstellen enthalten.

Zur Festlegung des Feldtyps werden in COBOL bestimmte Symbole in der PICTURE-Zeichenkette verwendet:

- Durch die Verwendung des Symbols 9 werden **numerische Felder** definiert. Felder, mit denen im Programm mathematische Operationen ausgeführt werden sollen, müssen als numerisch definiert sein. Numerische Felder dürfen bis zu 18 Dezimalstellen enthalten.
- Durch die Verwendung des Symbols A werden **alphabetische Felder** beschrieben.
- Durch die Verwendung des Symbols X werden **alphanumerische Felder** definiert.

Die Symbole haben folgende Bedeutung:

Jedes **Symbol 9** in der PICTURE-Zeichenkette repräsentiert eine Position, die nur numerische Werte (Ziffern 0 bis 9) enthalten darf.

Jedes **Symbol A** in der PICTURE-Zeichenkette repräsentiert eine Feldposition, die nur Zeichen des Buchstabenalphabets (inklusive Leerzeichen) enthalten darf.

Jedes **Symbol X** in der PICTURE-Zeichenkette repräsentiert eine Position, in der jedes beliebige auf der betreffenden EDVA verfügbare Zeichen enthalten sein kann.

Für die Definition von numerischen Feldern (und nur für diese) gibt es zwei Zusatzsymbole:

Durch das **Symbol S** wird bestimmt, daß bei einem numerischen Datenfeld ein Vorzeichen mitgeführt werden soll (d.h. daß ein numerisches Datenfeld auch negative Werte annehmen kann).

Das Symbol S darf nur als erstes Zeichen der den Feldtyp bestimmenden PICTURE-Zeichenkette angeführt sein. Das Vorzeichen belegt dabei keine eigene Stelle im Hauptspeicher, sondern wird nur als „gedachtes“ Vorzeichen mitgeführt. Deshalb zählt das Vorzeichensymbol S auch nicht mit zur Feldlänge. Wie das Vorzeichen systemintern mitgeführt wird, ist der jeweiligen COBOL-Implementierung überlassen. Meist wird, wenn durch Zusatzklauseln in der Datenbeschreibung nichts anderes festgelegt wird, das Vorzeichen in der letzten Speicherstelle des numerischen Datenfelds mitgespeichert.

Anmerkung: Wird eine Zahl in ein numerisches Feld eingelesen, das ohne das Symbol S beschrieben wurde, so wird diese Zahl immer als positiv interpretiert (auch wenn die Zahl ursprünglich negativ war).

Das **Symbol V** definiert in numerischen Feldern die Stelle des Dezimalpunkts.

V darf, ebenso wie S, innerhalb einer Definition eines numerischen Datenfelds nur einmal vorkommen und belegt keine eigene Stelle im Hauptspeicher, sondern zeigt nur den „gedachten“ Dezimalpunkt an. V zählt daher nicht mit zur Feldlänge.

2.4.4.2 Feldlänge

Die Länge eines Datenfelds wird durch die **Anzahl der in der PICTURE-Zeichenkette verwendeten Grundsymbole** beschrieben.

Zum Beispiel beschreibt die Klausel „PIC IS 999“ ein dreistelliges numerisches Datenfeld, die Klausel „PIC IS XX“ ein zweistelliges alphanumerisches Datenfeld. Müssen mehrere gleiche Symbole 9, A oder X hintereinander geschrieben werden, so kann man die PICTURE-Zeichenkette auch abkürzen, indem man das gewünschte Zeichen einmal schreibt und den Wiederholungsfaktor in Klammern anführt. Somit ist „PIC IS 99999" gleichbedeutend mit „PIC IS 9(5)".

Die PICTURE-Klausel muß – wie bereits erwähnt – für alle elementaren Datenelemente, d.h. für alle Datenfelder, die nicht mehr weiter unterteilt sind, codiert werden. Datengruppen haben immer – unabhängig von den Feldeigenschaften der untergeordneten elementaren Datenfelder – den Typ alphanumerisch. Die Länge einer Datengruppe ergibt sich als die Summe der Längen der untergeordneten Datengruppen bzw. elementaren Datenelemente.

Beispiel

- Um die oben erläuterten Regeln für die Definition von Feldtyp und Feldlänge zu veranschaulichen, soll das Beispiel aus Abschnitt 2.4.2 vervollständigt werden:

  Die Länge der einzelnen Felder ist durch die Spalteneinteilung in Abb. 2.6 angezeigt. Die einzelnen Felder sollen folgenden Feldtyp aufweisen:

  PERSONALNUMMER .... alphanumerisch[28]
  VORNAME und ZUNAME .... alphanumerisch[29]
  ORT .... alphabetisch[30]
  STRASSE .... alphanumerisch
  LOHN .... numerisch in DM und Pfennig

[28] Es ist zweckmäßig, Datenfelder nur dann als numerisch zu definieren, wenn im Programm damit arithmetische Berechnungen oder numerische Druckaufbereitungen (z.B. Unterdrückung führender Nullen) ausgeführt werden sollen. Ist dies nicht der Fall (wie z.B. bei einer Personalnummer), so genügt es, das Feld als alphanumerisch zu definieren, auch wenn ausschließlich Ziffern darin enthalten sind.

[29] Ein alphabetisches Feld ist ein Sonderfall eines alphanumerischen Datenfelds. In der Praxis definiert man daher – wenn man die Wahl hat – immer ein alphanumerisches Datenfeld. Damit ist gewährleistet, daß z.B. in einem Namensfeld auch Sonderzeichen (Bindestrich bei Doppelnamen, Apostroph) verwendet werden können.

[30] Dieses Feld ist lediglich aus didaktischen Gründen alphabetisch definiert. An diesem Datenfeld soll die Verwendung des Grundsymbols A gezeigt werden.

FILLER .... alphanumerisch.

Die vollständige Datendefinition des Personalstammsatzes ergibt sich damit wie folgt:

```
01  PERSONALSTAMMSATZ.
    05 PERSONALNUMMER           PIC X(7).
    05 NAME.
       10 VORNAME               PIC X(10).
       10 ZUNAME                PIC X(20).
    05 ANSCHRIFT.
       10 ORT                   PIC A(15).
       10 STRASSE               PIC X(15).
    05 LOHN                     PIC 9(4)V99.
    05 FILLER                   PIC X(7).
```

Die Felder NAME und ANSCHRIFT (Datengruppen) sind jeweils 30 Zeichen lang und vom Typ alphanumerisch. Das Feld PERSONALSTAMMSATZ ist 80 Stellen lang und ebenfalls alphanumerisch.

- Als weiteres Beispiel betrachten Sie nochmals das in Abb. 2.4 dargestellte COBOL-Programm. Es werden dort in der WORKING-STORAGE SECTION der DATA DIVISION zwei Datenfelder A und B definiert, die jeweils 2-stellig numerisch sind. Zusätzlich sind vier Ergebnisfelder für mathematische Operationen codiert, denen die Namen SUMME, DIFFERENZ, PRODUKT bzw. QUOTIENT zugeordnet wurden. Auch diese Felder sind numerisch definiert und weisen eine Länge auf, die sicherstellt, daß alle Rechenergebnisse darin abgelegt werden können, soferne A und B so eingegeben werden, daß B immer kleiner als A und von 0 verschieden ist.

Übungsaufgaben Nr. II–17 bis II–18 im Arbeitsbuch ⟵

2.4.4.3 Druckaufbereitung

Bisher haben wir bei der Beschreibung von Datenfeldern lediglich definiert, wie die Daten intern im Hauptspeicher gespeichert und zur Verarbeitung herangezogen werden sollen, oder genauer gesagt, wie unser Programm die im Hauptspeicher für die Programmausführung vorhandenen Zeichenfolgen als Daten(einheiten) interpretieren soll (mit *gedachtem* Dezimalpunkt, mit *gedachtem* Vorzeichen). Durch das Konzept der maschinenunabhängigen Datenbeschreibung braucht der Programmierer im Programm im allgemeinen keine komplizierten Angaben darüber machen, wie die Daten maschinenintern tatsächlich dargestellt werden.

Sollen aber Daten über ein Peripheriegerät ausgegeben werden (z.B. Anzeige von Feldinhalten am Bildschirm), so ist es sinnvoll, die Feldinhalte derart aufzubereiten, daß sie auch für den Menschen gut lesbar sind (nämlich mit einem *richtigen* Dezimalpunkt und einem *richtigen* Vorzeichen). Neben der „Sichtbarmachung" des Dezimalpunkts und des Vorzeichens bei numerischen Feldern gibt es aber noch eine Reihe weiterer Mittel für die optische Gestaltung von Ausgabedaten.

Die Umsetzung der internen Datendarstellung in eine für die (Drucklisten- oder Bildschirm-)Ausgabe adäquate Darstellungsform nennt man **Druckaufbereitung.**[31]

Die Druckaufbereitung erfolgt, indem die aufzubereitenden Daten in ein Datenfeld übertragen werden, das unter Verwendung von bestimmten Symbolen in der PICTURE-Zeichenkette als „druckaufbereitet" definiert wurde. Es gibt in COBOL daher noch zwei zusätzliche Feldtypen:

- numerisch-druckaufbereitete Datenfelder und
- alphanumerisch-druckaufbereitete Datenfelder.

Solche Felder verhalten sich so, als wären sie alphanumerisch

[31] Der Begriff „Druckaufbereitung" stammt aus der Zeit, als man die für den Programmbenutzer bestimmten Daten praktisch ausschließlich auf Listen ausdrucken konnte. Für heutige Verhältnisse (Anzeige von Ausgabedaten am Bildschirm) ist dieser Begriff daher etwas unpräzise. Der englische Ausdruck „editing" ist allgemeiner und trifft den Inhalt wesentlich besser.

definiert worden: Mit druckaufbereiteten Feldern können keine mathematischen Operationen ausgeführt werden.

a) Druckaufbereitung alphanumerischer Daten:

Die PICTURE-Zeichenkette eines **alphanumerisch-druckaufbereiteten Datenfelds** (engl.: alphanumeric edited data item) ist aus den Symbolen 9, A, X, B, 0 und / zusammengesetzt und muß mindestens ein Symbol X oder A enthalten. Bei der Druckaufbereitung alphanumerischer Daten erfolgt die Ausrichtung der Feldinhalte im druckaufbereiteten Feld immer linksbündig. Rechts überstehende Zeichen werden abgeschnitten, fehlende Zeichen durch Leerstellen ergänzt.

Die Symbole haben folgende Bedeutung:

Jedes **Symbol 9** in der PICTURE-Zeichenkette repräsentiert eine Position innerhalb eines alphanumerisch-druckaufbereiteten Datenfelds, die nur numerische Werte (Ziffern 0 bis 9) enthalten darf.

Jedes **Symbol A** in der PICTURE-Zeichenkette repräsentiert eine Position innerhalb eines alphanumerisch-druckaufbereiteten Datenfelds, die nur Zeichen des Buchstabenalphabets (inklusive Leerzeichen) enthalten darf.

Jedes **Symbol X** in der PICTURE-Zeichenkette repräsentiert eine Position innerhalb eines alphanumerisch-druckaufbereiteten Datenfelds, in der jedes beliebige auf der betreffenden EDVA verfügbare Zeichen enthalten sein kann.

Die Symbole B, 0 und / sind Einfügungszeichen:

Jedes **Symbol B** in der PICTURE-Zeichenkette eines alphanumerisch-druckaufbereiteten Datenfelds repräsentiert eine Position, in die eine Leerstelle eingefügt wird.

Jedes **Symbol 0** in der PICTURE-Zeichenkette eines alphanumerisch-druckaufbereiteten Datenfelds repräsentiert eine Position, in die eine Null eingefügt wird.

Jedes **Symbol /** in der PICTURE-Zeichenkette eines alphanumerisch-druckaufbereiteten Datenfelds repräsentiert eine Position, in die ein Schrägstrich eingefügt wird.

Die folgende Übersicht soll diese Ausführungen verdeutlichen (Abb. 2.7).[32]

Sendefeld		Empfangsfeld	
PICTURE-Zeichen-kette	Feldinhalt	PICTURE-Zeichen-kette	Feldinhalt
A(10)	ERICHMEIER	A(5)BBA(5)	ERICH__MEIER
X(7)	20%MWST	99BXBA(4)	20_%_MWST
X(5)	COBOL	XBXBXBXBX	C_O_B_O_L
X(3)	A10	X(3)B000	A10_000
X(6)	241288	XX/XX/XX	24/12/88

Abb. 2.7: Druckaufbereitung alphanumerischer Daten

[32] Gehen Sie dabei davon aus, daß – wie dies häufig geschieht – die Daten zur Druckaufbereitung von einem nicht-druckaufbereiteten Datenfeld (Sendefeld) durch eine MOVE-Anweisung (Näheres hierzu folgt im Abschnitt 2.5.1.3) in ein druckaufbereitetes Feld übertragen werden.

b) Druckaufbereitung numerischer Daten:

Die PICTURE-Zeichenkette eines **numerisch-druckaufbereiteten Datenfelds** (engl.: numeric edited data item) ist aus den Zeichen 9, B, 0, /, . (Punkt), , (Komma), Z, *, + und – zusammengesetzt. Bei der Druckaufbereitung numerischer Daten erfolgt die Ausrichtung der Feldinhalte im druckaufbereiteten Feld immer dem Dezimalpunkt entsprechend. Überstehende Zeichen werden dabei abgeschnitten, fehlende Zeichen durch Nullen ergänzt.

Die Bedeutung der Symbole 9, B, 0 und / ist die gleiche wie bei der Druckaufbereitung alphanumerischer Datenfelder.

Das **Symbol .** (Punkt) ist ein Einfügungszeichen. Es markiert den Dezimalpunkt für die Ausrichtung des Feldinhalts und repräsentiert eine Position, in der ein Punkt eingefügt wird („Sichtbarmachen des gedachten Dezimalpunkts").

Das Symbol . (Punkt) darf in der PICTURE-Zeichenkette nur einmal vorkommen. Bei der Bestimmung der Länge des druckaufbereiteten Datenfelds zählt der Dezimalpunkt mit zur Feldlänge (Abb. 2.8).

Das **Symbol ,** (Komma) ist ein Einfügungszeichen und repräsentiert eine Position, in die ein Komma eingefügt wird.

Im angloamerikanischen Raum verwendet man das Komma zum Trennen von Tausenderstellen. Ebenso wie alle anderen Einfügungszeichen zählt das Komma mit zur Länge des druckaufbereiteten Felds (Abb. 2.9).

Wurde im SPECIAL-NAMES-Paragraphen des Programms jedoch die DECIMAL-POINT IS COMMA-Klausel angegeben, so sind im gesamten Programm die Funktionen von Punkt und Komma vertauscht. Es gelten dann die für den Punkt vorgesehenen Regeln für das Komma und umgekehrt. Dieser Umstand

Sendefeld		Empfangsfeld	
PICTURE-Zeichen-kette	Feldinhalt	PICTURE-Zeichen-kette	Feldinhalt
999V99	123$_{\perp}$45	999.99	123.45
999V99	123$_{\perp}$45	999.999	123.450
999V99	678$_{\perp}$90	9999.9	0678.9
999V99	234$_{\perp}$56	99.999	34.560

Abb. 2.8: Druckaufbereitung numerischer Daten unter Verwendung des Symbols . (Punkt)

Sendefeld		Empfangsfeld	
PICTURE-Zeichen-kette	Feldinhalt	PICTURE-Zeichen-kette	Feldinhalt
9(4)	1420	9,999	1,420
9(7)V99	1420678$_{\perp}$45	9,999,999.99	1,420,678.45
999	123	99,999	00,123
9999V99	1236$_{\perp}$78	9,999.99	1,236.78

Abb. 2.9: Druckaufbereitung numerischer Daten unter Verwendung des Symbols , (Komma)

ist bei der Felddefinition in den PICTURE-Klauseln zu berücksichtigen.

Das **Symbol Z** dient zur Unterdrückung führender Nullen. Befindet sich an dieser Stelle eine führende Null, so wird sie durch ein Leerzeichen ersetzt.

Als führende Null gilt jede Null, die sich links vom Dezimalpunkt *und* links von der ersten von Null verschiedenen Ziffer des numerischen Werts befindet. Das Zeichen Z kann in einer PICTURE-Zeichenkette daher auch mehrmals vorkommen, darf aber nicht rechts von einem Symbol 9 codiert werden. Befindet sich innerhalb einer Folge von mehreren Nullenunterdrückungszeichen ein anderes Einfügungszeichen (z.B. ein Komma), so wird dieses ebenfalls durch Leerstellen ersetzt, wenn unmittelbar links davon die Nullenunterdrückung wirksam wird (Abb. 2.10).

Sendefeld		Empfangsfeld	
PICTURE-Zeichenkette	Feldinhalt	PICTURE-Zeichenkette	Feldinhalt
9(5)	00045	ZZZZ9	___45
9(5)	00567	Z9999	_0567
999V99	056$_{\perp}$78	ZZZ.99	_56.78
999V99	000$_{\perp}$01	ZZZ.999	___.010
9(5)	00000	ZZZZZ	_____
9(5)V999	07642$_{\perp}$360	ZZZ,ZZ9.999	__7,642.360
9(5)V999	00642$_{\perp}$360	ZZZ,ZZ9.999	____642.360

Abb. 2.10: Druckaufbereitung numerischer Daten unter Verwendung des Symbols Z

> Das **Symbol** * dient dazu, führende Nullen durch Sterne zu ersetzen („Schutzsterne").

Es gelten exakt die gleichen Regeln wie für die Verwendung des Symbols Z (Abb. 2.11).

Sendefeld		Empfangsfeld	
PICTURE-Zeichenkette	Feldinhalt	PICTURE-Zeichenkette	Feldinhalt
9(5)	23456	*****9	*23456
9(5)	00234	*(5)9	***234
99V99	12⊥34	***.99	*12.34
99V99	00⊥04	**.99	**.04
9(5)V99	02345⊥10	**,**9.99	*2,345.10
9(5)V99	00345⊥10	**,***.99	***345.10
9(3)	000	***	***

Abb. 2.11: Druckaufbereitung numerischer Daten unter Verwendung des Symbols *

> Die **Symbole** + bzw. – dienen zur Darstellung des Vorzeichens. Je nachdem, ob diese Symbole innerhalb einer PICTURE-Zeichenkette einmal oder mehrere Male vorkommen, wirken sie als reine Einfügungszeichen oder als Einfügungszeichen mit gleichzeitiger Nullenunterdrückung.

Die beiden Symbole unterscheiden sich im Resultat der Darstellung des Vorzeichens:

- Wird ein Pluszeichen (+) in der PICTURE-Klausel codiert, so wird abhängig vom Feldinhalt bei positivem Wert an der betreffenden Stelle ein „+", bei negativem Wert ein „–" als Vorzeichen eingesetzt.

- Wird ein Minuszeichen (–) in der PICTURE-Klausel angegeben, so wird bei positivem Feldinhalt an der betreffenden Stelle kein Vorzeichen (also eine Leerstelle), bei negativem Wert ein „–" als Vorzeichen eingesetzt.

Ist in der PICTURE-Klausel nur ein Vorzeichensymbol codiert, so wird an dieser Stelle des druckaufbereiteten Felds entsprechend den angeführten Regeln ein „–" oder ein „+" bzw. eine Leerstelle eingesetzt. Das Vorzeichensymbol kann dabei als erste oder als letzte Stelle des Felds vorgesehen werden.

Sind mehrere Plus- bzw. Minuszeichen angegeben, so tritt zusätzlich die Unterdrückung führender Nullen in Kraft: Nur unmittelbar links von der ersten von Null verschiedenen Ziffer wird das entsprechende Vorzeichen erzeugt, alle anderen weiter links liegenden Stellen werden mit Leerzeichen gefüllt (Abb. 2.12).

Sendefeld		Empfangsfeld	
PICTURE-Zeichenkette	Feldinhalt	PICTURE-Zeichenkette	Feldinhalt
S9(5)	+23456	+ZZZZ9	+23456
S9(5)	-23456	+ZZZZ9	-23456
S9(5)	-03456	-Z(4)9	-_3456
S9(5)	-00045	Z(5)-	___45-
S99V99	+01⊥23	+++.99	_+1.23
S99V99	-01⊥23	+(3).99	_-1.23
S99V99	+00⊥04	---.99	___.04
S99V99	-01⊥23	---.99	_-1.23

Abb. 2.12: Druckaufbereitung numerischer Daten unter Verwendung der Symbole + und –

Bei der Kombination der Zeichen Z bzw. * und + bzw. – sind folgende Regeln zu beachten:

- Die Zeichen Z und * schließen einander in *einer* PICTURE-Zeichenkette aus, ebenso die Symbole + und –.
- Ist eines dieser Zeichen in *einer* PICTURE-Zeichenkette mehrfach vorhanden, so kann ein anderes nicht ebenfalls mehrfach vorkommen.
- Das Zeichen Z bzw. * darf nur mit einem einzeln vorhandenen + oder – vorkommen, wobei letzteres ganz links oder ganz rechts in der Zeichenfolge stehen muß.

⟶ **Übungsaufgabe Nr. II–19 im Arbeitsbuch**

2.4.5 Zusatzklauseln

Von den zahlreichen gebräuchlichen Zusatzklauseln wird zunächst nur die VALUE-Klausel beschrieben.

> Durch die **VALUE-Klausel** wird einem Datenfeld ein Anfangswert zugewiesen, den das Feld beim Beginn der Programmausführung annimmt. Der zugewiesene Wert bleibt so lange erhalten, bis er während des Programmablaufs durch die Ausführung von COBOL-Anweisungen geändert wird.

Format

VALUE IS Literal

Syntaktische Regeln

- Der Wert des angegebenen (numerischen oder nicht-numerischen) Literals darf nicht mit der in der PICTURE-Zeichenkette festgelegten Feldgröße konkurrieren: Die Stellenanzahl im Literal darf zwar kleiner sein als die Stellenanzahl des Datenfelds, niemals jedoch größer.

- Als Literal kann auch eine figurative Konstante angegeben werden.
- Die Verwendung der VALUE-Klausel ist nur in der WORKING-STORAGE SECTION erlaubt.

Beschreibung

- Der Wert des Literals darf nicht im Widerspruch zum Typ des betreffenden Datenfelds stehen. Einem numerischen Datenfeld darf demnach nur ein numerisches Literal, einem alphanumerischen, alphabetischen, numerisch-druckaufbereiteten oder alphanumerisch-druckaufbereiteten Datenfeld darf nur ein nicht-numerisches Literal als Anfangswert zugewiesen werden.
- Der Wert des Literals wird entsprechend den Regeln der MOVE-Anweisung[33] dem Datenfeld zugewiesen.
- Wird die VALUE-Klausel bei der Definition eines Gruppenfelds angeführt, so muß als Literal ein alphanumerisches Literal oder eine figurative Konstante angegeben werden. Das gesamte Gruppenfeld wird dann Zeichen für Zeichen – ohne Rücksicht auf die durch die Datendefinition getroffene Untergliederung – mit dem angegebenen Wert versorgt.

Beispiele

-
```
01  SUMMENZEILE.
    03 FILLER        PIC X(11) VALUE "GESAMTZAHL".
    03 FILLER        PIC X(15) VALUE ALL ".".
    03 FILLER        PIC X(01) VALUE SPACE.
    03 GESAMTZAHL    PIC ZZZ9.
```

In diesem Beispiel wird die Summenzeile einer Druckliste beschrieben. Die Zeile ist aus einzelnen Feldern zusammengesetzt, die zum Teil konstante Werte (z.B. Punkte) beinhalten und zum Teil vom Programm aus vor der Ausgabe versorgt werden müssen (GESAMTZAHL). Da die einzelnen Konstanten im

[33] Näheres dazu folgt im Abschnitt 2.5.1.3.

Programm nicht explizit angesprochen werden müssen, wird für diese Teile der Summenzeile der Datenname FILLER vergeben. Durch die VALUE-Klauseln wird diesen Zeilenbereichen ein Anfangswert zugewiesen. Wenn das Datenfeld GESAMTZAHL durch eine COBOL-Anweisung in der PROCEDURE DIVISION z.B. mit dem Wert 144 versorgt wird, so wird etwa bei der Ausgabe von SUMMENZEILE am Bildschirm folgende Zeichenfolge angezeigt:

```
GESAMTZAHL_..............._144
```

Beachten Sie: Die VALUE-Werte bleiben so lange erhalten, bis sie durch die Ausführung von Anweisungen, die in der PROCEDURE DIVISION enthalten sind, geändert werden. Auch wenn ein Datenfeld mit FILLER benannt wurde und daher im Programm nicht unmittelbar angesprochen werden kann, kann es geändert werden, indem das übergeordnete (durch einen Namen ansprechbare) Gruppenfeld geändert wird. Würde man in dem dargestellten Beispiel im Programm etwa das Feld SUMMENZEILE mit Leerstellen füllen, so wären auch die angeführten VALUE-Anfangswerte damit verloren.

•
```
01  ZAEHLERFELDER     VALUE ALL "0".
    05 ZAEHLER-1          PIC 9(4).
    05 ZAEHLER-2          PIC 9(4).
    05 ZAEHLER-3          PIC 9(4).
```

In diesem Beispiel wird die Verwendung der VALUE-Klausel bei einem Gruppenfeld demonstriert. Dem (12-stelligen alphanumerischen) Datenfeld ZAEHLERFELDER werden – von links beginnend – (alphanumerische) Nullen zugeordnet (figurative Konstante ALL). Damit sind aber gleichzeitig die untergeordneten Datenfelder ZAEHLER-1, ZAEHLER-2 und ZAEHLER-3 richtig (d.h. mit jeweils vier Nullen und damit dem algebraischen Wert 0) initialisiert.

⟶ Übungsaufgaben Nr. II–20 bis II–21 im Arbeitsbuch

2.5 COBOL-Grundbefehle

Nachdem die ersten drei Programmabschnitte in den Grundzügen besprochen wurden, kommen wir nun zum Kern jedes COBOL-Programms, zur PROCEDURE DIVISION. In diesem Programmteil wird – wie bereits erläutert – die algorithmische Lösung der gestellten Datenverarbeitungsaufgabe, so wie sie bereits in der Programmentwurfsphase entwickelt und in einem Struktogramm grafisch dargestellt wurde, in Form von COBOL-Anweisungen codiert.

In den Abschnitten 2.5.1 und 2.5.2 werden die wichtigsten COBOL-Anweisungen erklärt, die in der PROCEDURE DIVISION verwendet werden können. Abschnitt 2.6 enthält eine Reihe von generellen Programmiertips, die Sie im Hinblick auf die Strukturierte Programmierung unbedingt einhalten sollten. Im Abschnitt 2.7 wird die Verwendung der COBOL-Grundbefehle und die Umsetzung des Programmentwurfs in ein inhaltlich und formal gut strukturiertes, lauffähiges COBOL-Programm anhand einfacher Programmierbeispiele geübt.

Es können zwei Klassen von COBOL-Anweisungen unterschieden werden:

- **Anweisungen zur Verarbeitung von Daten**, das sind Anweisungen, mit denen Daten in irgendeiner Form manipuliert werden können (z.B. Rechenbefehle, Transportbefehle usw.), und
- **Anweisungen zur Ablaufsteuerung**, das sind Anweisungen, mit denen der Steuerfluß in einem Programm beeinflußt werden kann (bedingte und unbedingte Verzweigungsbefehle, Aufruf von Unterprogrammen usw.).

2.5.1 Anweisungen zur Verarbeitung von Daten

2.5.1.1 ACCEPT-Anweisung

Funktion

Durch die **ACCEPT-Anweisung** können Datenmengen geringen Umfangs von einem Eingabegerät eingelesen und in einem Datenfeld im Arbeitsspeicher zur Verfügung gestellt werden.

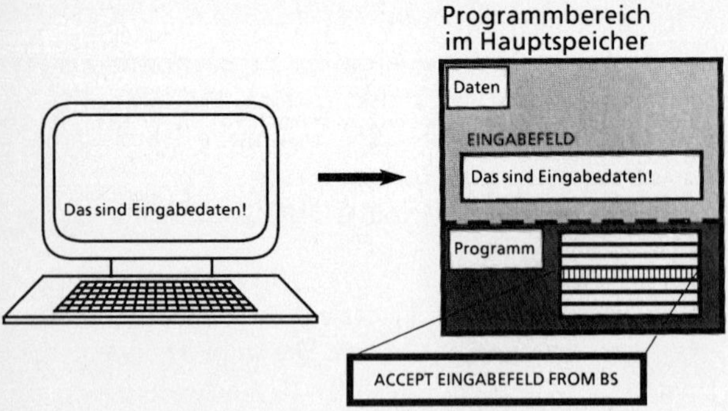

Abb. 2.13: Funktion der ACCEPT-Anweisung

Format 1[34]

ACCEPT Bezeichner-1 [FROM mnemonischer-Name]

Syntaktische Regel

Der mnemonische Name muß durch eine Klausel im SPECIAL-NAMES-Paragraphen der ENVIRONMENT DIVISION einem bestimmten Eingabegerät zugeordnet worden sein.

Beschreibung 1

Mit Hilfe der im Format 1 dargestellten ACCEPT-Anweisung können Daten ohne großen Aufwand über eine Tastatur oder ein anderes Eingabegerät (z.B. Lochkartenleser) in den Hauptspeicher eingelesen und in dem mit Bezeichner-1 identifizierten Datenfeld (bzw. in der damit bezeichneten Datengruppe) für die weitere Bearbeitung bereitgestellt werden. Eventuelle Inhalte von Bezeichner-1 werden dabei überschrieben. Die maximale Länge der vom Eingabegerät zum Datenfeld übertragbaren Daten legt der Hersteller fest, ebenso wie eine eventuelle Datenkonvertierung.

Durch den FROM-Zusatz wird spezifiziert, von welcher Hardwareeinheit die Daten in das angegebene Datenfeld eingelesen werden sollen. Wird der FROM-Zusatz nicht angegeben, so wird jene Eingabeeinheit als Eingabegerät angenommen, die vom Hersteller als Standardeingabeeinheit festgelegt wurde

[34] Wenn in der Folge bei einem Format der Begriff „Bezeichner“ verwendet wird, so ist damit eine eindeutige Bezeichnung für ein Datenelement (Datenfeld) gemeint. Im allgemeinen wird dies der Datenname sein, der dem betreffenden Datenfeld durch die Datendefinition in der DATA DIVISION zugeordnet worden ist. Sie werden allerdings in späteren Abschnitten dieses Bands lernen, daß Datennamen allein nicht notwendigerweise eindeutig sein müssen (z.B. bei Tabellen). Der Datenname muß dann zur eindeutigen Identifizierung des Datenfelds noch um bestimmte Angaben erweitert werden. Die gesamte Angabe nennt man *Bezeichner* (engl.: identifier).

(meist die Terminaltastatur mit der herstellerspezifischen Bezeichnung CONSOLE oder TERMINAL).[35]

Die am Eingabegerät eingegebenen Zeichen werden (im allgemeinen unabhängig von der PICTURE-Zeichenkette) linksbündig in das spezifizierte Datenfeld (Empfangsfeld) übertragen, eventuell überstehende Zeichen werden abgeschnitten. Ist das Empfangsfeld länger als die übertragenen Daten, so werden bei manchen COBOL-Compilern fehlende Zeichen durch eine weitere Abfrage angefordert (d.h. weitere COBOL-Anweisungen werden erst ausgeführt, wenn die für die weitere Verarbeitung erforderlichen Daten vollständig eingegeben worden sind). Bei den meisten Compilern werden diese „fehlenden" Stellen mit Leerzeichen gefüllt.

Bei Compilern auf Groß-EDVA wird eine automatische Fehlerprüfung der Eingaben im allgemeinen nicht vorgenommen. Deshalb kann das Empfangsfeld, wenn es nicht vollständig gefüllt wurde, auch ungültige Daten enthalten. Um daher beim Programmablauf keinen Abbruch zu verursachen, ist es notwendig, bei der Eingabe von numerischen Werten darauf zu achten, daß die Anzahl der eingegebenen Ziffern exakt der in der PICTURE-Zeichenkette des Empfangsfelds definierten Feldgröße entspricht.

Für das folgende Beispiel nehmen wir an, daß im SPECIAL-NAMES-Paragraphen für die Terminaltastatur der mnemonische Name BS vergeben worden ist („CONSOLE IS BS" bzw. „TERMINAL IS BS"). Wurde in der DATA DIVISION ein Datenfeld durch den Eintrag „77 NUM-FELD PIC 9(5)." definiert und wird in der PROCEDURE DIVISION die Anweisung „ACCEPT NUM-FELD FROM BS" codiert, so muß beim Programmablauf über die Tastatur die

[35] Wir werden in der Folge die ACCEPT-Anweisung nur noch zur Eingabe von Daten über eine Tastatur verwenden. Bei Erreichen einer ACCEPT-Anweisung wird der Programmablauf unterbrochen und es wird eine Eingabe über die Tastatur erwartet. *Erst durch Drücken der Datenübertragungstaste (Enter-Taste, Datenfreigabetaste)* werden die eingetippten Zeichen in das angegebene Datenfeld übertragen und der Programmablauf wird mit der Ausführung der nächsten Anweisung fortgesetzt.

Zeichenkette „00012“ eingegeben werden, wenn man im Datenfeld NUM-FELD den algebraischen Wert 12 zur Verfügung stellen möchte. Gibt man nur die Zeichenfolge „12“ ein, so führt dies zum Feldinhalt „12___“. Damit kommt es, wenn dieses Feld zu arithmetischen Berechnungen herangezogen wird, unweigerlich zum Programmabbruch („Absturz“), weil mit nicht-numerischen Feldinhalten keine mathematischen Operationen ausgeführt werden können.

Bei COBOL-Compilern auf Mikrocomputern erfolgt im allgemeinen eine Fehlerprüfung, so daß numerische Felder nur mit numerischen Daten gefüllt werden können.

Format 2

$$\underline{\text{ACCEPT}}\ \text{Bezeichner-2}\ \underline{\text{FROM}} \left\{ \begin{array}{l} \underline{\text{DATE}} \\ \underline{\text{DAY}} \\ \underline{\text{DAY-OF-WEEK}} \\ \underline{\text{TIME}} \end{array} \right\}$$

Beschreibung 2

Mit Hilfe der im Format 2 dargestellten ACCEPT-Anweisung ist es möglich, Systemdatum, Systemtag, Systemwochentag und Systemzeit in ein COBOL-Programm zu übernehmen und in einem entsprechend definierten Datenfeld (Bezeichner-2) zur weiteren Verarbeitung zur Verfügung zu stellen. DATE, DAY, DAY-OF-WEEK und TIME verhalten sich dabei so, als wären sie im COBOL-Programm als 6-stelliges, 5-stelliges, 1-stelliges bzw. 8-stelliges Datenfeld definiert worden. DATE enthält dabei das aktuelle Systemdatum in der Form JJMMTT (z.B. 3. Juli 1989 als „890703“), DAY enthält das Jahr und den Tag des Jahres in der Form JJTTT (z.B. 3. Juli 1989 als „89184“). DAY-OF-WEEK enthält eine Zahl, die den Wochentag des aktuellen Systemdatums angibt („1“ = Montag, „2“ = Dienstag usw.), TIME enthält die aktuelle Systemzeit in der Form HHMMSSSS (z.B. 14 Uhr 49 Min. 12.24 Sek. als „14491224“).

Hinweis

Wird die Eingabe über die Terminaltastatur verlangt, so wartet das Programm beim Erreichen der ACCEPT-Anweisung so lange, bis eine Eingabe erfolgt ist und die Datenübertragungstaste gedrückt wird. Es ist daher sinnvoll, den Programmbenutzer vor der Eingabe immer durch die Ausführung eines DISPLAY-Befehls[36] darüber zu informieren, was er nun eingeben soll und in welcher Form das Programm die Eingaben erwartet (z.B. ein Datum in der Form JJMMTT usw.). Im Hinblick auf die Benutzerfreundlichkeit eines Programms gehören ACCEPT- und DISPLAY-Befehl daher immer zusammen.

Beispiele

Im SPECIAL-NAMES-Paragraphen der ENVIRONMENT DIVISION ist für die Terminaltastatur mit der herstellerabhängigen Bezeichnung CONSOLE der mnemonische Name BS vergeben worden:

```
CONSOLE IS BS.
```

In der DATA DIVISION sind ein 20-stelliges alphanumerisches Feld ADRESSE, ein 3-stelliges numerisches Feld NUMMER sowie ein 8-stelliges alphanumerisch-druckaufbereitetes Feld DATUM definiert:

```
77  ADRESSE         PIC X(20).
77  NUMMER          PIC 999.
77  DATUM           PIC XX/XX/XX.
```

In der PROCEDURE DIVISION werden COBOL-Anweisungen codiert, durch die Daten über die Tastatur eingetippt und – nach dem Drücken der Datenübertragungstaste – in den Feldern ADRESSE sowie NUMMER bereitgestellt werden können. Das Systemdatum soll in das Feld DATUM übernommen werden.

```
ACCEPT ADRESSE FROM BS.
ACCEPT NUMMER FROM BS.
ACCEPT DATUM FROM DATE.
```

[36] Näheres dazu folgt im Abschnitt 2.5.1.2.

Die Inhalte dieser Felder sehen nach Ausführung der angeführten ACCEPT-Befehle z.B. wie folgt aus:

E	N	T	E	N	H	A	U	S	E	N	-	-	-	-	-	-	-	-	-

ADRESSE

0	0	7

NUMMER

8	8	/	0	7	/	0	3

DATUM

Übungsaufgabe Nr. II–22 im Arbeitsbuch ←

2.5.1.2 DISPLAY-Anweisung

<u>Funktion</u>

> Die **DISPLAY-Anweisung** erlaubt die Ausgabe von Datenmengen geringen Umfangs auf einem geeigneten Ausgabegerät.

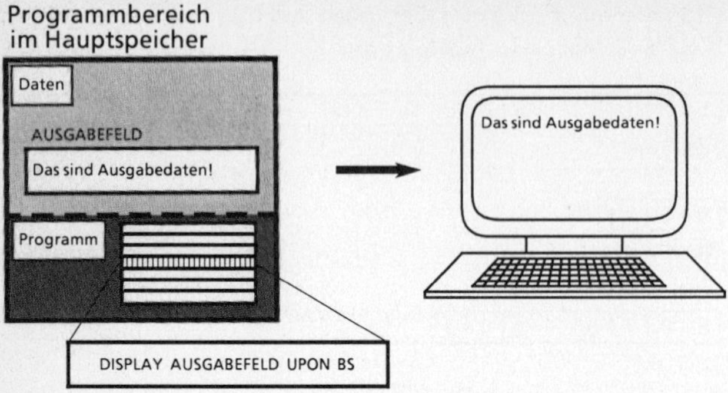

Abb. 2.14: Funktion der DISPLAY-Anweisung

Format

$$\underline{\text{DISPLAY}} \left\{ \begin{array}{l} \text{Bezeichner-1} \\ \text{Literal-1} \end{array} \right\} \ldots \left[\underline{\text{UPON}} \text{ mnemonischer-Name-1} \right]$$

Syntaktische Regel

Der mnemonische Name für das entsprechende Ausgabegerät muß im SPECIAL-NAMES-Paragraphen der ENVIRONMENT DIVISION definiert sein.[37]

Beschreibung

Mit Hilfe der DISPLAY-Anweisung können die Inhalte der angegebenen Operanden in der dargestellten Reihenfolge auf dem durch den mnemonischen Namen angesprochenen Ausgabegerät (z.B. am Terminalbildschirm) ausgegeben werden. Die maximale Länge der übertragbaren Daten legt der Hersteller fest, ebenso eine eventuell notwendige Datenkonvertierung.

[37] Vgl. dazu auch die Ausführungen im Abschnitt 2.5.1.1.

Die Länge der übertragenen Daten ergibt sich als die Summe der Längen der einzelnen Operanden.

Durch den UPON-Zusatz wird festgelegt, auf welches Ausgabegerät die Inhalte der Datenfelder bzw. die Literale ausgegeben werden sollen. Wird dieser Zusatz nicht codiert, so wird jene Hardwareeinheit als Ausgabeeinheit angenommen, die vom Hersteller als Standardausgabeeinheit festgelegt wurde (meist der Terminalbildschirm mit der herstellerabhängigen Bezeichnung CONSOLE bzw. TERMINAL).[38]

Enthält eine DISPLAY-Anweisung mehrere Operanden, so werden diese *unmittelbar* hintereinander (d.h. ohne Leerstellen oder Leerzeilen) ausgegeben. Wird eine figurative Konstante als Operand der DISPLAY-Anweisung angegeben, so wird nur ein einzelnes Zeichen dieser Art ausgegeben.

Die übertragenen Daten werden linksbündig auf der Ausgabeeinheit (am Bildschirm) dargestellt. Werden mehr Zeichen gesendet als in einer Zeile dargestellt werden können, so werden die Daten in der nächsten Bildschirmzeile ausgegeben. Es gibt heute praktisch keine Compiler-Implementierungen mehr, bei denen in einem solchen Fall die überzähligen Zeichen abgeschnitten werden.

Nach der Ausgabe der angeführten Operanden wird die Ausgabeeinheit für den nächsten DISPLAY-Befehl an den Anfang der nächsten Zeile positioniert, d.h. jeder DISPLAY-Befehl verursacht (in der dargestellten Form) die Ausgabe der Daten in einer neuen Zeile.

Beispiele

Im SPECIAL-NAMES-Paragraphen der ENVIRONMENT DIVISION ist der Ausgabeeinheit CONSOLE (Terminalbildschirm) der mnemonische Name BS zugeordnet worden:

```
CONSOLE IS BS.
```

[38] Wir werden in der Folge den DISPLAY-Befehl nur noch zur Datenausgabe auf den Bildschirm verwenden.

Folgende Daten sollen am Bildschirm ausgegeben werden:

- der Inhalt des Datenfelds NAME,
- das Literal "Firma Frisch & Billig GmbH",
- das Literal "Das Feld NAME hat zur Zeit folgenden Inhalt: ", gefolgt vom Inhalt des Felds NAME.

Dazu sind folgende COBOL-Anweisungen notwendig:

- ```
  DISPLAY NAME UPON BS.
  ```
- ```
  DISPLAY "Firma Frisch & Billig GmbH" UPON BS.
  ```
- ```
  DISPLAY "Das Feld NAME hat zur Zeit folgenden Inhalt: ",
          NAME UPON BS.
  ```

Durch diese Befehle werden z.B. folgende Zeilen am Bildschirm ausgegeben:

→ **Übungsaufgabe Nr. II–23 im Arbeitsbuch**
  ```

2.5.1.3 MOVE-Anweisung

Funktion

Die **MOVE-Anweisung** überträgt Daten von einem Speicherbereich in einen oder mehrere andere.

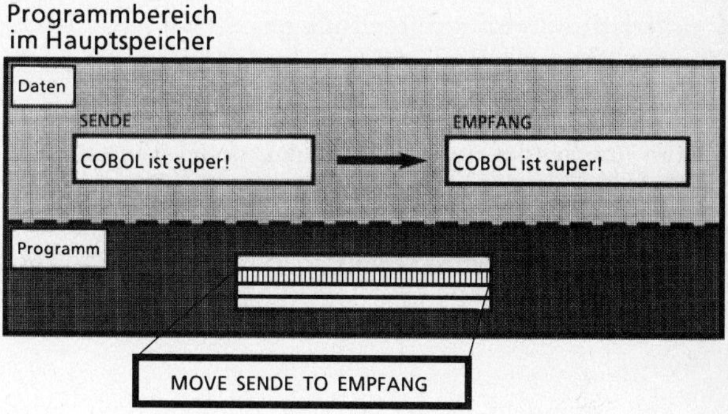

Abb. 2.15: Funktion der MOVE-Anweisung

Format

$$\underline{\text{MOVE}} \left\{ \begin{array}{l} \text{Bezeichner-1} \\ \text{Literal-1} \end{array} \right\} \underline{\text{TO}} \left\{ \text{Bezeichner-2} \right\} \ldots$$

Beschreibung

Das Literal-1 bzw. der Inhalt des durch Bezeichner-1 angesprochenen Datenfelds (Sendefeld) wird in das Feld, das durch Bezeichner-2 gekennzeichnet ist (Empfangsfeld) übertragen. Es können auch mehrere Empfangsfelder angeführt werden. Die alten Inhalte der Empfangsfelder werden überschrieben.

Für die *Übertragung numerischer Daten in numerische oder numerisch-druckaufbereitete Felder* gelten folgende Vorschriften:

- Die Daten werden entsprechend der Dezimalpunktstellung im Empfangsfeld abgelegt.
- Wenn erforderlich, werden überstehende Stellen abgeschnitten bzw. fehlende Stellen mit Nullen gefüllt.
- Bei der Übertragung von numerischen Daten auf ein numerisch-druckaufbereitetes Datenfeld erfolgt gleichzeitig eine (numerische) Druckaufbereitung gemäß der PICTURE-Zeichenkette des Empfangsfelds.
- Ein Vorzeichen wird entsprechend den PICTURE-Zeichenketten des Sende- und des Empfangsfelds übertragen.

Für die *Übertragung alphabetischer und alphanumerischer Daten* gelten folgende Vorschriften:

- Die Zeichen werden linksbündig in das Empfangsfeld übertragen.
- Ist das Sendefeld länger als das Empfangsfeld, wird die Übertragung beendet, wenn das Empfangsfeld gefüllt ist, d.h. überstehende Stellen werden abgeschnitten. Ist das Sendefeld kürzer als das Empfangsfeld, werden die verbleibenden Stellen mit Leerzeichen aufgefüllt.
- Bei der Übertragung von Daten auf ein alphanumerisch-druckaufbereitetes Datenfeld erfolgt gleichzeitig eine (alphanumerische) Druckaufbereitung gemäß der PICTURE-Zeichenkette des Empfangsfelds.

Überträgt man Daten von einem druckaufbereiteten Feld in ein nicht-druckaufbereitetes Datenfeld, so wird die Druckaufbereitung „rückgängig“ gemacht (engl.: de-editing). Numerisch-de-editierte Datenfelder können auch zu mathematischen Berechnungen herangezogen werden.

Die Übertragung von Daten zwischen Feldern verschiedenen

Datentyps ist zwar beschränkt möglich, doch ist dabei Vorsicht geboten. Wenn möglich sollten Daten nur zwischen Feldern gleichen Typs bzw. zur Druckaufbereitung übertragen werden.

Beispiele

- In den folgenden Beispielen werden jeweils die PICTURE-Zeichenketten des Sende- und des Empfangsfelds sowie die Inhalte der Felder nach Ausführung eines MOVE-Befehls gezeigt.

Sendefeld		Empfangsfeld	
PICTURE-Zeichenkette	Feldinhalt	PICTURE-Zeichenkette	Feldinhalt
9(3)	123	9(3)	123
9(3)	123	9(5)	00123
9(3)	123	9(2)	23
999V99	123‸45	999V99	123‸45
999V99	123‸45	9999V9	0123‸4
X(5)	ABCDE	X(5)	ABCDE
X(5)	ABCDE	X(7)	ABCDE__
X(5)	ABCDE	X(3)	ABC

- Das numerische Feld SUMME (PIC 9(3)) soll mit Nullen gefüllt werden.

Inhalt von SUMME vor Ausführung des MOVE-Befehls:

1	2	3

SUMME

↓

```
MOVE ZERO TO SUMME.       oder
MOVE ZEROES TO SUMME.     oder
MOVE ZEROS TO SUMME.      oder
MOVE 0 TO SUMME.
```

↓

Inhalt von SUMME nach Ausführung des MOVE-Befehls:

0	0	0

SUMME

- **Das alphanumerische Feld AUSGABEZEILE (PIC X(8)) soll mit Leerstellen gefüllt werden.**

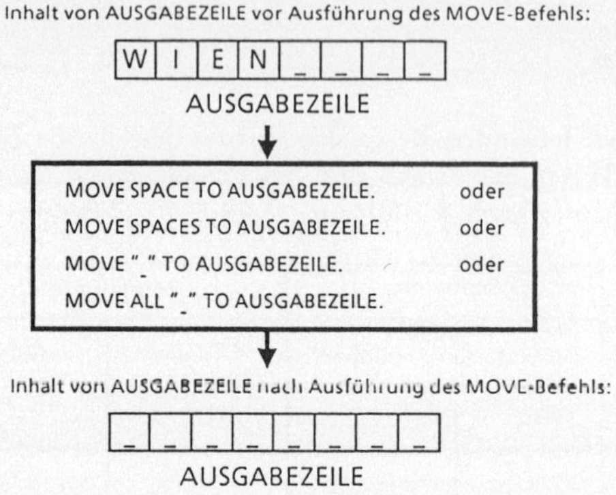

→ **Übungsaufgabe Nr. II–24 im Arbeitsbuch**

2.5.1.4 ADD-Anweisung

Funktion

> Die **ADD-Anweisung** summiert zwei oder mehrere numerische Operanden und speichert den resultierenden Ergebniswert ab.

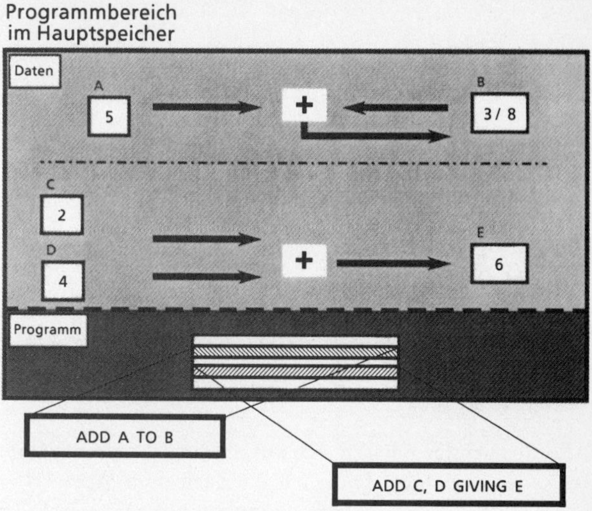

Abb. 2.16: Funktion der ADD-Anweisung

Format 1[39]

ADD { Bezeichner-1 | Literal-1 } ... TO { Bezeichner-2 [ROUNDED] } ...

[ON SIZE ERROR unbedingte-Anweisung-1]

[NOT ON SIZE ERROR unbedingte-Anweisung-2]

[END-ADD]

[39] Die Zusätze ROUNDED, ON SIZE ERROR und NOT ON SIZE ERROR werden im Abschnitt 2.8 behandelt.

Format 2

```
ADD { Bezeichner-1 } ... TO { Bezeichner-2 }
    { Literal-1    }          { Literal-2    }

    GIVING { Bezeichner-3 [ ROUNDED ] } ...

    [ ON SIZE ERROR unbedingte-Anweisung-1 ]

    [ NOT ON SIZE ERROR unbedingte-Anweisung-2 ]

    [ END-ADD ]
```

Syntaktische Regeln[40]

- Alle Bezeichner müssen sich auf numerische elementare Datenfelder beziehen. Lediglich die nach dem Wort GIVING aufgezählten Ergebnisfelder können auch numerisch-druckaufbereitete Datenfelder sein.
- Alle Literale müssen numerische Literale sein.
- Die ADD-Anweisung kann nur mit Operanden ausgeführt werden, die maximal 18 Dezimalstellen enthalten.

Beschreibung

Bei Verwendung des im Format 1 dargestellten ADD-Befehls werden die vor dem Wort TO stehenden Operanden zu einem temporären Zwischenergebnis addiert. Dieses Zwischenergebnis wird zu dem nach dem Wort TO stehenden Operanden addiert und die gebildete Gesamtsumme wird in diesem Feld abgespeichert (der ursprüngliche Inhalt des Operanden Bezeichner-2 wird dabei überschrieben). Dieser Vorgang wird für alle nach dem Wort TO angeführten Operanden durchgeführt.

[40] Diese Regeln gelten auch für alle weiteren arithmetischen Anweisungen.

Bei Verwendung des im Format 2 dargestellten ADD-Befehls werden die vor dem Wort GIVING stehenden Operanden zu einem temporären Zwischenergebnis addiert. Dieses Ergebnis wird in alle nach dem Wort GIVING angeführten Ergebnisfelder übertragen. Der ursprüngliche Wert aller Operanden bleibt dabei erhalten, während der Inhalt der Ergebnisfelder durch die Summe überschrieben wird.

Durch das Codieren eines Anweisungsbegrenzers (z.B. END-ADD) kann der Gültigkeitsbereich einer Anweisung begrenzt werden.

Hinweise

Bei der Definition der Rechenfelder in der DATA DIVISION ist zu berücksichtigen, daß sich durch die Ausführung arithmetischer Anweisungen auch negative Resultate ergeben können (Definition von Vorzeichen bei Rechenfeldern). Ebenso muß der Programmierer dafür Sorge tragen, daß Ergebnisfelder groß genug sind für die Aufnahme der berechneten Ergebnisse.

Beispiele[41]

- Der Inhalt des 3-stelligen numerischen Felds ZAHL soll um 1 erhöht werden.

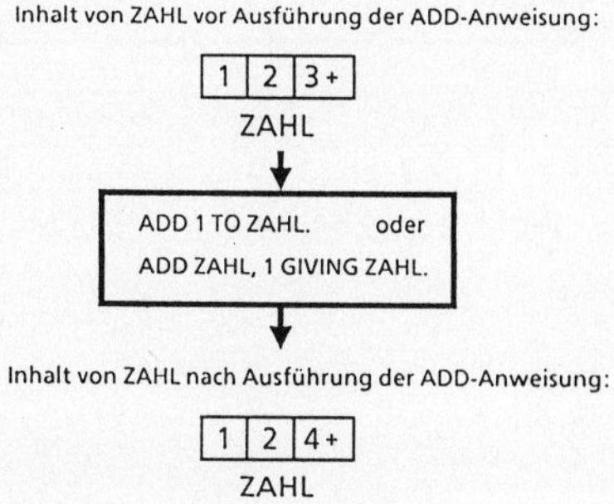

[41] Bei der Erklärung der Feldinhalte wird das Vorzeichen der Zahlen – so wie dies im allgemeinen auch der Fall ist – jeweils im letzten Byte dargestellt. Zur Abspeicherung des Vorzeichens vgl. Band „Wirtschaftsinformatik I“, Abschnitt „Datendarstellung auf rechnerinterner Ebene“.

- **Zum letzten Inhalt von ZAHL soll −24 addiert werden.**

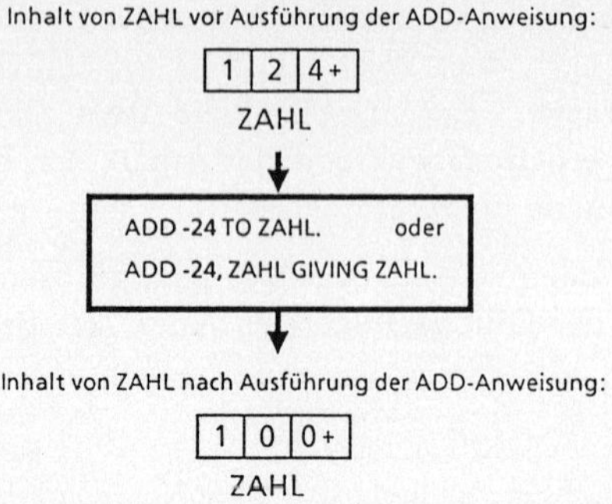

- **Die Felder ZAHL1 (PIC 9(4)) und ZAHL2 (PIC 9(3)) sollen auf das Feld SUMME (PIC 9(4)) addiert werden.**

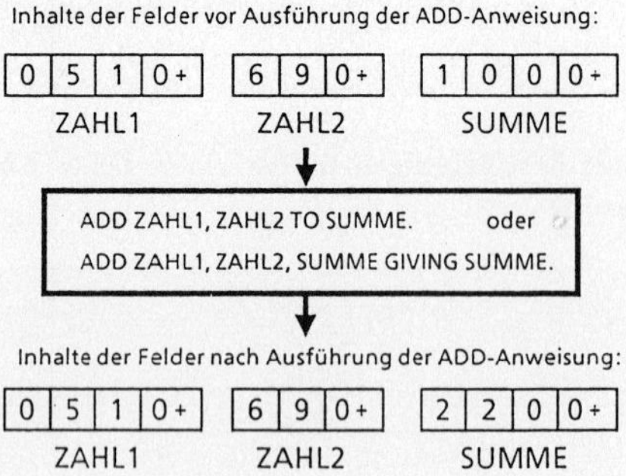

- **Das Feld WERT (PIC 9(3)) soll auf das Feld ERGEBNIS (PIC 9(3)V99) addiert werden.**

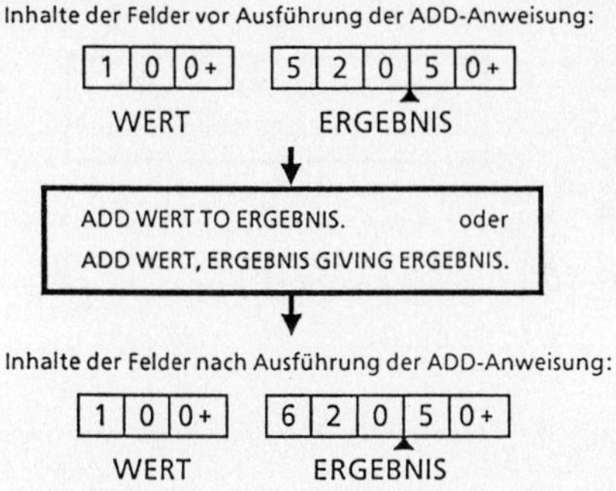

- **Zum letzten Inhalt des Felds ERGEBNIS ist die Zahl 5.27 zu addieren.**

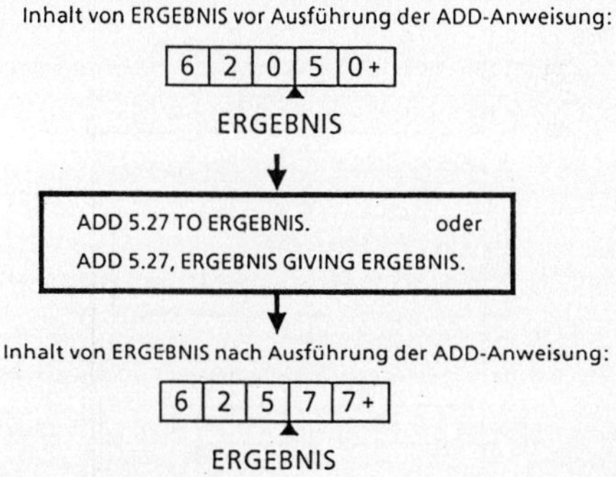

- **Das Feld FELD1 (2 Stellen nach dem gedachten Dezimalpunkt) soll auf das Feld FELD2 (1 Stelle nach dem gedachten Dezimalpunkt) addiert werden.**

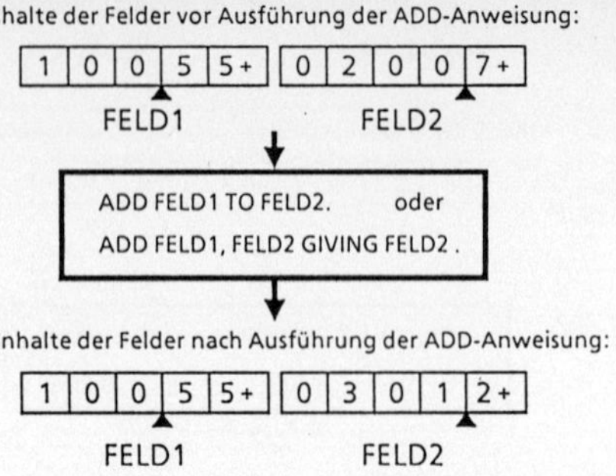

Will man den Rundungsfehler in FELD2 vermeiden, muß die ROUNDED-Phrase codiert werden.[42]

- Das Feld FELD3 (PIC 99V99) soll auf das Feld FELD4 (PIC 99V99) addiert werden.

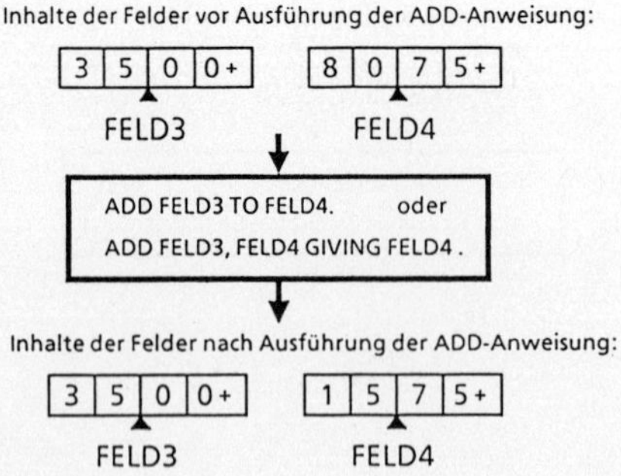

Will man den aus Platzmangel im Ergebnisfeld resultierenden Überlauffehler vermeiden, muß die SIZE ERROR-Phrase codiert werden.[43]

[42] Näheres dazu folgt im Abschnitt 2.8.1.

[43] Näheres dazu folgt im Abschnitt 2.8.2.

Übungsaufgabe Nr. II–25 im Arbeitsbuch ←

2.5.1.5 SUBTRACT-Anweisung

Funktion

> Die **SUBTRACT-Anweisung** wird verwendet, um einen oder die Summe mehrerer numerischer Operanden von einem oder mehreren numerisch definierten Datenfeldern zu subtrahieren und den resultierenden Ergebniswert abzuspeichern.

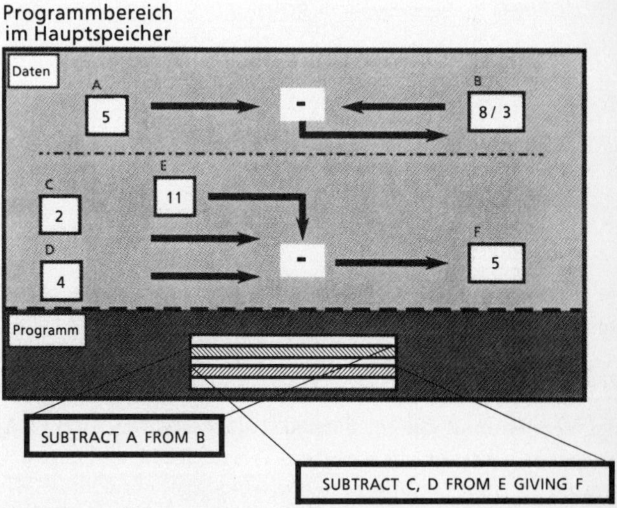

Abb. 2.17: Funktion der SUBTRACT-Anweisung

Format 1

```
SUBTRACT { Bezeichner-1 } ...
         { Literal-1    }

    FROM { Bezeichner-2 [ ROUNDED ] } ...

    [ ON SIZE ERROR unbedingte-Anweisung-1 ]

    [ NOT ON SIZE ERROR unbedingte-Anweisung-2 ]

    [ END-SUBTRACT ]
```

Format 2

```
SUBTRACT { Bezeichner-1 } ... FROM { Bezeichner-2 }
         { Literal-1    }          { Literal-2    }

    GIVING { Bezeichner-3 [ ROUNDED ] } ...

    [ ON SIZE ERROR unbedingte-Anweisung-1 ]

    [ NOT ON SIZE ERROR unbedingte-Anweisung-2 ]

    [ END-SUBTRACT ]
```

Syntaktische Regeln

Es gelten analog die Regeln der ADD-Anweisung (vgl. Abschnitt 2.5.1.4).

Beschreibung

Bei Verwendung der im Format 1 dargestellten SUBTRACT-Anweisung werden die vor dem Wort FROM stehenden Operanden zu einem temporären Zwischenergebnis addiert. Dieses Zwischenergebnis wird von dem nach dem Wort FROM stehenden Operanden abgezogen und die Differenz wird in diesem

Datenfeld abgespeichert. Der ursprüngliche Wert des Operanden Bezeichner-2 wird dabei überschrieben. Dieser Vorgang wird für alle nach dem Wort FROM angegebenen Operanden durchgeführt.

Bei Verwendung der im Format 2 dargestellten SUBTRACT-Anweisung werden ebenfalls die vor dem Wort FROM stehenden Operanden zu einem temporären Zwischenergebnis addiert. Diese Zwischensumme wird von dem nach dem Wort FROM stehenden Operanden subtrahiert. Das Ergebnis der Subtraktion wird in die nach dem Wort GIVING angeführten Ergebnisfelder übertragen. Der Inhalt aller Operanden bleibt dabei erhalten, nur der ursprüngliche Inhalt der Ergebnisfelder wird durch das Subtraktionsergebnis überschrieben.

Hinweise

Es gelten analog die Hinweise zur ADD-Anweisung (vgl. Abschnitt 2.5.1.4).

Beispiele

- **Der Inhalt des Felds ABZUG soll vom Inhalt des Felds BRUTTO abgezogen werden. Das Ergebnis soll in BRUTTO gespeichert werden.**

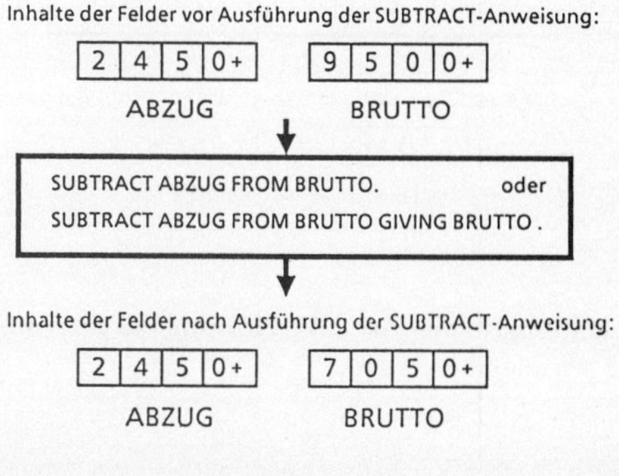

- **Das Feld ZAHL soll um 1 vermindert werden.**

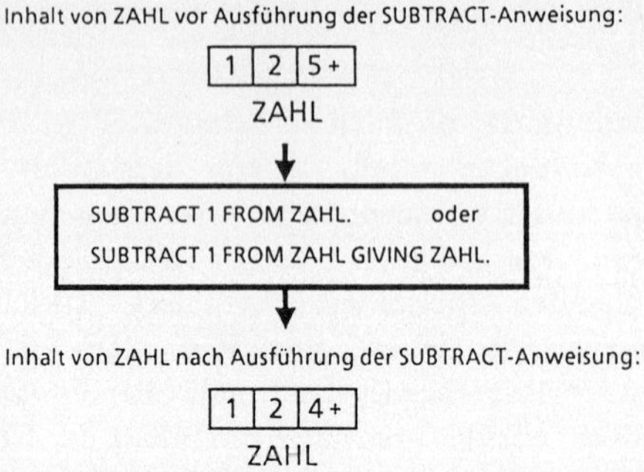

- **Das Feld NUM1 (2 Stellen nach dem gedachten Dezimalpunkt) soll vom Feld NUM2 (1 Stelle nach dem gedachten Dezimalpunkt) subtrahiert werden.**

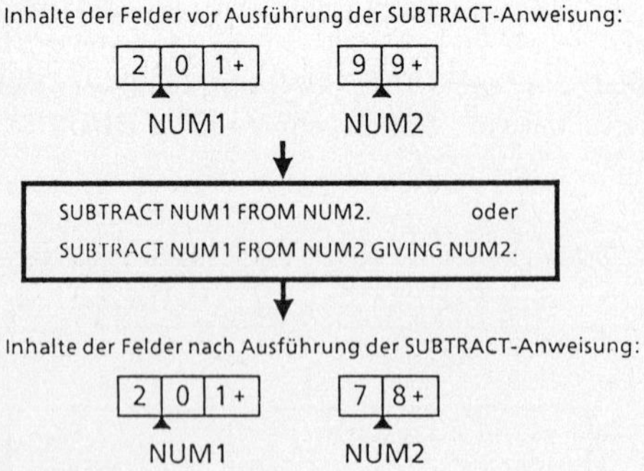

Der Rundungsfehler bei NUM2 kann durch den ROUNDED-Zusatz vermieden werden.[44]

[44] Näheres dazu folgt im Abschnitt 2.8.1.

Übungsaufgabe Nr. II–26 im Arbeitsbuch ⟵

2.5.1.6 MULTIPLY-Anweisung

Funktion

> Die **MULTIPLY-Anweisung** wird verwendet, um numerische Operanden zu multiplizieren und den resultierenden Ergebniswert in dafür vorgesehenen Datenfeldern abzuspeichern.

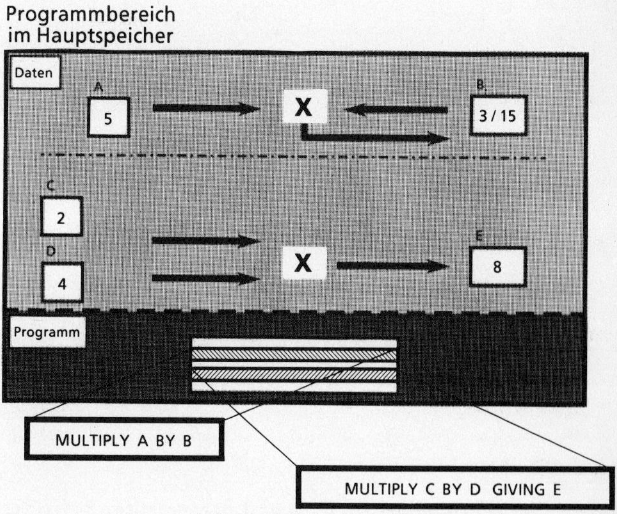

Abb. 2.18: Funktion der MULTIPLY-Anweisung

Format 1

```
MULTIPLY { Bezeichner-1 } BY { Bezeichner-2 [ ROUNDED ] } ...
         { Literal-1    }

    [ ON SIZE ERROR unbedingte-Anweisung-1 ]

    [ NOT ON SIZE ERROR unbedingte-Anweisung-2 ]

    [ END-MULTIPLY ]
```

Format 2

```
MULTIPLY { Bezeichner-1 } BY { Bezeichner-2 }
         { Literal-1    }    { Literal-2    }

    GIVING { Bezeichner-3 [ ROUNDED ] } ...

    [ ON SIZE ERROR unbedingte-Anweisung-1 ]

    [ NOT ON SIZE ERROR unbedingte-Anweisung-2 ]

    [ END-MULTIPLY ]
```

Syntaktische Regeln

Es gelten analog die Regeln der ADD-Anweisung (vgl. Abschnitt 2.5.1.4).

Beschreibung

Bei der Verwendung des im Format 1 dargestellten MULTIPLY-Befehls wird der vor dem Wort BY stehende Operand mit dem nach dem Wort BY stehenden Operanden multipliziert und das Ergebnis in diesem Datenfeld abgespeichert. Der ursprüngliche Inhalt dieses Felds wird dabei überschrieben. Der Vorgang wird für alle nach dem Wort BY angeführten Operanden ausgeführt.

Bei der Verwendung des im Format 2 dargestellten MULTIPLY-Befehls wird der vor dem Wort BY stehende Operand mit dem nach dem Wort BY stehenden Operanden multipliziert. Das Ergebnis dieser Multiplikation wird in alle nach dem Wort GIVING angeführten Ergebnisfelder übertragen. Die ursprünglichen Inhalte der Operanden bleiben dabei erhalten, während die Inhalte der Ergebnisfelder überschrieben werden.

Hinweise

Es gelten analog die Hinweise zur ADD-Anweisung (vgl. Abschnitt 2.5.1.4).

Beispiele

- Die Inhalte der Felder FAKTOR1 und FAKTOR2 sind miteinander zu multiplizieren. Das Ergebnis soll in FAKTOR2 abgespeichert werden.

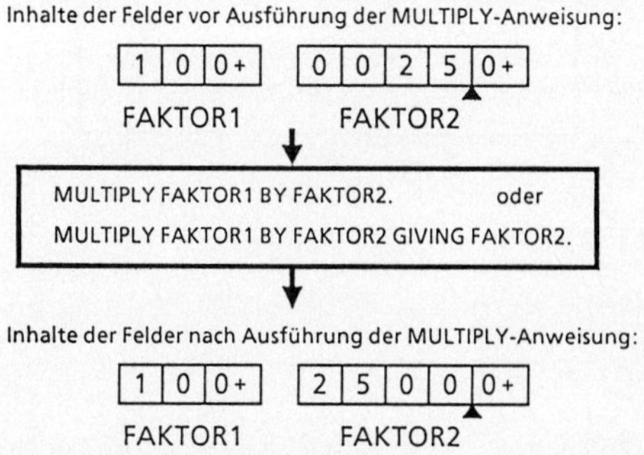

- Die Felder MENGE und PREIS sollen miteinander multipliziert, das Ergebnis soll im Feld GESAMTPREIS gespeichert werden.

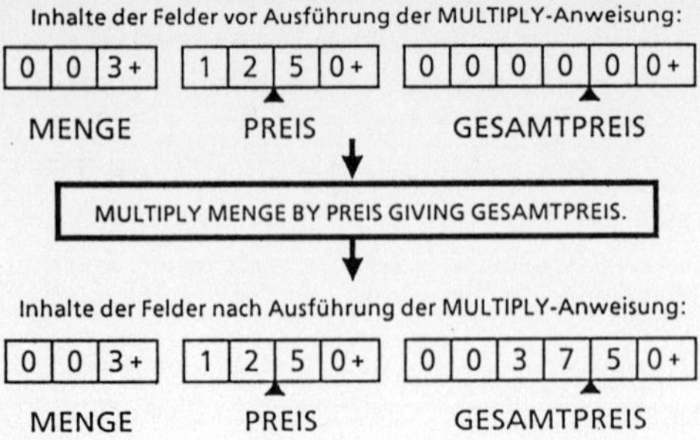

- **Der Inhalt des Datenfelds ZAHL ist mit 100 zu multiplizieren. Das Ergebnis soll wiederum im Feld ZAHL abgespeichert werden.**

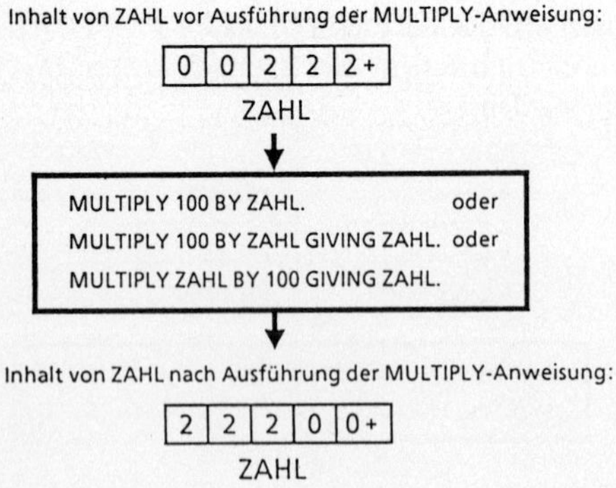

⟶ Übungsaufgabe Nr. II–27 im Arbeitsbuch

2.5.1.7 DIVIDE-Anweisung

Funktion

> Die **DIVIDE-Anweisung** wird verwendet, um den Inhalt eines numerischen Datenfelds durch den eines anderen zu dividieren und den resultierenden Ergebniswert in dafür vorgesehenen Datenfeldern abzuspeichern.

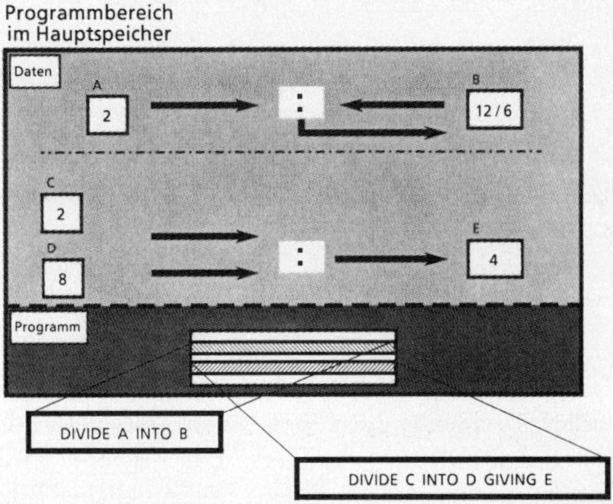

Abb. 2.19: Funktion der DIVIDE-Anweisung

Format 1

```
DIVIDE { Bezeichner-1 } INTO { Bezeichner-2 [ ROUNDED ] } ...
       { Literal-1    }

    [ ON SIZE ERROR unbedingte-Anweisung-1 ]

    [ NOT ON SIZE ERROR unbedingte-Anweisung-2 ]

    [ END-DIVIDE ]
```

Format 2

DIVIDE { Bezeichner-1 | Literal-1 } { INTO | BY } { Bezeichner-2 | Literal-2 }

GIVING { Bezeichner-3 [ROUNDED] } ...

[ON SIZE ERROR unbedingte-Anweisung-1]

[NOT ON SIZE ERROR unbedingte-Anweisung-2]

[END-DIVIDE]

Syntaktische Regeln

Es gelten analog die Regeln der ADD-Anweisung (vgl. Abschnitt 2.5.1.4).

Beschreibung

Bei der Verwendung des im Format 1 dargestellten DIVIDE-Befehls wird der Inhalt des nach dem Wort INTO stehenden Operanden (Dividend) durch den Inhalt des vor INTO stehenden Operanden (Divisor) dividiert. Das Ergebnis wird im Dividendenfeld abgespeichert, dessen ursprünglicher Inhalt wird dabei überschrieben. Dieser Vorgang wird für alle nach dem Wort INTO angeführten Operandenfelder ausgeführt.

Bei der Verwendung des im Format 2 dargestellten DIVIDE-Befehls wird der Inhalt des nach dem Wort INTO stehenden Operanden (Dividend) durch den Inhalt des vor INTO stehenden Operanden (Divisor) dividiert. Das Ergebnis wird in alle nach dem Wort GIVING angeführten Ergebnisfelder übertragen. Der Inhalt der beiden Operanden bleibt unverändert, während die ursprünglichen Inhalte der Ergebnisfelder überschrieben werden.

Wird statt dem Wort INTO das Wort BY verwendet, so ist der vor dem Wort BY stehende Operand der Dividend und der dem Wort BY folgende Operand der Divisor. Das Ergebnis der Division wird in den dem Wort GIVING folgenden Ergebnisfeldern abgespeichert.

Mit Hilfe der REMAINDER-Phrase kann ein Divisionsrest in einem dafür vorgesehenen Datenfeld abgespeichert werden.[45] Eine Division durch 0 ist nicht erlaubt.

Hinweise

Es gelten analog die Hinweise zur ADD-Anweisung (vgl. Abschnitt 2.5.1.4).

Beispiele

- **Der Inhalt des Felds A2 soll durch den Inhalt des Felds A1 dividiert werden.**

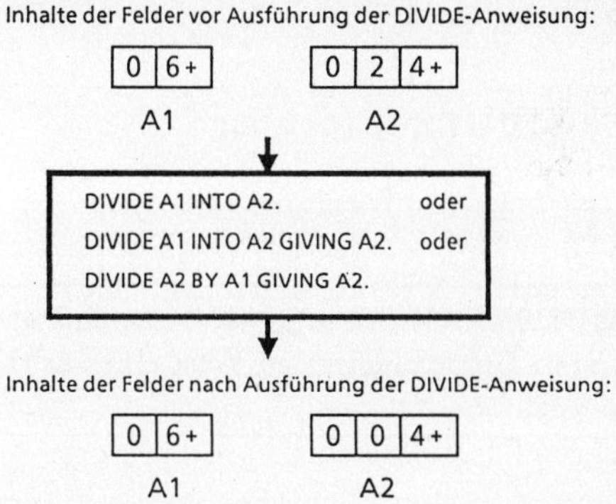

[45] Die REMAINDER-Phrase wird in diesem Band nicht näher behandelt.

- **Der Inhalt des Felds ZAHL1 soll durch 4 dividiert werden.**

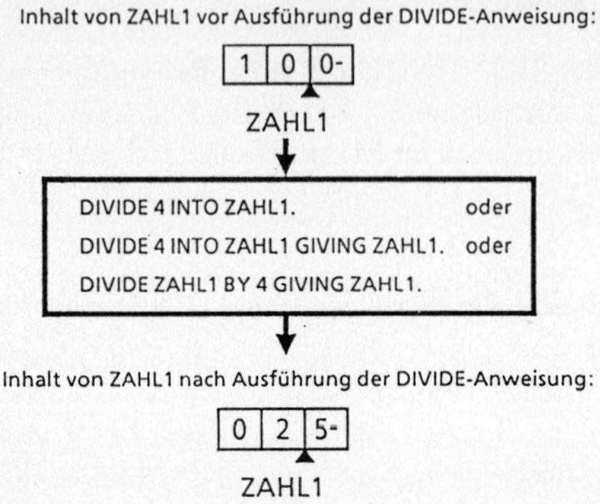

→ **Übungsaufgabe Nr. II–28 im Arbeitsbuch**

2.5.1.8 COMPUTE-Anweisung

Funktion

> Die **COMPUTE-Anweisung** wird verwendet, um einem oder mehreren Datenfeldern den Wert eines arithmetischen Ausdrucks zuzuweisen.

Format

COMPUTE { Bezeichner-1 [ROUNDED] } ... = arithm.-Ausdruck

[ON SIZE ERROR unbedingte-Anweisung-1]

[NOT ON SIZE ERROR unbedingte-Anweisung-2]

[END-COMPUTE]

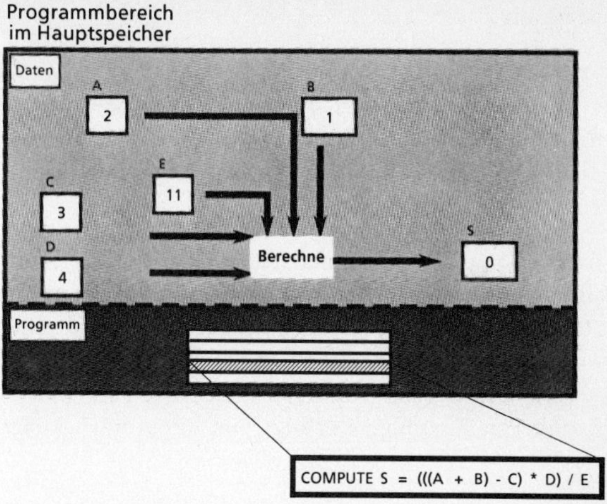

Abb. 2.20: Funktion der COMPUTE-Anweisung

Syntaktische Regeln

- Es gelten analog die Regeln der ADD-Anweisung (vgl. Abschnitt 2.5.1.4).
- Der arithmetische Ausdruck besteht aus Operanden und Operatoren: Als Operanden sind numerische Datenfelder und numerische Literale zugelassen. Als Rechenoperatoren dürfen die Zeichen + (Addition), - (Subtraktion), * (Multiplikation), / (Division) und ** (Potenzierung) bzw. die Vorzeichenoperatoren + (Multiplikation mit +1) und - (Multiplikation mit -1) verwendet werden. Vor und nach den Operatoren muß jeweils mindestens eine Leerstelle codiert werden.

Beschreibung

Der arithmetische Ausdruck wird berechnet und das Ergebnis dieser Auswertung wird in die vor dem Zeichen = angeführten Ergebnisfelder übertragen. Die Übertragung erfolgt gemäß den Regeln der numerischen Datenübertragung (MOVE-Anweisung, vgl. Abschnitt 2.5.1.3).

Die Auswertung des arithmetischen Ausdrucks erfolgt gemäß den allgemeinen Rechenregeln der Mathematik (Punktrechnung vor Strichrechnung, von links nach rechts). Wird eine andere Reihenfolge der Auswertung des Ausdrucks gewünscht, so kann dies durch das Setzen von Klammern erreicht werden. Die Auflösung von Klammern erfolgt von innen nach außen.

Beispiele

- Es soll der Ausdruck

$$\left(\frac{A+B+C}{D*E*F}\right)^2$$

  berechnet und das Ergebnis dem Datenfeld ERGEBNIS zugewiesen werden.

```
COMPUTE ERGEBNIS = ((A + B + C) / (D * E * F)) ** 2.
```

- Dem Rechenfeld REFELD soll der Wert 0 zugewiesen werden.

```
COMPUTE REFELD = 0.
```

- Es ist der Durchschnitt zweier Zahlen A und B zu berechnen und im Feld DURCHSCHNITT abzuspeichern.

```
COMPUTE DURCHSCHNITT = (A + B) / 2.
```

→ **Übungsaufgaben Nr. II–29 bis II–30 im Arbeitsbuch**

2.5.2 Anweisungen zur Ablaufsteuerung

2.5.2.1 STOP-Anweisung

Funktion

Die **STOP-Anweisung** bewirkt eine Beendigung des Programmablaufs.

Format

STOP RUN

Syntaktische Regeln

Wird die STOP-Anweisung in einer zusammenhängenden Folge von unbedingten Anweisungen innerhalb eines COBOL-Satzes angegeben, so muß sie der letzte Befehl dieser Sequenz sein.

Beschreibung

Die STOP-Anweisung kennzeichnet das logische Ende des Programms. Die Programmausführung wird bei Erreichen einer STOP-Anweisung abgeschlossen und die Ablaufsteuerung wird wieder an das Betriebssystem übertragen.

2.5.2.2 IF-Anweisung

Funktion

Die **IF-Anweisung** bewirkt die Auswertung einer Bedingung. Vom Erfülltsein bzw. Nichterfülltsein der jeweiligen Bedingung hängen die weiteren Arbeitsschritte bei der Ausführung des Objektprogramms ab („bedingte Anweisung“).

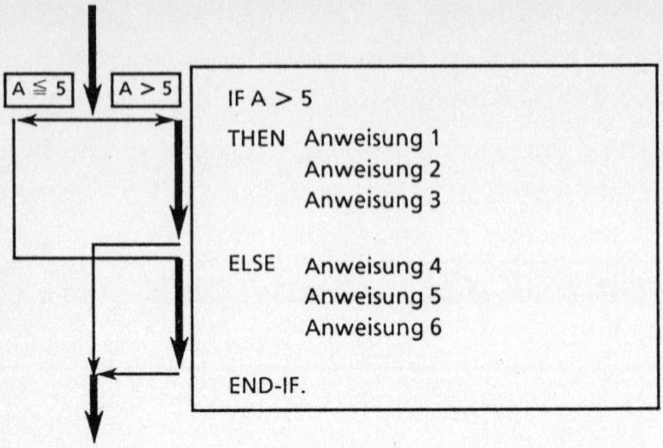

Abb. 2.21: Funktion der IF-Anweisung

Format

```
IF Bedingung-1

THEN { { Anweisung-1 } ...  }
     { NEXT SENTENCE        }

{ ELSE { Anweisung-2 } ... [ END-IF ] }
{ ELSE NEXT SENTENCE                  }
{ END-IF                              }
```

Syntaktische Regeln

- Anweisung-1 und Anweisung-2 können bedingte oder unbedingte Anweisungen sein.
- ELSE NEXT SENTENCE kann weggelassen werden, wenn unmittelbar danach durch einen Punkt das Ende des COBOL-Satzes gekennzeichnet ist.

Beschreibung

Wie erwähnt, wird mit der IF-Anweisung eine Bedingung dahingehend überprüft, ob sie erfüllt ist oder nicht (Wahrheitswert „wahr“ oder „falsch“). In Abhängigkeit davon werden verschiedene Programmteile (Folgen von COBOL-Anweisungen) durchlaufen.[46]

Eine IF-Anweisung besteht aus vier Abschnitten:

- einer Bedingung, die auszuwerten ist,
- einem Ja-Zweig, dessen Anweisungen immer dann auszuführen sind, wenn die Auswertung der Bedingung den Wahrheitswert „wahr“ ergibt (THEN-Zweig),
- einem Nein-Zweig, dessen Anweisungen immer dann auszuführen sind, wenn die Auswertung der Bedingung den Wahrheitswert „falsch“ ergibt (ELSE-Zweig) und
- einem Anweisungsbegrenzer (engl.: scope terminator) END-IF, durch den der Geltungsbereich einer Bedingung explizit begrenzt werden kann.

Im Ja-Zweig bzw. im Nein-Zweig können mehrere Anweisungen enthalten sein, sie können aber auch „leer“ sein. Sind in einem oder in beiden Zweigen wiederum IF-Anweisungen enthalten, so spricht man auch von **geschachtelten IF-Anweisungen**.

Eine IF-Anweisung endet

- bei einer END-IF-Phrase auf gleicher Schachtelungsebene,
- beim nächsten Punkt (Ende des COBOL-Satzes) oder
- bei der nächsten ELSE-Phrase, die einer IF-Anweisung auf höherer Schachtelungsebene angehört.

[46] Wenn Sie diese Aussage mit der Definition der Auswahl nach Nassi-Shneiderman vergleichen (Abschnitt 1.3.3), so werden Sie erkennen, daß es die IF-Anweisung ist, mit deren Hilfe man die im Struktogramm dargestellte Auswahl im COBOL-Programm realisieren kann.

Wird eine IF-Anweisung ausgeführt, so erfolgt folgende *Ablaufsteuerung*:

- Die Bedingung hat den Wahrheitswert „wahr“:
  - Sind im THEN-Zweig Anweisungen codiert, so werden diese (inklusive eventueller Verzweigungen, vgl. PERFORM-Anweisung im Abschnitt 2.5.2.5) abgearbeitet. Der gesamte ELSE-Zweig wird ignoriert, der Programmablauf wird am *Ende der IF-Anweisung* fortgesetzt.
  - Ist im THEN-Zweig der IF-Anweisung die NEXT SENTENCE-Phrase angegeben, so wird der Programmablauf beim *nächsten ausführbaren COBOL-Satz* (nach dem nächsten Punkt) fortgesetzt. Der ELSE-Zweig wird ignoriert.
- Die Bedingung hat den Wahrheitswert „falsch“:
  - Sind im ELSE-Zweig Anweisungen codiert, so werden diese (inklusive eventueller Verzweigungen, vgl. PERFORM-Anweisung im Abschnitt 2.5.2.5) ausgeführt, der THEN-Zweig wird ignoriert. Nach Ausführung der Anweisungen des ELSE-Zweigs wird der Programmablauf am *Ende der IF-Anweisung* fortgesetzt.
  - Ist im ELSE-Zweig die ELSE NEXT SENTENCE-Phrase angegeben, so wird der THEN-Zweig übergangen, der Programmablauf wird beim *nächsten ausführbaren COBOL-Satz* (d.h. nach dem nächsten Punkt) fortgesetzt.
  - Ist kein ELSE-Zweig codiert, so werden die Anweisungen des THEN-Zweigs übergangen und der Programmablauf wird am *Ende der IF-Anweisung* fortgesetzt.

In der Folge wird die Formulierung der im oben dargestellten Format angeführten Bedingung erläutert. Bedingungen werden auch in anderen COBOL-Befehlen (z.B. EVALUATE-Anweisung[47], PERFORM-Anweisung[48]) verwendet. Eine wei-

[47] Näheres dazu folgt im Abschnitt 2.5.2.4.

[48] Näheres dazu folgt im Abschnitt 2.5.2.5.

tere Variante der Bedingungsprüfung wird im Abschnitt 2.8.4 erläutert.

Vergleichsbedingung:

Funktion

> Eine **Vergleichsbedingung** dient zum Vergleich zweier Operanden. Als Operanden kommen Datenfelder, Literale und arithmetische Ausdrücke in Frage.

Format

```
                     { IS [NOT] GREATER THAN }
                     { IS [NOT] >            }
                     { IS [NOT] LESS THAN    }
                     { IS [NOT] <            }
{ Bezeichner-1 }     { IS [NOT] EQUAL TO     }     { Bezeichner-2 }
{ Literal-1    }     { IS [NOT] =            }     { Literal-2    }
{ arithm.-     }     { IS GREATER THAN OR    }     { arithm.-     }
{   Ausdruck-1 }     {    EQUAL TO           }     {   Ausdruck-2 }
                     { IS >=                 }
                     { IS LESS THAN OR       }
                     {    EQUAL TO           }
                     { IS <=                 }
```

Syntaktische Regeln

- Vor und nach jedem Operator >, <, =, >= und <= muß mindestens eine Leerstelle codiert werden.
- In der angegebenen Bedingung muß zumindest eine Variable enthalten sein. Mit Ausnahme des Vergleichs zweier Literale miteinander sind somit alle Vergleiche erlaubt.

Beschreibung

Das Subjekt (Bezeichner-1, Literal-1 oder arithmetischer-Ausdruck-1) wird mit dem Objekt (Bezeichner-2, Literal-2 oder arithmetischer-Ausdruck-2) in bezug auf größer, kleiner, gleich, größer oder gleich bzw. kleiner oder gleich verglichen. Durch Voransetzen des Wortes NOT vor den Operator kann der jeweilige Vergleich logisch negiert werden.

Bei numerischen Operanden werden die algebraischen Werte miteinander verglichen, die Länge der Operanden ist irrelevant.

Bei nicht-numerischen Operanden bzw. bei einer numerischen und einer nicht-numerischen Größe werden die Inhalte der Operanden zeichenweise von links nach rechts verglichen.[49] Dieser Vergleich wird so lange ausgeführt, bis entweder zwei voneinander verschiedene Zeichen gefunden werden oder das rechte Ende der Operanden erreicht wird. Beim ersten Paar voneinander verschiedener Zeichen wird jener Operand als der größere gekennzeichnet, der das Zeichen mit der höheren Position in der Sortierreihenfolge des Programms enthält.[50] Sind die Operanden verschieden lang, so wird der Vergleich so durchgeführt, als wäre der kürzere Operand durch das Anhängen von Leerstellen auf die Länge des längeren Operanden gebracht worden.

[49] Numerische Operatoren verhalten sich also bei einem nicht-numerischen Vergleich so, als ob sie auf ein alphanumerisch definiertes Datenfeld gleicher Größe übertragen worden wären.

[50] Die Sortierreihenfolge der einzelnen Zeichen ist durch den für die interne Darstellung von Zeichen verwendeten Code (z.B. EBCDIC) zwar vorgegeben, durch bestimmte Einträge in der ENVIRONMENT DIVISION kann diese Sortierreihenfolge der Zeichen für ein Programm aber auch geändert werden. Diese Einträge werden hier nicht behandelt.

Klassenbedingung:

Funktion

> Eine **Klassenbedingung** dient zur Feststellung der numerischen oder alphabetischen Zusammensetzung eines Operanden.

Format

```
                     [     ]  { NUMERIC    }
Bezeichner-1 IS      [ NOT ]  {            }
                     [     ]  { ALPHABETIC }
```

Syntaktische Regeln

Ein numerischer Klassentest kann nicht bei alphabetisch definierten Datenfeldern durchgeführt werden; ein alphabetischer Klassentest kann nicht bei numerisch definierten Datenfeldern durchgeführt werden.

Beschreibung

Mit Hilfe der Klassenbedingung kann ein Datenfeld daraufhin untersucht werden,

- ob der Inhalt sich ausschließlich aus Zeichen des Ziffernalphabets (0 bis 9) mit oder ohne Vorzeichen (numerischer Klassentest) bzw.
- ob der Inhalt sich ausschließlich aus Zeichen des Buchstabenalphabets (A bis Z, a bis z, Leerstelle) zusammensetzt (alphabetischer Klassentest).

Die Auswertung der Klassenbedingung ist immer dann nützlich, wenn ein Datenfeld vor der weiteren Verarbeitung auf formal richtigen Inhalt überprüft werden soll.

Vorzeichenbedingung:

Funktion

Mit Hilfe einer **Vorzeichenbedingung** kann festgestellt werden, ob der Wert eines arithmetischen Ausdrucks größer als 0, kleiner als 0 oder gleich 0 ist.

Format

```
                              { POSITIVE }
arithm.-Ausdruck-1 IS [ NOT ] { NEGATIVE }
                              { ZERO     }
```

Syntaktische Regel

Der angegebene arithmetische Ausdruck muß mindestens eine Variable enthalten.

Zusammengesetzte (komplexe) Bedingungen:

Einfache Bedingungen können mit Hilfe der Bindewörter NOT, AND und OR sowie mit Hilfe von Klammern auch zu komplexen Bedingungen zusammengesetzt werden. Komplexe Bedingungen werden von links nach rechts und in der Reihenfolge NOT vor AND und OR ausgewertet. Durch das Setzen von Klammern kann die Reihenfolge der Auswertung beinflußt werden. Sobald der Wahrheitswert des gesamten Ausdrucks festgestellt werden kann, wird die weitere Auswertung der Teilausdrücke beendet.

Beispiele

In der Folge wird anhand von Beispielen die korrekte Formulierung von Bedingungen und IF-Anweisungen gezeigt. Es wird angenommen, daß die betreffenden Datenfelder in der DATA DIVISION definiert wurden.[51]

[51] In diesen Beispielen werden auch Befehle verwendet, die noch nicht erklärt wurden. Ihre Bedeutung erfahren Sie in den nächsten Abschnitten.

- ```
  IF A > B
  THEN PERFORM UP1,
  ELSE PERFORM UP2.
  ```

- ```
  IF I NUMERIC
  THEN MOVE 7 TO J.
  ```

- ```
  IF X NEGATIVE
  THEN NEXT SENTENCE,
  ELSE MOVE A TO B,
  END-IF.
  ```

- ```
  IF ((C = D) AND (E > F)) OR (G < H)
  THEN MOVE 5 TO X,
       ADD 2 TO Y,
  ELSE NEXT SENTENCE.
  ```

- ```
  IF K POSITIVE
  THEN PERFORM UP3,
  ELSE IF J NEGATIVE
       THEN IF A < B
            THEN CONTINUE,
            ELSE SUBTRACT B FROM A,
                 DISPLAY A UPON BS,
            END-IF,
            PERFORM UP4,
            PERFORM UP5,
       ELSE COMPUTE E = A / B,
       END-IF,
  END-IF.
  ```

Bei einer geschachtelten IF-Anweisung ist jedes THEN, ELSE und (eventuell) END-IF dem *unmittelbar* vorangehenden IF zugeordnet, falls dieses IF nicht bereits mit einem THEN, ELSE und (eventuell) END-IF versehen ist. *Aus Gründen der Übersichtlichkeit des Programmtextes ist es ratsam, diese vier Wörter immer zu codieren, auch wenn sie zum Teil nicht unbedingt erforderlich sind.*

Im angeführten Beispiel ist auch die Bedeutung des Anweisungsbegrenzers END-IF dargestellt: Die beiden Anweisungen „PERFORM UP4" und „PERFORM UP5" hängen nicht mehr vom Wahrheitswert der Bedingung A < B ab, da sie *nach* dem dieser Bedingung zugehörigen Anweisungsbegrenzer END-IF angeführt sind. Sehr wohl hängt die Ausführung dieser Befehle aber davon ab, ob J negativ ist oder nicht, da die Anweisungen im Ja-Zweig dieser Bedingung
  ```

codiert wurden.

→ **Übungsaufgabe Nr. II–31 im Arbeitsbuch**

2.5.2.3 CONTINUE-Anweisung

Funktion

Die **CONTINUE-Anweisung** ist eine „leere“ Anweisung. Sie zeigt an, daß an der betreffenden Stelle keine auszuführende Anweisung vorhanden ist.

Format

CONTINUE

Beschreibung

Die CONTINUE-Anweisung kann überall dort vorkommen, wo auch eine andere bedingte oder unbedingte Anweisung auftreten kann. Sie hat keine Auswirkung auf die Programmausführung.

Beispiel

In dem im Abschnitt 2.5.2.2 dargestellten Beispiel wurde die CONTINUE-Anweisung verwendet, um den „leeren“ Ja-Zweig der Bedingung $A < B$ zu codieren. Nach „Ausführung“ dieser Anweisung würde der Programmablauf nach dem Ende dieser IF-Anweisung – also mit dem Befehl „PERFORM UP4“ – fortgesetzt werden.

Beachten Sie: Wäre an dieser Stelle statt der CONTINUE-Anweisung die NEXT SENTENCE-Phrase codiert worden, so würde der Programmablauf beim nächsten ausführbaren COBOL-Satz, also nach dem nächsten Punkt, fortgesetzt werden.

→ **Übungsaufgabe Nr. II–32 im Arbeitsbuch**

2.5.2.4 EVALUATE-Anweisung

Funktion

> Mit der **EVALUATE-Anweisung** können komplexe Bedingungskombinationen ausgewertet werden. Die weiteren Arbeitsschritte bei der Ausführung des Objektprogramms hängen vom Ergebnis dieser Auswertung ab (Abb. 2.22).[52]

[52] Wenn Sie diese Aussage mit der Definition der Fallunterscheidung nach Nassi-Shneiderman vergleichen (vgl. Abschnitt 1.3.3), werden Sie erkennen, daß es die EVALUATE-Anweisung ist, mit der sich sehr einfach und übersichtlich eine im Struktogramm dargestellte Mehrfachauswahl in COBOL realisieren läßt. Vor allem für die Umsetzung einer in einer Entscheidungstabelle dargestellten Bedingungskombination eignet sich die EVALUATE-Anweisung ausgezeichnet.

<u>Format</u>[53]

```
         { Bezeichner-1 }   [      { Bezeichner-2 } ]
EVALUATE {              }   [ ALSO {              } ] ...
         { Ausdruck-1   }   [      { Ausdruck-2   } ]

{ { WHEN

  { ANY                                                }
  { TRUE                                               }
  { FALSE                                              }
  {                        [ { THROUGH }           ]   }
  { [NOT] Literal-3        [ {         } Literal-4 ]   }
  {                        [ { THRU    }           ]   }

  [ ALSO

  { ANY                                                }  ]     }
  { TRUE                                               }  ]     }
  { FALSE                                              }  ] ... } ...
  {                        [ { THROUGH }           ]   }  ]     }
  { [NOT] Literal-5        [ {         } Literal-6 ]   }  ]     }
  {                        [ { THRU    }           ]   }  ]     }

unbedingte-Anweisung-1 } ...

[ WHEN OTHER unbedingte-Anweisung-2 ]
[ END-EVALUATE ]
```

[53] Die EVALUATE-Anweisung ist eine äußerst mächtige COBOL-Anweisung, das komplette Format ist sehr umfangreich und etwas unübersichtlich. Hier wird daher nur eine vereinfachte Variante dieser Anweisung dargestellt, die die wichtigsten Verwendungsfälle abdeckt.

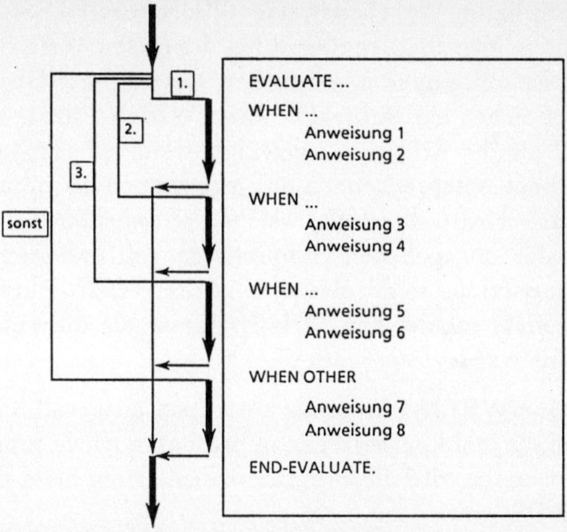

Abb. 2.22: Funktion der EVALUATE-Anweisung

Syntaktische Regeln

- Alle Operanden der EVALUATE-Anweisung, die vor der ersten WHEN-Phrase stehen, heißen Auswahlsubjekte dieser Anweisung; alle Operanden, die in einer WHEN-Phrase vorkommen, heißen Auswahlobjekte.
- Die Wörter THROUGH und THRU sind gleichbedeutend.
- Die Anzahl der Auswahlobjekte in jeder WHEN-Phrase muß identisch sein mit der Anzahl der Auswahlsubjekte.
- Die einander in der Reihenfolge entsprechenden Objekte und Subjekte müssen gültige Werte enthalten, die die Auswertung einer Vergleichsbedingung zulassen.

Beschreibung

Bei der Ausführung der EVALUATE-Anweisung werden alle Auswahlsubjekte und Auswahlobjekte ausgewertet und mit den aktuellen Werten versorgt (numerische oder alphanumerische

Datenfeldinhalte, Wahrheitswerte TRUE oder FALSE). Dann werden diese Werte – beginnend bei der ersten WHEN-Phrase – paarweise miteinander verglichen (jeweils ein Objekt mit dem entsprechenden Subjekt). Eine WHEN-Phrase trifft zu und wird als die richtige ausgewählt, wenn *alle* ihre Objekte mit den ihnen entsprechenden Subjekten übereinstimmen. Auf diese Weise wird festgestellt, welche der angeführten WHEN-Phrasen der angegebenen Subjektfolge voll entspricht. Die Auswertung erfolgt in der Reihenfolge der WHEN-Phrasen und wird beendet, sobald eine WHEN-Phrase als die zutreffende ausgewählt wurde.

Konnte eine WHEN-Phrase als zutreffend ausgewählt werden, so werden die in ihr enthaltenen unbedingten Anweisungen ausgeführt. Danach wird die Programmausführung beim Ende der EVALUATE-Anweisung fortgesetzt.

Konnte keine WHEN-Phrase als zutreffend ausgewählt werden, so werden die Anweisungen des Alternativzweigs WHEN OTHER – wenn ein solcher codiert ist – ausgeführt. Danach wird die Programmausführung beim Ende der EVALUATE-Anweisung fortgesetzt.

Beispiele

•
```
EVALUATE SCHALTER
WHEN 0
     DISPLAY "SCHALTER IST NULL!" UPON BS,
WHEN 1
     DISPLAY "ACHTUNG, SCHALTER IST > 0, ABER < 2!"
              UPON BS,
WHEN 2
     DISPLAY "WENN DAS NUR GUT GEHT!" UPON BS,
WHEN 3
     DISPLAY "JETZT WIRD ES BRENZLIG!" UPON BS,
WHEN OTHER
     DISPLAY "DAS IST JA FURCHTBAR!" UPON BS,
END-EVALUATE.
```

Bei der Ausführung der EVALUATE-Anweisung wird der gerade aktuelle Wert des Subjekts SCHALTER mit dem ersten Objekt der ersten WHEN-Phrase (das ist der Wert 0) verglichen. Ist SCHALTER = 0, so wird die erste WHEN-Phrase als die zutreffende ausgewählt. Andernfalls wird der Vergleich bei der zweiten WHEN-Phrase fortgesetzt usw. Wird eine zutreffende WHEN-Phrase gefunden, so wird der darin codierte DISPLAY-Befehl ausgeführt. Anschließend wird die Programmausführung nach dem Ende der EVALUATE-Anweisung fortgesetzt.

Die dargestellte Fallunterscheidung könnte auch in Form einer geschachtelten IF-Anweisung realisiert werden:

```
IF SCHALTER = 0
THEN DISPLAY "SCHALTER IST NULL!" UPON BS,
ELSE IF SCHALTER = 1
     THEN DISPLAY "ACHTUNG, SCHALTER IST > 0, ABER < 2"
                  UPON BS,
     ELSE IF SCHALTER = 2
          THEN DISPLAY "WENN DAS NUR GUT GEHT!" UPON BS,
          ELSE IF SCHALTER = 3
               THEN DISPLAY "JETZT WIRD ES BRENZLIG!"
                            UPON BS,
               ELSE DISPLAY "DAS IST JA FURCHTBAR!"
                            UPON BS,
               END-IF,
          END-IF,
     END-IF,
END-IF.
```

•

```
EVALUATE (EDV-STUDENT = "J") ALSO
         (ENGLISCH = "J")    ALSO
         (STUDIUM = "J")
WHEN TRUE ALSO TRUE ALSO TRUE
     MOVE "VOLL GEEIGNET" TO ZEILE,
WHEN TRUE ALSO TRUE ALSO FALSE
     MOVE "TEILWEISE GEEIGNET" TO ZEILE,
WHEN OTHER
     MOVE SPACES TO ZEILE,
END-EVALUATE.
```

In diesem Beispiel ist die Auswertung logischer Ausdrücke gezeigt. Es gelten die gleichen Regeln wie bei der Prüfung von Feldinhalten oder der Auswertung arithmetischer Ausdrücke. Aus Gründen der Übersichtlichkeit ist es ratsam, die einzelnen Ausdrücke (Operanden) in Klammern zu setzen.

•

```
EVALUATE (JAHR) ALSO (MONAT)
WHEN ANY ALSO 1 THROUGH 12
     DISPLAY "DATUM IST OK!" UPON BS,
WHEN OTHER
     DISPLAY "FEHLERHAFTES DATUM!" UPON BS,
END-EVALUATE.
```

An diesem Beispiel wird die Verwendung des Worts ANY gezeigt. ANY kennzeichnet, daß der Inhalt des betreffenden Auswahlobjekts für ein eventuelles Zutreffen dieser WHEN-Phrase nicht relevant ist.

→ Übungsaufgabe Nr. II–33 im Arbeitsbuch

2.5.2.5 PERFORM-Anweisung

Funktion

Mit der **PERFORM-Anweisung** kann die Ablaufsteuerung explizit von einer Stelle des Programms an eine an einer anderen Stelle im selben Programm codierte Befehlsfolge (Prozedur[54]) verlagert werden. Nach der (ein- oder mehrmaligen) Ausführung der dort angegebenen Befehle wird die Ablaufsteuerung automatisch (implizit) zur Aufrufstelle zurückübergeben. Die Programmausführung wird mit der der PERFORM-Anweisung unmittelbar nachfolgenden Anweisung fortgesetzt (**out-of-line PERFORM-Anweisung**).

Außerdem wird die PERFORM-Anweisung verwendet, um die Ausführung einer Befehlsfolge zu steuern, die nicht an einer anderen Stelle im Programm codiert ist, sondern deren Befehle innerhalb des Geltungsbereichs der PERFORM-Anweisung selbst angeführt sind (**in-line PERFORM-Anweisung**).

Man nennt Befehlsfolgen, die auf diese Weise „aufgerufen" und ausgeführt werden, auch (interne) **Unterprogramme.**

[54] Unter „Prozedur" werden in COBOL Kapitel (oder eine Gruppe aufeinanderfolgender Kapitel) und Paragraphen (oder eine Gruppe aufeinanderfolgender Paragraphen) zusammengefaßt. Dieser Begriff ist nicht identisch mit der im Abschnitt 1.4 verwendeten Bezeichnung (Prozedur = gespeicherte Folge von Betriebssystemkommandos). Prozedurnamen sind demnach in COBOL entweder Kapitel- oder Paragraphennamen in der PROCEDURE DIVISION.

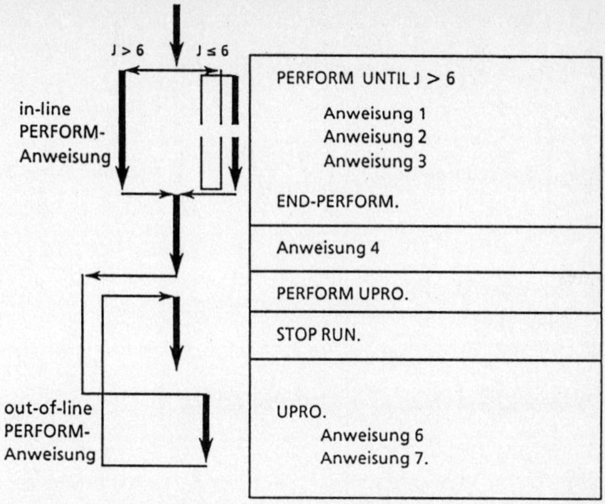

Abb. 2.23: Funktion der PERFORM-Anweisung

Format 1

(einfache Ausführung von Prozeduren)

PERFORM [Prozedurname-1 [{ THROUGH | THRU } Prozedurname-2]]

[unbedingte-Anweisung-1 END-PERFORM]

Format 2

(mehrmalige Ausführung von Prozeduren)

```
PERFORM [ Prozedurname-1 [ { THROUGH } Prozedurname-2 ] ]
                           { THRU    }

        { Bezeichner-1 } TIMES
        { Ganzzahl-1   }

        [ unbedingte-Anweisung-1 END-PERFORM ]
```

Format 3

(bedingte Ausführung von Prozeduren)

```
PERFORM [ Prozedurname-1 [ { THROUGH } Prozedurname-2 ] ]
                           { THRU    }

        [ WITH TEST { BEFORE } ] UNTIL Bedingung-1
        [           { AFTER  } ]

        [ unbedingte-Anweisung-1 END-PERFORM ]
```

Syntaktische Regeln

- Jeder der in den Formaten angeführten Prozedurnamen bezeichnet einen Paragraphen oder ein Kapitel in der PROCEDURE DIVISION des Programms.
- Die Wörter THROUGH und THRU sind gleichbedeutend.
- Wird ein Prozedurname-1 angegeben, so darf keine unbedingte-Anweisung-1 und keine END-PERFORM-Phrase

codiert werden (= out-of-line PERFORM); wird kein Prozedurname-1 angegeben, so *müssen* eine unbedingte-Anweisung-1 und eine END-PERFORM-Phrase codiert werden (= in-line PERFORM).

- Bezeichner-1 muß ein numerisches ganzzahliges elementares Datenfeld sein.
- Die Bedingung wird nach den allgemeinen Regeln für die Formulierung von Bedingungen gebildet (vgl. dazu auch Abschnitt 2.5.2.2).

Beschreibung

Bei Ausführung der PERFORM-Anweisung wird die Steuerung des Programmablaufs an die erste Anweisung der aufgerufenen Befehlsfolge (Prozedur, Unterprogramm) übergeben.

Bei Verwendung der im Format 1 dargestellten PERFORM-Anweisung werden die Befehle des mit Prozedurname-1 bezeichneten Programmabschnitts (bis zum letzten Befehl des mit Prozedurname-2 bezeichneten Programmabschnitts) einmal ausgeführt. Anschließend wird die Programmausführung mit der dem PERFORM-Befehl folgenden Anweisung fortgesetzt.

Bei Verwendung der im Format 2 dargestellten PERFORM-Anweisung werden die Befehle des mit Prozedurname-1 bezeichneten Programmabschnitts (bis zum letzten Befehl des mit Prozedurname-2 bezeichneten Programmabschnitts) so oft ausgeführt, wie durch den Inhalt des mit Bezeichner-1 gekennzeichneten Datenfelds bzw. durch Ganzzahl-1 angegeben ist. Anschließend wird die Programmausführung mit der dem PERFORM-Befehl folgenden Anweisung fortgesetzt.

Bei Verwendung der im Format 3 dargestellten PERFORM-Anweisung werden die Befehle des mit Prozedurname-1 bezeichneten Programmabschnitts (bis zum letzten Befehl des mit Prozedurname-2 bezeichneten Programmabschnitts) so oft ausgeführt, bis die in der UNTIL-Phrase angegebene Bedingung erfüllt ist. Die Bedingung kann entweder *vor* (TEST

BEFORE-Phrase) oder *nach* der Ausführung der aufgerufenen Befehlsfolge (TEST AFTER-Phrase) ausgewertet werden; dementsprechend wird das Unterprogramm keinmal, einmal oder mehrmals bzw. mindestens einmal oder mehrmals ausgeführt.[55] Wird weder die TEST BEFORE- noch die TEST AFTER-Phrase angegeben, so wird implizit das Vorhandensein der TEST BEFORE-Phrase angenommen. Wenn die Auswertung der Bedingung den Wahrheitswert „wahr" ergibt, wird die Programmausführung mit der dem PERFORM-Befehl folgenden Anweisung fortgesetzt („Abbruch" der Schleife).

Out-of-line PERFORM-Anweisung und in-line PERFORM-Befehl sind in ihren Auswirkungen gleichbedeutend. Im Interesse möglichst einfacher Lesbarkeit des Programms sollten in-line PERFORM-Anweisungen immer dann verwendet werden, wenn die aufgerufene Befehlsfolge nur an einer einzigen Stelle im Programmablauf benötigt wird *und* wenn durch Einrückungen des Programmtextes die Programmstruktur leicht erkennbar dargestellt werden kann. Wird eine bestimmte Befehlsfolge (z.B. die Ausgabe mehrerer Zeilen auf dem Bildschirm) an mehreren Stellen im Programmablauf benötigt, so ist es sinnvoller, diese Befehle einmal zu codieren und durch mehrere out-of-line PERFORM-Anweisungen von mehreren verschiedenen Stellen des Programmtextes aus aufzurufen. Out-of-line PERFORM-Anweisungen sind auch dann günstiger, wenn man aus Gründen der Übersichtlichkeit die im Programmstrukturdiagramm dargestellten Programmkomponenten im COBOL-Programm als eigene Paragraphen realisieren möchte (Paragraphennamen für die einzelnen Programmkomponenten).

---

[55] Wenn Sie diese Aussage mit der Definition von DO WHILE- und REPEAT UNTIL-Schleifen nach Nassi-Shneiderman vergleichen (vgl. Abschnitt 1.3.3), so werden Sie erkennen, daß es die PERFORM UNTIL-Anweisung ist, mit der in COBOL die im Struktogramm dargestellten Schleifen realisiert werden können. Entsprechend der Vereinbarung, daß wir in unseren Programmen nur DO WHILE-Schleifen verwenden wollen, gebrauchen wir ab sofort nur noch die TEST BEFORE-Phrase.

Beispiele

In der Folge wird anhand eines Beispiels die korrekte Verwendung des PERFORM-Befehls gezeigt.

```
PROCEDURE DIVISION.
HAUPTPROGRAMM.
     PERFORM TP1 THROUGH TP3.
     STOP RUN.

TP1.
     MOVE 3 TO ZAEHLER,
     PERFORM ZAEHLER TIMES
          DISPLAY "DAS IST EIN IN-LINE PERFORM-BEFEHL!"
                  UPON BS,
          DISPLAY SPACES UPON BS,
     END-PERFORM,
     DISPLAY "DAS WAREN 3 SCHLEIFENDURCHLÄUFE!" UPON BS.
     PERFORM UPRO2.

TP2.
     PERFORM UNTIL ZAEHLER = 5
         DISPLAY "DAS IST EIN FORMAT-3-IN-LINE-PERFORM!"
                 UPON BS,
         ADD 1 TO ZAEHLER,
     END-PERFORM,
     PERFORM UPRO1 UNTIL ZAEHLER = 7,
     PERFORM UPRO2.

TP3.
     DISPLAY "DAS WAR'S! TSCHÜSS!" UPON BS.

UPRO1.
     DISPLAY "DAS IST EIN FORMAT-3-OUT-OF-LINE-PERFORM!"
             UPON BS,
     ADD 1 TO ZAEHLER.

UPRO2.
     DISPLAY "DAS IST EIN FORMAT-1-UNTERPROGRAMMAUFRUF!"
            UPON BS.
```

Bei der Ausführung dieser Programmbefehle würden folgende Zeilen am Bildschirm ausgegeben werden:

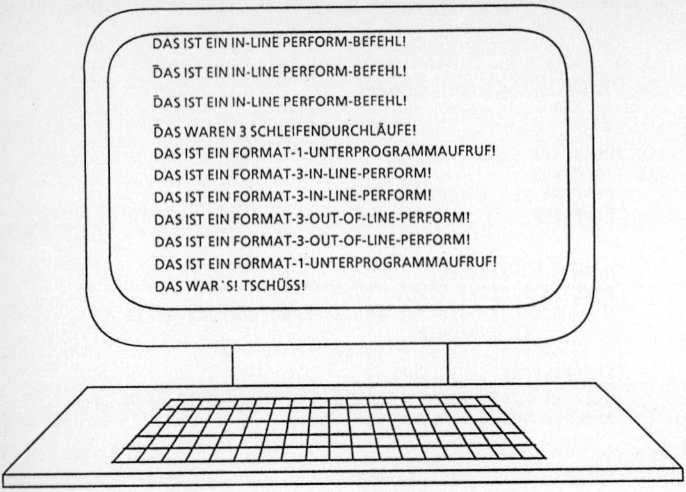

→ **Übungsaufgabe Nr. II–34 im Arbeitsbuch**

2.6 Strukturierte Programmierung in COBOL

Im Kapitel 1 haben wir uns sehr detailliert mit dem methodischen Entwerfen von Anwendungsprogrammen, und zwar vor allem mit den programmiersprachenunabhängigen Entwurfsarbeiten, auseinandergesetzt. Jetzt, da Sie den Aufbau eines COBOL-Programms und die wichtigsten Klauseln und Anweisungen der Programmiersprache COBOL kennengelernt haben und wissen, wie ein COBOL-Programm formal richtig zu codieren ist, sind sie in der Lage, einfache Programme selbst zu entwerfen und zu schreiben. Dafür wird in diesem Abschnitt nochmals zusammengefaßt, wie sich die drei elementaren Kontrollstrukturen eines Struktogramms (Sequenz, Auswahl und Wiederholung von Arbeitsanweisungen) in COBOL realisieren lassen. Außerdem werden in diesem Abschnitt einige Programmiertips zusammengefaßt, die Ihnen helfen sollen, Ihre Programme so leicht lesbar wie nur möglich zu machen, damit sie sich selbst die Fehlersuche in der Testphase erleichtern können.

2.6.1 Realisierung der Sequenz in COBOL

> Die elementare Kontrollstruktur Sequenz wird in COBOL durch die Vergabe **aufsteigender Zeilennummern** für die einzelnen Arbeitsanweisungen realisiert. Sind mehrere Anweisungen in einer Zeile codiert, so werden sie in der Reihenfolge von links nach rechts ausgeführt.

Beispiel

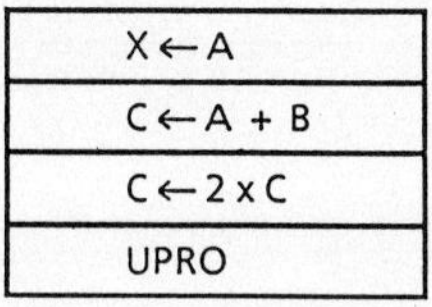


```
0021 MOVE A TO X.
0022 ADD A, B GIVING C, MULTIPLY 2 BY C,
0023 PERFORM UPRO.
```

Abb. 2.24: Realisierung der Kontrollstruktur Sequenz in COBOL

2.6.2 Realisierung der Auswahl in COBOL

> Die elementare Kontrollstruktur Auswahl wird in COBOL mit Hilfe der **IF-Anweisung** realisiert: Wenn eine Bedingung erfüllt ist, werden die Befehle des Ja-Zweigs ausgeführt, wenn nicht, jene des Nein-Zweigs.

Beispiel

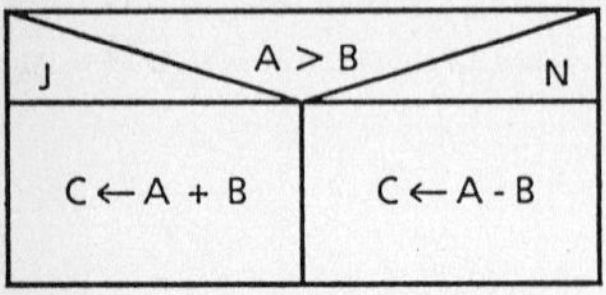


```
IF A > B
THEN ADD A, B GIVING C,
ELSE SUBTRACT B FROM A GIVING C,
END-IF.
```

Abb. 2.25: Realisierung der Kontrollstruktur Auswahl in COBOL

Die Codierung der Mehrfachauswahl (Fallunterscheidung) kann in COBOL auf zweierlei Arten erreicht werden:

- durch **geschachtelte IF-Anweisungen**,
- mit Hilfe der **EVALUATE-Anweisung**.

Beispiel (Abb. 2.26)

2.6.3 Realisierung der Wiederholung in COBOL

Die elementare Kontrollstruktur Wiederholung wird in COBOL mit Hilfe der **PERFORM UNTIL-Anweisung** realisiert. Die Ausführung einer PERFORM UNTIL-Anweisung mit einer (explizit formulierten oder implizit angenommenen) TEST BEFORE-Phrase entspricht exakt der Ablaufsteuerung bei einer DO WHILE-Schleife: Es wird *zuerst* die Bedingung geprüft und in Abhängigkeit vom Ergebnis der Auswertung die in-line oder out-of-line codierte Befehlsfolge (Prozedur) aufgerufen und ausgeführt.

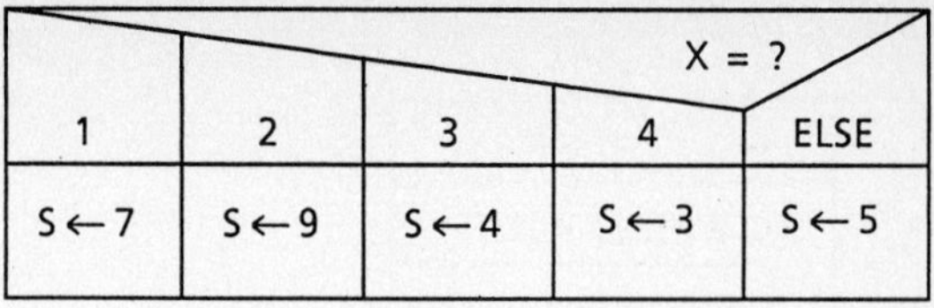

- Geschachtelte IF-Anweisungen:

```
IF X = 1
THEN MOVE 7 TO S,
ELSE IF X = 2
     THEN MOVE 9 TO S,
     ELSE IF X = 3
          THEN MOVE 4 TO S,
          ELSE IF X = 4
               THEN MOVE 3 TO S,
               ELSE MOVE 5 TO S,
               END-IF,
          END-IF,
     END-IF,
END-IF.
```

- EVALUATE-Anweisung:

```
EVALUATE X
WHEN 1
     MOVE 7 TO S,
WHEN 2
     MOVE 9 TO S,
WHEN 3
     MOVE 4 TO S,
WHEN 4
     MOVE 3 TO S,
WHEN OTHER
     MOVE 5 TO S,
END-EVALUATE.
```

Abb. 2.26: Realisierung der Mehrfachauswahl (Fallunterscheidung) in COBOL

Beispiel (Abb. 2.27)

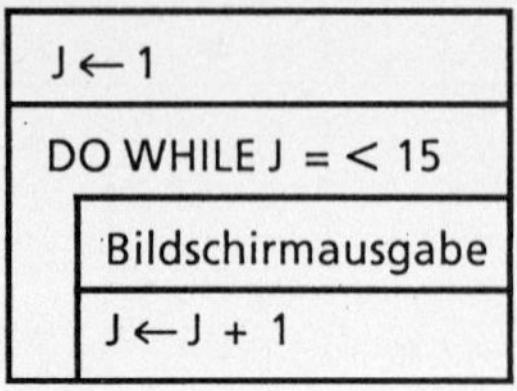

- out-of-line PERFORM-Anweisung:

```
    ...
    MOVE 1 TO J,
    PERFORM AUSGABE UNTIL J > 15,
    ...
AUSGABE.
    DISPLAY " ... " UPON BS,
    ADD 1 TO J.
```

- in-line PERFORM-Anweisung:

```
    ...
    MOVE 1 TO J,
    PERFORM UNTIL J > 15,
         DISPLAY " ... " UPON BS,
         ADD 1 TO J,
    END-PERFORM,
    ...
```

Abb. 2.27: Realisierung der Kontrollstruktur Wiederholung in COBOL

Arbeitsschritte, die laut Struktogramm hintereinander auszuführen sind, brauchen Sie also im COBOL-Programm nur hintereinander zu codieren. Tritt im Struktogramm eine Auswahl auf, so können Sie diese durch eine IF-, eine geschachtelte IF- bzw. eine EVALUATE-Anweisung im Programm realisieren. Eine im Struktogramm gekennzeichnete (DO WHILE-)Schleife wird durch einen (in-line oder out-of-line) PERFORM UNTIL-Befehl realisiert. Beachten Sie dabei aber die richtige Formulierung der Schleifensteuerungsbedingung: DO WHILE <= 15 („*tue, während* J *kleiner oder gleich* 15 ist“) ist als PERFORM

UNTIL J > 15 („*führe aus, bis* J *größer* 15 ist") zu formulieren. Wird die im Struktogramm dargestellte DO-WHILE-Schleife daher 1:1 in eine PERFORM UNTIL-Anweisung umgesetzt, so muß die Schleifensteuerungsbedingung logisch negiert werden.

2.6.4 Allgemeine Programmiertips

a) Frei wählbare Namen, Namenskonventionen:

Wo auch immer Sie im Programm frei wählbare Programmiererwörter vergeben müssen, wählen Sie diese Namen so, daß sie auf den Inhalt des betreffenden Datenfelds, des Kapitels, des Paragraphen, des Programms, der Datei usw. hinweisen! Es ist zweckmäßig, sich für bestimmte Kategorien von Datenfeldern eigene Konventionen zurechtzulegen (z.B. könnten alle als druckaufbereitet definierten Datenfelder mit dem Präfix D- beginnen).

Gleiches gilt für die Namen physischer Dateien (z.B. die Namen der COBOL-Datei, der LISTING-Datei und der Prozedurdatei in Abb. 1.42). Sind für ein ordnungsgemäßes Funktionieren von Standardprozeduren für die Übersetzung und Ausführung eines Programms Namenskonventionen vorgegeben, so sind diese *unbedingt* einzuhalten.

b) Formale Gestaltung des Programmtextes:

Der Programmtext sollte

- so wenig Text wie möglich und
- so viel Text wie notwendig enthalten sowie
- so übersichtlich wie möglich geschrieben werden.

Sparen Sie daher nicht mit *Leer- und Kommentarzeilen* im Programmtext, heben Sie wichtige Programmabschnitte durch Kommentarzeilen (z.B. Unterstreichungen) hervor und halten Sie *einheitliche Fluchtlinien* im Programmtext ein.

Die Strukturen von miteinander in Beziehung stehenden Datenfeldern lassen sich durch *Einrückungen der Datenbeschreibungen* sehr übersichtlich darstellen: Gleiche Stufennummern werden jeweils gleich weit eingerückt, die PICTURE-Klauseln in einer einheitlichen Fluchtlinie geschrieben.

Schreiben Sie *niemals mehr als eine COBOL-Anweisung in eine Zeile*. Anweisungen, die länger als eine Zeile sind, werden in der nächsten Zeile fortgesetzt, wobei es zweckmäßig ist, die Worte dann um einige Zeichen einzurücken. Damit beginnt jede COBOL-Anweisung in der gleichen Fluchtlinie.

Bei *IF-Anweisungen* ist es aus Gründen der Übersichtlichkeit ratsam, sich an die in Abb. 2.28 dargestellten Konventionen zu halten:

- In der ersten Zeile einer IF-Anweisung wird immer das Wort IF gefolgt von der zu prüfenden Bedingung codiert. Bei Bedingungskombinationen ist es zweckmäßig, die einzelnen Komponenten der zusammengesetzten Bedingung einzuklammern und untereinander anzuführen.
- In der zweiten Zeile steht das Wort THEN (auch wenn es nur ein Wahlwort ist), gefolgt von der ersten Anweisung des Ja-Zweigs. Alle weiteren Anweisungen des Ja-Zweigs werden mit einheitlicher Fluchtlinie unterhalb dieser ersten Anweisung codiert (fünf Zeichen eingerückt).
- Analog wird auch der Nein-Zweig geschrieben: Das Wort ELSE steht immer in der gleichen Fluchtlinie wie die zugehörigen Wörter IF und THEN. Dem Wort ELSE folgt noch in der gleichen Zeile die erste Anweisung des Nein-Zweigs, darunter sind alle weiteren Anweisungen des Nein-Zweigs in gleicher Fluchtlinie angeführt (fünf Zeichen eingerückt).
- Das Wort END-IF steht wiederum immer (auch dann, wenn es nicht unbedingt notwendig ist) genau unter den Worten IF, THEN und ELSE.

Durch die Einhaltung dieser Konventionen beim Codieren ei-

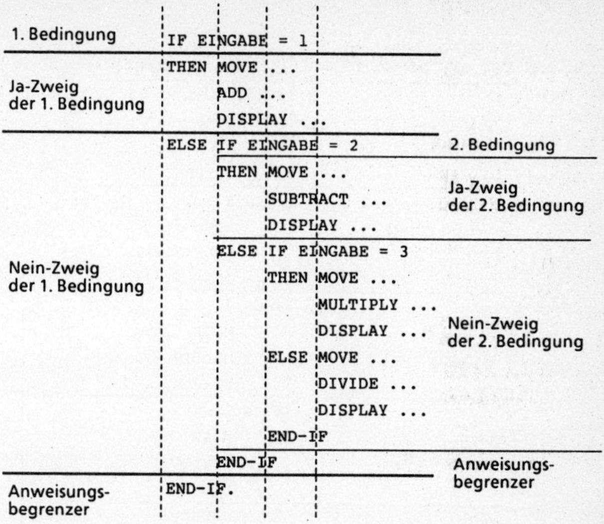

Abb. 2.28: Codierkonventionen für die IF-Anweisung

ner IF-Anweisung erreicht man, daß alternative Programmteile (Ja-Zweig und Nein-Zweig) und die Bedingung, von der die Ausführung dieser Programmteile abhängt, auf einen einzigen Blick erkannt werden können. Vor allem bei verschachtelten IF-THEN-ELSE-Konstruktionen ist dies überaus wichtig.

Auch bei *EVALUATE-Anweisungen* ist es sinnvoll, sich an solche Konventionen zu halten (Abb. 2.29):

Wir werden dabei immer in der ersten Zeile einer EVALUATE-Anweisung das Verb EVALUATE gefolgt von den (eventuell eingeklammerten) Auswahlsubjekten anführen. Jede WHEN-Phrase wird in der gleichen Fluchtlinie wie das Wort EVA-

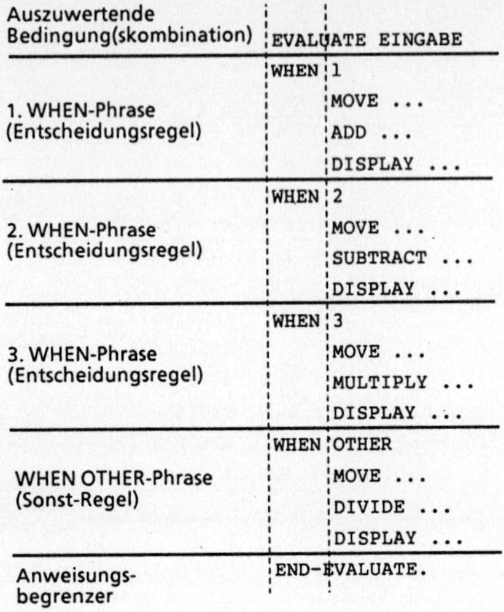

Abb. 2.29: Codierkonventionen für die EVALUATE-Anweisung

LUATE begonnen, die auszuführenden Anweisungen werden um fünf Zeichen eingerückt. END-EVALUATE steht wiederum genau unter EVALUATE und allen Wörtern WHEN.

Bei einer *in-line PERFORM-Anweisung* wird das Wort PERFORM, eventuell gefolgt von der TIMES- oder der UNTIL-Phrase in der ersten Zeile codiert. Die enthaltenen Anweisungen werden um fünf Zeichen eingerückt, das Wort END-PERFORM steht wiederum genau unter dem Wort PERFORM (Abb. 2.30).

Wo Schleifen (Unterprogramme) nur von einer einzigen Stelle des Programms aus aufgerufen werden müssen, werden wir in-line PERFORM-Anweisungen verwenden; werden ganze Befehlsfolgen (Schleifen) an verschiedenen Stellen des Programms

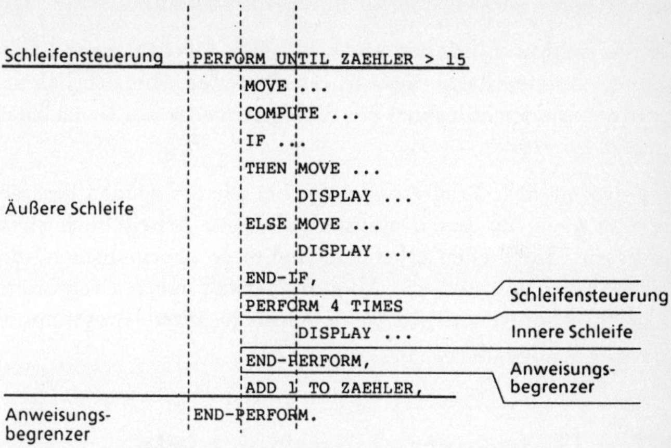

Abb. 2.30: Codierkonventionen für die in-line PERFORM-Anweisung

gebraucht oder ist eine in-line PERFORM-Anweisung zu unübersichtlich (weil sie sich z.B. über mehrere Seiten erstrecken würde), so werden wir out-of-line PERFORM-Anweisungen codieren.

c) Benutzerfreundlichkeit eines Programms:

Ein Dialogprogramm sollte immer so benutzerfreundlich wie nur möglich sein, d.h. der Benutzer muß stets wissen, wann und in welcher Form das Programm Eingaben von ihm verlangt und wie er sich im Programm „fortbewegen“ kann. Daher sollte vor jedem ACCEPT-Befehl (bei dem der Programmablauf ja nur gestoppt und vom Programm eine Eingabe erwartet wird) im Programmtext *immer* zuvor auch eine DISPLAY-Anweisung codiert sein, mit der eine Anleitung für den Benutzer auf dem Bildschirm ausgegeben wird (z.B. "Bitte geben Sie eine Zahl A ein (3-stellig, numerisch, ohne Vorzeichen):"). Soweit möglich sollten alle eingegebenen Daten vom Programm auf formale

Korrektheit und Plausibilität überprüft werden.

Ebenso sollten Ausgaben stets in einer für das menschliche Auge geeigneten Form (also druckaufbereitet, übersichtlich angeordnet und leicht lesbar) am Bildschirm oder auf Drucklisten dargestellt werden.

Wir werden diese Programmiertips bei allen folgenden Beispielen und auch bei den Übungsaufgaben im Arbeitsbuch *strikt* einhalten. Sie werden erkennen, daß diese „Formalismen“ die Übersichtlichkeit und die Verständlichkeit eines Programms deutlich erhöhen und die Fehlersuche in Ihren Programmen *wesentlich* erleichtern.

2.7 Demonstrationsbeispiele

Sie können nun darangehen, Ihre ersten einfachen COBOL-Programme selbst zu schreiben. Das bisher vermittelte theoretische Wissen wird in diesem Abschnitt anhand von Übungsbeispielen eingeübt. Als Hilfestellung für die zu entwickelnden Übungsaufgaben seien an dieser Stelle zwei einfache Demonstrationsbeispiele dargestellt.[56]

2.7.1 Demonstrationsbeispiel 1

Problemstellung

Es soll ein COBOL-Programm zur Lösung folgender Problemstellung entwickelt werden:

[56] Sie sollten alle in der Folge dargestellten Beispiele (also sowohl Demonstrationsbeispiele im Lerntext als auch die von Ihnen selbst entwickelten Lösungen zu den Übungsaufgaben des Arbeitsbuchs) *unbedingt* auf „Ihrer“ EDVA implementieren und testen. Nur durch diese praktische Übung am Computer werden Sie die Programmierung in COBOL wirklich erlernen.

Über die Terminaltastatur sollen nacheinander zwei 2-stellige natürliche Zahlen A und B (A größer oder gleich B) eingegeben werden. Das Programm soll die Summe, die Differenz, das Produkt und den Quotienten der Zahlen berechnen und – jeweils in einer Zeile – am Bildschirm anzeigen.

Musterlösung

Abb. 2.31 zeigt Ihnen eine Musterlösung.[57]

```
 IDENTIFICATION DIVISION.
*************************

***************************************************************
*                    Demonstrationsbeispiel 1                 *
*                                                             *
* Autor: Hans Göpfrich                     Datum: 02.01.1988 *
***************************************************************

 PROGRAM-ID. DEMO1.

 ENVIRONMENT DIVISION.
**********************

 CONFIGURATION SECTION.
*---------------------*
 SOURCE-COMPUTER. IBM-3083.
 OBJECT-COMPUTER. IBM-3083.
 SPECIAL-NAMES.
     CONSOLE IS BS.

 DATA DIVISION.
***************

 WORKING-STORAGE SECTION.
*-----------------------*
 77  A                     PIC 99.
 77  B                     PIC 99.
 77  SUMME                 PIC 999.
 77  DIFFERENZ             PIC 99.
 77  PRODUKT               PIC 9999.
 77  QUOTIENT              PIC 99.
```

[57] Diese Musterlösung wurde bereits zur Erläuterung des formalen Aufbaus eines COBOL-Programms und zur Erklärung der wichtigsten COBOL-Grundtatbestände in Abb. 2.4 dargestellt und mehrfach angesprochen. Die folgenden Ausführungen sind als Zusammenfassung gedacht.

```
 PROCEDURE DIVISION.
*********************

 BERECHNUNGEN.
     DISPLAY "Geben Sie bitte eine Zahl A ein: " UPON BS,
     ACCEPT A FROM BS,

     DISPLAY "Und jetzt bitte eine Zahl B (<= A, > 0): " UPON BS,
     ACCEPT B FROM BS,

     ADD A, B            GIVING SUMME,
     SUBTRACT B FROM A GIVING DIFFERENZ,
     MULTIPLY A BY B    GIVING PRODUKT,
     DIVIDE A BY B      GIVING QUOTIENT,

     DISPLAY "Summe =      ", SUMME     UPON BS,
     DISPLAY "Differenz = ", DIFFERENZ UPON BS,
     DISPLAY "Produkt =    ", PRODUKT   UPON BS,
     DISPLAY "Quotient =  ", QUOTIENT  UPON BS.

     STOP RUN.
```

Abb. 2.31: COBOL-Programmliste für das Demonstrationsbeispiel 1

Erläuterungen zum Programmtext:

- In der IDENTIFICATION DIVISION wird dem Programm der Name DEMO1 verliehen.
- Aus der ENVIRONMENT DIVISION ist ersichtlich, daß der Computer, auf dem das Programm übersetzt und ausgeführt wurde, eine IBM-3083-EDVA ist. Für den Terminalbildschirm CONSOLE wird der Name BS vergeben.
- In der DATA DIVISION werden die beiden Eingabefelder A und B (jeweils 2-stellig, numerisch) definiert. Ebenso enthält die WORKING-STORAGE SECTION die Beschreibung aller anderen verwendeten Datenfelder (Ergebnisfelder für die Addition, Subtraktion, Multiplikation und Division) in entsprechender Größe.
- Die eigentliche Problemlösung findet durch die Ausführung der in der PROCEDURE DIVISION codierten Anweisungen statt: Zunächst wird durch den ersten DISPLAY-Befehl der Benutzer aufgefordert, eine Zahl A einzugeben. Der anschließende ACCEPT-Befehl stellt die eingegebenen Zeichen im Feld A bereit. Analoge Anweisungen werden anschließend für die Ein-

gabe der Zahl B ausgeführt. Danach werden die in der Aufgabenstellung geforderten Berechnungen durchgeführt (ADD-, SUBTRACT-, MULTIPLY- und DIVIDE-Befehl). Die Ergebnisse werden durch vier DISPLAY-Anweisungen nacheinander am Bildschirm ausgegeben. Der STOP-Befehl beschließt den Programmablauf.

- Die Sternchen-Zeilen sind Kommentarzeilen (* in Spalte 7) und dienen ebenso wie die eingefügten Leerzeilen lediglich der besseren Lesbarkeit des Programmtextes.

Programmausführung

Die Ausführung der oben dargestellten Anweisungen würde z.B. folgenden Dialog des Benutzers mit dem Programm ergeben.

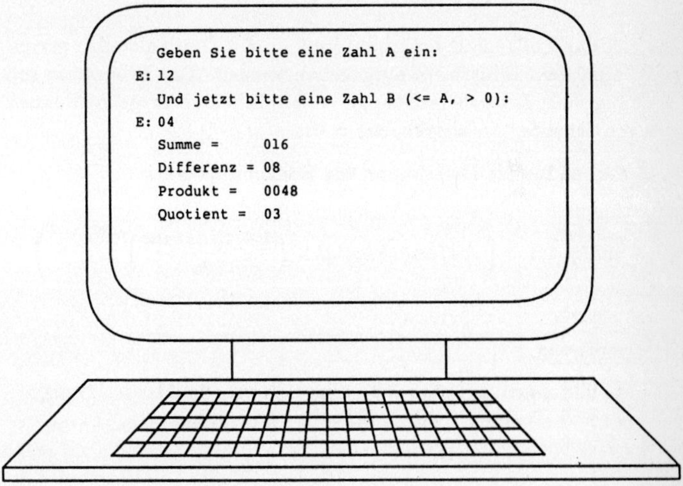

Übungsaufgaben Nr. II–35 bis II–37 im Arbeitsbuch ⟵

2.7.2 Demonstrationsbeispiel 2

Problemstellung

Es soll ein COBOL-Programm entwickelt werden, das Zinsenberechnungen für Spareinlagen durchführt:

Das Anfangskapital (4-stellig, numerisch) und die Laufzeit in Jahren (2-stellig, numerisch) sind über die Tastatur einzugeben. Der Zinssatz ist nach der Laufzeit gestaffelt:

- Laufzeit bis 2 Jahre: 2 %,
- Laufzeit 2 bis 10 Jahre: 5 %,
- Laufzeit über 10 Jahre: 7 %.

Es soll das Endkapital berechnet und – auf 4 Dezimalstellen gerundet – auf dem Bildschirm ausgegeben werden. Das Programm soll beliebig viele Zinsenberechnungen ermöglichen (Abbruchbedingung für die Schleife: Anfangskapital = 0).

Die Formel für die Berechnung des Endkapitals lautet:

$$Endkapital = \left(Anfangskapital \times \left(\frac{1 + Zinssatz}{100} \right)^{Laufzeit} \right)$$

Musterlösung

Die Abbildungen 2.32 und 2.33 zeigen Ihnen eine Musterlösung.

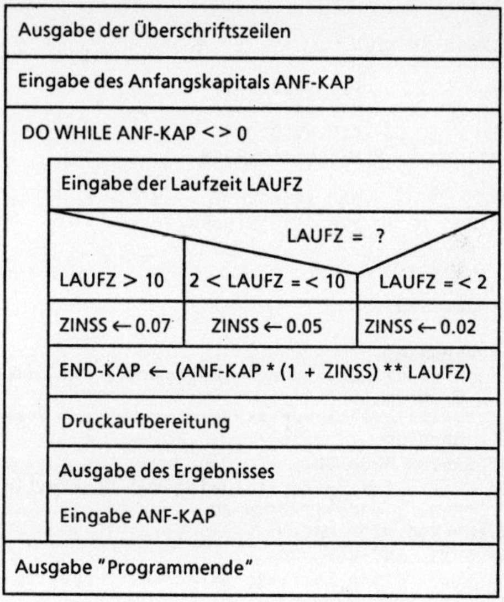

Abb. 2.32: Struktogramm für das Demonstrationsbeispiel 2

```
 IDENTIFICATION DIVISION.
**************************

*******************************************************************
*                   Demonstrationsbeispiel 2                     *
*                                                                 *
* Autor: Hans Göpfrich                          Datum: 02.01.1988 *
*******************************************************************

 PROGRAM-ID. DEMO2.


 ENVIRONMENT DIVISION.
***********************

 CONFIGURATION SECTION.
*---------------------*
 SOURCE-COMPUTER. IBM-3083.
 OBJECT-COMPUTER. IBM-3083.
 SPECIAL-NAMES.
     CONSOLE IS BS.
```

```
 DATA DIVISION.
****************

 WORKING-STORAGE SECTION.
*----------------------*
 77  ANF-KAP             PIC 9999.
 77  LAUFZ               PIC 99.
 77  ZINSS               PIC 9V99.
 77  END-KAP             PIC 9(14)V9999.

 77  D-LAUFZ             PIC Z9.
 77  D-END-KAP           PIC Z(13)9.9999.


 PROCEDURE DIVISION.
*********************

 ENDWERTBERECHNUNGEN.
     DISPLAY "Zinseszinsrechnung - Berechnung von Endwerten:"
             UPON BS,
     DISPLAY "**********************************************"
             UPON BS,
     DISPLAY SPACES UPON BS,
     DISPLAY "Bitte Anfangskapital eingeben (4-stellig, ",
             "Ende = 0000):" UPON BS,
     ACCEPT ANF-KAP FROM BS,
     PERFORM UNTIL ANF-KAP = 0
          DISPLAY "Bitte Laufzeit eingeben (2-stellig):" UPON BS,
          ACCEPT LAUFZ FROM BS,
          EVALUATE TRUE
          WHEN LAUFZ > 10
               MOVE 0.07 TO ZINSS,
          WHEN LAUFZ > 2
               MOVE 0.05 TO ZINSS,
          WHEN OTHER
               MOVE 0.02 TO ZINSS,
          END-EVALUATE,
          COMPUTE END-KAP = (ANF-KAP * ((1 + ZINSS) ** LAUFZ)),
          MOVE END-KAP TO D-END-KAP,
          MOVE LAUFZ   TO D-LAUFZ,
          DISPLAY "Endkapital nach ",
                  D-LAUFZ,
                  " Jahren: ",
                  D-END-KAP UPON BS,
          DISPLAY SPACES UPON BS,
          DISPLAY "Bitte Anfangskapital eingeben (4-stellig, "
                  "Ende = 0000):" UPON BS,
          ACCEPT ANF-KAP FROM BS,
     END-PERFORM,
     DISPLAY "Programmende" UPON BS,
     STOP RUN.
```

Abb. 2.33: COBOL-Programmliste für das Demonstrationsbeispiel 2

Erläuterungen zum Programmtext:

- Dem Programm wird der Name DEMO2 verliehen.
- Der Computer, auf dem das Programm übersetzt und ausgeführt wurde, ist eine IBM-3083-EDVA. Für den Terminalbildschirm CONSOLE wird im SPECIAL-NAMES-Paragraphen der mnemonische Name BS vergeben.
- In der WORKING-STORAGE SECTION sind alle Datenfelder beschrieben, mit denen das Programm Operationen ausführen muß: die Eingabefelder ANF-KAP und LAUFZ sowie die Rechenfelder ZINSS und END-KAP. Für die Ausgabe werden zwei druckaufbereitete Datenfelder D-LAUFZ und D-END-KAP definiert.
- Die codierten COBOL-Anweisungen geben die im Struktogramm dargestellte Programmlogik exakt wieder:

  Nach der Ausgabe zweier Überschriftszeilen (DISPLAY-Befehle) wird zunächst die Eingabe des Anfangskapitals verlangt (DISPLAY-Befehl), dann wird das Anfangskapital vom Programmbenutzer eingegeben und im Feld ANF-KAP zur weiteren Verarbeitung bereitgestellt (ACCEPT-Befehl). Die Schleife wird durch eine in-line PERFORM-Anweisung realisiert, in der alle für die gewünschten Berechnungen notwendigen COBOL-Anweisungen unmittelbar enthalten sind. Nach der Schleife wird noch eine Abschlußzeile am Bildschirm ausgegeben und der Programmablauf wird durch einen STOP-Befehl beendet.

  Innerhalb der Schleife (in-line PERFORM-Anweisung) wird zunächst – wiederum mit einer DISPLAY- und einer ACCEPT-Anweisung – die Laufzeit ins Programm eingegeben und im Datenfeld LAUFZ bereitgestellt. Nun folgt die Auswertung einer Mehrfachauswahl durch eine EVALUATE-Anweisung: Je nach dem aktuellen Inhalt von LAUFZ wird das Datenfeld ZINSS mit dem entsprechenden Wert versorgt (MOVE-Befehle).[58] Die angeführten WHEN-Phrasen werden dabei so lange von oben nach unten ausgewertet, bis eine der Phrasen als die zutref-

[58] Hier wird – ergänzend zu den Ausführungen im Abschnitt 2.5.2.4 – eine weitere Variante der EVALUATE-Anweisung dargestellt: Als Auswahlobjekt ist jeweils die auszuwertende Bedingung angegeben, als Auswahlsubjekt der Wahrheitswert TRUE.

fende identifiziert werden kann. Mit dem COMPUTE-Befehl wird anschließend das Endkapital berechnet. Vor der Ausgabe am Bildschirm werden die Daten noch in eine für die Ausgabe geeignete Form umgewandelt (Druckaufbereitung durch die beiden MOVE-Befehle). Der folgende DISPLAY-Befehl gibt die berechneten Daten am Bildschirm aus. Mit dem DISPLAY- und ACCEPT-Befehl für die Eingabe eines weiteren Werts für ein Anfangskapital ist die Schleife (und damit die PERFORM-Anweisung) beendet (END-PERFORM).

Vergleichen Sie diese Ausführungen bitte nochmals mit den Abbildungen 1.22 (Ablaufsteuerung der Mehrfachauswahl) und 1.25 (Ablaufsteuerung der DO WHILE-Schleife).

Programmausführung

Die Ausführung der oben dargestellten Anweisungen würde z.B. folgenden Dialog des Benutzers mit dem Programm ergeben.

```
    Zinseszinsrechnung - Berechnung von Endwerten:
    **********************************************

    Bitte Anfangskapital eingeben (4-stellig, Ende = 0000):
E: 1000
    Bitte Laufzeit eingeben (2-stellig):
E: 02
    Endkapital nach  2 Jahren:          1040.4000

    Bitte Anfangskapital eingeben (4-stellig, Ende = 0000):
E: 5000
    Bitte Laufzeit eingeben (2-stellig):
E: 08
    Endkapital nach  8 Jahren:          7387.0000

    Bitte Anfangskapital eingeben (4-stellig, Ende = 0000):
E: 0000
    Programmende
```

→ **Übungsaufgabe Nr. II–38 im Arbeitsbuch**

2.8 Weitere COBOL-Phrasen, -Klauseln und -Befehle

2.8.1 ROUNDED-Phrase

Wenn Ergebnisfelder mit einer zu geringen Zahl von Nachkommastellen definiert sind, kann es bei arithmetischen Berechnungen (ADD, SUBTRACT usw.) vorkommen, daß bei der (dezimalpunktgerechten) Übertragung der Rechenergebnisse in das (die) Ergebnisfeld(er) durch das Abschneiden von Nachkommastellen Rundungsfehler entstehen.

> Durch die Angabe der **ROUNDED-Phrase** wird bewirkt, daß die letzte Nachkommastelle eines Ergebnisfelds um den Wert 1 erhöht wird, falls die erste abgeschnittene Nachkommastelle größer oder gleich 5 ist (daß also mathematisch gerundet wird).

Beispiel

```
77 SUMME            PIC S9V9.
                ...
ADD 3.27, 4.11 GIVING SUMME ROUNDED.
```

Inhalt von SUMME nach Ausführung der ADD-Anweisung:

2.8.2 ON SIZE ERROR-Phrase, NOT ON SIZE ERROR-Phrase

Wenn bei arithmetischen Berechnungen für die Ergebnisse zu kurze Ergebnisfelder vorgesehen wurden (zu wenige Stellen *vor* dem Dezimalpunkt), so kann dies bei der dezimalpunktgerechten Ausrichtung des Ergebnisses zu einer Verfälschung der Resultate führen (z.B. 23 statt 123 als Inhalt eines numerischen Ergebnisfelds).

Durch die Verwendung der **ON SIZE ERROR-Phrase** bzw. der **NOT ON SIZE ERROR-Phrase** kann vorgesehen werden, daß bei Eintreten bzw. Nichteintreten eines solchen „Feldüberlaufs" bestimmte Aktionen gesetzt (Anweisungen ausgeführt) werden.

Beispiel

```
MULTIPLY A BY B GIVING C,
   ON SIZE ERROR PERFORM ZU-KLEIN,
   NOT ON SIZE ERROR CONTINUE,
END-MULTIPLY.
```

Ist das Ergebnisfeld C für die Abspeicherung des berechneten Produkts zu klein, so bleibt der ursprüngliche Inhalt von C unverändert erhalten und es wird der Paragraph ZU-KLEIN ausgeführt. Läßt sich das Ergebnis ohne Probleme im Ergebnisfeld C unterbringen, so werden die in der NOT ON SIZE ERROR-Phrase angegebenen Anweisungen ausgeführt (im dargestellten Beispiel nur die „leere" Anweisung CONTINUE). Danach wird der Programmablauf nach dem Ende der MULTIPLY-Anweisung fortgesetzt.[59]

[59] Man kann also die Phrasen ON SIZE ERROR und NOT ON SIZE ERROR als eine IF-/THEN-/ELSE-Konstruktion betrachten, in der als Bedingung das erfolgreiche Abspeichern des berechneten Ergebniswerts abgefragt wird.

2.8.3 SIGN-Klausel

Funktion

Durch die **SIGN-Klausel** wird die Art der Abspeicherung des Vorzeichens in einem numerischen Datenfeld festgelegt.

Format

$$\left[\ \underline{\text{SIGN}}\ \text{IS}\ \right] \left\{ \begin{array}{l} \underline{\text{LEADING}} \\ \underline{\text{TRAILING}} \end{array} \right\} \left[\ \underline{\text{SEPARATE}}\ \text{CHARACTER}\ \right]$$

Syntaktische Regel

Die SIGN-Klausel kann bei der Datenfeldbeschreibung in der DATA DIVISION angegeben werden. Sie darf nur bei numerisch definierten elementaren Datenfeldern verwendet werden, deren PICTURE-Zeichenkette ein S enthält, bzw. bei Datengruppen, die solchermaßen definierte numerische elementare Datenelemente enthalten.

Beschreibung

Durch „SIGN IS LEADING" bzw. „SIGN IS TRAILING" wird die Position bestimmt, in der das (gedachte) Vorzeichen mitgeführt wird (erste oder letzte Stelle des numerischen Datenfelds). Die Standardannahme bei Fehlen der SIGN-Klausel ist bei den meisten Herstellerfirmen „SIGN IS TRAILING".

Die SEPARATE CHARACTER-Phrase bewirkt die Abspeicherung des Vorzeichens in einer separaten Speicherstelle. In diesem Fall zählt das Vorzeichen als eigene Stelle des Datenfelds und muß bei der Längenbestimmung des Felds mitgezählt werden.

Man benötigt die SIGN-Klausel zum Beispiel dann, wenn man auch negative Werte über die Tastatur eingeben und in einem Datenfeld bereitstellen will (ACCEPT-Anweisung).

Beispiel

```
77  NUMMER      PIC S999 SIGN IS LEADING,
                         SEPARATE CHARACTER,
                         VALUE IS -123.
```

Das Feld NUMMER sieht durch diese Datenbeschreibung wie folgt aus:

-	1	2	3

Ohne die SEPARATE CHARACTER-Phrase wäre der Feldinhalt wie folgt gegeben:

1-	2	3

2.8.4 Bedingungsnamen

Ein **Bedingungsname** (engl.: condition-name) ist ein frei wählbarer Name, der einem bestimmten Inhalt eines Datenfelds zugeordnet wird. Ein Bedingungsname wird in der DATA DIVISION durch einen Datenbeschreibungseintrag mit der Stufennummer 88 definiert und kann in den in der PROCEDURE DIVISION enthaltenen COBOL-Anweisungen anstatt einer Vergleichsbedingung zur Bedingungsprüfung verwendet werden.

Format

$$\text{88 Bedingungsname} \left\{ \begin{array}{l} \underline{\text{VALUE}}\ \text{IS} \\ \underline{\text{VALUES}}\ \text{ARE} \end{array} \right\}$$

$$\left\{ \text{Literal-1} \left[\left\{ \begin{array}{l} \underline{\text{THROUGH}} \\ \underline{\text{THRU}} \end{array} \right\} \text{Literal-2} \right] \right\} \ldots .$$

Syntaktische Regeln

- Die einem Datenfeld zugeordneten Bedingungsnamen müssen unmittelbar nach der Datenfelddefinition codiert werden.
- Jeder einem Datenfeld zugeordnete Bedingungsname erfordert eine eigene Eintragung mit der Stufennummer 88.
- Für die Bildung von Bedingungsnamen gelten die allgemeinen Regeln zur Bildung von Programmiererwörtern.
- Das (die) in der VALUE-Klausel angegebene(n) Literal(e) muß (müssen) mit dem Datentyp des Felds, für das der Bedingungsname definiert wird, übereinstimmen, also möglicher Inhalt dieses Datenfelds sein.
- THROUGH und THRU sind gleichbedeutend.
- Wird der THROUGH-Zusatz verwendet, so muß Literal-1 immer kleiner sein als Literal-2 (d.h. Literal-1 muß in der Sortierreihenfolge *vor* Literal-2 liegen).

Beschreibung

Dem durch Literal-1 (bis Literal-2) angegebenen Feldinhalt wird durch einen Stufennummer-88-Eintrag ein Bedingungsname zugeordnet. Dieser Bedingungsname kann anstelle einer einfachen Vergleichsbedingung zum Testen des Feldinhalts herangezogen werden: Stimmt der aktuelle Wert des Datenfelds mit einem der angegebenen VALUE-Werte überein, so ist die Bedingung erfüllt, andernfalls ist sie nicht erfüllt.

Beispiele

- ```
  77  EOF                    PIC X.
      88 NICHT-DATEIENDE  VALUE "0".
      88 DATEIENDE        VALUE "1".
  ```

  Man könnte auch folgendermaßen formulieren: Wenn das Datenfeld EOF den Wert „0“ enthält, so heißt dieser Zustand NICHT-DATEIENDE; wenn EOF den Wert „1“ annimmt, heißt dieser Zustand DATEIENDE.

  Um nun im Programm den Feldinhalt zu prüfen, gibt es zwei Möglichkeiten:

  ```
  IF EOF = "1"                  IF DATEIENDE
  THEN ...           oder       THEN ...
  ELSE ...                      ELSE ...
  END-IF.                       END-IF.
  ```

  Vor allem bei komplexeren (zusammengesetzten) Bedingungen erweisen sich Bedingungsnamen als sehr vereinfachend.

- ```
  01  WAEHRUNG             PIC X.
      88 SCHILLING           VALUE "S".
      88 D-MARK              VALUE "M".
      88 FRANKEN             VALUE "F".
      88 SONST               VALUE "A".
  ...
  PROCEDURE DIVISION.
  ...
      IF SCHILLING
      THEN PERFORM SCHILLING-DRUCK,
      ELSE IF D-MARK
           THEN PERFORM D-MARK-DRUCK,
           ELSE IF FRANKEN
                THEN PERFORM FRANKEN-DRUCK,
                ELSE PERFORM SONST-DRUCK,
                END-IF,
           END-IF,
      END-IF.
  ...
  ```

- ```
  77  AUSWAHL                 PIC X.
      88 AUSWAHL-GUELTIG   VALUE "0" THRU "5".
  ...
  PROCEDURE DIVISION.
  ...
      ACCEPT AUSWAHL FROM BS.
      PERFORM FEHLERSCHLEIFE UNTIL AUSWAHL-GUELTIG.
  ...
  ```
  ```

Den möglichen Feldinhalten „0“ bis „5“ wird der Bedingungsname AUSWAHL-GUELTIG zugeordnet. In der PERFORM-Anweisung wird dieser Bedingungsname zur Prüfung der Bedingung herangezogen, ob im Feld AUSWAHL einer der gültigen Werte enthalten ist oder nicht.

2.8.5 Qualifizierung von Datennamen und MOVE CORRESPONDING-Anweisung

2.8.5.1 Qualifizierung von Datennamen

Bisher sind wir davon ausgegangen, daß vom Programmierer vergebene Datennamen eindeutig sein müssen. Es kann jedoch auch zweckmäßig sein, Datenfelder innerhalb verschiedener Datenstrukturen gleich zu benennen. In einem solchen Fall ist es allerdings erforderlich, daß man, um eines dieser Datenfelder in einer COBOL-Anweisung ansprechen zu können, auch angibt, in welcher Datenstruktur das betreffende Feld eingebunden ist. Dies geschieht durch die zusätzliche Angabe einer übergeordneten Datengruppe (unter Umständen auch mehrerer).

Die eindeutige Identifizierung eines Datenfelds durch die Angabe übergeordneter Datennamen (Qualifizierer; engl.: qualifiers) nennt man **Qualifizierung von Datennamen** (engl.: qualification).

Was in den bisherigen Ausführungen (Formaten) unter dem Begriff „Bezeichner“ zusammengefaßt wurde, kann also entweder ein eindeutiger Datenname oder ein durch Qualifizierung eindeutig gemachter Datenname sein.

Format

$$\text{Datenname-1} \left[\left\{ \begin{matrix} \underline{\text{IN}} \\ \underline{\text{OF}} \end{matrix} \right\} \text{Datenname-2} \right] \ldots$$

Syntaktische Regel

- IN und OF sind gleichbedeutend.
- Es müssen immer so viele übergeordnete Datennamen angegeben werden, bis das betreffende Feld eindeutig identifiziert ist.

Beispiel

```
01  WS-SATZ.
    05 NAME         PIC X(20).
    05 ADRESSE      PIC X(30).
    05 KENNWORT     PIC X(8).

01  AUSG-SATZ.
    05 FILLER       PIC X(30).
    05 NAME         PIC X(20).
    05 FILLER       PIC X.
    05 ADRESSE      PIC X(30).
```

Will man eines der beiden gleichbenannten Felder NAME in einem COBOL-Befehl eindeutig identifizieren, so sind folgende Angaben nötig:

```
NAME IN WS-SATZ          bzw.
NAME IN AUSG-SATZ.
```

Will man eines der beiden gleichbenannten Felder ADRESSE eindeutig identifizieren, so muß eine der folgenden Angaben gemacht werden:

```
ADRESSE IN WS-SATZ       bzw.
ADRESSE IN AUSG-SATZ.
```

2.8.5.2 MOVE CORRESPONDING-Anweisung

Funktion

Die Benennung von Datenfeldern mit gleichen Namen hat einen großen Vorteil: Durch die Möglichkeit der Verwendung des

MOVE CORRESPONDING-Befehls kann man sich unter Umständen erheblichen Schreibaufwand ersparen.

> Mit Hilfe der **MOVE CORRESPONDING-Anweisung** können die Inhalte der Datenfelder einer Datengruppe durch einen einzigen MOVE-Befehl in die entsprechenden gleich benannten Datenfelder einer anderen Datengruppe übertragen werden.

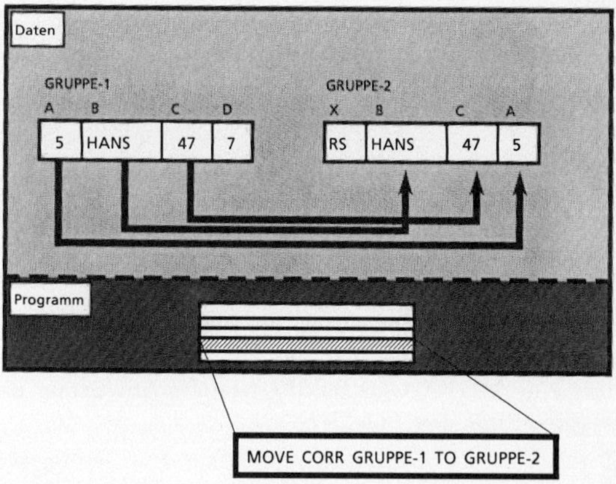

Abb. 2.34: Funktion der MOVE CORRESPONDING-Anweisung

Format

```
MOVE { CORRESPONDING } Bezeichner-1
     { CORR          }

     TO { Bezeichner-2 }
```

Syntaktische Regeln

- CORR ist eine Abkürzung und gleichbedeutend mit CORRESPONDING.
- Beide Bezeichner müssen Datengruppen identifizieren.

Beschreibung

Bei der Ausführung der MOVE CORRESPONDING-Anweisung werden die Inhalte der Felder der mit Bezeichner-1 bezeichneten Datenstruktur auf jene Felder der mit Bezeichner-2 bezeichneten Datenstruktur übertragen, die den gleichen Namen tragen. Die Wirkung ist die gleiche, wie wenn die Daten durch mehrere einzelne MOVE-Anweisungen von Feld zu Feld übertragen würden.[60]

Beispiel[61]

```
MOVE CORR WS-SATZ TO AUSG-SATZ.
```

Es werden die Inhalte der durch die Namensgleichheit einander entsprechenden Datenfelder der beiden Datenstrukturen übertragen. Diese eine MOVE CORRESPONDING-Anweisung ist daher gleichbedeutend mit den Befehlen

```
MOVE NAME IN WS-SATZ TO NAME IN AUSG-SATZ,
MOVE ADRESSE IN WS-SATZ TO ADRESSE IN AUSG-SATZ.
```

---

[60] Hier wird nur die einfachste Variante der MOVE CORRESPONDING-Anweisung – die Übertragung von Datenfeldern in einstufigen Datenhierarchien – behandelt. Dabei reicht die Namensgleichheit von Datenfeldern für die Übertragung im allgemeinen aus. Bei mehrstufigen Hierarchien bzw. bei mehrfacher Qualifizierung müssen zusätzliche Voraussetzungen für die Ausführung einer MOVE CORRESPONDING-Anweisung gegeben sein!

[61] Vgl. dazu das Beispiel im Abschnitt 2.8.5.1.

2.8.6 INITIALIZE-Anweisung

Funktion

Die **INITIALIZE-Anweisung** ermöglicht es, numerische Datenfelder auf den Anfangswert 0 und alphanumerische Datenfelder auf den Anfangswert „_“ zu setzen.

Format

INITIALIZE { Bezeichner-1 } ...

Beschreibung

Bezeichner-1 kann ein elementares Datenfeld oder auch eine Datengruppe sein. Datenfelder vom Typ alphabetisch, alphanumerisch und alphanumerisch-druckaufbereitet werden durch die Ausführung der INITIALIZE-Anweisung mit Leerstellen gefüllt; numerische und numerisch-druckaufbereitete Datenfelder werden auf den Wert 0 gesetzt.

Beispiel

```
01  EINGABEFELDER.
    05 AUSWAHL      PIC 9.
    05 NAME         PIC X(20).
    05 NUMMER       PIC 999.

01  RECHENFELDER.
    05 REFE-1       PIC 99.
    05 REFE-2       PIC 99.

01  AUSGABEFELD     PIC X(40).
    ...
PROCEDURE DIVISION.
    ...
    INITIALIZE EINGABEFELDER, RECHENFELDER, AUSGABEFELD.
```

Inhalte der Felder nach Ausführung der INITIALIZE-Anweisung:

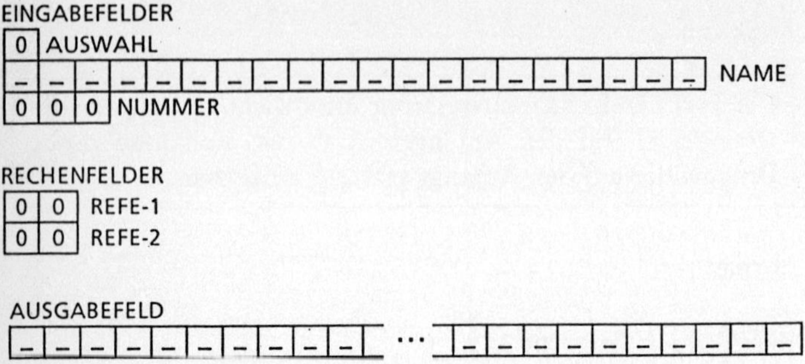

→ **Übungsaufgabe Nr. II–39 im Arbeitsbuch**

Kapitel 3

Verarbeitung sequentieller Dateien in COBOL

Lehrziele

Nach dem Durcharbeiten dieses Kapitels sollten Sie

- *wissen, welche Dateiorganisationsformen es gibt und mit welchen Zugriffsmethoden Dateien in einem COBOL-Programm bearbeitet werden können,*
- *das in COBOL realisierte Konzept der systemunabhängigen Verarbeitung von sequentiellen Dateien kennen,*
- *die in der ENVIRONMENT DIVISION und in der DATA DIVISION für die Verarbeitung sequentieller Dateien zu codierenden COBOL-Einträge formulieren können,*
- *die in der PROCEDURE DIVISION für die Verarbeitung sequentieller Dateien vorgesehenen COBOL-Anweisungen richtig codieren können,*

- *einfache Programmierbeispiele, in denen sequentiell organisierte Dateien zu verarbeiten sind, selbständig lösen können.*

3.1 Sequentielle Dateiorganisation

Es wurde bereits erwähnt, daß eine der großen Stärken von COBOL nicht im technisch-wissenschaftlichen, sondern im kommerziellen Bereich liegt, wo es große, komplexe Datenmengen zu verarbeiten gibt. Bisher wurde in diesem Kurs nur die Verarbeitung kleinerer, im Arbeitsspeicher vorhandener oder über die Tastatur eingegebener Datenmengen behandelt. In der Praxis sind jedoch große Datenbestände außerhalb des (flüchtigen) Arbeitsspeichers auf externen Datenträgern (meist Magnetplatten) dauerhaft untergebracht. Solchermaßen gespeicherte Datenbestände nennt man *Dateien*.

Eine **Datei** (engl.: file) ist eine auf einem externen Speichermedium gespeicherte Folge von Datensätzen.[1]

Damit ein Programm eine extern gespeicherte Datei (bzw. deren Inhalte) verarbeiten kann, müssen die Datensätze (einzeln) in den Arbeitsspeicher eingelesen und dort für die weitere Verarbeitung zur Verfügung gestellt werden. Sollen Datensätze dauerhaft auf einem externen Datenträger in Form einer Datei aufbewahrt werden, so müssen die Sätze von einem Programm (einzeln) aus dem Arbeitsspeicher auf die Magnetplatte „hinaus"geschrieben werden. Für diese Dateizugriffe (Lesen von Datensätzen, Schreiben von neuen und Überschreiben von bereits vorhandenen Datensätzen) stellt COBOL ein umfangreiches und mächtiges Instrumentarium zur Verfügung, das

[1] Vgl. dazu auch die Definition im Band „Wirtschaftsinformatik I", Abschnitt „Datendarstellung auf konzeptioneller und Anwendungsprogrammebene".

den Programmierer von tiefergehenden Kenntnissen der Datenverwaltungskomponenten des jeweiligen Betriebssystems fast vollständig befreit.

Das primäre Attribut einer Datei ist ihre **Organisationsform** (engl.: organization). Man unterscheidet drei Dateiorganisationsformen:

- sequentielle Dateiorganisation,
- relative Dateiorganisation,
- indizierte (index-sequentielle) Dateiorganisation.

Die Organisationsform wird beim Erstellen einer Datei festgelegt und kann später nicht mehr verändert werden.

Von der Organisationsform einer Datei zu unterscheiden ist die Form des Zugriffs auf die Datei.

Die **Zugriffsmethode** (engl.: access mode) ist die Art und Weise, wie vom (COBOL-)Programm aus auf die einzelnen Sätze einer Datei zugegriffen wird. Man unterscheidet dabei einen sequentiellen Zugriff und einen wahlfreien Zugriff.

Auf ein und dieselbe Datei (mit vorgegebener Organisationsform) kann von verschiedenen Programmen aus verschiedenartig zugegriffen werden: So kann etwa ein Programm eine (indizierte) Datei sequentiell Satz für Satz abarbeiten, während ein anderes nur auf bestimmte Sätze derselben Datei und in beliebiger Reihenfolge (wahlfrei) zugreift.

Bevor die Sätze einer Datei von einem Programm verarbeitet werden können, muß die Datei für die Bearbeitung zugänglich gemacht („geöffnet“) werden.

Je nachdem, welche Operationen mit den Sätzen einer Datei durchgeführt werden sollen, unterscheidet man vier **Bearbeitungsformen** (engl.: open modes) einer Datei:

- Eingabedateien (Input-Dateien) sind Dateien, aus denen im aktuellen Öffnungszustand (Input-Modus) Datensätze nur gelesen werden können.
- Ausgabedateien (Output-Dateien) sind Dateien, in die im aktuellen Öffnungszustand (Output-Modus) Datensätze nur geschrieben werden können.
- Eingabe-/Ausgabedateien (I-O-Dateien) sind Datenbestände, aus denen im aktuellen Öffnungszustand (I-O-Modus) Datensätze gelesen, in die aber auch Sätze geschrieben werden können.
- Erweiterungsdateien (Extend-Dateien) sind Dateien, bei denen am logischen Dateiende Datensätze hinzugefügt werden sollen (Extend-Modus).

Ebenso wie die Zugriffsmethode kann auch die Bearbeitungsform einer Datei von Programm zu Programm verschieden sein: Während ein Programm z.B. eine Studentendatei als Output-Datei erzeugt (die Studentensätze in die Datei schreibt), kann etwa ein zweites Programm auf dieselbe Datei ausschließlich lesend zugreifen (Input-Modus).

Wir beschränken uns in diesem Abschnitt zunächst auf die Verarbeitung sequentieller Dateien.[2]

In einer **sequentiellen Datei** sind die Datensätze in jener Reihenfolge gespeichert, in der sie in die Datei eingetragen wurden. Die Sätze einer sequentiell organisierten Datei können *ausschließlich* in der Reihenfolge ihrer Speicherung (d.h. in sequentiellem Zugriff) verarbeitet werden.

Soll eine sequentielle Datei in einem COBOL-Programm ver-

[2] Relative und indizierte Dateien werden im Kapitel 5 behandelt.

arbeitet werden, so müssen Einträge in der ENVIRONMENT DIVISION (INPUT-OUTPUT SECTION) und in der DATA DIVISION (FILE SECTION) codiert werden. Durch Dateiverarbeitungsanweisungen in der PROCEDURE DIVISION kann dann auf die Datei zugegriffen werden.

3.2 INPUT-OUTPUT SECTION

Im Abschnitt 2.3.3 wurde bereits das allgemeine Format für die ENVIRONMENT DIVISION dargestellt. Wir haben davon bisher nur die Einträge der CONFIGURATION SECTION benötigt. Soll nun ein Programm auch extern gespeicherte Dateien verarbeiten, so ist auch die Codierung des zweiten in der ENVIRONMENT DIVISION vorgesehenen Kapitels (INPUT-OUTPUT SECTION) notwendig.

COBOL sieht zur Verarbeitung von Dateien ein Konzept vor, das es ermöglicht, eine Datei unabhängig von ihrer systemtechnischen Realisierung in einem Programm anzusprechen. Der Programmierer kann für die Datei in seinem Programm einen (internen) Dateinamen (engl.: file-name) vergeben, der unabhängig ist von dem Namen, der der Datei vom Betriebssystem zugeordnet ist. Eine Datei, die z.B. im Betriebssystem DEMO3_DATA_A heißt, kann intern in einem COBOL-Programm etwa KUNDEN und in einem anderen Programm KUNDENDATEI heißen. Für die Ausführung des Objektprogramms ist es lediglich notwendig, diesen internen Namen einer (physischen) Datei zuzuordnen. Diese Zuordnung findet im allgemeinen außerhalb des COBOL-Programms statt, indem der Programmierer dem Betriebssystem „mitteilt", daß die Datei, die im Objektprogramm z.B. unter dem Namen KUNDEN angesprochen wird, „in Wirklichkeit" auf der Magnetplatte z.B. DEMO3_DATA_A heißt. Dies geschieht durch Betriebssystemkommandos, die im allgemeinen in Prozedur(datei)en geschrieben werden, die vor der Programmausführung abzuarbeiten sind. Die Angabe einiger weiterer für das Programm relevanter

Informationen über die betreffende Datei (z.B. Organisationsform, Zugriffsform, Datenträger, auf dem die Datei gespeichert ist) erfolgt in der ENVIRONMENT DIVISION in der INPUT-OUTPUT SECTION.

> Die **INPUT-OUTPUT SECTION** dient der Zuordnung von programmintern verwendeten Dateinamen zu den auf externen Speichermedien gespeicherten Datenbeständen und enthält alle Informationen, die für die Steuerung der Datenübertragung zwischen einem externen Speichermedium und dem Objektprogramm notwendig sind. Im FILE-CONTROL-Paragraphen werden die relevanten physischen Attribute einer (sequentiellen) Datei beschrieben.[3]

Format

```
INPUT-OUTPUT SECTION.
FILE-CONTROL.

    { SELECT [ OPTIONAL ] Dateiname

          ASSIGN TO { herstellerspez.-Bezeichnung }
                    { Literal                     }

          [ [ ORGANIZATION IS ] SEQUENTIAL ]

          [ ACCESS MODE IS SEQUENTIAL ] . } ...
```

Syntaktische Regeln

- Die SELECT-Klausel muß die erste im FILE-CONTROL-Eintrag angeführte Klausel sein.

[3] In diesem Kurs wird – wie schon erwähnt – nur der FILE-CONTROL-Paragraph behandelt.

- Für jede vom Programm bearbeitete Datei muß ein vollständiger FILE-CONTROL-Eintrag codiert werden. Der angegebene Dateiname darf innerhalb *eines* Programms nur einer einzigen Datei zugeordnet sein. Für jede in einer SELECT-Klausel spezifizierte Datei muß in der DATA DIVISION auch eine Dateibeschreibung codiert werden.[4] Umgekehrt muß für jede Datei, die in der DATA DIVISION beschrieben wird, auch genau eine SELECT-Klausel vorhanden sein.

- Die in der ASSIGN-Klausel angegebene Bezeichnung ist von Hersteller zu Hersteller unterschiedlich und deshalb dem entsprechenden COBOL-Handbuch zu entnehmen.

- Die Bildung des Dateinamens unterliegt den allgemeinen Regeln für die Bildung von Programmiererwörtern. Bei manchen Compilern ist die Länge des Dateinamens auf 8 Zeichen beschränkt.

Beschreibung

Die OPTIONAL-Phrase bezieht sich ausschließlich auf Dateien, die im Input-, I-O- oder Extend-Modus geöffnet werden. Sie wird dann angegeben, wenn die angesprochene Datei zur Programmausführungszeit nicht notwendigerweise vorhanden ist.[5]

Die ASSIGN-Klausel ordnet die angegebene Datei jenem externen Speichermedium zu, das durch die herstellerspezifische Bezeichnung oder das angeführte Literal identifiziert ist.

Durch die Angabe der ORGANIZATION IS SEQUENTIAL-Klausel wird festgelegt, daß die zu verarbeitende Datei sequentiell organisiert ist (bzw. sein soll). Wird diese Klausel nicht codiert, so wird implizit eine sequentielle Dateiorganisation angenommen.

Die ACCESS MODE-Klausel legt die Reihenfolge fest, in der die Datensätze der Datei verarbeitet werden sollen. Wird diese

[4] Näheres dazu folgt im Abschnitt 3.3.

[5] Näheres dazu folgt im Abschnitt 3.4.1.

Klausel nicht codiert, so wird implizit ein sequentieller Zugriff auf die Datei (Satz für Satz in der Reihenfolge der Speicherung) angenommen. Eine sequentiell organisierte Datei kann immer nur in sequentiellem Zugriff verarbeitet werden.

Bei sequentiellen Dateien können die Angaben „ORGANIZATION IS SEQUENTIAL“ und „ACCESS MODE IS SEQUENTIAL“ daher auch weggelassen werden.

Beispiele

- ```
  SELECT OPTIONAL KUNDEN ASSIGN       TO KDAT,
                         ORGANIZATION IS SEQUENTIAL,
                         ACCESS MODE  IS SEQUENTIAL.
  ```

- ```
  SELECT OPTIONAL STUDENT ASSIGN       TO STUDENT,
                          ORGANIZATION IS SEQUENTIAL,
                          ACCESS MODE  IS SEQUENTIAL.
  ```

- ```
  SELECT LISTE ASSIGN TO AUSGABE.
  ```

Wie die Zuordnung des internen Dateinamens zu einer physischen Datei erfolgt, ist – wie bereits erwähnt – herstellerabhängig. Beim IBM-Compiler VS COBOL II erfolgt diese Zuordnung durch die Angabe eines frei wählbaren (externen) Dateinamens in der ASSIGN-Klausel (KDAT, STUDENT bzw. AUSGABE in den angeführten Beispielen). Dieser Name wird durch ein Betriebssystemkommando außerhalb des COBOL-Programms der betreffenden physischen Datei zugewiesen.

→ **Übungsaufgabe Nr. II–40 im Arbeitsbuch**

3.3 FILE SECTION

Im Abschnitt 2.3.4 wurde bereits das allgemeine Format für die DATA DIVISION dargestellt. Wir haben davon bisher nur die Einträge der WORKING-STORAGE SECTION benötigt. Werden aber in einem Programm auch extern gespeicherte
  ```

Dateien verarbeitet, so ist auch die Codierung eines weiteren in der DATA DIVISION vorgesehenen Kapitels (FILE SECTION) notwendig.

In der **FILE SECTION** werden die in einem Programm verwendeten Dateien bzw. deren Datensätze beschrieben. Attribute, die die Datei als Ganzes betreffen, werden in einem **Dateibeschreibungseintrag** (engl.: file description entry) codiert. Durch **Datensatzbeschreibungseinträge** (engl.: record description entries) werden Eingabe-/Ausgabebereiche im Hauptspeicher festgelegt, die dazu verwendet werden, einen aus einer Datei gelesenen Datensatz für die weitere Verarbeitung durch das Programm zur Verfügung zu stellen bzw. einen Datensatz vom Arbeitsspeicher in die Datei „hinaus“zuschreiben („Dateipuffer“). Diese Einträge werden daher in der Folge als **Dateipufferbeschreibungen** bezeichnet.

3.3.1 FD-Eintrag

Mit Hilfe des **FD-Eintrags** (FD = file description) können Dateiattribute beschrieben werden, die eine Datei als Ganzes betreffen, z.B. der (programminterne) Dateiname, das Vorhandensein oder Nicht-Vorhandensein von Dateikennsätzen (labels), die Größe von physischen und logischen Datensätzen, die Namen der zugehörigen Dateipuffer usw.[6]

[6] Einige dieser Angaben haben nur Dokumentationscharakter, weil die betreffenden Attribute an anderen Stellen im Programm definiert sind; zum Teil sind diese Elemente auch als „obsolete elements“ gekennzeichnet, werden also in einer eventuellen neuen COBOL-Norm eliminiert. Daher wird in diesem Kurs nur ein vereinfachtes Format des FD-Eintrags behandelt.

Format

```
FD Dateiname
   [ BLOCK CONTAINS Ganzzahl { RECORDS    } ] .
                             { CHARACTERS }
```

Syntaktische Regeln

- „FD" zeigt den Beginn einer Dateibeschreibung an und muß unmittelbar vor dem Dateinamen stehen. FD beginnt immer im Bereich A des COBOL-Programmschemas, alle anderen Teile des FD-Eintrags werden im Bereich B codiert.
- Dem FD-Eintrag müssen die zugehörigen Dateipufferbeschreibungen unmittelbar folgen.

Beschreibung

Dateiname ist jener Name, unter dem die betreffende Datei im COBOL-Programm angesprochen wird. Dieser Name muß (meist außerhalb des Programms) einer physischen Datei zugeordnet werden.

Die BLOCK CONTAINS-Klausel spezifiziert die Größe eines physischen Datenblocks. Ihre Angabe ist nur dann erforderlich, wenn die Datei geblockte Sätze enthält.[7] Die Größe der (physischen) Blöcke kann dabei durch den „Blockungsfaktor", d.h. durch die Anzahl der in einem Block enthaltenen (logischen) Datensätze (z.B. „BLOCK CONTAINS 5 RECORDS") oder durch die Anzahl der in einem physischem Block enthaltenen Zeichen (z.B. „BLOCK CONTAINS 400 CHARACTERS") angegeben werden.

Durch die Blockung von Datensätzen kann einerseits eine bessere Speicherplatzausnutzung auf dem externen Datenträger,

[7] Lesen Sie sich zum Begriff „Blockung" nochmals die Ausführungen im Abschnitt „Magnetische Datenträger" im Band „Wirtschaftsinformatik I" durch.

andererseits auch eine verbesserte Zugriffszeit auf die Datensätze erreicht werden. Für den eigentlichen Programmablauf ist die Blockung irrelevant: Beim sequentiellen Lesen von Datensätzen wird jeweils der nächste *logische Datensatz* im Dateipuffer bereitgestellt, unabhängig davon, ob unter Umständen ein ganzer *physischer Block* mit mehreren logischen Datensätzen vom Betriebssystem zwischen Magnetplatte und Arbeitsspeicher übertragen wurde. Die gesamte Administration von geblockten Datensätzen übernehmen die Dateiverwaltungskomponenten des Betriebssystems. Der Programmierer braucht daher nur anzugeben, *ob* eine Datei geblockte Sätze enthält oder nicht. Wird die BLOCK CONTAINS-Klausel nicht angegeben, so wird automatisch ein Blockungsfaktor von 1 angenommen. Die Blockung ist ein physisches Attribut einer Datei: Enthält eine Datei geblockte Datensätze, so gilt diese Blockung für *jedes* Programm, das diese Datei verarbeitet.

Beispiele

- Eine Datei soll EINGABE heißen, die Datensätze sind ungeblockt und haben 80 Stellen.

```
FD  EINGABE BLOCK CONTAINS 1 RECORDS.        oder
FD  EINGABE BLOCK CONTAINS 80 CHARACTERS.    oder
FD  EINGABE.
```

- Eine Magnetplattendatei mit dem Namen UMSATZ hat folgende Merkmale:
  - Satzlänge 55 Zeichen,
  - Blockungsfaktor 5 (logische) Sätze pro (physischem) Block.

```
FD  UMSATZ BLOCK CONTAINS 5 RECORDS.         oder
FD  UMSATZ BLOCK CONTAINS 275 CHARACTERS.    oder
FD  UMSATZ BLOCK 5 RECORDS.                  oder
FD  UMSATZ BLOCK 275.
```

3.3.2 Dateipufferbeschreibung

Durch die **Dateipufferbeschreibung** werden Speicherbereiche im Arbeitsspeicher definiert, die zur Bereitstellung der von einer externen Datei eingelesenen (logischen) Datensätze (bei Eingabe- und Eingabe-/Ausgabedateien) bzw. für die Aufnahme der in die Datei hinauszuschreibenden Datensätze (bei Ausgabe-, Eingabe-/Ausgabe- und Erweiterungsdateien) dienen.

Die Dateipufferbeschreibungen unterliegen den allgemeinen Regeln für die Beschreibung von Datenfeldern (vgl. auch Abschnitt 2.4) mit folgenden Ausnahmen:

- In der FILE SECTION können keine unabhängigen Datenfelder (Stufennummer 77), sondern nur ganze Datensätze (Stufennummer 01) definiert werden.
- Die Verwendung der VALUE-Klausel ist nicht erlaubt.

Der Dateipuffer selbst erhält also die Stufennummer 01. Durch Feldbeschreibungen mit höheren Stufennummern kann eine hierarchische Strukturierung des Dateipuffers erreicht werden. Die Inhalte der definierten Felder können unter den bei der Dateipufferbeschreibung angegebenen Namen – wie alle anderen (in der WORKING-STORAGE SECTION definierten) Datenfelder – angesprochen werden.

Wir werden in der Folge Dateipuffer *ausschließlich* zum Einlesen bzw. Hinausschreiben von Datensätzen in bzw. aus dem Arbeitsspeicher verwenden. Deshalb werden wir die Dateipuffer sequentiell organisierter Dateien in den Demonstrations- bzw. Übungsbeispielen stets nicht weiter unterteilen, sondern die Datensatzstruktur (Felder eines Datensatzes) immer in einer eigenen Datensatzbeschreibung in der WORKING-STORAGE SECTION (sozusagen als „normale" Datenfelder) beschreiben. Die in den Dateipuffer eingelesenen Daten werden jeweils in diese Datenfelder übertragen und dort zur weiteren Verarbeitung bereitgestellt. Analog werden wir auch die Dateipuffer von Ausgabedateien nicht weiter unterteilen, sondern die auszugebenden Daten als Datenfelder in der WORKING-STORAGE SECTION definieren. Vor dem Schreiben des Datensatzes in die Datei werden dann immer die zu schreibenden Inhalte in dieser Datenstruktur zusammengesetzt und der gesamte Inhalt wird in den Dateipuffer übertragen, von wo er dann als Datensatz in die Datei hinausgeschrieben wird. Der Dateipuffer hat somit eine Art „Schleusenfunktion". Abb. 3.1 soll diese Vorgehensweise verdeutlichen.

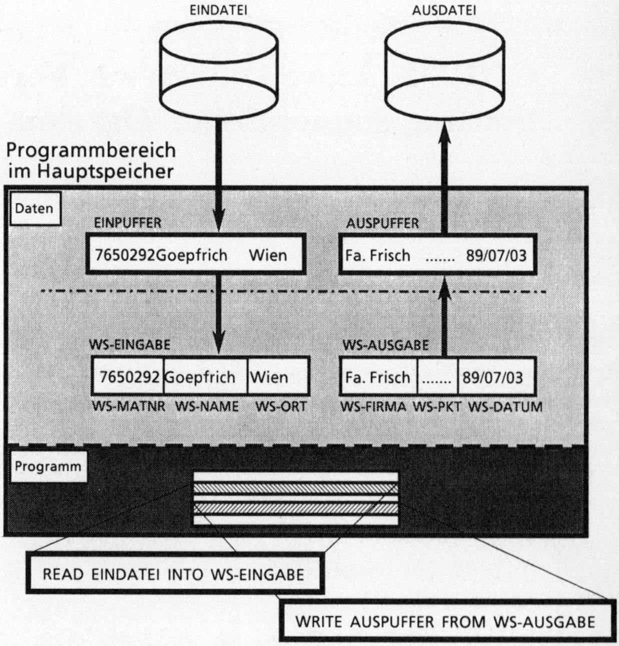

Abb. 3.1: Funktion des Dateipuffers

Die Länge des Dateipuffers muß mit der Länge eines logischen Datensatzes in der Datei übereinstimmen.

Beispiele

```
01  EINGABEPUFFER  PIC X(80).
01  AUSGABEPUFFER  PIC X(132).
```

→ **Übungsaufgaben Nr. II–41 bis II–43 im Arbeitsbuch**

3.4 COBOL-Anweisungen zur Verarbeitung sequentieller Dateien

3.4.1 OPEN-Anweisung

Funktion

> Die **OPEN-Anweisung** dient dazu, eine Datei vor der eigentlichen Verarbeitung einem COBOL-Programm zugänglich zu machen.

Format

```
      ⎧ INPUT  {Dateiname-1} ...  ⎫
      ⎪ OUTPUT {Dateiname-2} ...  ⎪
OPEN  ⎨ I-O    {Dateiname-3} ...  ⎬ ...
      ⎪ EXTEND {Dateiname-4} ...  ⎪
      ⎩                           ⎭
```

Beschreibung

„OPEN INPUT“ eröffnet eine Datei als Eingabedatei. Aus einer Eingabedatei können Datensätze nur gelesen werden.

„OPEN OUTPUT“ eröffnet eine Ausgabedatei, in die Datensätze nur geschrieben werden können.

„OPEN I-O“ eröffnet eine Datei, aus der ein Satz gelesen und der (geänderte) Satz an dieselbe Stelle zurückgeschrieben werden kann (dies gilt nur für Dateien, die auf einem Direktzugriffsspeicher (z.B. auf einer Magnetplatte) gespeichert sind, nicht jedoch für Magnetbanddateien).

„OPEN EXTEND“ eröffnet eine sequentielle Datei, die bereits Datensätze enthält und an deren Ende Sätze angefügt werden sollen.

Wird eine OPEN-Anweisung erfolgreich durchgeführt, so befindet sich die betreffende Datei danach im angegebenen OPEN-Modus und ist für das Programm damit verfügbar. Bei Input- und I-O-Dateien wird der Dateipositionsanzeiger (das ist ein Positionsanzeiger, der auf den nächsten zu verarbeitenden logischen Datensatz zeigt) am Beginn der Datei positioniert (*vor* dem ersten Satz). Bei einer Extend-Datei zeigt der Dateipositionsanzeiger auf die Stelle *nach* dem letzten Datensatz der Datei. Erst nach einer erfolgreich ausgeführten OPEN-Anweisung ist der betreffende Dateipuffer für ein Programm ansprechbar, d.h. vor dem ersten Eingabe-/Ausgabebefehl muß die Datei durch eine OPEN-Anweisung erfolgreich geöffnet worden sein. Die OPEN-Anweisung stellt aber noch keinen Datensatz für die Verarbeitung im Programm zur Verfügung.

Wird versucht, eine physisch nicht vorhandene Datei als Input-, I-O- oder Extend-Datei zu öffnen, so bleibt die OPEN-Anweisung erfolglos. Bei „OPEN OUTPUT“ wird die Datei automatisch angelegt (egal, ob sie vorhanden ist oder nicht), eventuell vorhandene alte Dateiinhalte werden dabei zerstört und die (neue) Datei enthält (zunächst) keine Datensätze.

Eine Datei, für die in der SELECT-Klausel in der ENVIRONMENT DIVISION eine OPTIONAL-Phrase angegeben wurde, muß zum Zeitpunkt der Ausführung einer OPEN-Anweisung nicht notwendigerweise vorhanden sein: Wird versucht, eine optionale Datei als Input-Datei zu öffnen, so gilt der Vorgang als erfolgreich, durch den anschließenden ersten Leseversuch wird allerdings das Dateiende erreicht. Beim Öffnen einer optionalen Datei als I-O- bzw. Extend-Datei wird die Datei automatisch angelegt und erfolgreich geöffnet. Im allgemeinen ist es daher sinnvoll, für jede Datei eine OPTIONAL-Phrase in der SELECT-Klausel anzugeben, um ungewollte Programmabstürze beim Testen zu vermeiden.

Dieselbe Datei kann in einem Programm auch mehrmals (auch in verschiedenen Bearbeitungsmodi) geöffnet werden, wenn sie dazwischen jeweils mit einer CLOSE-Anweisung[8] wieder geschlossen wird.

Beispiele

Es sollen folgende Dateien geöffnet werden:

STUDDAT als Eingabedatei,
UMSAETZE als Eingabedatei,
UMSLISTE als Ausgabedatei,
LAGER als Eingabe-/Ausgabedatei,
STATIST als Erweiterungsdatei.

```
OPEN INPUT  STUDDAT, UMSAETZE,
     OUTPUT UMSLISTE,
     I-O    LAGER,
     EXTEND STATIST.
```

[8] Näheres dazu folgt im Abschnitt 3.4.5.

3.4.2 READ-Anweisung

Funktion

> Durch die **READ-Anweisung** wird bei sequentieller Verarbeitung einer extern gespeicherten, im Input- bzw. I-O-Modus geöffneten Datei der jeweils nächste logische Datensatz in den Hauptspeicher eingelesen und in dem zur Datei gehörigen Dateipuffer (und eventuell zusätzlich in einem weiteren Speicherbereich) zur Verfügung gestellt (vgl. dazu auch Abb. 3.1).

Format

```
READ Dateiname [ NEXT ] RECORD [ INTO Bezeichner-1 ]

        [ AT END unbedingte-Anweisung-1 ]

        [ NOT AT END unbedingte-Anweisung-2 ]

        [ END-READ ]
```

Syntaktische Regel

Die NEXT-Phrase ist bei sequentiellen Dateien wahlweise und kann auch weggelassen werden.

Beschreibung

Die in einer READ-Anweisung angegebene Datei muß zum Zeitpunkt der Ausführung dieser Anweisung als Input- oder I-O-Datei geöffnet sein.

Durch die READ-Anweisung wird der nächste logische Datensatz einer Datei im Dateipuffer für die weitere Verarbeitung zur Verfügung gestellt. Dieser Satz ist durch die aktuelle Position des Dateipositionsanzeigers bestimmt: Bei jedem erfolgreichen Lesebefehl wird der Dateipositionsanzeiger auf den nächstfolgenden (logischen) Datensatz positioniert.

Kann der Lesebefehl nicht erfolgreich ausgeführt werden (weil z.B. kein nächster Satz mehr in der Datei vorhanden ist oder weil eine optionale Datei nicht existiert), so tritt die Dateiende-Bedingung in Kraft: Die READ-Anweisung ist erfolglos und der Inhalt des Dateipuffers ist undefiniert. Es werden die in der AT END-Phrase angegebenen unbedingten Anweisungen ausgeführt, anschließend wird der Programmablauf am Ende der READ-Anweisung (END-READ) fortgesetzt. Tritt die Dateiende-Bedingung nicht in Kraft (war der Leseversuch also erfolgreich), so wird der logisch nächste Satz einer Datei für das Programm im Dateipuffer zur Verfügung gestellt. Außerdem werden die in der NOT AT END-Phrase eventuell angegebenen unbedingten Anweisungen ausgeführt. Durch END-READ kann der Gültigkeitsbereich der READ-Anweisung begrenzt werden.[9] Der Inhalt der Datei selbst bleibt durch einen Lesebefehl unverändert.

Die INTO-Phrase bewirkt, daß die von der externen Datei in den Hauptspeicher eingelesenen Daten nicht nur im entsprechenden Dateipuffer, sondern zusätzlich auch in einem durch Bezeichner-1 gekennzeichneten Bereich, der in der WORKING-STORAGE SECTION definiert ist, für die Bearbeitung zur Verfügung gestellt wird (vgl. auch Abb. 3.1). Die Übertragung in diesen Speicherbereich erfolgt dabei entsprechend den Regeln der MOVE-Anweisung. Die Daten sind anschließend sowohl im Dateipuffer als auch in diesem zweiten Speicherbereich verfügbar. Bei einem erfolglos gebliebenen Leseversuch findet diese Übertragung nicht statt.

Beispiele

Für die dargestellten Beispiele gilt folgende Datenbeschreibung:

[9] Die gesamte READ-Anweisung kann daher als ein IF-/THEN-/ELSE-Konstrukt angesehen werden, bei dem als Bedingung das Gelingen des Leseversuchs abgeprüft wird.

```
DATA DIVISION.
FILE SECTION.
FD  EINGABE.
01  EINGABEPUFFER     PIC X(80).

WORKING-STORAGE SECTION.
77  EOF               PIC X.
01  WS-SATZ.
    05 MATNR          PIC X(7).
    05 ZUNAME         PIC X(30).
    05 NOTE           PIC X.
    05 FILLER         PIC X(42).
```

Es soll jeweils der nächste Datensatz der Datei gelesen werden.

- Am Dateiende soll das alphanumerische Datenfeld EOF auf „1“ gesetzt werden.

  ```
  READ EINGABE RECORD
     AT END MOVE "1" TO EOF,
     NOT AT END CONTINUE,
  END-READ.
  ```

  oder

  ```
  READ EINGABE RECORD
     AT END MOVE "1" TO EOF,
     NOT AT END MOVE "0" TO EOF,
  END-READ.
  ```

  oder

  ```
  READ EINGABE AT END MOVE "1" TO EOF.
  ```

- Der Datensatz soll nicht nur im Dateipuffer EINGABEPUFFER, sondern auch in einem zweiten Speicherbereich zur Verfügung gestellt werden, der in der WORKING-STORAGE SECTION mit der Stufennummer 01 und dem Namen WS-SATZ 80-stellig definiert wurde. Bei Erreichen des Dateiendes soll wiederum EOF den Wert „1“ erhalten.[10]

[10] Auf diese Art und Weise werden wir bei unseren Demonstrations- und Übungsbeispielen das Erreichen des Dateiendes abprüfen: Ein Schalterfeld EOF (meist alphanumerisch definiert) wird zu Beginn der sequentiellen Verarbeitung der Datei auf „0“ gesetzt. Bei Erreichen des Dateiendes (bei Inkrafttreten der AT END-Bedingung der READ-Anweisung) wird

```
READ EINGABE INTO WS-SATZ
   AT END MOVE "1" TO EOF.
```

Nach erfolgreicher Ausführung dieses Lesebefehls sind die eingelesenen Daten sowohl im Dateipuffer EINGABEPUFFER als auch im Feld WS-SATZ zur weiteren Verarbeitung verfügbar.

3.4.3 WRITE-Anweisung

Funktion

> Die **WRITE-Anweisung** ermöglicht die Ausgabe eines logischen Datensatzes in eine Datei, die durch einen OPEN-Befehl als Output- oder Extend-Datei geöffnet wurde (vgl. dazu auch Abb. 3.1). Für die Ausgabe von Drucklisten kann auch ein Zeilenvorschub vorgesehen werden.

Format

```
WRITE Datensatzname [ FROM Bezeichner-1 ]

[ { BEFORE }             { { Bezeichner-2 } [ LINE  ] } ]
[ { AFTER  } ADVANCING   { { Ganzzahl-1   } [ LINES ] } ]
[                        { PAGE                       } ]

[ END-WRITE ]
```

Syntaktische Regeln

- Datensatzname muß der Name eines in der FILE SECTION definierten Dateipuffers sein.

EOF der Inhalt „1“ zugewiesen. Danach kann vom aktuellen Wert von EOF („1“ oder „0“) darauf geschlossen werden, ob das Dateiende bereits erreicht wurde oder nicht. Zur Steuerung von Schleifen kann daher der Inhalt von EOF abgeprüft werden.

- Bezeichner-2 bzw. Ganzzahl-1 müssen nicht-negative ganzzahlige Werte repräsentieren.

Beschreibung

Die Datei, in die durch eine WRITE-Anweisung ein Datensatz geschrieben werden soll, muß zum Zeitpunkt der Ausführung dieser Anweisung als Output- oder Extend-Datei geöffnet sein.

Durch die WRITE-Anweisung wird der aktuelle Inhalt des Dateipuffers als logisch nächster Datensatz in die angegebene Datei hinausgeschrieben. Der Inhalt des Dateipuffers ist nach einer erfolgreich ausgeführten WRITE-Anweisung undefiniert, d.h. die Inhalte das Dateipuffers sind dann für das Programm nicht mehr verfügbar.

Durch die FROM-Phrase können Daten vor der Ausführung des WRITE-Befehls von einem in der WORKING-STORAGE SECTION definierten Speicherbereich in den Dateipuffer übertragen werden (vgl. Abb. 3.1). Diese Übertragung erfolgt gemäß den Regeln der MOVE-Anweisung.

Mit dem ADVANCING-Zusatz kann der Zeilenvorschub bei einer Druckausgabedatei[11] gesteuert werden: Das Schreiben des Datensatzes kann *vor* (BEFORE) oder *nach* (AFTER) dem Zeilenvorschub durchgeführt werden. Das numerische ganzzahlige Feld Bezeichner-2 bzw. Ganzzahl-1 gibt an, um wie viele Zeilen vorgeschoben werden soll: AFTER ADVANCING 5 LINES bedeutet z.B., daß vor dem Schreiben des Datensatzes vier Leerzeilen freigelassen werden sollen. Wird diese Phrase nicht angegeben, so wird implizit AFTER ADVAN-

[11] Eine *Druckausgabedatei* ist eine Ausgabedatei, die eine (später) auf einem Drucker auszudruckende Liste (z.B. eine Inventurliste oder die Rechnung eines Kunden) enthält. In der Praxis werden solche Druckausgabedateien oft nicht unmittelbar einem Drucker zugeordnet, sondern zunächst auf der Magnetplatte gespeichert. Erst nach dem Programmablauf wird die erzeugte Datei dann durch ein Betriebssystemkommando ausgedruckt. Ihre Testausdrucke sollten Sie *immer* auf der Magnetplatte anlegen, um Papier zu sparen. Die Inhalte dieser Dateien können Sie im allgemeinen mit Hilfe des Systemeditors am Bildschirm kontrollieren.

CING 1 LINE angenommen (= Drucken in die nächste Zeile). Wird AFTER ADVANCING PAGE angegeben, so wird die auszudruckende Zeile als erste Zeile der nächsten Seite ausgegeben.

Beispiele

Für die dargestellten Beispiele gelten folgende Datendefinitionen:

```
DATA DIVISION.
FILE SECTION.
FD  LISTE.
01  AUSGABEPUFFER   PIC X(132).

WORKING-STORAGE SECTION.
77  VORSCHUB        PIC 99 VALUE 3.

01  AUSGABEZEILE.
    05 FILLER       PIC X(16) VALUE "Rechnungssumme: ".
    05 FILLER       PIC 9(4)  VALUE 1234.
```

- Der aktuelle Inhalt des Ausgabepuffers soll in eine neue Zeile geschrieben werden.

```
WRITE AUSGABEPUFFER.                oder
WRITE AUSGABEPUFFER AFTER 1 LINE.
```

- Der aktuelle Inhalt des Ausgabepuffers soll nach 2 Leerzeilen ausgegeben werden.

```
WRITE AUSGABEPUFFER AFTER 3 LINES.         oder
WRITE AUSGABEPUFFER AFTER 3.               oder
WRITE AUSGABEPUFFER AFTER VORSCHUB LINES   oder
WRITE AUSGABEPUFFER AFTER VORSCHUB.
```

- Der Inhalt des Datenfelds AUSGABEZEILE soll als erste Zeile einer neuen Seite ausgegeben werden.

```
WRITE AUSGABEPUFFER FROM AUSGABEZEILE AFTER PAGE.  oder

MOVE AUSGABEZEILE TO AUSGABEPUFFER,
WRITE AUSGABEPUFFER AFTER PAGE.
```

3.4.4 REWRITE-Anweisung

Funktion

Die **REWRITE-Anweisung** ersetzt einen Datensatz einer bestehenden Datei.

Format

REWRITE Datensatzname [FROM Bezeichner-1]

[END-REWRITE]

Syntaktische Regel

Datensatzname muß der Name eines in der FILE SECTION definierten Dateipuffers sein.

Beschreibung

Die Verwendung des REWRITE-Befehls ist bei einer sequentiellen Datei nur dann erlaubt, wenn diese auf einem Direktzugriffsspeicher (z.B. auf einer Magnetplatte) gespeichert ist. Die Datei, in die durch eine REWRITE-Anweisung ein Datensatz geschrieben werden soll, muß zum Zeitpunkt der Ausführung dieser Anweisung als I-O-Datei geöffnet sein. Dem REWRITE-Befehl muß eine erfolgreich ausgeführte READ-Anweisung vorausgegangen sein. Durch die REWRITE-Anweisung wird dann der zuletzt gelesene Datensatz (mit gleichem oder geändertem Inhalt) überschrieben. Nach erfolgreicher Ausführung der REWRITE-Anweisung ist der Inhalt des Dateipuffers nicht mehr für das Programm verfügbar.

Bei Verwendung der FROM-Phrase wird der Inhalt von Bezeichner-1 nach den Regeln der MOVE-Anweisung in den angegebenen Dateipuffer übertragen und von dort in die Datei geschrieben.

Beispiel

Ein Satz der Datei LAGER soll gelesen werden. Das Feld WS-BESTAND ist um den Wert 5 zu vermindern, anschließend ist der Satz in die Datei zurückzuschreiben.

```
...
FILE SECTION.
FD  LAGER.
01  PUFFER          PIC X(80).

WORKING-STORAGE SECTION.
77  EOF             PIC X.
01  WS-SATZ.
    05 ...
    05 WS-BESTAND   PIC 9(3).
    05 ...
...
PROCEDURE DIVISION.
...
    OPEN I-O LAGER.
    ...
    MOVE "0" TO EOF,
    READ LAGER INTO WS-SATZ
               AT END MOVE "1" TO EOF,
    END-READ,

    IF EOF = "0"
    THEN SUBTRACT 5 FROM WS-BESTAND,
         REWRITE PUFFER FROM WS-SATZ,
    ELSE DISPLAY "SATZ KONNTE NICHT GELESEN WERDEN!"
             UPON BS,
    END-IF,
    ...
    CLOSE LAGER.
    ...
    STOP RUN.
```

3.4.5 CLOSE-Anweisung

Funktion

Durch die **CLOSE-Anweisung** wird die Bearbeitung einer (geöffneten) Datei beendet.

Format

CLOSE { Dateiname-1 } ...

Beschreibung

Vor dem logischen Ende eines Programms müssen alle geöffneten Dateien auch wieder geschlossen werden. Die Datei, die durch eine CLOSE-Anweisung geschlossen werden soll, muß zum Zeitpunkt der Ausführung dieser Anweisung geöffnet sein.

Durch einen CLOSE-Befehl werden die angeführten Dateien geschlossen, vom Betriebssystem werden verschiedene Dateiendeprozeduren ausgeführt. Ein weiterer Zugriff auf die geschlossene Datei ist im selben Programm erst dann wieder möglich, wenn die Datei neuerlich durch eine OPEN-Anweisung geöffnet wird.

Beispiel

Die Dateien STUDDAT, LAGER und KUNDEN sollen geschlossen werden.

```
CLOSE STUDDAT, LAGER, KUNDEN.
```

3.5 Demonstrationsbeispiele

3.5.1 Demonstrationsbeispiel 3

Problemstellung

Es soll ein COBOL-Programm entwickelt werden, das eine auf einer Magnetplatte gespeicherte sequentielle Datei KUNDEN Satz für Satz liest und für jeden Datensatz ein vierzeiliges Adreßetikett in eine Ausgabedatei LISTE schreibt. Die Datensätze der Eingabedatei haben folgenden Satzaufbau:

Name	Straße	PLZ und Ort
20-stellig	40-stellig	20-stellig

Ein Adreßetikett soll folgendes Aussehen besitzen:

1. Zeile ... Name,
2. Zeile ... Straße,
3. Zeile ... Postleitzahl und Ort,
4. Zeile ... Leerzeile.

Musterlösung

Die Abbildungen 3.2 und 3.3 zeigen Ihnen eine vollständige Musterlösung für dieses Programmierproblem.

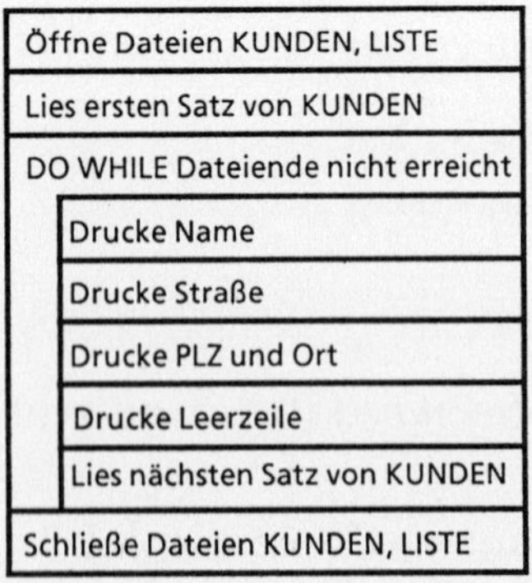

Abb. 3.2: Struktogramm für das Demonstrationsbeispiel 3

```
 IDENTIFICATION DIVISION.
*************************

***********************************************************
*                Demonstrationsbeispiel 3                 *
*                                                         *
* Autor: Hans Göpfrich                 Datum: 02.01.1988 *
***********************************************************

 PROGRAM-ID.    DEMO3.


 ENVIRONMENT DIVISION.
**********************

 CONFIGURATION SECTION.
*---------------------*
 SOURCE-COMPUTER. IBM-3083.
 OBJECT-COMPUTER. IBM-3083.

 INPUT-OUTPUT SECTION.
*--------------------*
 FILE-CONTROL.
     SELECT OPTIONAL KUNDEN ASSIGN TO KUDAT.
     SELECT          LISTE  ASSIGN TO KULIST.


 DATA DIVISION.
***************

 FILE SECTION.
*------------*
 FD  KUNDEN.
 01  KUNDENSATZ         PIC X(80).

 FD  LISTE.
 01  ZEILE              PIC X(80).

 WORKING-STORAGE SECTION.
*-----------------------*
 77  EOF                PIC X.

 01  WS-KUNDENSATZ.
     03 WS-NAME         PIC X(20).
     03 WS-STRASSE      PIC X(40).
     03 WS-ORT          PIC X(20).


 PROCEDURE DIVISION.
********************

 LISTEDRUCKEN.
     OPEN INPUT KUNDEN,
          OUTPUT LISTE,

     MOVE "0" TO EOF,
```

```
READ KUNDEN INTO WS-KUNDENSATZ
          AT END MOVE "1" TO EOF,
END-READ,

PERFORM UNTIL EOF NOT = "0"
    WRITE ZEILE FROM WS-NAME    AFTER 1,
    WRITE ZEILE FROM WS-STRASSE AFTER 1,
    WRITE ZEILE FROM WS-ORT     AFTER 1,
    MOVE SPACES TO ZEILE,
    WRITE ZEILE AFTER 1,
    READ KUNDEN INTO WS-KUNDENSATZ
              AT END MOVE "1" TO EOF,
    END-READ,
END-PERFORM,

CLOSE KUNDEN, LISTE,
STOP RUN.
```

Abb. 3.3: COBOL-Programmliste für das Demonstrationsbeispiel 3

Erläuterungen zum Programmtext:

- In der IDENTIFICATION DIVISION wird als Programmname DEMO3 vergeben.
- Da dieses Programm zwei Dateien verarbeitet, muß in der ENVIRONMENT DIVISION auch die INPUT-OUTPUT SECTION codiert werden. Die Eingabedatei wird im Programm mit der Bezeichnung KUNDEN, die Ausgabedatei wird mit dem Namen LISTE angesprochen. Die in der ASSIGN-Klausel angegebene Bezeichnung ist herstellerabhängig und daher dem entsprechenden Systemhandbuch zu entnehmen.[12] Um ungewollte Programmabstürze beim Test zu vermeiden, ist durch die OPTIONAL-Phrase angegeben, daß die Eingabedatei nicht notwendigerweise vorhanden sein muß.
- In der FILE SECTION der DATA DIVISION sind die beiden Dateien beschrieben und die zugehörigen Dateipuffer definiert. Entsprechend der Vereinbarung im Abschnitt 3.2 werden die Dateipuffer ausschließlich zum Einlesen bzw. Hinausschreiben von Datensätzen verwendet. Der Aufbau der Datensätze der Ein-

[12] Im vorliegenden Beispiel, das auf einem IBM-Compiler VS COBOL II getestet wurde, konnten für die beiden Dateien KUNDEN und LISTE die beiden externen Dateinamen KUDAT bzw. KULIST frei gewählt werden.

gabedatei ist in einer Datenstruktur in der WORKING-STORAGE SECTION beschrieben.

- In der WORKING-STORAGE SECTION ist ein Schalterfeld EOF definiert, das vor dem ersten Lesebefehl in der PROCEDURE DIVISION mit dem Anfangswert „0“ versorgt wird. Solange der Schalter auf „0“ steht, ist noch ein weiterer Datensatz in der Eingabedatei vorhanden. Bei Erreichen des Dateiendes (Eintreten der AT END-Bedingung) wird dieses Feld auf den Wert „1“ gesetzt.

- Die in der PROCEDURE DIVISION codierten COBOL-Anweisungen entsprechen der im Struktogramm dargestellten Programmlogik: Nach dem Öffnen der Dateien wird zunächst ein Eingabedatensatz in den Hauptspeicher gelesen und – falls er existiert (EOF = „0“) – in einer Schleife verarbeitet (*ein* Schleifendurchlauf für *einen* gelesenen Datensatz). Anstatt der Anweisung „WRITE ZEILE FROM WS-NAME“ könnte man auch codieren: „MOVE WS-NAME TO ZEILE, WRITE ZEILE“. Der Zusatz „AFTER 1“ ist in diesem Beispiel entbehrlich. Am Ende der Schleife muß natürlich der nächste Datensatz der Eingabedatei gelesen werden (reading ahead).

- Ist in der Eingabedatei kein Datensatz mehr vorhanden, wird der Schalter EOF durch das Inkrafttreten der AT END-Bedingung auf „1“ gesetzt. Dadurch wird die Schleife abgebrochen, es werden beide Dateien geschlossen und die Programmausführung wird beendet.

Programmausführung

Die Ausführung des oben dargestellten Programms liefert mit Testdaten folgendes Ergebnis:[13]

[13] Testdaten werden Ihnen im allgemeinen von Ihrem Lehrveranstaltungs-/Kursleiter zur Verfügung gestellt. Sollte dies nicht der Fall sein, so müssen Sie sich Testdateien entweder mit Hilfe des Systemeditors oder mit Hilfe eines eigenen, selbstgeschriebenen COBOL-Datenerfassungsprogramms selbst anlegen.

Testdatei KUNDEN:

```
Schluckebier Karl   Lagerstraße 1              7654 Trinkhausen
Bitfummler Herbert  Am Kanal 23                4567 Computerhofen
Moritz Max          Wilhelm Busch-Platz 66     4435 Grimmdorf
Duck Dagobert       Am Geldspeicher 1          5532 Entenhausen
Löwenherz Richard   Verlies 27                 1140 Dürnstein
Riese Adam          Rübezahlweg 3              3453 Rechenstadt
Zwerg Eva           Gartenweg 5                2231 Schlumpfhausen
Pleite Fridolin     Habenichtsweg 112          4499 Blankdorf
```

Testausdruck LISTE:

```
Schluckebier Karl
Lagerstraße 1
7654 Trinkhausen

Bitfummler Herbert
Am Kanal 23
4567 Computerhofen

Moritz Max
Wilhelm Busch-Platz 66
4435 Grimmdorf

Duck Dagobert
Am Geldspeicher 1
5532 Entenhausen

Löwenherz Richard
Verlies 27
1140 Dürnstein

Riese Adam
Rübezahlweg 3
3453 Rechenstadt

Zwerg Eva
Gartenweg 5
2231 Schlumpfhausen

Pleite Fridolin
Habenichtsweg 112
4499 Blankdorf
```

3.5.2 Demonstrationsbeispiel 4

Problemstellung

Eine auf Magnetplatte gespeicherte Datei LOHNDAT enthält Abrechnungsdaten für die einzelnen Mitarbeiter eines Unternehmens. Die Datensätze haben folgenden Satzaufbau:

Personal-nummer	Bruttolohn	Abzüge	Stunden	unbenutzter Bereich
4-stellig, numerisch	6-stellig, numerisch, 4 Stellen vor und 2 nach dem gedachten Dezimalpunkt	6-stellig, numerisch, 4 Stellen vor und 2 nach dem gedachten Dezimalpunkt	3-stellig, numerisch	11-stellig

Das Programm soll den Nettolohn (= Bruttolohn minus Abzüge) sowie den Nettostundenlohn (= Nettolohn dividiert durch Stunden) berechnen und folgende Ausgabe drucken:

```
PERS- NETTO-  NETTO-
NR.   LOHN    STD-LOHN
----------------------
XXXX  XXXX.XX XXXX.XX
XXXX  XXXX.XX XXXX.XX
...
XXXX  XXXX.XX XXXX.XX
```

Musterlösung

Die Abbildungen 3.4 bis 3.7 zeigen eine vollständige Musterlösung für dieses Programmierproblem.

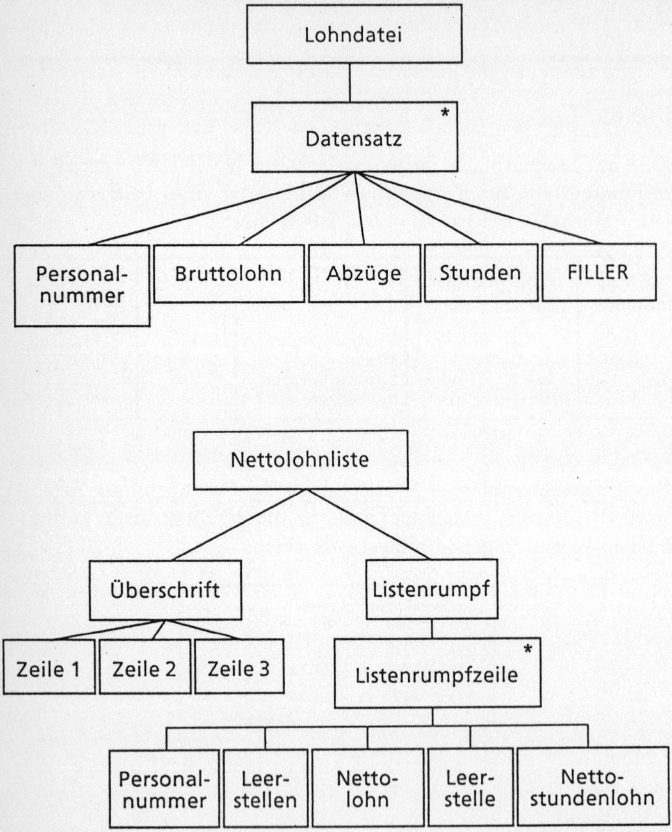

Abb. 3.4: Datenstrukturdiagramme für das Demonstrationsbeispiel 4

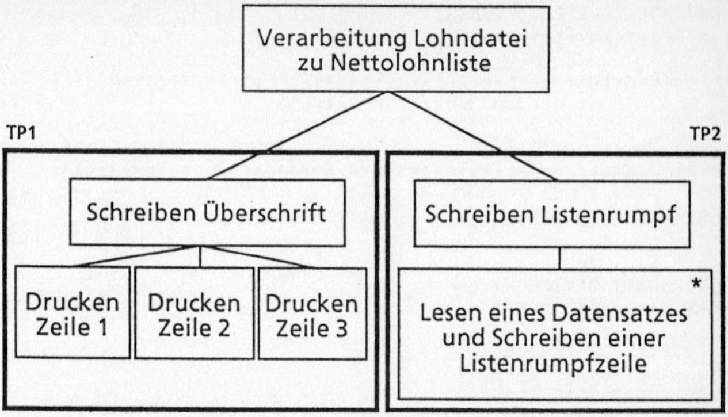

Abb. 3.5: Programmstrukturdiagramm für das Demonstrationsbeispiel 4

Abb. 3.6: Struktogramm für das Demonstrationsbeispiel 4

```
 IDENTIFICATION DIVISION.
*************************

*************************************************************
*                  Demonstrationsbeispiel 4                 *
*                                                           *
* Autor: Hans Göpfrich                   Datum: 02.01.1988 *
*************************************************************

 PROGRAM-ID.   DEMO4.


 ENVIRONMENT DIVISION.
**********************

 CONFIGURATION SECTION.
*---------------------*
 SOURCE-COMPUTER. IBM-3083.
 OBJECT-COMPUTER. IBM-3083.

 INPUT-OUTPUT SECTION.
*--------------------*
 FILE-CONTROL.
     SELECT OPTIONAL LOHNDAT          ASSIGN TO LOHNDAT.
     SELECT          NETTOLOHNLISTE   ASSIGN TO LOHNLIST.


 DATA DIVISION.
***************

 FILE SECTION.
*------------*
 FD  LOHNDAT.
 01  EINGABEPUFFER      PIC X(30).

 FD  NETTOLOHNLISTE.
 01  AUSGABEZEILE       PIC X(30).

 WORKING-STORAGE SECTION.
*-----------------------*
 77  EOF                  PIC X.

 77  UEBERSCHRIFT1        PIC X(21)
                          VALUE "PERS- NETTO-  NETTO- ".
 77  UEBERSCHRIFT2        PIC X(22)
                          VALUE "NR.   LOHN    STD-LOHN".
 77  UEBERSCHRIFT3        PIC X(22)
                          VALUE ALL "-".

 77  NETTOLOHN            PIC 9(4)V99.
 77  NETTO-STD-LOHN       PIC 9(4)V99.
```

```
 01  LOHNSATZ.
     02 PERSNR              PIC 9(4).
     02 BRUTTOLOHN          PIC 9(4)V99.
     02 ABZUG               PIC 9(4)V99.
     02 STD                 PIC 999.
     02 FILLER              PIC X(11).

 01  DRUCKZEILE.
     02 D-PERSNR            PIC 9(4).
     02 FILLER              PIC XX VALUE SPACES.
     02 D-NETTOLOHN         PIC Z(3)9.99.
     02 FILLER              PIC X VALUE SPACE.
     02 D-NETTO-STD-LOHN PIC Z(3)9.99.

 PROCEDURE DIVISION.
********************

 NETTOLOHNLISTE-DRUCKEN.
     OPEN INPUT LOHNDAT,
          OUTPUT NETTOLOHNLISTE,

     WRITE AUSGABEZEILE FROM UEBERSCHRIFT1,
     WRITE AUSGABEZEILE FROM UEBERSCHRIFT2,
     WRITE AUSGABEZEILE FROM UEBERSCHRIFT3,

     MOVE "0" TO EOF,
     PERFORM LOHNSATZ-LESEN,

     PERFORM UNTIL EOF NOT = "0"
          SUBTRACT ABZUG FROM BRUTTOLOHN GIVING NETTOLOHN,
          DIVIDE NETTOLOHN BY STD
               GIVING NETTO-STD-LOHN ROUNDED,

          MOVE PERSNR         TO D-PERSNR,
          MOVE NETTOLOHN      TO D-NETTOLOHN,
          MOVE NETTO-STD-LOHN TO D-NETTO-STD-LOHN,
          WRITE AUSGABEZEILE FROM DRUCKZEILE,

          PERFORM LOHNSATZ-LESEN,
     END-PERFORM,

     CLOSE LOHNDAT, NETTOLOHNLISTE,
     STOP RUN.


 LOHNSATZ-LESEN.
     READ LOHNDAT INTO LOHNSATZ,
                  AT END MOVE "1" TO EOF,
     END-READ.
```

Abb. 3.7: COBOL-Programmliste für das Demonstrationsbeispiel 4

Erläuterungen:

- Wie üblich beginnen wir mit der Beschreibung der Datenstrukturen: Die Datei LOHNDAT besteht aus einzelnen Sätzen (Wiederholung) mit dem aus der Problemspezifikation zu entnehmenden Aufbau; die Nettolohnliste ist eine Sequenz aus Überschriftsteil (3 Zeilen) und Rumpfteil (Wiederholung von Rumpfzeilen).
- Aus den Datenstrukturen wird die in Abb. 3.5 dargestellte Programmstruktur abgeleitet: TP1 verarbeitet den Überschriftsteil vollständig, TP2 schreibt den Listenrumpf. Innerhalb von TP2 wird ein Teilproblem „Lesen eines Datensatzes und Schreiben einer Listenrumpfzeile" wiederholt (für jeden vorhandenen Datensatz einmal) ausgeführt.
- In eine Programmlogik umgesetzt ergibt sich unter Berücksichtigung des „reading ahead" das in Abb. 3.6 dargestellte Struktogramm.
- Der Programmtext entspricht exakt der im Struktogramm dargestellten Programmlogik: Im Paragraphen NETTOLOHNLISTE-DRUCKEN werden die Dateien geöffnet und es werden die Überschriftszeilen gedruckt. Nach dem Lesen des ersten Datensatzes wird in einer Schleife (PERFORM-Anweisung) der eingelesene Satz verarbeitet: Es werden alle notwendigen Berechnungen durchgeführt, es wird eine zu druckende Zeile zusammengesetzt und ausgedruckt (= in die Ausgabedatei geschrieben) und es wird der nächste Datensatz der Eingabedatei vorausgelesen. So wird der gesamte Listenrumpf erzeugt. Die Bedeutung der einzelnen Anweisungen kann unmittelbar dem Struktogramm entnommen werden. Alle Datensätze und Datenfelder sind entsprechend der Problemspezifikation definiert.

Programmausführung

Die Ausführung des dargestellten Programms liefert folgendes Ergebnis:

Testdatei LOHNDAT:

```
47113000501000501 50Geh.stufe 2
471235000012000015 4Geh.stufe 3
471323000005500015 3Geh.stufe 1
471428005007805015 0Geh.stufe 2
```

Testausdruck NETTOLOHNLISTE:

```
PERS- NETTO-   NETTO-
NR.   LOHN     STD-LOHN
----------------------
4711  2000.00   13.33
4712  2300.00   14.94
4713  1750.00   11.44
4714  2020.00   13.47
```

Übungsaufgaben Nr. II–44 bis II–46 im Arbeitsbuch ⟵

3.6 Programmliste für das Fakturierungsbeispiel

Aufgrund der bisherigen Ausführungen ist es einfach, das für das Einführungsbeispiel „Fakturierung und Lagerbestandsfortschreibung" entwickelte Struktogramm (vgl. Abb. 1.40) in die Programmiersprache COBOL zu „übersetzen". Einzelne Programmteile wurden bereits in Übungsaufgaben des Arbeitsbuchs schrittweise entwickelt. In Abb. 3.8 ist zur Übersicht eine komplette Programmliste zu diesem Beispiel dargestellt. Das Programm ist streng strukturiert, daher gut lesbar und leicht änderbar, falls sich zusätzliche Problemstellungen ergeben sollten.[14] Im Anschluß an die Programmliste finden Sie Erläuterungen zum Programmtext.

[14] Wir werden in den Kapiteln 5 und 7 noch einige Änderungen in der Problemspezifikation bzw. in der programmtechnischen Realisierung vornehmen.

```
 IDENTIFICATION DIVISION.
*************************

 PROGRAM-ID.    FAKTURA.

**************************************************************
*                                                            *
*     Programmautor: Hans Göpfrich                           *
*     Installation:  Firma Frisch & Billig GmbH              *
*     Version:       2.5 (02.01.1988)                        *
*     Kompilierungsdatum: 02.01.1988                         *
*                                                            *
**************************************************************
*                                                            *
*     Programmfunktionen:                                    *
*          1. Fakturierung                                   *
*          2. Fortschreibung des Lagerbestands               *
*                                                            *
**************************************************************


 ENVIRONMENT DIVISION.
**********************

 CONFIGURATION SECTION.
*--------------------*
 SOURCE-COMPUTER. IBM-3083.
 OBJECT-COMPUTER. IBM-3083.
 SPECIAL-NAMES.
     CONSOLE IS BS,
     DECIMAL-POINT IS COMMA.

 INPUT-OUTPUT SECTION.
*-------------------*
 FILE-CONTROL.
     SELECT LAGERBESTAND ASSIGN TO LAGER.
     SELECT RECHNUNG     ASSIGN TO RECH.


 DATA DIVISION.
***************

 FILE SECTION.
*-----------*
 FD  LAGERBESTAND.
 01  LBD-SATZ          PIC X(31).

 FD  RECHNUNG.
 01  FAKTURENZEILE     PIC X(80).
```

```
 WORKING-STORAGE SECTION.
*-----------------------*
 77  E-KU-BEG-KENN        PIC X.
 77  E-ANR                PIC X(3).
 77  E-MENGE              PIC 9(4).
 77  W-GES-PREIS          PIC 9(6)V99.
 77  W-GES-SUMME          PIC 9(6)V99.
 77  S                    PIC X.

 01  KOPFZEILE1           PIC X(64) VALUE ALL "*".

 01  KOPFZEILE2.
     05 FILLER            PIC X(22)
                          VALUE "FRISCH & BILLIG GmbH".
     05 FILLER            PIC X(34) VALUE SPACES.
     05 D-DATUM           PIC XX/XX/XX.

 01  KOPFZEILE4.
     05 FILLER            PIC X(32) VALUE
                            "BEZEICHNUNG        PREIS/EINHEIT".
     05 FILLER            PIC X(32) VALUE
                            "         MENGE      GESAMTPREIS".

 01  KOPFZEILE5           PIC X(64) VALUE ALL "-".

 01  RUMPFZEILE.
     05 D-BEZ             PIC X(15).
     05 FILLER            PIC X(4).
     05 D-PREIS           PIC Z.ZZ9,99.
     05 FILLER            PIC X(12).
     05 D-MENGE           PIC ZZZ9.
     05 FILLER            PIC X.
     05 D-EINHEIT         PIC XX.
     05 FILLER            PIC X(8).
     05 D-GES-PREIS       PIC ZZZ.ZZ9,99.

 01  FUSSZEILE1           PIC X(64) VALUE ALL "-".

 01  FUSSZEILE2.
     05 FILLER            PIC X(21) VALUE SPACES.
     05 FILLER            PIC X(5)  VALUE "SUMME".
     05 FILLER            PIC X(25) VALUE SPACES.
     05 FILLER            PIC XX    VALUE "DM".
     05 FILLER            PIC X     VALUE SPACES.
     05 D-GES-SUMME       PIC ZZZ.ZZ9,99.

 01  FUSSZEILE4.
     05 FILLER            PIC X(21) VALUE SPACES.
     05 FILLER            PIC X(23)
                          VALUE "Betrag dankend erhalten".
     05 FILLER            PIC X(20) VALUE SPACES.

 01  FUSSZEILE5           PIC X(64) VALUE ALL "*".
```

```
 01  WS-LBDSATZ.
     05 W-ANR           PIC X(3).
     05 W-BEZ           PIC X(15).
     05 W-EINHEIT       PIC XX.
     05 W-PREIS         PIC 9999V99.
     05 W-BESTAND       PIC 9(5).


 PROCEDURE DIVISION.
*******************

 RECHNUNGSSCHREIBUNG.
     OPEN OUTPUT RECHNUNG,
     MOVE "J" TO E-KU-BEG-KENN,
     PERFORM UNTIL E-KU-BEG-KENN NOT = "J"
          PERFORM TP1,
          PERFORM TP2,
          PERFORM TP3,
          DISPLAY "Noch eine Rechnung schreiben (J/N)?"
                  UPON BS,
          ACCEPT E-KU-BEG-KENN FROM BS,
     END-PERFORM,
     CLOSE RECHNUNG,
     STOP RUN.


 TP1.
     ACCEPT D-DATUM FROM DATE,
     WRITE FAKTURENZEILE FROM KOPFZEILE1 AFTER PAGE,
     WRITE FAKTURENZEILE FROM KOPFZEILE2 AFTER 1,
     WRITE FAKTURENZEILE FROM KOPFZEILE4 AFTER 2,
     WRITE FAKTURENZEILE FROM KOPFZEILE5 AFTER 1.

 TP2.
     MOVE 0 TO W-GES-SUMME,
     DISPLAY "Bitte Art.Nr. eingeben (3-stellig, "
             "Ende = 000):" UPON BS,
     ACCEPT E-ANR FROM BS,
     PERFORM UNTIL E-ANR = "000"
          OPEN I-O LAGERBESTAND,
          PERFORM TP5,
          PERFORM TP6,
          CLOSE LAGERBESTAND,
          DISPLAY "Bitte Art.nr. eingeben (3-stellig, "
                  "Ende = 000):" UPON BS,
          ACCEPT E-ANR FROM BS,
     END-PERFORM.

 TP3.
     WRITE FAKTURENZEILE FROM FUSSZEILE1 AFTER 1,
     MOVE W-GES-SUMME TO D-GES-SUMME,
     WRITE FAKTURENZEILE FROM FUSSZEILE2 AFTER 1,
     WRITE FAKTURENZEILE FROM FUSSZEILE4 AFTER 2,
     WRITE FAKTURENZEILE FROM FUSSZEILE5 AFTER 1.
```

```
TP5.
    MOVE "0" TO S,
    PERFORM UNTIL S NOT = "0",
        READ LAGERBESTAND INTO WS-LBDSATZ,
        IF E-ANR = W-ANR
        THEN MOVE "1" TO S,
        ELSE CONTINUE,
        END-IF,
    END-PERFORM.

TP6.
    DISPLAY "Bitte Menge eingeben (4-stellig):" UPON BS,
    ACCEPT E-MENGE FROM BS,
    MULTIPLY E-MENGE BY W-PREIS GIVING W-GES-PREIS,
    ADD W-GES-PREIS TO W-GES-SUMME,
    MOVE SPACES      TO RUMPFZEILE,
    MOVE W-BEZ       TO D-BEZ,
    MOVE W-PREIS     TO D-PREIS,
    MOVE E-MENGE     TO D-MENGE,
    MOVE W-EINHEIT   TO D-EINHEIT,
    MOVE W-GES-PREIS TO D-GES-PREIS,
    WRITE FAKTURENZEILE FROM RUMPFZEILE AFTER 1,
    SUBTRACT E-MENGE FROM W-BESTAND.
    REWRITE LBD-SATZ FROM WS-LBDSATZ.
```

Abb. 3.8: COBOL-Programmliste für das Beispiel „Fakturierung und Lagerbestandsfortschreibung“

Erläuterungen zum Programmtext:

IDENTIFICATION DIVISION, ENVIRONMENT DIVISION und DATA DIVISION wurden bereits in früheren Abschnitten bzw. in einigen Übungsaufgaben im Arbeitsbuch ausführlich besprochen. Die Codierung der PROCEDURE DIVISION erfolgte exakt gemäß dem im Kapitel 1 vorgenommenen Entwurf. Die Paragraphennamen wurden in Anlehnung an die Bezeichnungen der einzelnen Teilprobleme des Struktogramms (vgl. auch Abb. 1.40) vergeben.

- Zunächst wird die Datei RECHNUNG geöffnet und das Kundenbeginnkennzeichen mit dem Wert „J“ versorgt. Dadurch wird gleich anschließend in die Schleife verzweigt. In der Schleife werden zunächst die Kopfzeilen einer Rechnung gedruckt (Paragraph TP1), wobei für das Drucken der ersten Kopfzeile das Systemdatum ins Programm übernommen wird. Anschließend wird der Rechnungsrumpf erzeugt (Paragraph TP2) und es werden die Fußzeilen ausgegeben (Paragraph TP3). Am Ende der Schleife wird vom Programm das nächste Kundenbeginnkennzeichen verlangt. Wird die Schleife durch die Eingabe von „N“

abgebrochen, so wird noch die Ausgabedatei RECHNUNG geschlossen und die Programmausführung beendet.

- Beim Erzeugen des Rechnungsrumpfes (Paragraph TP2) wird das Datenfeld W-GES-SUMME, in dem die vom Kunden zu bezahlende Summe berechnet wird, zunächst auf den Wert 0 gesetzt, dann wird eine Artikelnummer über das Terminal eingegeben (E-ANR) und es wird, falls die Artikelnummer nicht „000" war, mit der Suche in der Lagerbestandsdatei begonnen (Paragraph TP5). Dazu wird die Datei als I-O-Datei geöffnet (es soll ja auch der Lagerbestand fortgeschrieben werden). Der Schalter S wird auf „0" gesetzt und erhält erst dann den Wert „1" zugewiesen, wenn der gesuchte Datensatz durch sequentielles Lesen in der Eingabedatei gefunden ist. Nachdem der Satz gefunden ist, wird die Suche (das sequentielle Lesen in der Lagerbestandsdatei) abgebrochen (S = „1"). Im Paragraphen TP6 werden – nach der Eingabe der Verkaufsmenge – alle notwendigen Berechnungen ausgeführt (Gesamtpreis, Gesamtsumme). Nach der Druckaufbereitung einer Rumpfzeile wird die Zeile auf die Rechnung gedruckt. Mit der REWRITE-Anweisung wird der geänderte Lagerbestandssatz in die Lagerbestandsdatei zurückgeschrieben. Danach kann die Lagerbestandsdatei geschlossen werden, damit der Dateipositionsanzeiger beim neuerlichen Öffnen der Datei für den nächsten Artikel (beim nächsten Schleifendurchlauf) wiederum am Dateianfang positioniert wird. Schließlich wird vom Programm noch die Eingabe der nächsten Artikelnummer verlangt.

Beachten Sie: Alle DISPLAY-Anweisungen schreiben Ausgabedaten auf den Bildschirm; alle WRITE- bzw. REWRITE-Befehle schreiben Daten in eine Datei (in unserem Beispiel auf die Magnetplatte).

Das dargestellte Programm würde bei einem Testlauf z.B. folgende Rechnungsseite erzeugen:

```
****************************************************************
FRISCH & BILLIG GMBH                                    88/01/02

BEZEICHNUNG          PREIS/EINHEIT         MENGE     GESAMTPREIS
----------------------------------------------------------------
Milch                    1,50              3 l              4,50
Brot                     1,30              2 kg             2,60
Waschmittel              2,45              1 Pk             2,45
Putzmittel               3,10              2 Pk             6,20
----------------------------------------------------------------
                     SUMME                       DM        15,75

                     Betrag dankend erhalten
****************************************************************
```

Übungsaufgabe Nr. II–47 im Arbeitsbuch ←

Kapitel 4

Tabellenverarbeitung

Lehrziele

Nach dem Durcharbeiten dieses Kapitels sollten Sie

- *die Möglichkeiten kennen, wie man in COBOL Gruppen zusammengehöriger, gleich strukturierter und gleich benannter Datenfelder (Tabellen) bearbeiten kann,*
- *das Prinzip der (Normal-)Indizierung beherrschen,*
- *Tabellen in COBOL definieren können,*
- *Tabellen bzw. Tabellenelemente durch COBOL-Anweisungen verarbeiten können,*
- *Tabellen mit Anfangswerten versehen können,*
- *mehrdimensionale Tabellen verarbeiten können,*
- *selbständig Programmierbeispiele lösen können, in denen ein- bzw. mehrdimensionale Tabellen zu verarbeiten sind.*

Bisher sind wir in diesem Kurs davon ausgegangen, daß Datennamen entweder eindeutig sein müssen oder daß sie – wenn mehrere gleiche Namen in verschiedenen Datenstrukturen existieren – durch Qualifizierung[1] eindeutig gemacht werden müssen. In diesem Kapitel werden Sie lernen, wie man in einem COBOL-Programm Gruppen von logisch zusammengehörigen, gleich benannten Datenfeldern mit Hilfe der (Normal-)Indizierung bearbeiten kann.

Eine **Tabelle** (engl.: table) ist eine Gruppe von aufeinanderfolgenden Datenfeldern bzw. Datengruppen, die logisch zusammengehören, gleichartig aufgebaut sind (d.h. gleiche Feldattribute besitzen) und den gleichen Namen zugeordnet erhalten. Das einzelne Feld (bzw. die einzelne Datengruppe), die innerhalb der Tabelle wiederholt auftritt, nennt man **Tabellenelement**. Ein Tabellenelement ist durch seinen Platz innerhalb der Tabelle eindeutig identifizierbar und kann daher durch die Angabe des Namens (der für alle Tabellenelemente der gleiche ist) und der Ordnungsnummer innerhalb der Tabelle (engl.: **subscript**[2]) angesprochen werden.

Abb. 4.1 zeigt ein Beispiel für eine Tabelle.

Man kann also eine größere Zahl gleichartig strukturierter und mit demselben Namen bezeichneter Datenfelder unter *einem* Namen (Tabellenname, z.B. BUNDESLAENDER-TABELLE) ansprechen. Ein einzelnes Datenfeld (Tabellenelement) kann durch die Angabe des Feldnamens und eines in Klammern hinzugefügten Subscripts identifiziert und verarbeitet werden. Ein

[1] Vgl. dazu auch Abschnitt 2.8.5.1.

[2] Als Subscript bezeichnet man die Ordnungszahl, die ein Tabellenelement innerhalb einer Tabelle identifiziert. Ein Subscript kann repräsentiert werden durch eine ganze Zahl oder durch ein Datenfeld, das eine ganze Zahl enthält (Normalindizierung). Ein Datenfeld, das *ausschließlich* zur Identifizierung von Tabellenelementen einer *bestimmten* Tabelle dient, heißt *Index*. Die Möglichkeit, einer Tabelle einen speziellen Index zuzuordnen (Spezialindizierung), wird in diesem Kurs nicht behandelt.

Abb. 4.1: Beispiel für eine Tabelle

Subscript gibt an, an welcher Stelle das betreffende Element in der Tabelle steht (Mit „BUNDESLAND (3)" ist z.B. das dritte Feld mit dem Namen BUNDESLAND in der Tabelle BUNDESLAENDER-TABELLE angesprochen).

4.1 Normalindizierung

4.1.1 Verfahren der Normalindizierung

Das Verfahren der Normalindizierung soll an folgendem Beispiel erläutert werden (Demonstrationsbeispiel 5):

Problemstellung

In einer auf der Magnetplatte gespeicherten Vertreterdatei VERTRET sind die Monatsumsätze aller Vertreter eines Unternehmens gespeichert. Die Datensätze dieser Datei haben folgenden Aufbau:

Vertreter-name	Umsatz Januar	Umsatz Februar	...	Umsatz Dezember
30-stellig, alpha-numerisch	jeweils numerisch, 8 Stellen vor und 2 nach dem Dezimalpunkt			

Von einem Programm soll für jeden Vertreter des Unternehmens der Monat herausgesucht werden, in dem der größte Umsatz erzielt wurde. Wurde der höchste Umsatz in mehreren Monaten erreicht, so soll der letzte der betreffenden Monate gewählt werden. Name, Monat und Umsatz sind auf einer Liste am Bildschirm zu protokollieren. Diese Liste soll folgendes Aussehen besitzen:

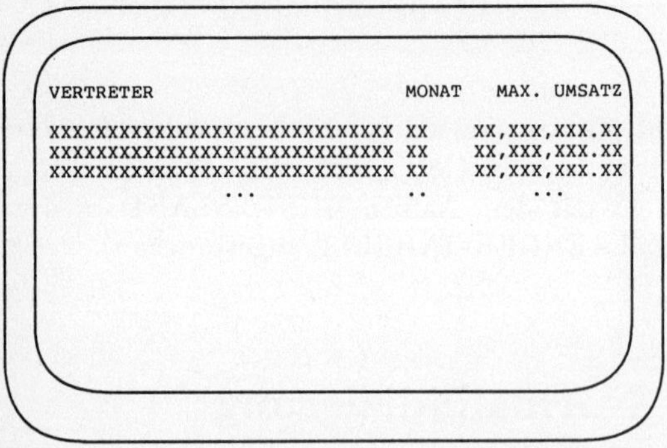

Man könnte in COBOL – so wie Sie es in den bisherigen Ausführungen gelernt haben – den Satzaufbau der Eingabedatei in der WORKING-STORAGE SECTION z.B. folgendermaßen beschreiben:

```
01  WS-VERTR-SATZ.
    03 WS-NAME       PIC X(30).
    03 UMS-JAN       PIC 9(8)V99.
    03 UMS-FEB       PIC 9(8)V99.
    03 UMS-MAR       PIC 9(8)V99.
              ...
    03 UMS-DEZ       PIC 9(8)V99.
```

Für die zwölf Umsatzfelder werden dabei zwölf verschiedene Namen vergeben, woraus folgende Nachteile resultieren:

- Hoher Codieraufwand in der DATA DIVISION (umfangreiche Feldbeschreibungen),
- unnötig komplizierter Prozedurteil des Programms durch die Verwendung von vielen verschiedenen Datennamen,
- hohe Wahrscheinlichkeit von Codierfehlern,
- hoher Kompilieraufwand.

Vor allem bei größeren Listen von Feldern fallen diese Nachteile ins Gewicht: Stellen Sie sich z.B. nur vor, das Programm müßte nicht zwölf Monatsumsätze, sondern 365 Tagesumsätze bearbeiten.

4.1.1.1 Definition von Tabellen

In COBOL besteht die Möglichkeit, daß man für den gesamten Speicherbereich, der die zwölf Monatsumsätze enthalten soll, nur *einen* Namen vergibt (Tabellenname). Es muß nur vereinbart werden, daß dieser Speicherbereich als Folge von zwölf gleichartig aufgebauten Datenfeldern (Tabellenelementen) zu interpretieren ist (daß also ein Datenfeld, das diesem Gesamtbereich untergeordnet ist, insgesamt zwölfmal auftritt). Dies geschieht auf folgende Weise:

```
01  WS-VERTR-SATZ.
    03 WS-NAME      PIC X(30).
    03 TABELLE-DER-UMSAETZE.
       05 UMS       PIC 9(8)V99 OCCURS 12 TIMES.
```

Durch diese Programmzeilen wird eine Tabelle mit dem Namen TABELLE-DER-UMSAETZE definiert, die aus zwölf gleichartig aufgebauten Feldern (Tabellenelementen) mit dem Namen UMS (*jeweils* 8 Stellen vor und 2 nach dem gedachten Dezimalpunkt) besteht. Der gesamte Speicherbereich WS-VERTR-

SATZ wird durch das Einlesen eines Datensatzes aus der Vertreterdatei mit Daten versorgt.

Tabellen werden in COBOL mit Hilfe der **OCCURS-Klausel** definiert.

Format

OCCURS Ganzzahl TIMES

Syntaktische Regeln

- Die OCCURS-Klausel darf bei Datenfeldern mit den Stufennummern 01, 66, 77 oder 88 nicht angegeben werden.
- Ganzzahl steht für einen positiven ganzzahligen Wert.
- TIMES ist ein Wahlwort und kann auch weggelassen werden.

Beschreibung

Mit Hilfe der OCCURS-Klausel wird bei der Datenbeschreibung festgelegt, daß das betreffende Datenelement innerhalb des *unmittelbar übergeordneten* Elements genau so oft auftritt, wie durch Ganzzahl angegeben ist. Die bei dieser Feldbeschreibung festgelegten Feldattribute (PICTURE-Klausel) gelten für *jedes* einzelne Tabellenelement. Die Tabellenelemente können weiter in Datenfelder unterteilt sein.

4.1.1.2 Subscripting

Wollen Sie im Programm ein einzelnes der definierten Tabellenelemente durch eine COBOL-Anweisung ansprechen, so können Sie dies durch das Anfügen eines Subscripts nach dem Namen des Tabellenelements tun.

Ein **Subscript** wird verwendet, um auf ein bestimmtes Tabellenelement eindeutig Bezug nehmen zu können.

Format

$$\text{Datenname-1} \left(\begin{Bmatrix} \text{Datenname-2} \\ \text{Ganzzahl-1} \end{Bmatrix} \right)$$

Syntaktische Regeln

- Ein Subscript darf nur für Tabellenelemente angegeben werden (also für Datenfelder, in deren Beschreibung eine OCCURS-Klausel enthalten ist).
- Datenname-2 muß ein numerisches ganzzahliges Datenfeld identifizieren.

Beschreibung

Ein Subscript repräsentiert (als ganze Zahl direkt oder als Datenfeld indirekt) die Ordnungszahl eines Tabellenelements innerhalb einer Tabelle. Der Wert eines Subscripts muß eine positive ganze Zahl zwischen 1 und der durch die OCCURS-Klausel festgelegten Anzahl der Tabellenelemente sein.

Beispiel

Mit „UMS (5)“ sprechen Sie z.B. das 5. Element der Tabelle TABELLE-DER-UMSAETZE an (Umsatz im Mai), mit „UMS (I)“ das 3. Element, falls I den Wert 3 enthält. Zu beachten ist, daß als Subscript stets (direkt oder indirekt) ein Wert angegeben werden muß, der im durch die Tabellendefinition festgelegten Bereich liegt: Für eine Tabelle, die aus 12 Elementen besteht, darf daher immer nur ein Subscript zwischen 1 und 12 angegeben werden.

4.1.2 Demonstrationsbeispiel 5

Aufgrund dieser Ausführungen läßt sich für das Demonstrationsbeispiel 5 (Problemspezifikation siehe Abschnitt 4.1.1) folgende Problemlösung entwickeln (Abbildungen 4.2 und 4.3):

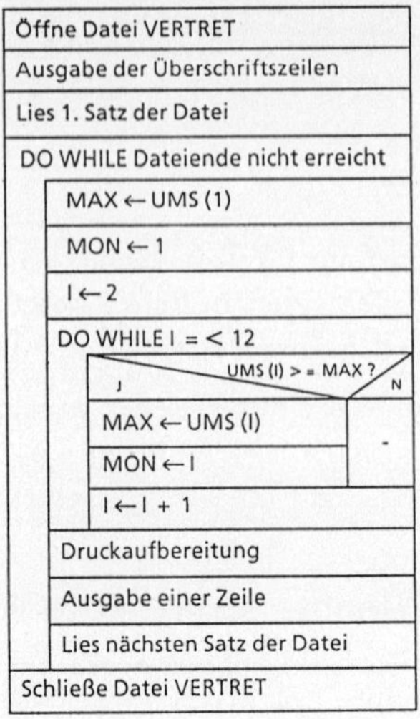

Abb. 4.2: Struktogramm für das Demonstrationsbeispiel 5

Erläuterungen:

Der größte Monatsumsatz eines Vertreters kann durch folgenden Algorithmus festgestellt werden: Zunächst wird angenommen, daß der Jänner-Umsatz der größte ist. Er wird daher im Datenfeld MAX (Maximalumsatz) gespeichert, das Feld MON (Monat) wird mit dem Wert 1 (für Jänner) versorgt. I wird in der Folge als Subscript verwendet und wird am Beginn auf 2 gesetzt. In der Schleife wird UMS (I) (I enthält augenblicklich den Wert 2) mit MAX (dem bisher größten Umsatz) verglichen. Ist UMS (I) größer oder gleich MAX, so wird UMS (I) in MAX und I in MON abgespeichert; ist UMS (I) kleiner als MAX, so wird mit dem betreffenden Umsatzfeld keine Verarbeitung durchgeführt. Anschließend wird I um 1 erhöht. Die Schleife wird, da I noch immer kleiner als 13 ist, abermals durchlaufen, und es wird nun der dritte Umsatz (I enthält nun den Wert 3) mit dem bisher größten Umsatz MAX verglichen. Die gesamte Verarbeitung erfolgt so lange, bis I den Wert 13 annimmt, also alle Umsätze mit dem jeweils bisher größten verglichen wurden. Durch diesen Algorithmus wird erreicht, daß am Ende des Suchvorgangs der größte Monatsumsatz des einzelnen Vertreters im Feld MAX und die Nummer des Monats im Feld MON gespeichert sind.

Abb. 4.3 zeigt das zugehörige COBOL-Programm.

```
 IDENTIFICATION DIVISION.
*************************

***********************************************************
*                  Demonstrationsbeispiel 5               *
*                                                         *
* Autor: Hans Göpfrich                  Datum: 02.01.1988 *
***********************************************************

 PROGRAM-ID.    DEMO5.

 ENVIRONMENT DIVISION.
**********************

 CONFIGURATION SECTION.
*---------------------*
 SOURCE-COMPUTER. IBM-3083.
 OBJECT-COMPUTER. IBM-3083.
 SPECIAL-NAMES.
     CONSOLE IS BS.

 INPUT-OUTPUT SECTION.
*--------------------*
 FILE-CONTROL.
     SELECT OPTIONAL VERTRETER ASSIGN TO VERTRET.


 DATA DIVISION.
***************

 FILE SECTION.
*------------*
 FD  VERTRETER.
 01  EINGABEPUFFER         PIC X(150).

 WORKING-STORAGE SECTION.
*-----------------------*
 77  MON                   PIC 99.
 77  MAX                   PIC 9(8)V99.
 77  I                     PIC 99.
 77  EOF                   PIC X.

 01  WS-VERTR-SATZ.
     03 WS-NAME            PIC X(30).
     03 TABELLE-DER-UMSAETZE.
        05 UMS             PIC 9(8)V99 OCCURS 12 TIMES.
```

```
 01  D-ZEILE.
     02 D-NAME           PIC X(30).
     02 FILLER           PIC X(10) VALUE SPACES.
     02 D-MON            PIC Z9.
     02 FILLER           PIC X(5) VALUE SPACES.
     02 D-MAX            PIC Z(2)BZ(3),ZZ9.99.


 PROCEDURE DIVISION.
********************

 VERTRETERLISTE-DRUCKEN.
     OPEN INPUT VERTRETER,
     DISPLAY "VERTRETER                                "
             "MONAT    MAX. UMSATZ" UPON BS,
     DISPLAY SPACES UPON BS,

     MOVE "0" TO EOF,
     READ VERTRETER INTO WS-VERTR-SATZ
                    AT END MOVE "1" TO EOF,
     END-READ,

     PERFORM UNTIL EOF NOT = "0"
          MOVE UMS (1) TO MAX,
          MOVE 1 TO MON,
          MOVE 2 TO I,

          PERFORM UNTIL I > 12
               IF UMS (I) NOT < MAX
               THEN MOVE UMS (I) TO MAX,
                    MOVE I TO MON,
               ELSE CONTINUE,
               END-IF,
               ADD 1 TO I,
          END-PERFORM,

          INITIALIZE D-ZEILE,
          MOVE WS-NAME TO D-NAME,
          MOVE MON     TO D-MON,
          MOVE MAX     TO D-MAX,
          DISPLAY D-ZEILE UPON BS,

          READ VERTRETER INTO WS-VERTR-SATZ
                         AT END MOVE "1" TO EOF,
          END-READ,
     END-PERFORM,

     CLOSE VERTRETER,
     STOP RUN.
```

Abb. 4.3: COBOL-Programmliste für das Demonstrationsbeispiel 5

4.1.3 Füllen einer Tabelle mit Anfangswerten

Im Demonstrationsbeispiel 5 im Abschnitt 4.1.2 wurde die Tabelle TABELLE-DER-UMSAETZE vom Programm aus durch einen Lesebefehl mit Daten aus einer Eingabedatei gefüllt. In der Praxis kommt es aber auch sehr oft vor, daß man mit bereits im Arbeitsspeicher vorhandenen Tabellenwerten arbeiten muß.

Für das Füllen einer Tabelle mit Anfangswerten kommen in COBOL folgende Möglichkeiten in Betracht:

- Verwendung der VALUE-Klausel bei jenem Datenbeschreibungseintrag, der die gesamte Tabelle definiert,
- Verwendung der VALUE-Klausel bei jenem Datenbeschreibungseintrag, der die Tabellenelemente definiert (der angeführte Wert gilt dann für jedes einzelne Tabellenelement),
- Mehrfachdefinition desselben Speicherbereichs.

4.1.3.1 Initialisieren einer Tabelle mit Hilfe der VALUE-Klausel

Wird eine *VALUE-Klausel bei der Definition der Tabelle* verwendet, so wird der gesamte durch den Tabellennamen angesprochene Speicherbereich mit dem angegebenen VALUE-Wert versorgt, die untergeordneten Datenfelder legen die Struktur dieses Speicherbereichs als Tabelle fest:

```
01  TABELLE-DER-ZIFFERN VALUE "0123456789".
    05 ZIFFER           PIC 9
                        OCCURS 10 TIMES.
```

Diese Datenbeschreibung legt folgende Tabelle fest:

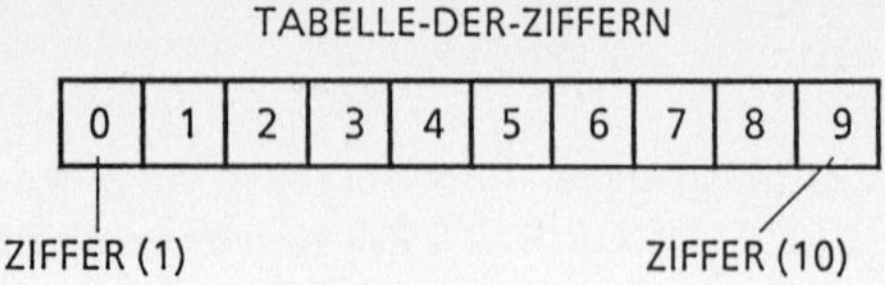

Mit „ZIFFER (5)“ kann z.B. das 5. Element der Tabelle (also die Ziffer 4) angesprochen werden.

Wird eine *VALUE-Klausel bei der Definition eines Tabellenelements* angegeben, so werden *alle* diese Tabellenelemente mit dem angeführten VALUE-Wert versorgt:

```
01  TABELLE-DER-ZAEHLER.
    05 ZAEHLER      PIC 999
                    OCCURS 4 TIMES
                    VALUE 0.
```

Durch diese Datenbeschreibung wird folgende Tabelle definiert:

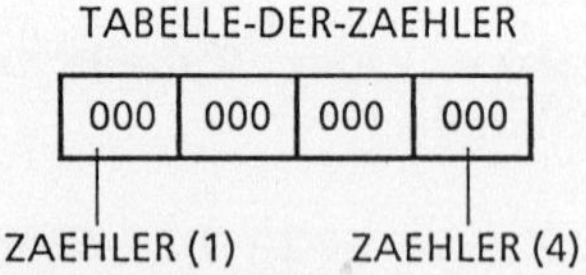

4.1.3.2 REDEFINES-Klausel

Auch das Füllen einer Tabelle mit Anfangswerten durch die *Mehrfachdefinition desselben Speicherbereichs* soll anhand eines konkreten Beispiels veranschaulicht werden:

```
01  BUNDESLAENDER-NAMEN.
    05 FILLER       PIC X(17) VALUE "WIEN".
                    ...
    05 FILLER       PIC X(17) VALUE "VORARLBERG".

01  BUNDESLAENDER-TABELLE REDEFINES BUNDESLAENDER-NAMEN.
    05 BUNDESLAND   PIC X(17) OCCURS 9 TIMES.
```

Um den neun Tabellenelementen BUNDESLAND die Fixwerte „WIEN“, „NIEDEROESTERREICH“ usw. zuzuordnen, wurde im angeführten Beispiel zunächst ein Datenbereich definiert, dessen Elementardaten die gewünschten Werte enthalten (BUNDESLAENDER-NAMEN). Die Elementardaten müssen jeweils gleiche Feldlänge (im obigen Beispiel 17 Stellen) aufweisen, da die Tabellenelemente ebenfalls gleich lang sein müssen. Anschließend wird eine Tabelle (BUNDESLAENDER-TABELLE) definiert, wobei der bereits mit den gewünschten Anfangswerten versehene Speicherbereich *nochmals* – unter einem anderen Namen – definiert wird. Ein und derselbe Speicherbereich wird dem Programm somit unter zwei verschiedenen Namen und in zweimal verschiedener Struktur (einmal als Datengruppe unter dem Namen BUNDESLAENDER-NAMEN, einmal als Tabelle unter dem Namen BUNDESLAENDER-TABELLE) zugänglich gemacht. Es wurde damit eine Tabellenstruktur „über“ die mit Fixwerten versehene Datenstruktur BUNDESLAENDER-NAMEN gelegt.

Mit der Anweisung „MOVE BUNDESLAND (3) TO AUSGABEZEILE“ kann nun z.B. das 3. Element der Tabelle (Inhalt „BURGENLAND“) im Feld AUSGABEZEILE bereitgestellt werden.

Funktion

Mit Hilfe der **REDEFINES-Klausel** kann ein bereits definierter Speicherbereich einem Programm unter einem anderen Namen und mit unterschiedlichen Feldattributen ein weiteres Mal zugänglich gemacht werden.

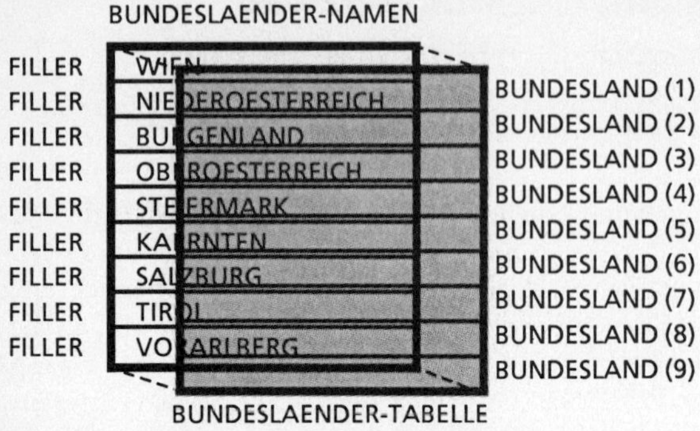

Abb. 4.4: Funktion der REDEFINES-Klausel

Format

REDEFINES **Datenname**

Syntaktische Regeln

- Die REDEFINES-Klausel muß dem Datennamen des „redefinierenden“ Datenfelds unmittelbar folgen.
- Die Stufennummer des „redefinierenden“ Datenfelds muß identisch sein mit jener des „redefinierten“ Felds.
- Es sind auch mehrfache „Überlagerungen“ von Datenfeldern erlaubt.
- Die Datenbeschreibungen der Elementardaten eines mit REDEFINES definierten Speicherbereichs dürfen keine VALUE-Klauseln enthalten (ausgenommen für die Festlegung von Bedingungsnamen, vgl. Abschnitt 2.8.4).
- Zwischen dem Datenbeschreibungseintrag des „redefinierenden“ Datenfelds und jenem des „redefinierten“ dürfen keine Datenbeschreibungen mit niedrigerer Stufennummer codiert sein.

- Die einander überlagernden Feldbeschreibungen müssen unmittelbar aufeinanderfolgen.

Beschreibung

Datenname steht für den Namen jenes Speicherbereichs, der ein weiteres Mal definiert werden soll. Sind dieselben Zeichenpositionen durch mehr als einen Datenbeschreibungseintrag definiert, so können sie im Programm durch jeden der festgelegten Datennamen adressiert werden.

4.1.4 Mehrdimensionale Tabellen

Bei zahlreichen Programmierproblemen ist es sinnvoll bzw. notwendig, Daten in Form von zwei- oder mehrdimensionalen Tabellen zu definieren und zu verarbeiten. Eine zweidimensionale Tabelle heißt auch **Matrix**. Wir erläutern in der Folge die Verarbeitungsprinzipien einer mehrdimensionalen Tabelle am Beispiel einer Matrix (Demonstrationsbeispiel 6).

Problemstellung

Ein Unternehmen betreibt in allen neun österreichischen Bundesländern jeweils drei Filialbetriebe. Die Namen der Filialleiter (jeweils 20-stellig, alphanumerisch) sollen, geordnet nach Bundesländern, am Bildschirm in folgender Form ausgegeben werden:

```
LISTE DER NAMEN DER FILIALLEITER
================================

WIEN

          XXXXXXXXXXXXXXXXXXXX
          XXXXXXXXXXXXXXXXXXXX
          XXXXXXXXXXXXXXXXXXXX

NIEDEROESTERREICH

          XXXXXXXXXXXXXXXXXXXX
          XXXXXXXXXXXXXXXXXXXX
          XXXXXXXXXXXXXXXXXXXX

BURGENLAND
          . . .
```

Für die Namen der Filialleiter definieren wir im Programm einen Speicherbereich, der die logische Struktur einer zweidimensionalen Tabelle hat:

```
01  NAMEN-WERTE.
    03 FILLER         PIC X(20) VALUE "MAIER".
    03 FILLER         PIC X(20) VALUE "HUBER".
    03 FILLER         PIC X(20) VALUE "BAUER".
    03 FILLER         PIC X(20) VALUE "MUELLER".
                          ...
    03 FILLER         PIC X(20) VALUE "FEURER".

01  NAMEN-TAB REDEFINES NAMEN-WERTE.
    03 NAMEN-PRO-LAND             OCCURS 9 TIMES.
       05 NAME        PIC X(20)   OCCURS 3 TIMES.
```

> **Mehrdimensionale Tabellen** werden in COBOL mit Hilfe mehrerer OCCURS-Klauseln definiert.

Mit den oben dargestellten Programmzeilen werden für ein und denselben Speicherbereich zwei verschiedene Datenbeschreibungen festgelegt (vgl. auch Abschnitt 4.1.3): Durch die erste Datenbeschreibung wird dieser Arbeitsspeicherbereich mit den gewünschten Anfangswerten versorgt, durch die zweite Datenbeschreibung werden diese Inhalte als Tabellenelemente ansprechbar gemacht. Der auf diese Art definierte Speicherbereich besitzt folgenden logischen Aufbau (Abb. 4.5):

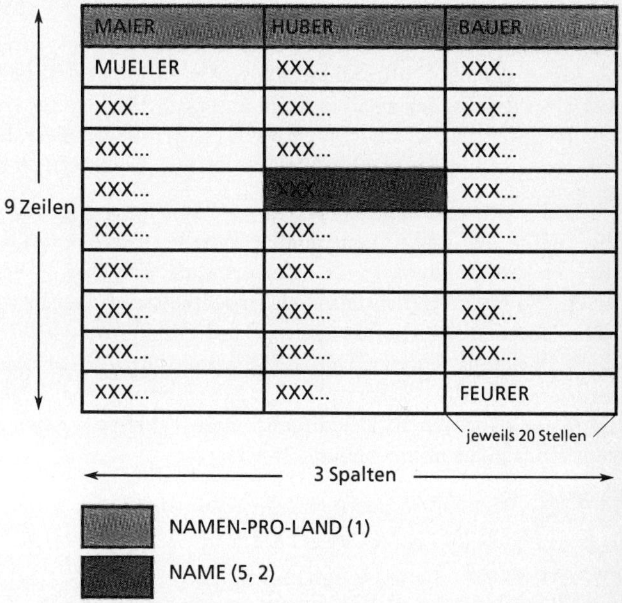

Abb. 4.5: Beispiel für eine zweidimensionale Tabelle

NAMEN-PRO-LAND existiert innerhalb von NAMEN-TAB genau neunmal (erste OCCURS-Klausel); *jedes* Tabellenelement NAMEN-PRO-LAND ist aber selbst wieder eine Tabelle aus drei Elementen NAME (zweite OCCURS-Klausel). Die oben beschriebene zweidimensionale Tabelle besteht daher aus $9 \times 3 = 27$ Elementen.

Damit wird es aber notwendig, zur Identifizierung eines einzelnen Tabellenelements nunmehr zwei Subscripts anzugeben.

Der erste angegebene Subscript entspricht immer der bei der Tabellendefinition an erster Stelle angegebenen OCCURS-Klausel (**Zeilenindex** der Matrix), der zweite Subscript entspricht jeweils der an zweiter Stelle angegebenen OCCURS-Klausel (**Spaltenindex** der Matrix).

Mit „NAME (2, 1)" wird daher jenes Tabellenelement adressiert, das in der oben abgebildeten zweidimensionalen Tabelle (NAMEN-TAB) in der zweiten Zeile an erster Stelle steht (im obigen Beispiel „MUELLER"). „NAME (1, 2)" identifiziert das in der ersten Zeile an zweiter Stelle stehende Element („HUBER").

Völlig analog den zweidimensionalen Tabellen besteht in COBOL auch die Möglichkeit, *dreidimensionale Tabellen* zu verarbeiten. Es gelten dabei dieselben Prinzipien und Regeln wie bei der Verarbeitung von Matrizen. Bei dreidimensionalen Tabellen sind demnach drei OCCURS-Klauseln für die Tabellendefinition sowie drei Subscripts zur Adressierung der Tabellenelemente erforderlich. Dreidimensionale Tabellen werden in diesem Kurs nicht näher behandelt.

4.1.5 PERFORM-VARYING-Anweisung

Die PERFORM-VARYING-Anweisung ist eine Variante der PERFORM-Anweisung (vgl. Abschnitt 2.5.2.5), die speziell im Zusammenhang mit der Verarbeitung von Tabellen äußerst nützlich sein kann.

Funktion

> Mit Hilfe der **PERFORM-VARYING-Anweisung** wird eine Prozedur bzw. eine Folge von Prozeduren so lange wiederholt aufgerufen und ausgeführt, bis eine Abbruchbedingung erfüllt ist, wobei bei jedem Aufruf der Wert eines Datenfelds (Laufvariable) um eine bestimmte Schrittweite erhöht oder vermindert wird. Die Abbruchbedingung muß sinnvollerweise die Laufvariable als Operanden enthalten.

Format

```
PERFORM [ Prozedurname-1 [ { THROUGH } Prozedurname-2 ] ]
                           { THRU    }

        [ WITH TEST { BEFORE } ]
                    { AFTER  }

        VARYING Bezeichner-1 FROM { Bezeichner-2 }
                                  { Literal-1    }

        BY { Bezeichner-3 } UNTIL Bedingung-1
           { Literal-2    }

        [ AFTER Bezeichner-4 FROM { Bezeichner-5 }
                                  { Literal-3    }

        BY { Bezeichner-6 } UNTIL Bedingung-2 ] ...
           { Literal-4    }

        [ unbedingte-Anweisung-1 END-PERFORM ]
```

Syntaktische Regeln

- Alle im Format angeführten Bezeichner müssen numerische Datenfelder repräsentieren, alle Literale müssen numerische Literale sein.
- Bezeichner-3 und Bezeichner-6 sowie Literal-2 und Literal-4 dürfen nicht den Wert 0 repräsentieren.

Beschreibung

Die Anweisung erweist sich dann als besonders praktisch, wenn mehrere Elemente einer Tabelle verarbeitet werden sollen. Bezeichner-1 und Bezeichner-4 stehen dann für die Namen jener Datenfelder, die als Subscripts der Tabelle verwendet werden.

Bei jedem Aufruf der angegebenen Prozedur(enfolge) wird die in der VARYING-Phrase angeführte Laufvariable ausgehend von einem bestimmten Anfangswert (FROM-Phrase) um eine bestimmte Schrittweite (BY-Phrase) so lange erhöht, bis eine Abbruchbedingung (UNTIL-Phrase) erfüllt ist. Durch die Angabe einer negativen Schrittweite wird bewirkt, daß der Wert der Laufvariablen – vom Anfangswert (FROM-Phrase) ausgehend – laufend vermindert anstatt erhöht wird.

Die Erhöhung (bzw. Verminderung) der Laufvariablen um die angegebene Schrittweite erfolgt – bei expliziter oder impliziter Anwendung der TEST BEFORE-Phrase[3] – jeweils *nach* der Ausführung der aufgerufenen Prozedur (Kapitel, Paragraph). Abb. 4.6 zeigt den Ablauf einer PERFORM-VARYING-Anweisung in Form von Struktogrammen.

[3] Die TEST AFTER-Phrase wird in diesem Band nicht behandelt.

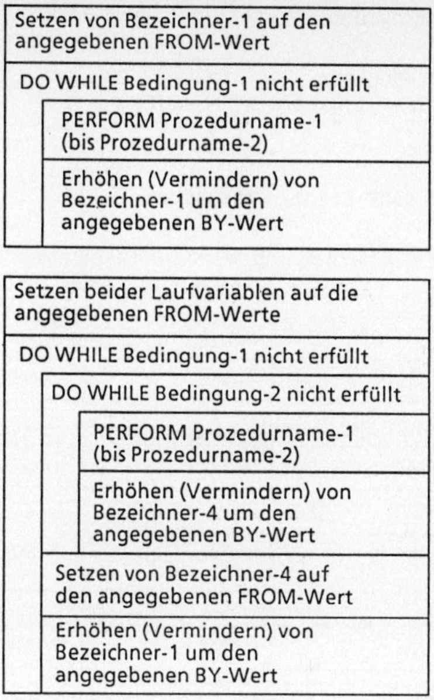

Abb. 4.6: Ablauflogik der PERFORM-VARYING-Anweisung bei Verwendung von einer bzw. von zwei Laufvariablen

Beispiele

- Die Anweisung

```
PERFORM ANZEIGEN VARYING I FROM 1 BY 1 UNTIL I > 9
```

  hat folgende Wirkung:

  Der Paragraph ANZEIGEN wird so lange wiederholt ausgeführt, bis $I > 9$ ist, wobei I bei jedem Aufruf – vom Anfangswert 1 ausgehend (FROM-Angabe) – um die Schrittweite 1 (BY-Angabe) erhöht wird.

- Die Programmzeilen

```
    PERFORM DRUCKEN
        VARYING I FROM 1 BY 1 UNTIL I > 9
        AFTER   J FROM 1 BY 1 UNTIL J > 3.
...
DRUCKEN.
    DISPLAY NAME (I, J) UPON BS.
```

bewirken die Abarbeitung der Tabellenelemente des Beispiels aus Abschnitt 4.1.4 in folgender Reihenfolge:

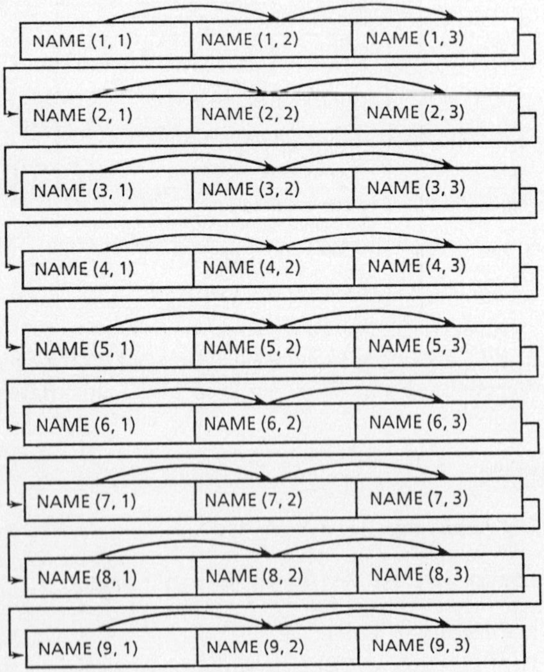

Überzeugen Sie sich bitte anhand der oben dargestellten Struktogramme von der Richtigkeit dieser Aussage.

4.2 Demonstrationsbeispiele

4.2.1 Demonstrationsbeispiel 6

Problemstellung

(siehe Abschnitt 4.1.4)

Musterlösung

Die Abbildungen 4.7 und 4.8 zeigen Ihnen eine vollständige Musterlösung dieses Programmierproblems.

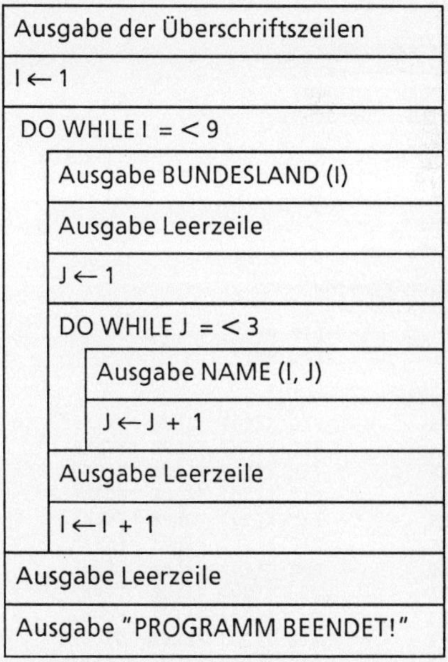

Abb. 4.7: Struktogramm für das Demonstrationsbeispiel 6

Erläuterungen:

Wir verwenden in diesem Beispiel zwei Tabellen: eine zweidimensionale Tabelle, die die Namen der Filialleiter enthält, sowie eine eindimensionale Tabelle mit den Namen der neun österreichischen Bundesländer. I und J werden als Subscripts dieser Tabellen verwendet.

```
 IDENTIFICATION DIVISION.
************************

**********************************************************
*                  Demonstrationsbeispiel 6              *
*                                                        *
* Autor: Hans Göpfrich                 Datum: 02.01.1988 *
**********************************************************

 PROGRAM-ID.    DEMO6.


 ENVIRONMENT DIVISION.
*********************

 CONFIGURATION SECTION.
*--------------------*
 SOURCE-COMPUTER. IBM-3083.
 OBJECT-COMPUTER. IBM-3083.
 SPECIAL-NAMES.
     CONSOLE IS BS.


 DATA DIVISION.
**************

 WORKING-STORAGE SECTION.
*----------------------*
 77  I                     PIC 99.
 77  J                     PIC 99.

 01  NAMEN-WERTE.
     03 FILLER             PIC X(20) VALUE "MAIER".
     03 FILLER             PIC X(20) VALUE "HUBER".
     03 FILLER             PIC X(20) VALUE "BAUER".
     03 FILLER             PIC X(20) VALUE "MUELLER".
     03 FILLER             PIC X(20) VALUE "SCHMID".
     03 FILLER             PIC X(20) VALUE "EISER".
     03 FILLER             PIC X(20) VALUE "LOEWE".
     03 FILLER             PIC X(20) VALUE "TIGER".
     03 FILLER             PIC X(20) VALUE "FUCHS".
     03 FILLER             PIC X(20) VALUE "GRUBER".
     03 FILLER             PIC X(20) VALUE "LEHNER".
     03 FILLER             PIC X(20) VALUE "NEUMANN".
     03 FILLER             PIC X(20) VALUE "HANSEN".
```

```
       03 FILLER            PIC X(20) VALUE "HAUBER".
       03 FILLER            PIC X(20) VALUE "KOPPER".
       03 FILLER            PIC X(20) VALUE "ABEL".
       03 FILLER            PIC X(20) VALUE "KAIN".
       03 FILLER            PIC X(20) VALUE "KOFLER".
       03 FILLER            PIC X(20) VALUE "JUNG".
       03 FILLER            PIC X(20) VALUE "FREUD".
       03 FILLER            PIC X(20) VALUE "ADLER".
       03 FILLER            PIC X(20) VALUE "FRANKL".
       03 FILLER            PIC X(20) VALUE "KRANKL".
       03 FILLER            PIC X(20) VALUE "PEZZEY".
       03 FILLER            PIC X(20) VALUE "BINDER".
       03 FILLER            PIC X(20) VALUE "BREITNER".
       03 FILLER            PIC X(20) VALUE "FEURER".

   01  NAMEN-TAB REDEFINES NAMEN-WERTE.
       03 NAMEN-PRO-LAND              OCCURS 9 TIMES.
          05 NAME           PIC X(20) OCCURS 3 TIMES.


   01  BUNDESLAENDER-NAMEN.
       03 FILLER            PIC X(17) VALUE "WIEN".
       03 FILLER            PIC X(17) VALUE "NIEDEROESTERREICH".
       03 FILLER            PIC X(17) VALUE "BURGENLAND".
       03 FILLER            PIC X(17) VALUE "OBEROESTERREICH".
       03 FILLER            PIC X(17) VALUE "SALZBURG".
       03 FILLER            PIC X(17) VALUE "TIROL".
       03 FILLER            PIC X(17) VALUE "KAERNTEN".
       03 FILLER            PIC X(17) VALUE "STEIERMARK".
       03 FILLER            PIC X(17) VALUE "VORARLBERG".

   01  BUNDESLAENDER-TABELLE REDEFINES BUNDESLAENDER-NAMEN.
       03 BUNDESLAND        PIC X(17) OCCURS 9 TIMES.


   PROCEDURE DIVISION.
  *******************

   VERTRETERLISTE-AUSGEBEN.
       DISPLAY "LISTE DER NAMEN DER FILIALLEITER" UPON BS,
       DISPLAY "================================" UPON BS,
       DISPLAY SPACES UPON BS,
       PERFORM VARYING I FROM 1 BY 1 UNTIL I > 9
            DISPLAY BUNDESLAND (I) UPON BS,
            DISPLAY SPACES UPON BS,
            PERFORM VARYING J FROM 1 BY 1 UNTIL J > 3,
                 DISPLAY "     ", NAME (I, J) UPON BS,
            END-PERFORM,
            DISPLAY SPACES UPON BS,
       END-PERFORM,
```

```
DISPLAY SPACES UPON BS,
DISPLAY "PROGRAMM BEENDET!" UPON BS,
STOP RUN.
```

Abb. 4.8: COBOL-Programmliste für das Demonstrationsbeispiel 6

4.2.2 Demonstrationsbeispiel 7

Problemstellung

Die Sätze einer auf der Magnetplatte gespeicherten sequentiellen Datei VOVERZ (Vorlesungsverzeichnis) sind wie folgt aufgebaut:

Lehrveranstaltungs-nummer	Lehrveranstaltungs-titel	Name des Vortragenden	Wochenstunden-anzahl	Lehrveranstaltungs-typ	unbenutzter Bereich
8-stellig, alphanum.	40-stellig, alphanum.	20-stellig, alphanum.	3-stellig, numerisch	2-stellig, alphanum.	7-stellig, alphanum.

Das zu entwickelnde Programm soll zunächst die Eingabe des Namens eines Lehrveranstaltungsleiters verlangen und – nachdem ein Name über die Terminaltastatur eingegeben wurde – die Datei VOVERZ nach den Lehrveranstaltungen durchsuchen, die dieser Vortragende abhält. Titel und Typ der gefundenen Lehrveranstaltungen sollen – geordnet nach Vorlesung (VO), Proseminar (PS), Übung (UE), Repetitorium (RE), Seminar (SE), Konversatorium (KV), Privatissimum (PV), Exkursion (EX), Arbeitsgemeinschaft (AG) und Praktikum (PK) – in folgendem Format am Bildschirm aufgelistet werden:

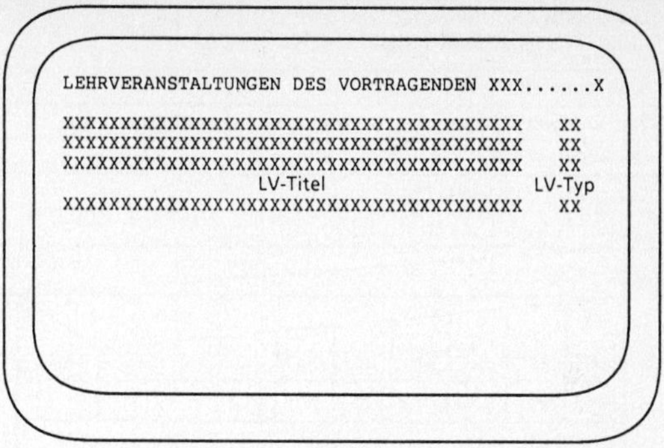

Annahme: Die Datei ist richtig gespeichert (d.h. es gibt nur VO, PS, UE usw.).

Wird kein dem eingegebenen Namen entsprechender Datensatz gefunden, so soll die Meldung „Dieser Vortragende hält keine Lehrveranstaltungen ab!“ am Bildschirm angezeigt werden. Die Verarbeitung soll so lange erfolgen, bis als Name die Zeichenfolge „XXXX“ eingegeben wird.

Musterlösung

Die Abbildungen 4.9 und 4.10 zeigen Ihnen eine vollständige Musterlösung dieses Programmierproblems.

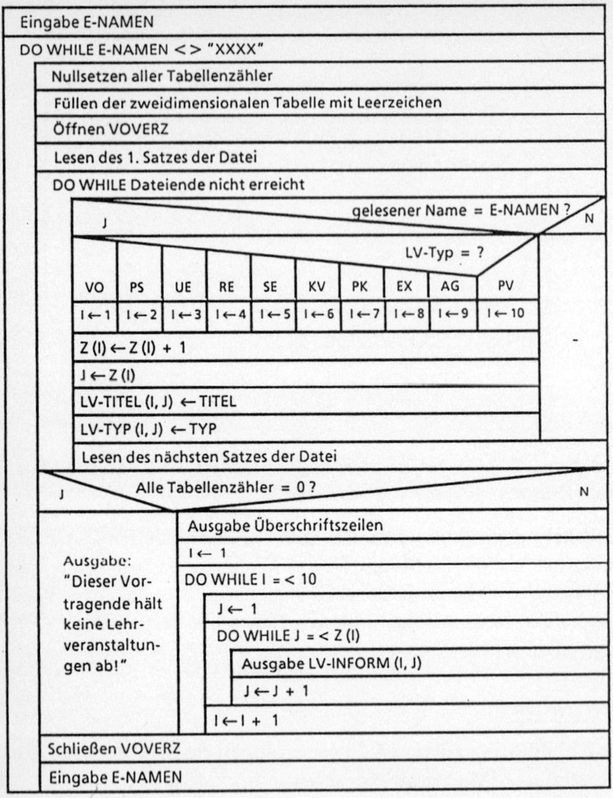

Abb. 4.9: Struktogramm für das Demonstrationsbeispiel 7

```
 IDENTIFICATION DIVISION.
*************************

*****************************************************************
*                 Demonstrationsbeispiel 7                     *
*                                                               *
* Autor: Hans Göpfrich                       Datum: 02.01.1988 *
*****************************************************************

 PROGRAM-ID.    DEMO7.
```

```
 ENVIRONMENT DIVISION.
*********************

 CONFIGURATION SECTION.
*--------------------*
 SOURCE-COMPUTER. IBM-3083.
 OBJECT-COMPUTER. IBM-3083.
 SPECIAL-NAMES.
     CONSOLE IS BS.

 INPUT-OUTPUT SECTION.
*-------------------*
 FILE-CONTROL.
     SELECT OPTIONAL VOVERZ ASSIGN TO VORLES.


 DATA DIVISION.
**************

 FILE SECTION.
*-----------*
 FD  VOVERZ.
 01  EINGABESATZ        PIC X(80).

 WORKING-STORAGE SECTION.
*----------------------*
 77  EOF                PIC X VALUE "0".
     88 DATEIENDE             VALUE "1".

 77  I                  PIC 99.
 77  J                  PIC 999.

 77  E-NAMEN            PIC X(20).
     88 LETZTER-NAME          VALUE "XXXX".

 01  TABELLENZAEHLER.
     03 Z               PIC 999 OCCURS 10 TIMES.

 01  TABELLE.
     03 TYP-INFORM        OCCURS  10 TIMES.
        05 LV-INFORM      OCCURS 100 TIMES.
           07 LV-TITEL        PIC X(40).
           07 FILLER          PIC X(3).
           07 LV-TYP          PIC X(2).

 01  WS-SATZ.
     03 FILLER          PIC X(8).
     03 TITEL           PIC X(40).
     03 NAME            PIC X(20).
     03 FILLER          PIC X(3).
     03 TYP             PIC X(2).
     03 FILLER          PIC X(7).
```

```
 PROCEDURE DIVISION.
*********************

 LISTE-DRUCKEN.
     DISPLAY "Name des Lehrbeauftragten (Ende = XXXX):"
             UPON BS,
     ACCEPT E-NAMEN FROM BS,
     PERFORM UNTIL LETZTER-NAME
          INITIALIZE TABELLENZAEHLER, TABELLE,
          OPEN INPUT VOVERZ,
          PERFORM DATEI-IN-TABELLE-SCHREIBEN,
          PERFORM TABELLE-AUSGEBEN,
          CLOSE VOVERZ,
          DISPLAY SPACES,
          DISPLAY "Name des Lehrbeauftragten (Ende = XXXX):"
                  UPON BS,
          ACCEPT E-NAMEN FROM BS,
     END-PERFORM,
     DISPLAY "Ende des Programms" UPON BS,
     STOP RUN.


 DATEI-IN-TABELLE-SCHREIBEN.
     MOVE "0" TO EOF,
     READ VOVERZ INTO WS-SATZ
               AT END MOVE "1" TO EOF,
     END-READ,

     PERFORM UNTIL DATEIENDE,
          IF NAME = E-NAMEN
          THEN EVALUATE TYP
               WHEN "VO"
                    MOVE 1 TO I,
               WHEN "PS"
                    MOVE 2 TO I,
               WHEN "UE"
                    MOVE 3 TO I,
               WHEN "RE"
                    MOVE 4 TO I,
               WHEN "SE"
                    MOVE 5 TO I,
               WHEN "KV"
                    MOVE 6 TO I,
               WHEN "PK"
                    MOVE 7 TO I,
               WHEN "EX"
                    MOVE 8 TO I,
               WHEN "AG"
                    MOVE 9 TO I,
               WHEN OTHER
                    MOVE 10 TO I,
               END-EVALUATE,

               ADD 1 TO Z (I),
               MOVE Z (I) TO J,
```

```
                MOVE TITEL TO LV-TITEL (I, J),
                MOVE TYP   TO LV-TYP (I, J),
           ELSE CONTINUE,
           END-IF,
           READ VOVERZ INTO WS-SATZ
                         AT END MOVE "1" TO EOF,
           END-READ,
      END-PERFORM.

  TABELLE-AUSGEBEN.
      IF TABELLENZAEHLER = ALL "0"
      THEN DISPLAY "Dieser Vortragende ",
                   "hält keine LV ab!" UPON BS,
      ELSE DISPLAY SPACES UPON BS,
           DISPLAY "LEHRVERANSTALTUNGEN ",
                   "DES VORTRAGENDEN ", E-NAMEN UPON BS,
           DISPLAY SPACES UPON BS,
           PERFORM VARYING I FROM 1 BY 1 UNTIL I > 10
                PERFORM VARYING J FROM 1 BY 1
                                 UNTIL J > Z (I)
                     DISPLAY LV-INFORM (I, J) UPON BS,
                END-PERFORM,
           END-PERFORM,
      END-IF.
```

Abb. 4.10: COBOL-Programmliste für das Demonstrationsbeispiel 7

Erläuterungen:

Um die in der Datei VOVERZ gefundenen Datensätze nach VO, PS, UE usw. zu gruppieren, legen wir eine zweidimensionale Tabelle an (eine Zeile für jeden Lehrveranstaltungstyp, daher 10 Zeilen; die Anzahl der Elemente innerhalb einer Zeile wird mit 100 angenommen). Das Programm durchsucht die gesamte Datei nach Sätzen des betreffenden Vortragenden und schreibt die gefundenen Datensätze (bzw. nur die für die weitere Bearbeitung notwendigen Teile davon) als Elemente in diese zweidimensionale Tabelle (alle Vorlesungen des Vortragenden in die erste Zeile der Tabelle, alle Proseminare in die zweite usw.). Sobald die gesamte Datei auf diese Weise „aufgeteilt" worden ist, braucht der Inhalt der Tabelle nur noch am Bildschirm ausgegeben werden.

Die einzelnen Tabellenelemente LV-INFORM werden bereits so definiert, wie wir sie für die Ausgabe benötigen: Sie setzen sich aus dem Lehrveranstaltungstitel, Leerstellen sowie dem Lehrveranstaltungstyp zusammen. Jedes dieser Datenfelder kann mit Hilfe von zwei Subscripts angesprochen werden. Um bei der Ausgabe der Tabelle aber zu wissen, wie viele Elemente jeweils in einer Zeile enthalten sind, muß man beim Auffüllen der Tabelle für jeden Lehrveranstaltungstyp (also für jede Zeile) einen Zähler mitführen, der die Anzahl der bereits „belegten" Elemente innerhalb einer Zeile angibt. Da wir 10 Lehrveranstaltungstypen zu unterscheiden und daher auch 10 Zeilen innerhalb der Tabelle definiert haben, benötigen wir 10 Zählervariablen, die wir wiederum als (eindimensionale) Tabelle TABELLENZAEHLER vereinbaren. I und J sind die Subscripts für die Tabellen, EOF ist – wie bei den vorangegangenen Beispielen – das Schalterfeld, durch dessen Inhalt das Erreichen des Dateiendes gekennzeichnet wird. E-NAMEN ist das Feld zur Eingabe des Namens über die Terminaltastatur, wobei die Endeabfrage (E-NAMEN = „XXXX") im Programm mit Hilfe eines Bedingungsnamens LETZTER-NAME erfolgt.

Die äußere Schleife wird so oft ausgeführt, wie bei der Programmausführung über die Tastatur Namen eingegeben werden. In dieser Schleife werden zunächst alle Zählervariablen auf den Wert 0 gesetzt und die zweidimensionale Tabelle wird mit Leerzeichen gefüllt. Nach dem Öffnen der Eingabedatei VOVERZ wird ein Satz gelesen und es wird eine innere Schleife so lange ausgeführt, bis das Dateiende erreicht ist.

In dieser inneren Schleife wird der soeben aus der Datei eingelesene Name mit dem über die Tastatur eingegebenen verglichen. Bei Übereinstimmung werden Titel und Typ der Lehrveranstaltung in die Tabelle eingetragen, andernfalls erfolgt keine Verarbeitung dieses Datensatzes. In jedem Fall ist danach der nächste Satz der Datei zu lesen. Durch die EVALUATE-Anweisung wird festgestellt, in welche Zeile der zweidimensionalen Tabelle der gefundene Satz zu schreiben ist (wenn er vom Typ VO ist, muß er in die erste Zeile eingetragen werden, wenn er vom Typ PS ist, in die zweite usw.). Gleichzeitig müssen aber auch die entsprechenden Zählervariablen um 1 erhöht werden. Nachdem auf diese Weise die Subscripts berechnet wurden, werden die Daten in die Tabelle geschrieben. Nach Ausführung dieses ersten Programmteils sind alle gefundenen Sätze (bzw. die für die weitere Verarbeitung relevanten Teile davon) in die zweidimensionale Tabelle eingetragen.

Falls zu diesem Zeitpunkt noch immer alle Zählervariablen den Wert 0 enthalten, wurden zuvor keine Elemente in die Tabelle geschrieben. In diesem Fall gibt es in der Datei keine Datensätze mit dem gesuchten Namen und es wird daher die Meldung „Dieser Vortragende hält keine Lehrveranstaltungen ab!“ am Bildschirm ausgegeben. Andernfalls wird die Tabelle mit Hilfe zweier PERFORM-VARYING-Anweisungen ausgegeben. Schließlich wird die Datei geschlossen und die Eingabe eines neuen Namens verlangt.

Beachten Sie in diesem Beispiel auch die richtige Plazierung der Befehle OPEN und CLOSE für die Datei VOVERZ: Das Öffnen und Schließen der Datei darf nicht bloß am Programmbeginn bzw. am Programmende durchgeführt werden, sondern muß innerhalb der äußeren Schleife erfolgen. Die äußere Schleife entspricht der Verarbeitung *eines* über die Tastatur eingegebenen Namens, und für *jeden* eingegebenen Namen muß die Datei VOVERZ vom Anfang bis zum Ende durchsucht werden. Durch das mehrmalige abwechselnde Öffnen und Schließen der Datei im Programmablauf erfolgt automatisch eine richtige Positionierung des Dateipositionsanzeigers an den Anfang der Datei.

4.3 Spezialindizierung

Neben dem im Abschnitt 4.1 behandelten Verfahren der Normalindizierung gibt es in COBOL noch eine zweite Form der Indizierung (Spezialindizierung). Sie unterscheidet sich von der Normalindizierung hauptsächlich in der Art der Definition sowie der Verwendung der Tabellensubscripts (Indizes). Außerdem gibt es mit der SEARCH-Anweisung ein leistungsfähiges Instrument zur Suche von Elementen innerhalb einer Tabelle. Die Spezialindizierung sprengt jedoch den Rahmen dieser Einführung und wird daher nicht näher behandelt.

Übungsaufgaben Nr. II–48 bis II–49 im Arbeitsbuch ⟵

Kapitel 5

Verarbeitung nicht-sequentieller Dateien in COBOL

Lehrziele

Nach dem Durcharbeiten dieses Kapitels sollten Sie

- *wissen, welche nicht-sequentiellen Dateiorganisationsformen es gibt und mit welchen Zugriffsmethoden man von einem COBOL-Programm aus auf solche Dateien zugreifen kann,*
- *die in der ENVIRONMENT DIVISION und in der DATA DIVISION für die Verarbeitung von indizierten (indexsequentiellen) Dateien zu codierenden COBOL-Einträge formulieren können,*
- *die in der PROCEDURE DIVISION für die Verarbeitung indizierter Dateien notwendigen COBOL-Anweisungen richtig codieren können,*
- *einfache Programmierbeispiele, in denen indizierte Dateien zu verarbeiten sind, selbständig lösen können.*

5.1 Nicht-sequentielle Dateiorganisationsformen

Im Band „Wirtschaftsinformatik I“ haben Sie bereits gelernt, welche verschiedenen Formen der Dateiorganisation es gibt. Im Kapitel 3 des vorliegenden Bands wurde behandelt, wie man in COBOL sequentiell organisierte Dateien verarbeiten kann. Sie haben dabei gelernt, daß die Sätze einer sequentiell organisierten Datei jeweils nur in der Reihenfolge verarbeitet werden können, in der sie in der Datei gespeichert wurden: Um z.B. den 100. Satz einer Datei verarbeiten zu können, müssen zuerst die vorangehenden 99 Datensätze gelesen werden.

In der modernen EDV ist es jedoch notwendig, auch andere, schnellere Zugriffsmethoden zu realisieren: In vielen EDV-Anwendungen müssen Datensätze in beliebiger Anzahl und Reihenfolge bearbeitet werden. Vor allem bei Dialogprogrammen muß es (um akzeptable Antwortzeiten zu erreichen) möglich sein, etwa den 100. Satz einer Datei zu lesen, ohne alle vorangehenden Sätze verarbeiten zu müssen (Direktzugriff auf einen *bestimmten* Datensatz). Daher gibt es neben der sequentiellen Dateiorganisation noch zwei weitere Dateiorganisationsformen, bei denen die Datenbestände so organisiert sind, daß ein wahlfreier Zugriff auf beliebige Datensätze innerhalb des Dateibereichs möglich ist. Damit wird erreicht, daß die Datensätze in beliebiger Reihenfolge verarbeitet werden können. Voraussetzung für einen wahlfreien (Direkt-)Zugriff ist, daß die Daten auf einem direkt adressierbaren Datenträger (z.B. auf einer Magnetplatte) gespeichert sind.

Auch das Konzept der Verarbeitung von nicht-sequentiellen Dateien ist in COBOL so angelegt, daß der Programmierer von tiefergehenden Kenntnissen über die Datenverwaltungskomponenten des Betriebssystems fast vollständig befreit wird: Organisation, Zugriff und Verwaltung der Datenbestände werden von einem Dateiverwaltungssystem übernommen. Dieses kann entweder ein Teil des Betriebssystems sein (z.B. DVS von Siemens) oder es ist als eigenständiges Softwareprodukt realisiert (z.B. VSAM von IBM), wobei vom Programmierer dann ein Mindestmaß an Dateiadministrationsarbeit (Reservieren und Verwalten eines Dateibereichs auf der Magnetplatte) auszuführen ist. Wenn Sie auf „Ihrer" EDVA solche nicht ins Betriebssystem integrierte Datenverwaltungssysteme benutzen wollen (müssen), so müssen Sie deren Handhabung den entsprechenden Systemhandbüchern entnehmen.[1]

In COBOL werden, neben der im Kapitel 3 behandelten sequentiellen Organisation, üblicherweise zwei weitere Dateiorganisationsformen verwendet:

- relative Organisation,
- indizierte (indexsequentielle) Organisation.

> Bei der **relativen Dateiorganisation** wird jedem Datensatz der Datei eine Positionsnummer zugeordnet (relative Satznummer), über die auf diesen Datensatz zugegriffen wird (z.B. Lesen des 5. Satzes innerhalb des Dateibereichs). Im COBOL-Programm wird dazu ein Datenfeld als Satznummernfeld (engl.: relative key) vereinbart, der (wahlfreie) Dateizugriff erfolgt aufgrund des aktuellen Inhalts dieses Satznummernfelds.

[1] Bei den folgenden Ausführungen gehen wir davon aus, daß entweder die gesamte Dateiadministration voll ins Betriebssystem integriert ist (wie das bei den meisten Systemen der Fall ist) oder daß der Programmierer bereits mit Hilfe eines Dateiverwaltungssystems einen Speicherbereich für die Datei auf der Magnetplatte angelegt hat (z.B. mit Hilfe von VSAM).

Bei der **indizierten Dateiorganisation** wird ein Teil des Datensatzes als Satzschlüssel (engl.: record key) vereinbart. Vom Dateiverwaltungssystem wird ein Index mitgeführt, der ein Inhaltsverzeichnis der Datei darstellt: In diesem Indexbereich wird für jeden Datensatz der Schlüsselwert und die relative Satzadresse (= relative Satznummer des Speicherplatzes, an dem der Datensatz mit diesem Schlüssel gespeichert ist) eingetragen. Über den Index wird dann auf die Datensätze der Datei zugegriffen (z.B. Lesen jenes Datensatzes einer Studentendatei, der im Schlüsselfeld MATRIKELNUMMER den Wert „8850292“ enthält). Im COBOL-Programm wird dazu ein Datenfeld (des Dateipuffers) als Schlüsselfeld festgelegt, der (wahlfreie) Dateizugriff erfolgt aufgrund des aktuellen Inhalts dieses Schlüsselfelds.

Während sequentiell organisierte Dateien ausschließlich in sequentiellem Zugriff verarbeitet werden können, gibt es bei nicht-sequentiellen Dateien drei mögliche **Zugriffsmethoden** (Abb. 5.1):

- sequentieller Zugriff (ACCESS MODE IS SEQUENTIAL; Verarbeitung der Datensätze in der Reihenfolge aufsteigender relativer Satznummern oder aufsteigender Schlüsselwerte),
- wahlfreier Zugriff (ACCESS MODE IS RANDOM; Verarbeitung der Datensätze in beliebiger Reihenfolge),
- dynamischer Zugriff (ACCESS MODE IS DYNAMIC; wahlfreier und/oder sequentieller Zugriff auf Datensätze einer Datei).

Organisationsform \ Zugriffsmethode	sequentiell	wahlfrei	dynamisch
sequentiell	x		
relativ	x	x	x
indiziert	x	x	x

Abb. 5.1: Zugriffsformen auf sequentielle, relative und indizierte Dateien

5.1.1 Relative Dateiorganisation

Bei relativen Dateien wird ein Dateibereich auf der Magnetplatte in einzelne Teilbereiche unterteilt, in denen jeweils ein Datensatz abgespeichert werden kann. Für jeden dieser Satzbereiche wird (bei 1 beginnend) eine relative Satznummer vergeben (relativ in bezug auf den Dateianfang), mit deren Hilfe ein Datensatz in den betreffenden Speicherbereich geschrieben bzw. von dort gelesen werden kann. Abb. 5.2 veranschaulicht diesen Sachverhalt.

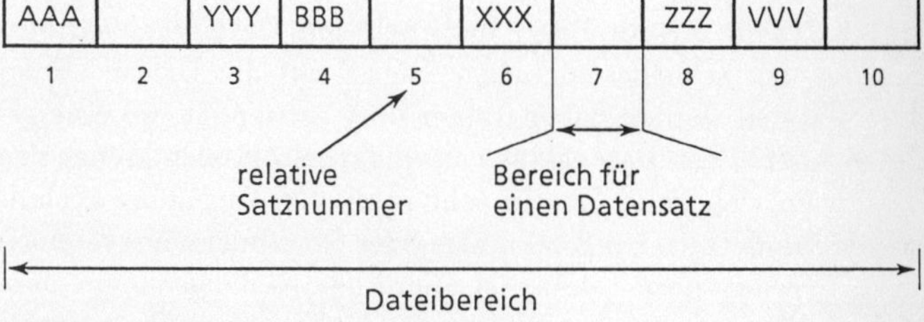

Abb. 5.2: Speicherung der Datensätze bei relativer Dateiorganisation

In diesem Beispiel wurde (z.B. mit Hilfe von VSAM) ein „leerer“ Dateibereich (10 Satzbereiche zu je 3 Speicherstellen) angelegt und anschließend von einem COBOL-Programm mit einigen Datensätzen gefüllt. Auf diese Datei kann folgendermaßen zugegriffen werden:

- Sequentieller Zugriff:

  Vom Dateianfang oder einem bestimmten Startpunkt weg werden die *belegten* Speicherplätze in der Reihenfolge aufsteigender relativer Satznummern sequentiell verarbeitet.

- Wahlfreier Zugriff:

  Es wird die relative Satznummer des zu verarbeitenden Datensatzes angegeben und anschließend direkt auf diesen einen Satz(bereich) zugegriffen.

- Dynamischer Zugriff:

  Es kann beliebig zwischen sequentiellem und wahlfreiem Zugriff gewechselt werden.

Bei relativer Dateiorganisation erfolgt also ein wahlfreier Zugriff aufgrund der Positionsnummer eines Datensatzes (relative Satznummer). Ist die relative Satznummer bekannt, so braucht weder die Datei Satz für Satz sequentiell durchsucht werden (wie bei sequentieller Dateiorganisation) noch muß ein Index nach einem gewünschten Schlüssel durchsucht werden (wie bei indizierter Dateiorganisation), sondern es kann über die relative Satznummer *unmittelbar* auf diesen einen Satz zugegriffen werden. Damit ermöglicht die relative Dateiorganisation unter den in diesem Band besprochenen Dateiorganisationsformen den schnellstmöglichen Zugriff auf die Daten. Relative Dateien werden daher immer dort verwendet, wo eine geringe Anzahl von Datensätzen aus einer sehr großen Menge von Daten im wahlfreien Zugriff sehr rasch zur Verfügung gestellt werden muß (z.B. bei Auskunfts- oder Platzbuchungssystemen etc.). Voraussetzung dafür ist allerdings, daß irgendeine algorithmische Zuordnung zwischen dem Inhalt eines Datensatzes und dem Platz, an dem der Datensatz abgespeichert ist (also der relativen Satznummer) getroffen wird (*Hash-Funktion*).

In der Folge werden relative Dateien nicht gesondert behandelt. Für die Verarbeitung von relativen Dateien in einem COBOL-Programm gelten praktisch alle in den folgenden Ausführungen für indizierte Dateien getroffenen Aussagen analog. Lediglich folgende Abweichungen sind zu beachten:[2]

- In der ENVIRONMENT DIVISION ist anzugeben, daß die zu verarbeitende Datei eine relative Dateiorganisationsform besitzt („ORGANIZATION IS RELATIVE"). Außerdem ist ein Satznummernfeld zu vereinbaren („RELATIVE KEY IS Bezeichner").
- In der DATA DIVISION muß das als RELATIVE KEY-Feld festgelegte Datenfeld durch einen Datenbeschreibungseintrag definiert werden (nicht in der FILE SECTION!).
- Bei den Dateiverarbeitungsanweisungen wird aufgrund des aktuellen Inhalts des RELATIVE KEY-Felds auf die Datei zugegriffen.

5.1.2 Indizierte Dateiorganisation

Bei indizierten Dateien wird auf der Magnetplatte ein Dateibereich angelegt und in einzelne Teilbereiche unterteilt, in denen jeweils ein Datensatz gespeichert werden kann. Ein Teil jedes Datensatzbereichs muß als *(Primär-)Schlüsselfeld* (engl.: (prime) record key) definiert sein.

Für die Datei wird ein Index mitgeführt, in den (vom Dateiverwaltungssystem) für jeden in der Datei abgespeicherten Datensatz der Inhalt des Schlüsselfelds sowie die Adresse des Speicherplatzes (relative Satznummer) eingetragen wird, an der der entsprechende Datensatz gespeichert ist. Der Primärschlüssel einer Datei muß *immer* eindeutig sein.[3] Der Index wird automatisch aufsteigend sortiert. Er ist damit ein Inhaltsver-

[2] Vgl. dazu auch die Abschnitte 5.2 bis 5.4.

[3] Die Möglichkeit, über (eventuell nicht eindeutige) Sekundärschlüssel auf eine indizierte Datei zuzugreifen, wird in diesem Band nicht behandelt.

zeichnis der Datei, über das Datensätze rasch gefunden werden können. Abb. 5.3 veranschaulicht, wie auf Datensätze einer indizierten Datei (wahlfrei) zugegriffen werden kann.

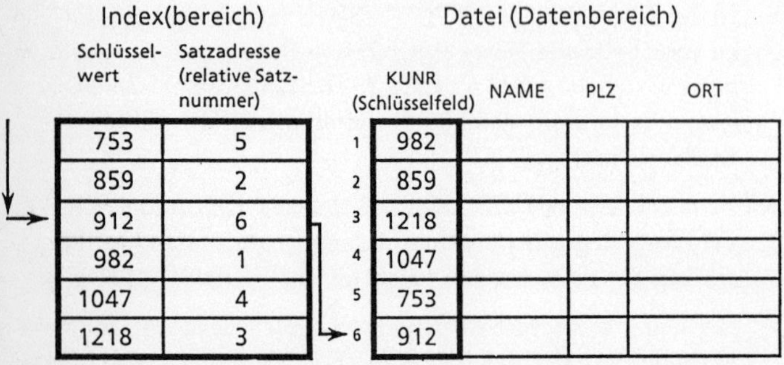

Abb. 5.3: Speicherung der Datensätze und Dateizugriff bei indizierter Dateiorganisation

In diesem Beispiel wurde (z.B. mit Hilfe von VSAM) ein „leerer" Dateibereich angelegt und anschließend von einem COBOL-Programm aus mit einigen Datensätzen gefüllt. Das Feld KUNR wurde beim Anlegen der Datei als Schlüsselfeld festgelegt. Der Index wird automatisch mitgeführt und sortiert. Wird nun ein Datensatz mit einem bestimmten Schlüssel (z.B. KUNR = „912") gesucht, so wird zunächst der Index der Datei nach dem gewünschten Schlüsselwert durchsucht.[4] Aufgrund der dort gespeicherten relativen Satzadresse wird direkt auf den betreffenden Datensatz in der Datei zugegriffen (in unserem Beispiel auf den 6. Satzbereich).

Auf eine indizierte Datei kann folgendermaßen zugegriffen werden:

[4] Bezüglich der Suchverfahren im Index lesen Sie bitte nochmals den Abschnitt „Indizierte Organisation" im Band „Wirtschaftsinformatik I" durch.

- Sequentieller Zugriff:

  Vom Dateianfang oder von einem bestimmten Schlüsselwert weg werden die Datensätze in der Reihenfolge aufsteigender Schlüsselwerte verarbeitet.

- Wahlfreier Zugriff:

  Es wird der Schlüssel des zu verarbeitenden Satzes spezifiziert, anschließend wird über den Index und die dort gespeicherte relative Satznummer direkt auf diesen einen Satz(bereich) zugegriffen.

- Dynamischer Zugriff:

  Es kann beliebig zwischen sequentiellem und wahlfreiem Zugriff gewechselt werden.

5.2 FILE-CONTROL-Einträge für indizierte Dateien

Im **FILE-CONTROL-Eintrag** in der INPUT-OUTPUT SECTION werden die relevanten physischen Attribute einer (indizierten) Datei beschrieben.[5]

[5] Für die Verarbeitung indizierter Dateien gelten im wesentlichen dieselben Regeln und Prinzipien wie für die Verarbeitung von sequentiellen Dateien. Jene Klauseln bzw. Anweisungen, die bereits im Kapitel 3 genau beschrieben wurden, werden daher hier nicht nochmals behandelt, sondern es werden nur „neue" Sachverhalte geklärt. Sollten Ihnen einzelne bereits besprochene Sachverhalte unklar sein, so schlagen Sie bitte im Kapitel über die Verarbeitung sequentieller Dateien nach.

Format

```
SELECT [ OPTIONAL ] Dateiname

    ASSIGN TO { herstellerspez.-Bezeichnung }
              { Literal                     }

    [ ORGANIZATION IS ] INDEXED

    [                  { SEQUENTIAL } ]
    [ ACCESS MODE IS   { RANDOM     } ]
    [                  { DYNAMIC    } ]

    RECORD KEY IS Datenname.
```

Syntaktische Regeln

- Es gelten die gleichen syntaktischen Regeln wie bei der Verarbeitung von sequentiell organisierten Dateien (vgl. auch Abschnitt 3.2).
- Der in der RECORD KEY-Klausel angeführte Datenname kann auch ein qualifizierter Datenname sein. Dieses Datenfeld muß bei der Dateibeschreibung in der FILE SECTION der DATA DIVISION als Teil des Dateipuffers (und zwar als alphanumerisches Datenfeld) definiert werden (vgl. auch Abschnitt 5.3).

Beschreibung

Die ORGANIZATION-Klausel beschreibt die Organisationsform der Datei (im vorliegenden Fall die indizierte Dateiorganisation).

Die ACCESS MODE-Klausel legt die Dateizugriffsmethode fest:

- Bei sequentiellem Zugriff („ACCESS MODE IS SEQUENTIAL") wird die Datei in der Reihenfolge aufsteigender

Schlüsselwerte bearbeitet.

- Ein wahlfreier Zugriff („ACCESS MODE IS RANDOM“) erlaubt die Verarbeitung von Datensätzen in beliebiger Reihenfolge.
- Wird „ACCESS MODE IS DYNAMIC“ angegeben, so kann im Programm beliebig zwischen sequentieller und wahlfreier Verarbeitung der Datei gewechselt werden.

Wird die ACCESS MODE-Klausel nicht codiert, so wird standardmäßig ein sequentieller Zugriff angenommen.

In der RECORD KEY-Klausel wird angegeben, welches der Datenfelder des Datensatzes das (Primär-)Schlüsselfeld ist. Der Primärschlüssel muß innerhalb der Datei eindeutig sein. Soll wahlfrei auf einzelne Datensätze der Datei zugegriffen werden, so muß der Schlüssel des gesuchten Datensatzes im RECORD KEY-Feld angegeben werden. Aufgrund des in diesem Datenfeld aktuell gespeicherten Werts erfolgt der Zugriff auf die Datei.

<u>Beispiele</u>

- Eine indizierte Datei IDAT soll im wahlfreien Zugriff verarbeitet werden. Das (Primär-)Schlüsselfeld ist ART-NR.

```
SELECT IDAT  ASSIGN TO    INDDAT,
             ORGANIZATION INDEXED,
             ACCESS       RANDOM,
             RECORD KEY   ART-NR.
```

- Eine indizierte Datei I-KUNDEN soll dynamisch verarbeitet werden. Das Feld KUNDEN-NR ist das (Primär-)Schlüsselfeld der Datei.

```
SELECT I-KUNDEN ASSIGN       TO KUNDEN,
                ORGANIZATION IS INDEXED,
                ACCESS MODE  IS DYNAMIC,
                RECORD KEY   IS KUNDEN-NR.
```

Übungsaufgabe Nr. II–50 im Arbeitsbuch ⟵

5.3 FILE SECTION-Einträge für indizierte Dateien

FD-Eintrag und Dateipufferbeschreibung einer indizierten Datei haben die gleichen Funktionen bzw. unterliegen den gleichen Regeln wie jene einer sequentiellen Datei (vgl. auch Abschnitt 3.3). Zwingend vorgeschrieben ist jedoch, daß das als Schlüsselfeld festgelegte Datenfeld (RECORD KEY-Klausel im FILE-CONTROL-Eintrag) in der Definition des zur Datei gehörigen Dateipuffers als alphanumerisches Datenfeld enthalten sein muß. Mit anderen Worten: Ein Dateipuffer einer indizierten Datei muß – wenn das Schlüsselfeld nicht ohnehin das einzige Feld des Datensatzes ist – in mindestens zwei Teile unterteilt sein: in das Schlüsselfeld und den Rest des Datensatzes. Das Schlüsselfeld des Dateipuffers kann dabei auch aus mehreren Datenfeldern zusammengesetzt sein. In der Folge wird dieses Schlüsselfeld als RECORD KEY-Feld bezeichnet.

Beispiel

Die Dateibeschreibung der Datei IDAT aus Abschnitt 5.2 könnte daher z.B. wie folgt aussehen:

```
FD  IDAT.
01  I-PUFFER.
    05 ART-NR           PIC X(5).
    05 FILLER           PIC X(45).
```

→ **Übungsaufgabe Nr. II–51 im Arbeitsbuch**

5.4 COBOL-Anweisungen zur Verarbeitung indizierter Dateien

Die bereits bekannte Liste von Dateiverarbeitungsanweisungen (OPEN, READ, WRITE, REWRITE und CLOSE) erweitert sich bei der Verarbeitung von nicht-sequentiellen Dateien um zwei Anweisungen: die START-Anweisung und den DELETE-Befehl.

5.4.1 OPEN-Anweisung bei indizierter Dateiorganisation

Funktion

> Mit der **OPEN-Anweisung** wird eine (indizierte) Datei vor der eigentlichen Verarbeitung einem COBOL-Programm zugänglich gemacht.

Format

```
        ⎧ INPUT  {Dateiname-1} ...  ⎫
        ⎪ OUTPUT {Dateiname-2} ...  ⎪
OPEN    ⎨ I-O    {Dateiname-3} ...  ⎬ ...
        ⎩ EXTEND {Dateiname-4} ...  ⎭
```

Syntaktische Regeln, Beschreibung

- Es gelten dieselben Regeln wie beim Öffnen sequentieller Dateien (vgl. Abschnitt 3.4.1).
- Die EXTEND-Phrase kann nur bei Dateien im sequentiellen Zugriff verwendet werden.
- Wird eine Datei als Input- oder I-O-Datei geöffnet, so wird der Dateipositionsanzeiger automatisch an den Beginn der Datei (d.h. vor den Datensatz mit dem niedrigsten Schlüsselwert) gesetzt.

5.4.2 READ-Anweisung bei indizierter Dateiorganisation

Funktion

> Durch die **READ-Anweisung** wird *bei sequentieller Verarbeitung* einer indizierten Input- oder I-O-Datei der jeweils nächste logische Datensatz (= Datensatz mit dem nächsthöheren Schlüsselwert) in den Hauptspeicher eingelesen und im zugehörigen Dateipuffer zur Verfügung gestellt. Bei *wahlfreiem* Zugriff wird der durch den aktuellen Inhalt des RECORD KEY-Felds spezifizierte Datensatz eingelesen.

Format 1

READ Dateiname [NEXT] RECORD [INTO Bezeichner]

[AT END unbedingte-Anweisung-1]

[NOT AT END unbedingte-Anweisung-2]

[END-READ]

Format 2

READ Dateiname RECORD [INTO Bezeichner]

[INVALID KEY unbedingte-Anweisung-3]

[NOT INVALID KEY unbedingte-Anweisung-4]

[END-READ]

Beschreibung

Die in einer READ-Anweisung angegebene indizierte Datei muß zum Zeitpunkt der Ausführung dieser Anweisung als Input- oder I-O-Datei geöffnet sein.

INTO-, AT END-, NOT AT END- und END-READ-Phrase haben die gleichen Funktionen wie beim Lesen aus sequentiell organisierten Dateien (zusätzliches Einlesen des Datensatzes in einen dafür vorgesehenen Speicherbereich, Ausführen von unbedingten Anweisungen bei Erreichen bzw. Nicht-Erreichen des Dateiendes, Begrenzung der READ-Anweisung).

Format 1 beschreibt das Lesen des nächsten logischen Datensatzes bei sequentiellem oder dynamischem Zugriff: Es wird der Datensatz mit dem nächsthöheren Schlüssel in den Dateipuffer eingelesen und der Dateipositionsanzeiger um einen Datensatz „weitergeschoben". Die NEXT-Phrase muß nur bei Dateien im dynamischen Zugriff angegeben werden.

Format 2 beschreibt den wahlfreien Zugriff auf einen bestimmten Datensatz: Ist der Leseversuch erfolgreich, so wird jener Datensatz im Dateipuffer zur Verfügung gestellt, der durch den zum Zeitpunkt des Lesezugriffs im RECORD KEY-Feld gespeicherten Wert gekennzeichnet ist. Um also einen Datensatz im wahlfreien Zugriff verarbeiten zu können, muß vor dem Ausführen des Lesebefehls das RECORD KEY-Feld mit dem gewünschten Wert versorgt werden.

Außerdem werden die in der NOT INVALID KEY-Phrase eventuell angeführten Anweisungen ausgeführt. Kann der Lesebefehl nicht erfolgreich ausgeführt werden (z.B. weil im Dateibereich kein Satz vorhanden ist, der dem angegebenen Schlüsselwert entspricht), so tritt die INVALID KEY-Bedingung in Kraft: Die READ-Anweisung ist erfolglos und der Inhalt des Dateipuffers ist undefiniert. Es werden die in der INVALID KEY-Phrase angegebenen Anweisungen ausgeführt, dann wird der Programmablauf am Ende der READ-Anweisung fortgesetzt.

Beispiele

- Es soll jener Satz der Datei I-DAT (vgl. auch Abschnitt 5.3) gelesen und zusätzlich im Feld WS-I-SATZ zur Verfügung gestellt werden, dessen Schlüsselfeld ART-NR den Wert „00007" enthält.

```
MOVE "00007" TO ART-NR,
READ I-DAT INTO WS-I-SATZ,
   INVALID KEY     DISPLAY "LESEN KLAPPT NICHT!" UPON BS,
   NOT INVALID KEY DISPLAY WS-I-SATZ UPON BS,
END-READ.
```

- Es soll jener Satz der Datei I-KUNDEN (vgl. auch Abschnitt 5.2) gelesen und zusätzlich im Feld WS-KUNDENSATZ zur Verfügung gestellt werden, dessen Schlüsselfeld KUNDEN-NR den Wert „003“ enthält. Mit Hilfe eines Schalters S soll geprüft werden, ob der Leseversuch erfolgreich war oder nicht.[6]

```
MOVE "0" TO S,
MOVE "003" TO KUNDEN-NR,
READ I-KUNDEN INTO WS-KUNDENSATZ,
   INVALID KEY     MOVE "1" TO S,
   NOT INVALID KEY CONTINUE,
END-READ.

IF S = "0"
THEN ...
ELSE ...
END-IF.
```

Die READ-Anweisung selbst könnte auch kürzer codiert werden:

```
READ I-KUNDEN INTO WS-KUNDENSATZ,
              INVALID KEY MOVE "1" TO S.
```

[6] Ähnlich wie beim Prüfen des Dateiendes mit Hilfe eines Schalterfelds EOF werden wir bei unseren Demonstrations- und Übungsbeispielen das Gelingen eines wahlfreien Lesezugriffs durch ein Schalterfeld S überprüfen: S wird unmittelbar vor dem Leseversuch auf „0“ gesetzt. Falls das Lesen nicht gelingt, wird S auf „1“ verändert. Nach dem Lesebefehl kann daher vom aktuellen Wert von S darauf geschlossen werden, ob der Leseversuch geglückt ist oder nicht.

5.4.3 START-Anweisung bei indizierter Dateiorganisation

Funktion

> Die **START-Anweisung** dient zum Positionieren des Dateipositionsanzeigers für anschließende sequentielle Zugriffe.

Format

```
START Dateiname

                 ⎧ EQUAL TO                        ⎫
                 ⎪ =                               ⎪
                 ⎪ GREATER THAN                    ⎪
                 ⎪ >                               ⎪
    [ KEY IS    ⎨ NOT LESS THAN                   ⎬ Datenname ]
                 ⎪ NOT <                           ⎪
                 ⎪ GREATER THAN OR EQUAL TO        ⎪
                 ⎩ >=                              ⎭

     [ INVALID KEY unbedingte-Anweisung-1 ]

     [ NOT INVALID KEY unbedingte-Anweisung-2 ]

     [ END-START ]
```

Beschreibung

Die START-Anweisung kann nur für indizierte Dateien verwendet werden, die im Input- oder I-O-Modus geöffnet wurden und auf die sequentiell oder dynamisch zugegriffen werden soll.

Die KEY-Phrase bestimmt den Datensatz, auf den der Dateipositionsanzeiger zu positionieren ist. Der in der KEY-Phrase angeführte Datenname muß jenes Datenfeld bezeichnen, das als Schlüsselfeld der Datei vereinbart wurde. Der Dateipositionsanzeiger wird auf den ersten Datensatz positioniert, der die angeführte Vergleichsbedingung erfüllt:

- „KEY = Datenname“ bewirkt, daß der Dateipositionsanzeiger auf jenen Satz positioniert wird, der dem aktuellen Inhalt des RECORD KEY-Felds *exakt* entspricht (= Standardannahme bei Weglassen der KEY-Phrase).
- „KEY > Datenname“ bewirkt, daß der Dateipositionsanzeiger auf den ersten Datensatz positioniert wird, dessen Schlüsselfeld einen *größeren* Wert enthält als das RECORD KEY-Feld des Dateipuffers.
- „KEY NOT < Datenname“ bzw. „KEY >= Datenname“ bewirken, daß der Dateipositionsanzeiger auf den ersten Datensatz positioniert wird, dessen Schlüsselwert *größer oder gleich* dem aktuellen Inhalt des RECORD KEY-Felds ist.

Nach erfolgreich ausgeführter START-Anweisung kann die Datei ab dem positionierten Datensatz sequentiell weiterverarbeitet werden.

Ist eine entsprechende Positionierung nicht möglich, weil die in der KEY-Klausel angegebene Vergleichsbedingung durch keinen Datensatz erfüllt ist, so tritt die INVALID KEY-Bedingung in Kraft.

Beispiele

- Für die Datei IDAT ist der Dateipositionsanzeiger so zu positionieren, daß der nächste Lesebefehl dem Programm den Satz mit dem Schlüsselwert „00025“ zur Verfügung stellt (Schlüsselfeld ist das Feld ART-NR).

```
MOVE "0" TO S,
MOVE "00025" TO ART-NR,
START IDAT KEY = ART-NR
   INVALID KEY     MOVE "1" TO S,
   NOT INVALID KEY CONTINUE,
END-START.

IF S = "0"
...
```

- Für die Datei I-KUNDEN ist der Dateipositionsanzeiger so zu positionieren, daß der nächste Lesebefehl dem Programm den Datensatz mit dem Schlüsselwert „017“ bzw. den Satz mit dem nächsthöheren Schlüssel zur Verfügung stellt (Schlüsselfeld ist das Feld KUNDEN-NR).

```
MOVE "0" TO S,
MOVE "017" TO KUNDEN-NR,
START I-KUNDEN KEY >= KUNDEN-NR
   INVALID KEY MOVE "1" TO S.
IF S = "0"
THEN READ I-KUNDEN NEXT AT END ...
```

- In der Datei I-KUNDEN ist der Dateipositionsanzeiger am Dateianfang zu positionieren.

```
MOVE "0" TO S,
MOVE LOW-VALUE TO KUNDEN-NR,
START I-KUNDEN KEY >= KUNDEN-NR
   INVALID KEY MOVE "1" TO S.
IF S = "0"
THEN READ I-KUNDEN NEXT AT END ...
```

LOW-VALUE ist der kleinste in einem Datenfeld darstellbare Wert (Figurative Konstante, vgl. Abschnitt 2.2.2.2). Wird daher versucht, auf den Datensatz mit dem nächstgrößeren Schlüssel zu positionieren, so wird, wenn ein Datensatz in der Datei vorhanden ist, der Dateipositionsanzeiger damit an den Dateianfang gestellt.

5.4.4 WRITE-Anweisung bei indizierter Dateiorganisation

Funktion

> Die **WRITE-Anweisung** ermöglicht die Ausgabe eines logischen Datensatzes in eine indizierte Datei, die durch einen OPEN-Befehl als Output- oder I-O-Datei geöffnet wurde. Sie dient zum Schreiben auf „noch nicht belegte Speicherplätze". *Bei sequentieller Verarbeitung* wird der Inhalt des Dateipuffers als Datensatz an die nächste freie Position der Datei geschrieben (Voraussetzung: Die Sätze müssen in aufsteigender Schlüsselfolge geschrieben werden). *Bei wahlfreier Verarbeitung* wird der Datensatz an jener Stelle innerhalb der Datei eingefügt, die dem zum Zeitpunkt des Schreibzugriffs aktuellen Inhalt des RECORD KEY-Felds entspricht.

Format

```
WRITE Datensatzname [ FROM Bezeichner-1 ]

        [ INVALID KEY unbedingte-Anweisung-1 ]

        [ NOT INVALID KEY unbedingte-Anweisung-2 ]

        [ END-WRITE ]
```

Syntaktische Regeln, Beschreibung

Der in einer WRITE-Anweisung angegebene Datensatzname muß den Dateipuffer einer indizierten Datei adressieren. Die Datei muß zum Zeitpunkt der Ausführung einer WRITE-Anweisung als Output-, I-O- oder Extend-Datei geöffnet sein.

FROM- und END-WRITE-Phrase haben die gleichen Funktionen wie beim Schreiben von Datensätzen in sequentiell organisierte Dateien (Übertragen von Datenfeldern in den Dateipuffer, Begrenzung der WRITE-Anweisung).

Die INVALID KEY-Bedingung tritt (u.a.) in Kraft, wenn versucht wird, einen Datensatz mit einem in der Datei bereits vorhandenen Schlüsselwert zu schreiben.

Um einen Datensatz im wahlfreien Zugriff in eine indizierte Datei schreiben zu können, muß somit vor dem Ausführen des Schreibbefehls das RECORD KEY-Feld mit dem gewünschten Wert versorgt werden. Nach erfolgreicher Ausführung des WRITE-Befehls sind die Daten im Ausgabepuffer nicht mehr verfügbar.

Beispiel

Der Inhalt der Datenstruktur WS-KUNDENSATZ soll in den Dateipuffer AUSGABE-PUFFER übertragen und von dort als Datensatz in die Datei I-KUNDEN geschrieben werden.

```
MOVE "0" TO S,
WRITE AUSGABE-PUFFER FROM WS-KUNDENSATZ
   INVALID KEY DISPLAY "SATZ MIT DIESEM SCHLUESSEL "
                       "BEREITS VORHANDEN!" UPON BS,
               MOVE "1" TO S,
END-WRITE.
```

Durch diese Anweisung wird der Inhalt von WS-KUNDENSATZ in den Dateipuffer übertragen, ehe versucht wird, den Inhalt des Dateipuffers an jene Stelle innerhalb der Datei zu schreiben, die dem aktuellen Wert des RECORD KEY-Felds KUNDEN-NR (= Teil des Dateipuffers) entspricht. Ist bereits ein Datensatz mit diesem Schlüssel in der Datei vorhanden, so tritt die INVALID KEY-Bedingung in Kraft und es werden die in der INVALID KEY-Phrase angegebenen Anweisungen ausgeführt.

5.4.5 REWRITE-Anweisung bei indizierter Dateiorganisation

Funktion

> Die **REWRITE-Anweisung** ersetzt einen bereits bestehenden Datensatz einer indizierten Datei. *Bei sequentieller Verarbeitung* wird der jeweils zuletzt gelesene Datensatz ersetzt. *Bei wahlfreier Verarbeitung* wird jener Datensatz ersetzt, der dem im Augenblick des Schreibzugriffs aktuellen Inhalt des RECORD KEY-Felds entspricht.

Format

```
REWRITE Datensatzname [ FROM Bezeichner-1 ]

        [ INVALID KEY unbedingte-Anweisung-1 ]

        [ NOT INVALID KEY unbedingte-Anweisung-2 ]

        [ END-REWRITE ]
```

Beschreibung

Der in einer REWRITE-Anweisung angegebene Datensatzname muß den Dateipuffer einer indizierten Datei adressieren, die zum Zeitpunkt der Ausführung dieser Anweisung als I-O-Datei geöffnet ist. Die Funktionen der einzelnen Phrasen sind bereits aus früheren Abschnitten bekannt.

Die INVALID KEY-Bedingung tritt (u.a.) dann in Kraft, wenn versucht wird, einen Datensatz mit einem in der Datei noch nicht existierenden Schlüsselwert zu ersetzen bzw. wenn bei sequentieller Verarbeitung der Schlüssel des in der REWRITE-Anweisung angegebenen Datensatzes nicht identisch mit dem Schlüssel des zuletzt gelesenen Datensatzes ist. Der REWRITE-Anweisung muß also bei sequentieller Verarbeitung ein erfolgreich ausgeführter READ-Befehl vorausgegangen sein.

Nach erfolgreicher Ausführung der REWRITE-Anweisung sind die im Dateipuffer stehenden Daten für das Programm nicht mehr verfügbar.

Beispiel

In der Datei I-KUNDEN (Name des Dateipuffers ist AUSGABE-PUFFER) soll der Datensatz mit dem Schlüssel „912“ durch den Inhalt des Felds WS-KUNDENSATZ ersetzt werden (RECORD KEY-Feld ist KUNDEN-NR).

```
MOVE "0" TO S,
REWRITE AUSGABE-PUFFER FROM WS-KUNDENSATZ
    INVALID KEY DISPLAY "ZURUECKSCHREIBEN KLAPPT NICHT!"
                        UPON BS,
                MOVE "1" TO S,
    NOT INVALID KEY CONTINUE,
END-REWRITE.
```

Jenes Datenelement von WS-KUNDENSATZ, das durch den FROM-Zusatz auf den Schlüssel im Dateipuffer AUSGABE-PUFFER übertragen wird, muß unmittelbar vor Ausführung dieser REWRITE-Anweisung den Wert „912“ enthalten.

5.4.6 DELETE-Anweisung bei indizierter Dateiorganisation

Funktion

Mit Hilfe der **DELETE-Anweisung** können Datensätze aus einer indizierten Datei gelöscht werden. *Bei sequentieller Verarbeitung* wird der jeweils zuletzt gelesene Datensatz gelöscht. *Bei wahlfreier Verarbeitung* wird jener Satz gelöscht, der durch den aktuellen Inhalt des RECORD KEY-Felds gekennzeichnet ist.

Format

DELETE Dateiname RECORD

[INVALID KEY unbedingte-Anweisung-1]

[NOT INVALID KEY unbedingte-Anweisung-2]

[END-DELETE]

Syntaktische Regel

Die INVALID KEY- und die NOT INVALID KEY-Phrase dürfen nur für nicht-sequentielle Löschversuche angegeben werden.

Beschreibung

Die DELETE-Anweisung kann nur bei einer indizierten Datei verwendet werden, die zuvor als I-O-Datei geöffnet wurde.

Der betreffende durch den aktuellen Wert des RECORD KEY-Felds gekennzeichnete Datensatz wird aus der Datei nicht physisch gelöscht, sondern es wird nur der entsprechende Speicherbereich als „leer“ gekennzeichnet, so daß durch einen späteren WRITE-Befehl ein Überschreiben des ursprünglich gespeicherten Satzes ermöglicht wird. Die INVALID KEY-Bedingung tritt in Kraft, wenn z.B. versucht wird, einen Datensatz mit einem in der Datei nicht existierenden Schlüsselwert zu löschen.

Bei sequentieller Verarbeitung muß der DELETE-Anweisung ein erfolgreich ausgeführter READ-Befehl vorausgegangen sein.

Beispiel

In der Datei IDAT soll der Satz mit dem Schlüssel „12345“ gelöscht werden.

```
MOVE "12345" TO ART-NR,
DELETE IDAT
   INVALID KEY     MOVE "1" TO S,
   NOT INVALID KEY MOVE "0" TO S,
END-DELETE.

IF S NOT = "0"
THEN DISPLAY "LOESCHEN NICHT MOEGLICH!" UPON BS,
ELSE ...
END-IF.
```

5.4.7 CLOSE-Anweisung bei indizierter Dateiorganisation

Funktion

Durch die **CLOSE-Anweisung** wird die Bearbeitung einer (geöffneten) indizierten Datei beendet.

Format

CLOSE { Dateiname-1 } ...

Syntaktische Regeln, Beschreibung

Es gelten dieselben Regeln wie beim Schließen sequentieller Dateien (vgl. Abschnitt 3.4.5).

5.5 Demonstrationsbeispiele

5.5.1 Demonstrationsbeispiel 8

Die Datensätze einer *indizierten* Datei ITELVER (Telefonverzeichnis) haben folgenden Satzaufbau:

Name	Straße	PLZ	Ort	Telefonnummer
20-stellig, alphanumerisch	20-stellig, alphanumerisch	4-stellig, alphanumerisch	20-stellig, alphanumerisch	16-stellig, alphanumerisch

Das 20-stellige Namensfeld wird als Schlüssel für die indizierte Datei verwendet.

Es sollen COBOL-Programme entwickelt werden, die diese Datei verwalten. Im folgenden sind jeweils Aufgabenstellung, Struktogramm und Musterlösung hintereinander dargestellt. Die Programmlogik können Sie unmittelbar dem entsprechenden Struktogramm entnehmen.

a) Demonstrationsbeispiel 8a:

Problemstellung

Entwickeln Sie ein COBOL-Programm, mit dem Sie interaktiv über die Tastatur die Daten für dieses Telefonverzeichnis erfassen und in die indizierte Datei ITELVER schreiben können.

Musterlösung

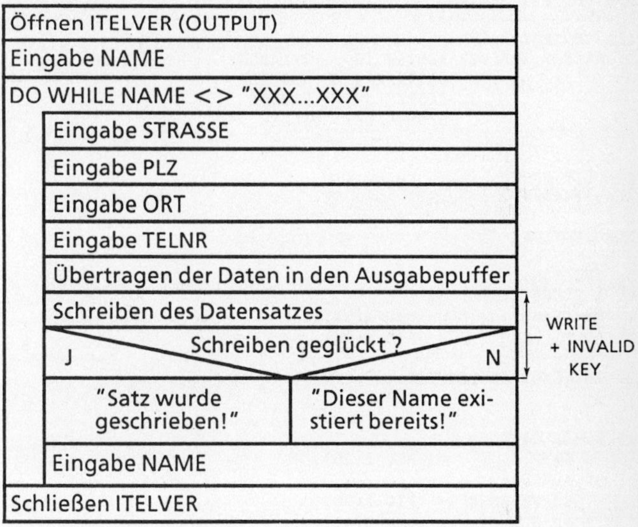

Abb. 5.4: Struktogramm für das Demonstrationsbeispiel 8a

```
 IDENTIFICATION DIVISION.
*************************

*************************************************************
*                 Demonstrationsbeispiel 8a                 *
*                                                           *
*  Erstellen einer indizierten Datei im wahlfreien Zugriff  *
*                                                           *
* Autor: Hans Göpfrich                    Datum: 02.01.1988 *
*************************************************************

 PROGRAM-ID.    DEMO8A.


 ENVIRONMENT DIVISION.
**********************

 CONFIGURATION SECTION.
*---------------------*
 SOURCE-COMPUTER. IBM-3083.
 OBJECT-COMPUTER. IBM-3083.
```

```
 SPECIAL-NAMES.
     CONSOLE IS BS.

 INPUT-OUTPUT SECTION.
*--------------------*
 FILE-CONTROL.
     SELECT ITELVER ASSIGN TO    TELEFON
                    ORGANIZATION INDEXED
                    ACCESS       RANDOM
                    RECORD KEY   INAME.


 DATA DIVISION.
***************

 FILE SECTION.
*------------*
 FD  ITELVER.
 01  I-TELSATZ.
     02 INAME            PIC X(20).
     02 FILLER           PIC X(60).

 WORKING-STORAGE SECTION.
 77  S                   PIC X.

 01  WS-TELSATZ.
     02 NAME             PIC X(20).
     02 ADRESSE.
        03 STRASSE       PIC X(20).
        03 PLZ           PIC X(4).
        03 ORT           PIC X(20).
     02 TELNR            PIC X(16).


 PROCEDURE DIVISION.
********************

 NEUANLEGEN-VON-ITELVER.
     OPEN OUTPUT ITELVER,
     DISPLAY "Programm zur Erfassung von Daten für ein "
             "Telefonverzeichnis" UPON BS,
     DISPLAY "******************************************"
             "*****************" UPON BS,
     DISPLAY SPACES              UPON BS,

     DISPLAY "Name (20-stellig, Ende = XXX...X):" UPON BS,
     ACCEPT NAME                                  FROM BS,

     PERFORM UNTIL NAME = ALL "X",
         DISPLAY "Strasse (20-stellig):" UPON BS,
         ACCEPT   STRASSE                FROM BS,
         DISPLAY "PLZ (4-stellig):"      UPON BS,
         ACCEPT   PLZ                    FROM BS,
         DISPLAY "Ort (20-stellig):"     UPON BS,
         ACCEPT   ORT                    FROM BS,
```

```
        DISPLAY "Tel.Nr. (16-stellig):" UPON BS,
        ACCEPT   TELNR                     FROM BS,

        MOVE WS-TELSATZ TO I-TELSATZ,

        MOVE "0" TO S,
        WRITE I-TELSATZ
              INVALID KEY MOVE "1" TO S,
        END-WRITE,

        IF S = "0"
        THEN DISPLAY "Satz wurde geschrieben!" UPON BS,
        ELSE DISPLAY "Dieser Name existiert bereits "
                     "in der Datei!" UPON BS,
        END-IF,

        DISPLAY "Name (20-stellig, Ende = XXX...X):"
                 UPON BS,
        ACCEPT NAME FROM BS,
    END-PERFORM,

    CLOSE ITELVER,
    STOP RUN.
```

Abb. 5.5: COBOL-Programmliste für das Demonstrationsbeispiel 8a

b) Demonstrationsbeispiel 8b:

Problemstellung

Entwickeln Sie ein COBOL-Programm, mit dem in Form eines Dialogs beliebige Sätze der Datei ITELVER geändert werden können.

Musterlösung

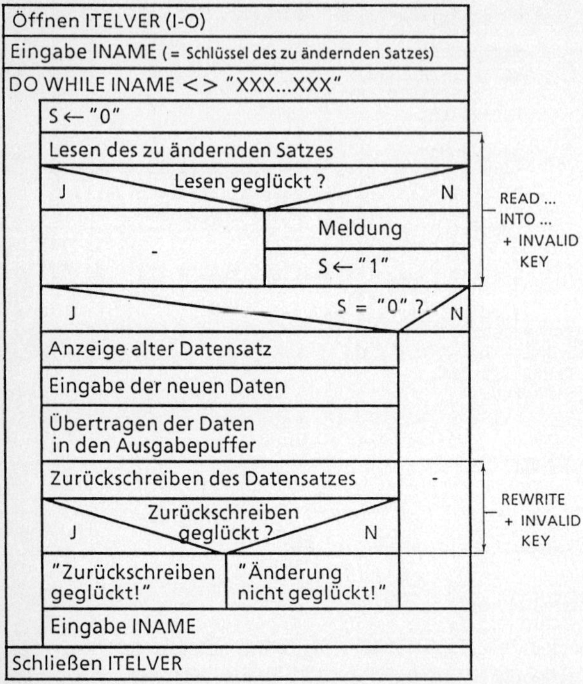

Abb. 5.6: Struktogramm für das Demonstrationsbeispiel 8b

```
 IDENTIFICATION DIVISION.
*************************

************************************************************
*                 Demonstrationsbeispiel 8b                *
*                                                          *
*  Ändern von Sätzen einer indizierten Datei im wahlfreien *
*  Zugriff                                                 *
*                                                          *
* Autor: Hans Göpfrich                  Datum: 02.01.1988 *
************************************************************

 PROGRAM-ID.    DEMO8B.
```

```
 ENVIRONMENT DIVISION.
**********************

 CONFIGURATION SECTION.
*--------------------*
 SOURCE-COMPUTER. IBM-3083.
 OBJECT-COMPUTER. IBM-3083.
 SPECIAL-NAMES.
     CONSOLE IS BS.

 INPUT-OUTPUT SECTION.
*--------------------*
 FILE-CONTROL.
     SELECT ITELVER ASSIGN TO    TELEFON
                    ORGANIZATION INDEXED
                    ACCESS       RANDOM
                    RECORD KEY   INAME.


 DATA DIVISION.
***************

 FILE SECTION.
*------------*
 FD  ITELVER.
 01  I-TELSATZ.
     02 INAME           PIC X(20).
     02 FILLER          PIC X(60).

 WORKING-STORAGE SECTION.
*-----------------------*
 77  S                  PIC X.

 01  WS-TELSATZ.
     02 NAME            PIC X(20).
     02 ADRESSE.
        03 STRASSE      PIC X(20).
        03 PLZ          PIC X(4).
        03 ORT          PIC X(20).
     02 TELNR           PIC X(16).


 PROCEDURE DIVISION.
********************

 AENDERN-VON-ITELVER.
     OPEN I-O ITELVER,
     DISPLAY "Programm zur Änderung von Daten des "
             "Telefonverzeichnisses" UPON BS,
     DISPLAY "************************************"
             "*********************" UPON BS,
     DISPLAY SPACES                  UPON BS,

     DISPLAY "Name (20-stellig, Ende = XXX...X):" UPON BS,
     ACCEPT INAME                                 FROM BS,
```

```
PERFORM UNTIL INAME = ALL "X",
    MOVE "0" TO S,
    READ ITELVER INTO WS-TELSATZ
        INVALID KEY DISPLAY "Kein entsprechender Satz "
                            "vorhanden!" UPON BS,
                  MOVE "1" TO S,
    END-READ,

    IF S = 0
    THEN DISPLAY "Alter Satz:"          UPON BS,
         DISPLAY "Name: ",      NAME    UPON BS,
         DISPLAY "Straße: ",    STRASSE UPON BS,
         DISPLAY "PLZ: ",       PLZ     UPON BS,
         DISPLAY "Ort: ",       ORT     UPON BS,
         DISPLAY "Tel.Nr.: ",   TELNR   UPON BS,
         DISPLAY SPACES                 UPON BS,

         DISPLAY "Neuer Satz:"             UPON BS,
         DISPLAY "Straße (20-stellig):"    UPON BS,
         ACCEPT STRASSE                    FROM BS,
         DISPLAY "PLZ (4-stellig):"        UPON BS,
         ACCEPT PLZ                        FROM BS,
         DISPLAY "Ort (20-stellig):"       UPON BS,
         ACCEPT ORT                        FROM BS,
         DISPLAY "Tel.Nr. (16-stellig):"   UPON BS,
         ACCEPT TELNR                      FROM BS,

         MOVE WS-TELSATZ TO I-TELSATZ,

         MOVE "0" TO S,
         REWRITE I-TELSATZ
                 INVALID KEY MOVE "1" TO S,
         END-REWRITE,

         IF S = "0"
         THEN DISPLAY "Zurückschreiben geglückt!"
                      UPON BS,
         ELSE DISPLAY "Änderung nicht geglückt!"
                      UPON BS,
         END-IF,
    ELSE CONTINUE,
    END-IF,

    DISPLAY "Name (20-stellig, Ende = XXX...X):"
           UPON BS,
    ACCEPT INAME FROM BS,
END-PERFORM,

CLOSE ITELVER,
STOP RUN.
```

Abb. 5.7: COBOL-Programmliste für das Demonstrationsbeispiel 8b

c) Demonstrationsbeispiel 8c:

Problemstellung

Entwickeln Sie ein COBOL-Programm, mit dem in Form eines Dialogs beliebige Sätze der Datei ITELVER gelöscht werden können.

Musterlösung

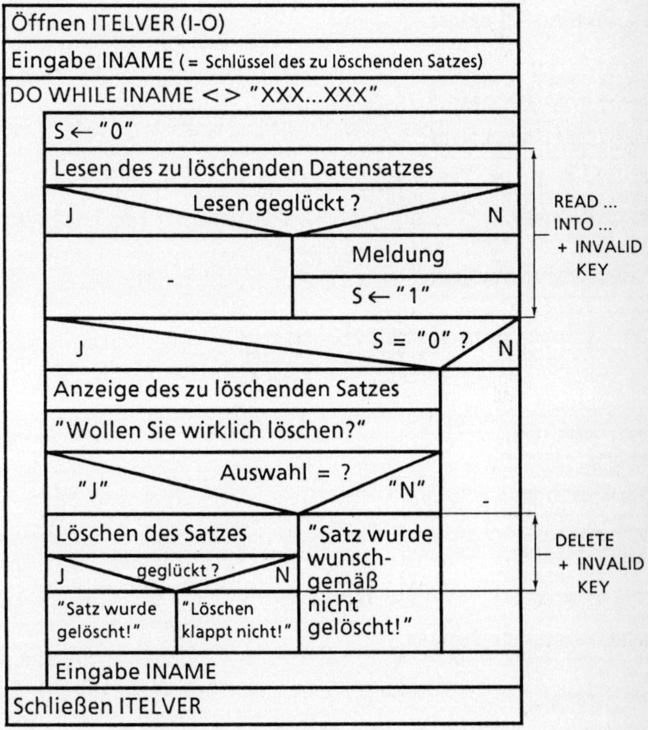

Abb. 5.8: Struktogramm für das Demonstrationsbeispiel 8c

```
 IDENTIFICATION DIVISION.
*************************

*************************************************************
*                 Demonstrationsbeispiel 8c                 *
*                                                           *
* Löschen von Sätzen einer indizierten Datei im wahlfreien *
* Zugriff                                                   *
*                                                           *
* Autor: Hans Göpfrich                   Datum: 02.01.1988 *
*************************************************************

 PROGRAM-ID.    DEMO8C.


 ENVIRONMENT DIVISION.
**********************

 CONFIGURATION SECTION.
*---------------------*
 SOURCE-COMPUTER. IBM-3083.
 OBJECT-COMPUTER. IBM-3083.
 SPECIAL-NAMES.
     CONSOLE IS BS.

 INPUT-OUTPUT SECTION.
*--------------------*
 FILE-CONTROL.
     SELECT ITELVER ASSIGN TO     TELEFON
                    ORGANIZATION  INDEXED
                    ACCESS        RANDOM
                    RECORD KEY    INAME.

 DATA DIVISION.
***************

 FILE SECTION.
*------------*
 FD  ITELVER.
 01  I-TELSATZ.
     02 INAME            PIC X(20).
     02 FILLER           PIC X(60).

 WORKING-STORAGE SECTION.
*----------------------*
 77  S                   PIC X.
 77  AUSWAHL             PIC X.

 01  WS-TELSATZ.
     02 NAME             PIC X(20).
     02 ADRESSE.
        03 STRASSE       PIC X(20).
        03 PLZ           PIC X(4).
        03 ORT           PIC X(20).
     02 TELNR            PIC X(16).
```

```
 PROCEDURE DIVISION.
********************

 LOESCHEN-VON-SAETZEN.
     OPEN I-O ITELVER.
     DISPLAY "Programm zum Löschen von Daten des "
             "Telefonverzeichnisses" UPON BS,
     DISPLAY "************************************"
             "*********************" UPON BS,
     DISPLAY SPACES                  UPON BS,

     DISPLAY "Zu löschender Name (20-stellig, "
             "Ende = XXX...X):" UPON BS,
     ACCEPT INAME               FROM BS,

     PERFORM UNTIL INAME = ALL "X",
          MOVE "0" TO S,
          READ ITELVER INTO WS-TELSATZ
               INVALID KEY DISPLAY "Kein entsprechender Satz "
                                   "vorhanden!" UPON BS,
                           MOVE "1" TO S,
          END-READ,

          IF S = "0"
          THEN DISPLAY "Zu löschender Datensatz:" UPON BS,
               DISPLAY "Name: ",    NAME          UPON BS,
               DISPLAY "Straße: ",  STRASSE       UPON BS,
               DISPLAY "PLZ: ",     PLZ           UPON BS,
               DISPLAY "Ort: ",     ORT           UPON BS,
               DISPLAY "Tel.Nr.: ", TELNR         UPON BS,
               DISPLAY SPACES                     UPON BS,
               DISPLAY "Wollen Sie wirklich löschen? (J/N)"
                                                  UPON BS,
               ACCEPT AUSWAHL                     FROM BS,

               IF AUSWAHL = "J"
               THEN MOVE "0" TO S,
                    DELETE ITELVER
                           INVALID KEY MOVE "1" TO S,
                    END-DELETE,
                    IF S = "0"
                    THEN DISPLAY "Satz wurde gelöscht!"
                                 UPON BS,
                    ELSE DISPLAY "Löschen klappt nicht!"
                                 UPON BS,
                    END-IF,
               ELSE DISPLAY "Satz wurde wunschgemäß"
                            " nicht gelöscht!" UPON BS,
               END-IF,
          ELSE CONTINUE,
          END-IF,

          DISPLAY "Zu löschender Name (20-stellig "
                  "Ende = XXX...X):" UPON BS,
          ACCEPT INAME FROM BS,
     END-PERFORM,
```

```
CLOSE ITELVER,
STOP RUN.
```

Abb. 5.9: COBOL-Programmliste für das Demonstrationsbeispiel 8c

d) Demonstrationsbeispiel 8d:

Problemstellung

Entwickeln Sie ein COBOL-Programm, mit dem in Form eines Dialogs beliebige Sätze in die Datei ITELVER eingefügt werden können.

Musterlösung

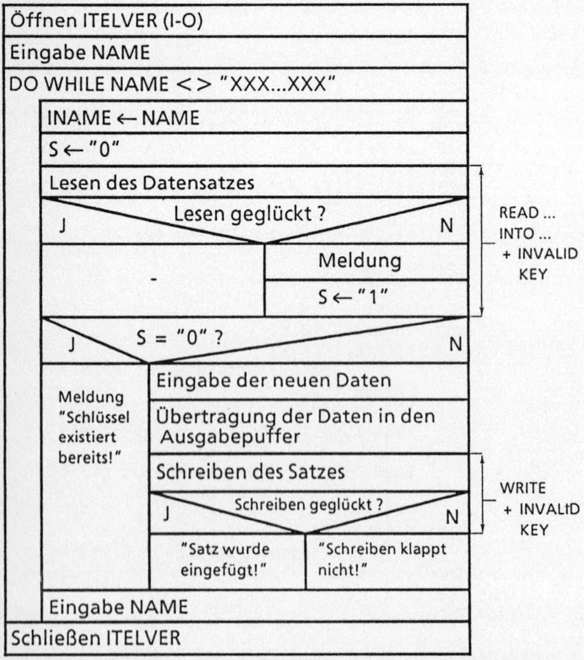

Abb. 5.10: Struktogramm für das Demonstrationsbeispiel 8d

```
IDENTIFICATION DIVISION.
*************************

************************************************************
*                   Demonstrationsbeispiel 8d                *
*                                                            *
*      Einfügen von Sätzen in eine indizierte Datei im       *
*      wahlfreien Zugriff                                    *
*                                                            *
* Autor: Hans Göpfrich                    Datum: 02.01.1988 *
************************************************************

PROGRAM-ID.    DEMO8D.


ENVIRONMENT DIVISION.
*********************

CONFIGURATION SECTION.
*--------------------*
SOURCE-COMPUTER. IBM-3083.
OBJECT-COMPUTER. IBM-3083.
SPECIAL-NAMES.
    CONSOLE IS BS.

INPUT-OUTPUT SECTION.
*-------------------*
FILE-CONTROL.
    SELECT ITELVER ASSIGN TO    TELEFON
                   ORGANIZATION INDEXED
                   ACCESS       RANDOM
                   RECORD KEY   INAME.


DATA DIVISION.
**************

FILE SECTION.
*-----------*
FD  ITELVER.
01  I-TELSATZ.
    02 INAME           PIC X(20).
    02 FILLER          PIC X(60).

WORKING-STORAGE SECTION.
*----------------------*
77  S                  PIC X.

01  WS-TELSATZ.
    02 NAME            PIC X(20).
    02 ADRESSE.
       03 STRASSE      PIC X(20).
       03 PLZ          PIC X(4).
       03 ORT          PIC X(20).
    02 TELNR           PIC X(16).
```

```
 PROCEDURE DIVISION.
*********************

 EINFUEGEN-VON-SAETZEN.
     OPEN I-O ITELVER,
     DISPLAY "Programm zum Einfügen von Sätzen in das "
             "Telefonverzeichnis" UPON BS,
     DISPLAY "*****************************************"
             "*****************" UPON BS,
     DISPLAY SPACES               UPON BS,

     DISPLAY "Einzufügender Name (20-stellig, "
             "Ende = XXX...X):" UPON BS,
     ACCEPT NAME                FROM BS,

     PERFORM UNTIL NAME = ALL "X",
          MOVE NAME TO INAME,
          MOVE "0" TO S,
          READ ITELVER INTO WS-TELSATZ
               INVALID KEY DISPLAY "Satz kann voraus"
                                   "sichtlich geschrieben "
                                   "werden!" UPON BS,
                           MOVE "1" TO S,
          END-READ,

          IF S = 0
          THEN DISPLAY "Satz mit diesem Schlüssel ",
                       "existiert bereits!" UPON BS,
          ELSE DISPLAY "Straße:"   UPON BS,
               ACCEPT STRASSE      FROM BS,
               DISPLAY "PLZ:"      UPON BS,
               ACCEPT PLZ          FROM BS,
               DISPLAY "Ort:"      UPON BS,
               ACCEPT ORT          FROM BS,
               DISPLAY "Tel.Nr.:"  UPON BS,
               ACCEPT TELNR        FROM BS,
               DISPLAY SPACES      UPON BS,

               MOVE WS-TELSATZ TO I-TELSATZ,

               MOVE "0" TO S,
               WRITE I-TELSATZ
                     INVALID KEY MOVE "1" TO S,
               END-WRITE,

               IF S = "0"
               THEN DISPLAY "Satz wurde eingefügt!"
                            UPON BS,
               ELSE DISPLAY "Schreiben klappt nicht!"
                            UPON BS,
               END-IF,
          END-IF,
```

```
          DISPLAY "Einzufügender Name (20-stellig, "
                  "Ende = XXX...X):" UPON BS,
          ACCEPT NAME                FROM BS,
      END-PERFORM,

      CLOSE ITELVER,
      STOP RUN.
```

Abb. 5.11: COBOL-Programmliste für das Demonstrationsbeispiel 8d

e) Demonstrationsbeispiel 8e:

Problemstellung

Entwickeln Sie ein COBOL-Programm, mit dem Datensätze innerhalb der Datei kopiert werden können, indem der Schlüssel des zu kopierenden Satzes und ein gewünschter neuer Schlüsselwert eingegeben werden.

Musterlösung

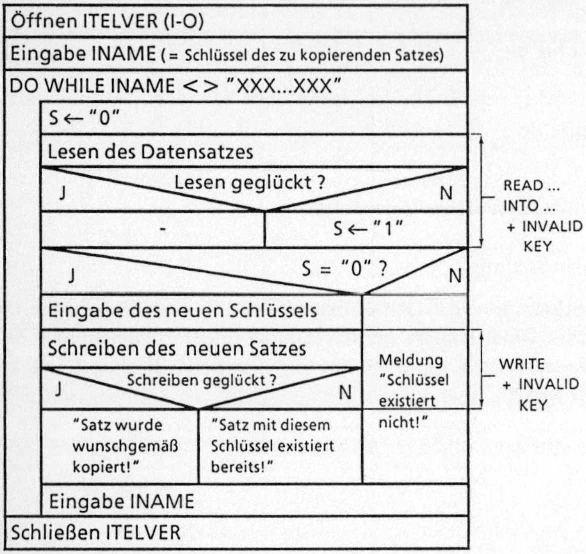

Abb. 5.12: Struktogramm für das Demonstrationsbeispiel 8e

```
 IDENTIFICATION DIVISION.
*************************

*****************************************************************
*                  Demonstrationsbeispiel 8e                    *
*                                                               *
*     Kopieren von Sätzen in einer indizierten Datei            *
*                                                               *
* Autor: Hans Göpfrich                    Datum: 02.01.1988 *
*****************************************************************

 PROGRAM-ID.    DEMO8E.
```

```
 ENVIRONMENT DIVISION.
**********************

 CONFIGURATION SECTION.
*---------------------*
 SOURCE-COMPUTER. IBM-3083.
 OBJECT-COMPUTER. IBM-3083.
 SPECIAL-NAMES.
     CONSOLE IS BS.

 INPUT-OUTPUT SECTION.
*--------------------*
 FILE-CONTROL.
     SELECT  ITELVER ASSIGN TO     TELEFON
                     ORGANIZATION INDEXED
                     ACCESS       RANDOM
                     RECORD KEY   INAME.


 DATA DIVISION.
***************

 FILE SECTION.
*------------*
 FD  ITELVER.
 01  I-TELSATZ.
     02 INAME              PIC X(20).
     02 FILLER             PIC X(60).

 WORKING-STORAGE SECTION.
*-----------------------*
 77  S                     PIC X.

 01  WS-TELSATZ.
     02 NAME               PIC X(20).
     02 ADRESSE.
        03 STRASSE         PIC X(20).
        03 PLZ             PIC X(4).
        03 ORT             PIC X(20).
     02 TELNR              PIC X(16).


 PROCEDURE DIVISION.
********************

 KOPIEREN-VON-SAETZEN.
     OPEN I-O ITELVER,
     DISPLAY "Programm zum Kopieren von Sätzen im "
             "Telefonverzeichnis" UPON BS,
     DISPLAY "************************************"
             "*****************" UPON BS,
     DISPLAY SPACES                UPON BS,

     DISPLAY "Schlüssel des zu kopierenden Datensatzes "
             "(20-stellig, Ende = XXX...X):" UPON BS,
     ACCEPT INAME                            FROM BS,
```

```
    PERFORM UNTIL INAME = ALL "X",
        MOVE "0" TO S,
        READ ITELVER INTO WS-TELSATZ
            INVALID KEY MOVE "1" TO S,
        END-READ,

        IF S = "0"
        THEN DISPLAY "Neuer Schlüssel:" UPON BS,
             ACCEPT INAME                FROM BS,

             MOVE "0" TO S,
             WRITE I-TELSATZ
                 INVALID KEY MOVE "1" TO S,
             END-WRITE,

             IF S = "0"
             THEN DISPLAY "Satz wurde wunschgemäß "
                          "kopiert!" UPON BS,
             ELSE DISPLAY "Satz mit diesem Schlüssel "
                          "existiert bereits!" UPON BS,
             END-IF,
        ELSE DISPLAY "Schlüssel existiert nicht!" UPON BS,
        END-IF,

        DISPLAY "Schlüssel des zu kopierenden Datensatzes "
                "(20-stellig, Ende = XXX...X):" UPON BS,
        ACCEPT INAME FROM BS,
    END-PERFORM,

    CLOSE ITELVER,
    STOP RUN.
```

Abb. 5.13: COBOL-Programmliste für das Demonstrationsbeispiel 8e

f) Demonstrationsbeispiel 8f:

Problemstellung

Entwickeln Sie ein COBOL-Programm, mit dem einzelne Sätze der Datei ITELVER druckaufbereitet am Bildschirm angezeigt werden können.

Musterlösung

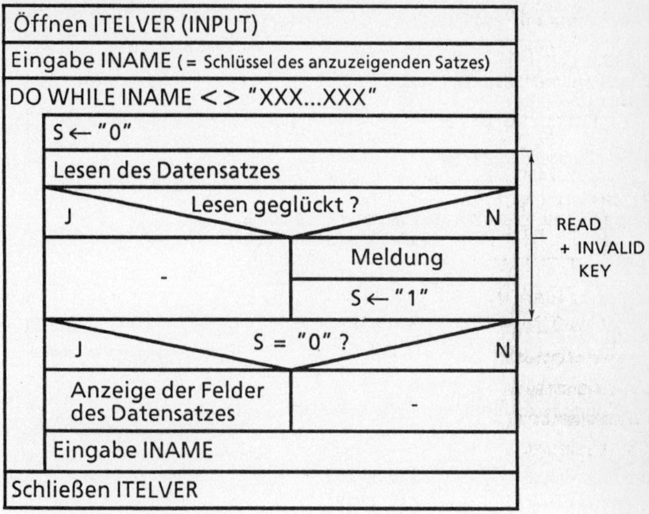

Abb. 5.14: Struktogramm für das Demonstrationsbeispiel 8f

```
 IDENTIFICATION DIVISION.
 *************************

*************************************************************
*                 Demonstrationsbeispiel 8f                 *
*                                                           *
*   Anzeigen von Sätzen einer indizierten Daten im wahl-    *
*   freien Zugriff                                          *
*                                                           *
* Autor: Hans Göpfrich                     Datum: 02.01.1988 *
*************************************************************

 PROGRAM-ID.    DEMO8F.
```

```
 ENVIRONMENT DIVISION.
**********************

 CONFIGURATION SECTION.
*---------------------*
 SOURCE-COMPUTER. IBM-3083.
 OBJECT-COMPUTER. IBM-3083.
 SPECIAL-NAMES.
     CONSOLE IS BS.

 INPUT-OUTPUT SECTION.
*--------------------*
 FILE-CONTROL.
     SELECT ITELVER ASSIGN TO    TELEFON
                    ORGANIZATION INDEXED
                    ACCESS       RANDOM
                    RECORD KEY   INAME.


 DATA DIVISION.
***************

 FILE SECTION.
*------------*
 FD  ITELVER.
 01  I-TELSATZ.
     02 INAME            PIC X(20).
     02 FILLER           PIC X(60).

 WORKING-STORAGE SECTION.
*-----------------------*
 77  S                   PIC X.

 01  WS-TELSATZ.
     02 NAME             PIC X(20).
     02 IADRESSE.
        03 STRASSE       PIC X(20).
        03 PLZ           PIC X(4).
        03 ORT           PIC X(20).
     02 TELNR            PIC X(16).


 PROCEDURE DIVISION.
********************

 ANZEIGEN-VON-SAETZEN.
     OPEN INPUT ITELVER,
     DISPLAY "Programm zur Anzeige von Datensätzen des "
             "Telefonverzeichnisses" UPON BS,
     DISPLAY "******************************************"
             "********************" UPON BS,
     DISPLAY SPACES                 UPON BS,

     DISPLAY "Gewünschter Schlüssel (20-stellig, "
             "ENDE = XXX...X):" UPON BS,
     ACCEPT INAME                FROM BS,
```

```
    PERFORM UNTIL INAME = ALL "X"
        MOVE "0" TO S,
        READ ITELVER INTO WS-TELSATZ
            INVALID KEY DISPLAY "Satz existiert nicht!"
                                    UPON BS,
                        MOVE "1" TO S,
        END-READ,

        IF S = "0"
        THEN DISPLAY "Name: ",    NAME    UPON BS,
             DISPLAY "Straße: ",  STRASSE UPON BS,
             DISPLAY "PLZ: ",     PLZ     UPON BS,
             DISPLAY "Ort: ",     ORT     UPON BS,
             DISPLAY "Tel.Nr.: ", TELNR   UPON BS,
             DISPLAY SPACES               UPON BS,
        ELSE CONTINUE,
        END-IF,

        DISPLAY "Gewünschter Schlüssel (20-stellig, "
                "Ende = XXX...X):" UPON BS,
        ACCEPT INAME FROM BS,
    END-PERFORM,

    CLOSE ITELVER,
    STOP RUN.
```

Abb. 5.15: COBOL-Programmliste für das Demonstrationsbeispiel 8f

g) Demonstrationsbeispiel 8g:

Problemstellung

Entwickeln Sie ein COBOL-Programm, mit dem ab einem bestimmten Schlüsselwert alle Sätze der Datei ITELVER druckaufbereitet am Bildschirm angezeigt werden können.

Musterlösung

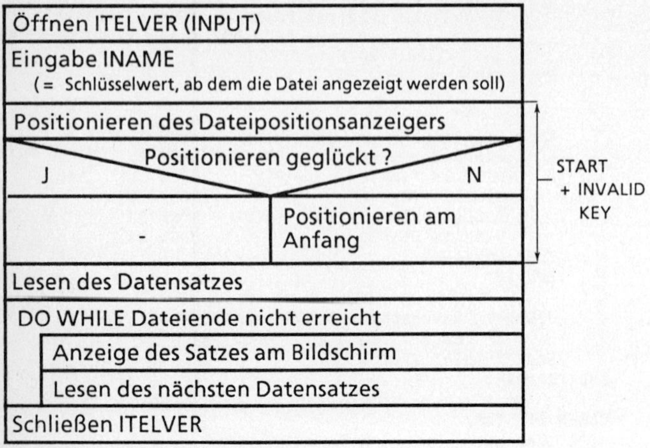

Abb. 5.16: Struktogramm für das Demonstrationsbeispiel 8g

```
 IDENTIFICATION DIVISION.
*************************

***********************************************************
*                   Demonstrationsbeispiel 8g             *
*                                                         *
*   Anzeigen von Sätzen einer indizierten Datei im sequen- *
*   tiellen Zugriff                                       *
*                                                         *
* Autor: Hans Göpfrich                 Datum: 02.01.1988 *
***********************************************************

 PROGRAM-ID.    DEMO8G.


 ENVIRONMENT DIVISION.
**********************

 CONFIGURATION SECTION.
*--------------------*
 SOURCE-COMPUTER. IBM-3083.
 OBJECT-COMPUTER. IBM-3083.
 SPECIAL-NAMES.
     CONSOLE IS BS.
```

```
 INPUT-OUTPUT SECTION.
*--------------------*
 FILE-CONTROL.
     SELECT ITELVER ASSIGN TO     TELEFON
                    ORGANIZATION INDEXED
                    ACCESS       SEQUENTIAL
                    RECORD KEY   INAME.

 DATA DIVISION.
***************

 FILE SECTION.
*------------*
 FD  ITELVER.
 01  I-TELSATZ.
     02 INAME           PIC X(20).
     02 FILLER          PIC X(60).

 WORKING-STORAGE SECTION.
*-----------------------*
 77  EOF                PIC X.

 01  WS-TELSATZ.
     02 NAME            PIC X(20).
     02 ADRESSE.
        03 STRASSE      PIC X(20).
        03 PLZ          PIC X(4).
        03 ORT          PIC X(20).
     02 TELNR           PIC X(16).

 PROCEDURE DIVISION.
********************

 ANZEIGEN-VON-DATENSAETZEN.
     OPEN INPUT ITELVER,
     DISPLAY "Programm zur Anzeige der Datensätze des "
             "Telefonverzeichnisses" UPON BS,
     DISPLAY "*****************************************"
             "*********************" UPON BS,
     DISPLAY SPACES                  UPON BS,
     DISPLAY "Ab welchem Schlüsselwert soll die Datei "
             "angezeigt werden?" UPON BS,
     ACCEPT INAME                FROM BS,

     START ITELVER KEY NOT LESS INAME
           INVALID KEY DISPLAY "Positionieren funktioniert "
                               "nicht, es wird die ganze Da"
                               "tei angezeigt!" UPON BS,
                       MOVE LOW-VALUE TO INAME,
                       START ITELVER KEY NOT LESS INAME
                             INVALID KEY
                                  DISPLAY "Positionieren "
                                          "klappt nicht!"
                                           UPON BS,
                       END-START,
     END-START,
```

```
MOVE "0" TO EOF,
READ ITELVER NEXT INTO WS-TELSATZ
     AT END MOVE "1" TO EOF,
END-READ,

PERFORM UNTIL EOF NOT = "0"
     DISPLAY "NAME: ",    NAME    UPON BS,
     DISPLAY "STRASSE: ", STRASSE UPON BS,
     DISPLAY "PLZ: ",     PLZ     UPON BS,
     DISPLAY "ORT: ",     ORT     UPON BS,
     DISPLAY "TEL.NR.: ", TELNR   UPON BS,
     DISPLAY SPACES               UPON BS,

     READ ITELVER NEXT INTO WS-TELSATZ
          AT END MOVE "1" TO EOF,
     END-READ,
END-PERFORM,

CLOSE ITELVER,
STOP RUN.
```

Abb. 5.17: COBOL-Programmliste für das Demonstrationsbeispiel 8g

---

⟶ **Übungsaufgabe Nr. II–52 im Arbeitsbuch**

5.5.2 Demonstrationsbeispiel 9

Problemstellung

Als zusammenfassendes Beispiel zum bisher behandelten Stoff wollen wir das im Abschnitt 1.3 entworfene und im Abschnitt 3.6 codierte Fakturierungsprogramm „Fakturierung und Lagerbestandsfortschreibung" etwas erweitern und folgende Änderungen der Problemspezifikation einbeziehen (vgl. dazu nochmals die Problemspezifikation im Abschnitt 1.3.1):

- Indizierte Datei:

  Die praxisfremde Annahme, daß die Lagerbestandsdatei eine sequentiell organisierte Datei ist, die 999 Datensätze enthalten muß, soll aufgegeben werden. Vielmehr gehen wir nun davon aus, daß es sich um eine indizierte Datei handelt (Schlüsselfeld ist die nunmehr *vierstellige* Artikelnummer) und daß nicht alle 10000 möglichen Artikelnummern in dieser Datei existieren müssen. Ansonsten ist die Datei gleichermaßen aufgebaut wie in der ursprünglichen Version des Beispiels.

- Fehlerprüfung bei allen Benutzereingaben:

  Unrichtige Eingaben des Benutzers (z.B. „ABCD" als Artikelnummer) sollen vom Programm „abgefangen" werden (Abfrage, ob das betreffende Datenfeld auch tatsächlich nur numerische Zeichen enthält).

- Anderes Schriftbild der Rechnung:

  Es sollen nicht nur mehrere zusätzliche Kopfzeilen gedruckt werden, sondern es soll auch das Retourgeld (= jener Betrag, den der Kunde herausbekommen soll, wenn er die Rechnung mit einem bestimmten Geldbetrag bezahlt) berechnet und ausgegeben werden. Eine nunmehr zu erstellende Rechnung soll folgendes Layout aufweisen:

```
*****************************************************************
FRISCH & BILLIG GmbH                                        Datum
Marktstraße 1
4711 Suppenhausen

BEZEICHNUNG        PREIS/EINHEIT         MENGE        GESAMTPREIS
-----------------------------------------------------------------
XXXXXXXXXXXXXXX    X.XXX,XX            XXXX XX         XXX.XXX,XX
       :               :                 :   :              :
       :               :                 :   :              :
       :               :                 :   :              :
-----------------------------------------------------------------
                     SUMME                        DM XXXX.XXX,XX

                     Gegeben                      DM  XXX.XXX,XX
                     Retour                       DM XXXX.XXX,XX

                     Betrag dankend erhalten
*****************************************************************
```

- Berücksichtigung von Retour-Ware:

  Auch die Eingabe einer negativen Menge soll nun vorgesehen werden, um beispielsweise zu berücksichtigen, daß ein Kunde auch leere Flaschen zurückbringen kann.

Musterlösung

Die genannten Änderungen der Problemspezifikation ziehen nur geringfügige Änderungen in den Daten- und Programmstrukturen nach sich, die hier vernachlässigt werden können. Wir stellen den Programmablauf daher unmittelbar in einem Struktogramm dar, ohne ihn nochmals aus den Datenstrukturen abzuleiten (Abb. 5.18).

Die Programmlogik entspricht im wesentlichen jener in der ursprünglichen Version dieses Beispiels. Es ändert sich lediglich die Verarbeitung der (nunmehr indizierten) Lagerbestandsdatei, die nicht mehr sequentiell (in einer Schleife) durchsucht werden muß, sondern in der der gesuchte Datensatz durch einen wahlfreien Zugriff gefunden wird oder nicht. Alle anderen Änderungen stellen lediglich Ergänzungen bzw. Erweiterungen des ursprünglichen Programmtextes dar. Aufgrund der sorgfältig entwickelten Programmstruktur sind alle Änderungen leicht zu lokalisieren und durchzuführen. Abb. 5.19 zeigt den vollständigen Programmtext zu diesem Beispiel.

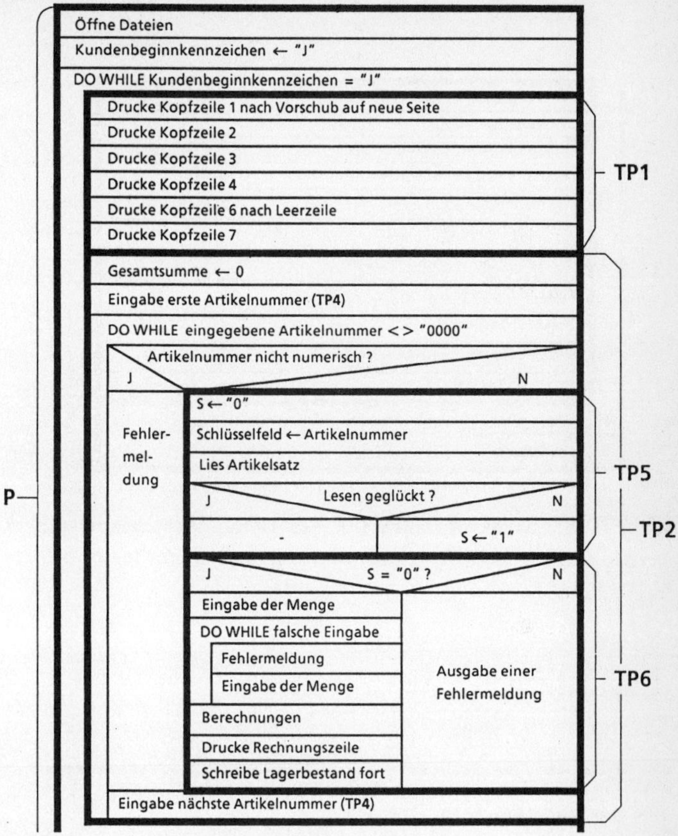
Öffne Dateien
Kundenbeginnkennzeichen ← "J"
DO WHILE Kundenbeginnkennzeichen = "J"
Drucke Kopfzeile 1 nach Vorschub auf neue Seite
Drucke Kopfzeile 2
Drucke Kopfzeile 3
Drucke Kopfzeile 4
Drucke Kopfzeile 6 nach Leerzeile
Drucke Kopfzeile 7
TP1
Gesamtsumme ← 0
Eingabe erste Artikelnummer (TP4)
DO WHILE eingegebene Artikelnummer < > "0000"
Artikelnummer nicht numerisch ?
J
N
Fehler-
mel-
dung
S ← "0"
Schlüsselfeld ← Artikelnummer
Lies Artikelsatz
Lesen geglückt ?
J
N
-
S ← "1"
TP5
J
S = "0" ?
N
Eingabe der Menge
DO WHILE falsche Eingabe
Fehlermeldung
Eingabe der Menge
Berechnungen
Drucke Rechnungszeile
Schreibe Lagerbestand fort
Ausgabe einer
Fehlermeldung
TP6
TP2
Eingabe nächste Artikelnummer (TP4)
P

•
•
•

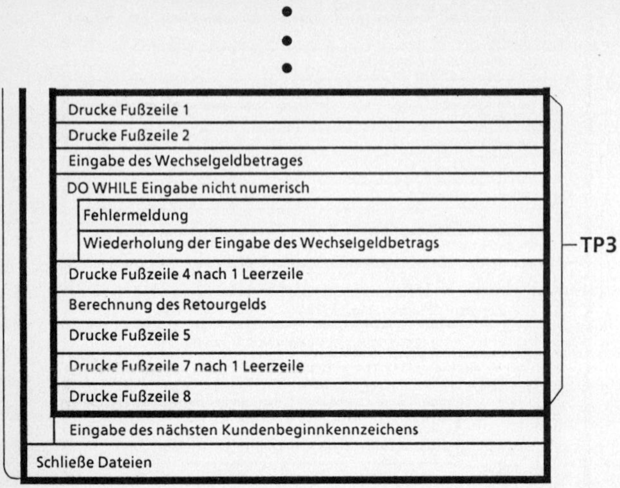

Abb. 5.18: Struktogramm für das Demonstrationsbeispiel 9 (modifiziertes Beispiel „Fakturierung und Lagerbestandsfortschreibung")

```
 IDENTIFICATION DIVISION.
*************************

 PROGRAM-ID.    DEMO9.

************************************************************
*                                                          *
*  Programmautor: Hans Göpfrich                            *
*  Installation:  Firma Frisch & Billig GmbH               *
*  Version:       2.5 (02.01.1988)                         *
*  Kompilierungsdatum: 02.01.1988                          *
*                                                          *
************************************************************
*                                                          *
*  Programmfunktionen:                                     *
*       1. Fakturierung                                    *
*       2. Fortschreibung des Lagerbestands                *
*                                                          *
************************************************************
*                                                          *
*                     Direktzugriffsdatei                  *
*                                                          *
************************************************************
```

```
 ENVIRONMENT DIVISION.
**********************

 CONFIGURATION SECTION.
*---------------------*
 SOURCE-COMPUTER. IBM-3083.
 OBJECT-COMPUTER. IBM-3083.
 SPECIAL-NAMES.
     CONSOLE IS BS,
     DECIMAL-POINT IS COMMA.

 INPUT-OUTPUT SECTION.
*--------------------*
 FILE-CONTROL.
     SELECT LAGERBESTAND ASSIGN TO    LAGER
                         ORGANIZATION INDEXED
                         ACCESS       RANDOM
                         RECORD KEY   L-ANR.

     SELECT RECHNUNG     ASSIGN TO    RECH.


 DATA DIVISION.
***************

 FILE SECTION.
*------------*
 FD  LAGERBESTAND.
 01  LBD-SATZ.
     05 L-ANR          PIC X(4).
     05 FILLER         PIC X(28).

 FD  RECHNUNG.
 01  FAKTURENZEILE     PIC X(80).

 WORKING-STORAGE SECTION.
*-----------------------*
 77  E-KU-BEG-KENN     PIC X.
 77  E-ANR             PIC X(4).
 77  E-WG              PIC 9(6)V99.

 77  S                 PIC X.

 77  W-GES-PREIS       PIC S9(6)V99.
 77  W-GES-SUMME       PIC S9(6)V99.
 77  W-RETOUR          PIC S9(6)V99.

 01  E-MENGE           PIC S9(4) SIGN IS LEADING
                                 SEPARATE CHARACTER.

 01  PRUEFFELD REDEFINES E-MENGE.
     05 VORZEICHEN     PIC X.
     05 BETRAG         PIC X(4).

 01  KOPFZEILE1        PIC X(64) VALUE ALL "*".
```

```
01  KOPFZEILE2.
    05 FILLER           PIC X(22)
                            VALUE "FRISCH & BILLIG GmbH".
    05 FILLER           PIC X(34) VALUE SPACES.
    05 D-DATUM          PIC XX/XX/XX.

01  KOPFZEILE3          PIC X(14) VALUE "Marktstraße 1".

01  KOPFZEILE4          PIC X(17) VALUE "4711 Suppenhausen".

01  KOPFZEILE6.
    05 FILLER           PIC X(18) VALUE "BEZEICHNUNG       ".
    05 FILLER           PIC X(18) VALUE " PREIS/EINHEIT    ".
    05 FILLER           PIC X(18) VALUE "     MENGE       G".
    05 FILLER           PIC X(10) VALUE "ESAMTPREIS".

01  KOPFZEILE7          PIC X(64) VALUE ALL "-".

01  RUMPFZEILE.
    05 D-BEZ            PIC X(15).
    05 FILLER           PIC X(4).
    05 D-PREIS          PIC Z.ZZ9,99.
    05 FILLER           PIC X(11).
    05 D-MENGE          PIC ----9.
    05 FILLER           PIC X.
    05 D-EINHEIT        PIC XX.
    05 FILLER           PIC X(7).
    05 D-GES-PREIS      PIC ----.--9,99.

01  FUSSZEILE1          PIC X(64) VALUE ALL "-".

01  FUSSZEILE2.
    05 FILLER           PIC X(21) VALUE SPACES.
    05 FILLER           PIC X(5)  VALUE "SUMME".
    05 FILLER           PIC X(24) VALUE SPACES.
    05 FILLER           PIC XX    VALUE "DM".
    05 FILLER           PIC X     VALUE SPACES.
    05 D-GES-SUMME      PIC ----.--9,99.

01  FUSSZEILE4.
    05 FILLER           PIC X(21) VALUE SPACES.
    05 FILLER           PIC X(7)  VALUE "Gegeben".
    05 FILLER           PIC X(22) VALUE SPACES.
    05 FILLER           PIC XX    VALUE "DM".
    05 FILLER           PIC XX    VALUE SPACES.
    05 D-WG             PIC ZZZ.ZZ9,99.

01  FUSSZEILE5.
    05 FILLER           PIC X(21) VALUE SPACES.
    05 FILLER           PIC X(6)  VALUE "Retour".
    05 FILLER           PIC X(23) VALUE SPACES.
    05 FILLER           PIC XX    VALUE "DM".
    05 FILLER           PIC X     VALUE SPACES.
    05 D-RETOUR         PIC ----.--9,99.
```

```
 01  FUSSZEILE7.
     05 FILLER              PIC X(21) VALUE SPACES.
     05 FILLER              PIC X(23)
                                VALUE "Betrag dankend erhalten".
     05 FILLER              PIC X(20) VALUE SPACES.

 01  FUSSZEILE8             PIC X(64) VALUE ALL "*".

 01  WS-LBDSATZ.
     05 W-ANR               PIC 9(4).
     05 W-BEZ               PIC X(15).
     05 W-EINHEIT           PIC XX.
     05 W-PREIS             PIC 9999V99.
     05 W-BESTAND           PIC 9(5).


 PROCEDURE DIVISION.
********************

 RECHNUNGSSCHREIBUNG.
     OPEN OUTPUT RECHNUNG,
          I-O LAGERBESTAND,

     MOVE "J" TO E-KU-BEG-KENN,

     PERFORM UNTIL E-KU-BEG-KENN NOT = "J"
          PERFORM TP1,
          PERFORM TP2,
          PERFORM TP3,
          DISPLAY "Noch eine Rechnung schreiben (J/N)?"
                   UPON BS,
          ACCEPT E-KU-BEG-KENN FROM BS,
     END-PERFORM,

     CLOSE RECHNUNG,
           LAGERBESTAND,
     STOP RUN.


 TP1.
     ACCEPT D-DATUM FROM DATE,
     WRITE FAKTURENZEILE FROM KOPFZEILE1 AFTER PAGE,
     WRITE FAKTURENZEILE FROM KOPFZEILE2 AFTER 1,
     WRITE FAKTURENZEILE FROM KOPFZEILE3 AFTER 1,
     WRITE FAKTURENZEILE FROM KOPFZEILE4 AFTER 1,
     WRITE FAKTURENZEILE FROM KOPFZEILE6 AFTER 2,
     WRITE FAKTURENZEILE FROM KOPFZEILE7 AFTER 1.

 TP2.
     MOVE 0 TO W-GES-SUMME,

     DISPLAY "Bitte Art.Nr. eingeben (4-stellig, "
             "Ende = 0000):" UPON BS,
     ACCEPT E-ANR               FROM BS,
```

```
    PERFORM UNTIL E-ANR = "0000"
         IF E-ANR NOT NUMERIC
         THEN DISPLAY "Die Artikelnummer muß 4-stellig num"
                      "erisch eingegeben werden!" UPON BS,
         ELSE PERFORM TP5,
              PERFORM TP6,
         END-IF,

         DISPLAY "Bitte Art.nr. eingeben (4-stellig, "
                 "Ende = 0000):" UPON BS,
         ACCEPT E-ANR FROM BS,
    END-PERFORM.

TP3.
    WRITE FAKTURENZEILE FROM FUSSZEILE1 AFTER 1,

    MOVE W-GES-SUMME TO D-GES-SUMME,
    WRITE FAKTURENZEILE FROM FUSSZEILE2 AFTER 1,

    DISPLAY "Rechnungssumme: DM ", D-GES-SUMME UPON BS,
    DISPLAY SPACES                             UPON BS,
    DISPLAY "Gegeben (6-stellig + 2 Dez.stellen):"
                                             UPON BS,
    ACCEPT E-WG                              FROM BS,

    PERFORM UNTIL (E-WG NUMERIC)
         DISPLAY "Nicht-numerischer Wert wurde eingegeben,"
                 " bitte nochmals versuchen!" UPON BS,
         ACCEPT E-WG                          FROM BS,
    END-PERFORM,

    MOVE E-WG TO D-WG,
    DISPLAY "Gegeben: DM  ", D-WG UPON BS,
    WRITE FAKTURENZEILE FROM FUSSZEILE4 AFTER 2,

    SUBTRACT W-GES-SUMME FROM E-WG GIVING W-RETOUR,
    MOVE W-RETOUR TO D-RETOUR,
    DISPLAY "Retour:  DM ", D-RETOUR UPON BS,
    WRITE FAKTURENZEILE FROM FUSSZEILE5 AFTER 1,

    WRITE FAKTURENZEILE FROM FUSSZEILE7 AFTER 2,

    WRITE FAKTURENZEILE FROM FUSSZEILE8 AFTER 1.


TP5.
    MOVE "0" TO S,
    MOVE E-ANR TO L-ANR,
    READ LAGERBESTAND INTO WS-LBDSATZ,
         INVALID KEY MOVE "1" TO S,
    END-READ.
```

```
TP6.
    IF S = "0"
    THEN DISPLAY "Bitte Menge eingeben (4-stellig + Vor"
                 "zeichen an erster Stelle):" UPON BS,
         ACCEPT E-MENGE                       FROM BS,

         PERFORM UNTIL ((VORZEICHEN = "+") OR
                        (VORZEICHEN = "-")) AND
                       (BETRAG NUMERIC)
             DISPLAY "Es wurde ein falscher Wert "
                     "eingegeben!" UPON BS,
             DISPLAY "Bitte Menge eingeben (4-stellig + "
                     "Vorzeichen an 1. Stelle):" UPON BS,
             ACCEPT E-MENGE FROM BS,
         END-PERFORM,

         MULTIPLY E-MENGE BY W-PREIS GIVING W-GES-PREIS,
         ADD W-GES-PREIS TO W-GES-SUMME,

         MOVE SPACES      TO RUMPFZEILE,
         MOVE W-BEZ       TO D-BEZ,
         MOVE W-PREIS     TO D-PREIS,
         MOVE E-MENGE     TO D-MENGE,
         MOVE W-EINHEIT   TO D-EINHEIT,
         MOVE W-GES-PREIS TO D-GES-PREIS,
         WRITE FAKTURENZEILE FROM RUMPFZEILE AFTER 1,

         SUBTRACT E-MENGE FROM W-BESTAND,
         REWRITE LBD-SATZ FROM WS-LBDSATZ,
    ELSE DISPLAY "Diese Artikelnummer existiert nicht in "
                 "der Lagerbestandsdatei!"   UPON BS,
         DISPLAY "Bitte nochmals versuchen!" UPON BS,
    END-IF.
```

Abb. 5.19: COBOL-Programmliste für das Demonstrationsbeispiel 9

Programmausführung

Die Ausführung des dargestellten Programms liefert Rechnungen folgenden Aussehens:

```
*****************************************************************
FRISCH & BILLIG GmbH                                    88/01/02
Marktstraße 1
4711 Suppenhausen

BEZEICHNUNG        PREIS/EINHEIT        MENGE       GESAMTPREIS
-----------------------------------------------------------------
Milch                   1,50             1 l               1,50
Käse                   10,00             2 kg             20,00
Butter                  2,00             3 kg              6,00
Brot                    4,50             4 kg             18,00
Waschmittel            20,00             5 Pk            100,00
-----------------------------------------------------------------
                     SUMME                        DM     145,50

                     Gegeben                      DM     200,00
                     Retour                       DM      54,50

                     Betrag dankend erhalten
*****************************************************************
```

→ **Übungsaufgabe Nr. II–53 im Arbeitsbuch**

Kapitel 6

Verwendung von COBOL-Bibliotheken

Lehrziele

Nach dem Durcharbeiten dieses Kapitels sollten Sie

- *verstehen, warum man bei der Programmierung COBOL-Bibliotheken erstellt und verwendet,*
- *wissen, wie Sie einzelne Bibliothekselemente in einer Bibliothek auf „Ihrer" EDVA anlegen können,*
- *in einer COBOL-Bibliothek bereits vorhandene Bibliothekselemente in einem COBOL-Programm verwenden können.*

6.1 Funktion einer COBOL-Bibliothek

Im Kapitel 5 wurde mit dem Demonstrationsbeispiel 8 ein einfaches Dateiverwaltungssystem dargestellt: In mehreren Programmen wird eine Datei ITELVER bearbeitet, indem Datensätze erfaßt, geändert, gelöscht, kopiert oder am Bildschirm angezeigt werden. Wenn Sie diese einzelnen Programme nochmals betrachten, wird Ihnen sicherlich auffallen, daß große Teile davon (z.B. die Datenbeschreibungen) völlig identisch sind. Dies bedeutet nicht nur einen (unnötig) hohen Schreibaufwand beim Codieren der Programme, sondern auch einen beträchtlichen Verbrauch von Speicherplatz auf der Magnetplatte für das Abspeichern von (nahezu identischen) Quellenprogrammen.

Um den Aufwand beim Codieren eines COBOL-Programms zu verringern und gleichzeitig auch Speicherplatz zu sparen, gibt es die Möglichkeit, Programmtext-Bibliotheken aufzubauen.

In einer **COBOL-Bibliothek** (engl: COBOL library) werden häufig verwendete Quellenprogrammteile (z.B. Datensatzdefinitionen) als **Bibliothekselemente** (engl.: library texts) abgelegt und zur Übersetzungszeit für den COBOL-Compiler verfügbar gemacht. Im COBOL-Quellenprogramm selbst wird an der gewünschten Stelle lediglich eine Anweisung codiert, die den Compiler veranlaßt, bei der Übersetzung des Programms den Text eines bestimmten Bibliothekselements aus einer COBOL-Bibliothek zu kopieren, an der betreffenden Stelle im Programmtext einzufügen und mitzuübersetzen (**COPY-Anweisung**).

Abb. 6.1 veranschaulicht die Verwendung einer COBOL-Bibliothek.

Wie Sie einen bestimmten Programmtext(teil) als Bibliothekselement in einer COBOL-Bibliothek erstellen bzw. wie Sie den Compiler anweisen, zur Übersetzungszeit in bestimmten COBOL-Bibliotheken nach Bibliothekselementen zu suchen, ist von Ihrer konkreten Programmierumgebung (EDVA) abhängig. Bei der Programmierausbildung auf den Zentralrechnern an der Wirtschaftsuniversität Wien wird z.B. für jeden COBOL-Benutzer *eine* COBOL-Bibliothek automatisch erstellt und verwaltet, der Programmierer kann Programmtextteile mit dem

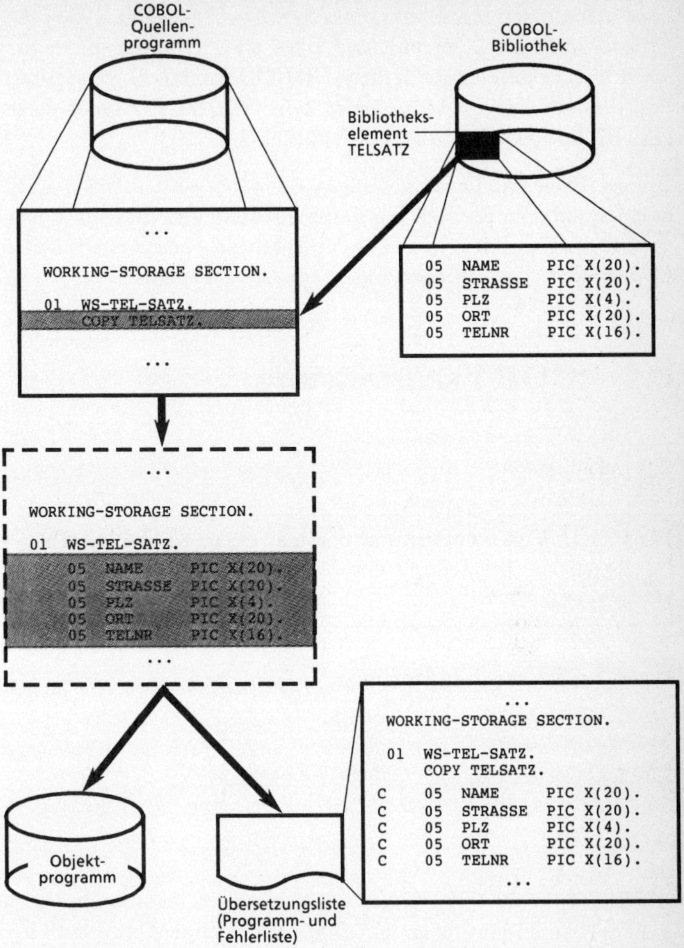

Abb. 6.1: Verwendung einer COBOL-Bibliothek

„normalen" Systemeditor (genauso wie vollständige COBOL-Programme) erzeugen und mit Hilfe einer Standardprozedur als Bibliothekselemente in diese COBOL-Bibliothek einspielen. Die Übersetzungsprozedur weist dem COBOL-Compiler diese eine Bibliothek als COBOL-Bibliothek zu.

Andere Programmierumgebungen erfordern ein anderes Vorgehen. Beschaffen Sie sich die dafür notwendigen Informationen von Ihrem Kursleiter bzw. aus den entsprechenden schriftlichen Materialien (Handbücher, Skripten, Arbeitsbücher).

6.2 COPY-Anweisung

Funktion

> Die **COPY-Anweisung** ermöglicht es, in einer Bibliothek gespeicherte Textteile in ein COBOL-Quellenprogramm zu integrieren.

Format

```
                 [ { IN }                  ]
COPY Textname    [ {    }  Bibliotheksname ]
                 [ { OF }                  ]
```

Syntaktische Regeln

- Textname identifiziert ein Bibliothekselement und muß innerhalb einer COBOL-Bibliothek eindeutig sein. Werden mehrere COBOL-Bibliotheken verwendet, so muß der Name des Bibliothekselements durch die Angabe des Bibliotheksnamens qualifiziert werden.
- Der COPY-Anweisung muß eine Leerstelle vorausgehen und ein Punkt folgen.

Beschreibung

Bei der Übersetzung eines Programms, das COPY-Anweisungen enthält, wird der Inhalt der angegebenen, in einer COBOL-Bibliothek abgelegten Bibliothekselemente an den betreffenden Stellen im Programmtext (logisch) eingefügt. Der Quellenprogrammtext selbst bleibt dabei unverändert. Das aus diesem Kopiervorgang resultierende (vollständige) Programm wird dann durch den Compiler in ein Objektprogramm übersetzt. In der Übersetzungsliste (Programmlisting) werden die auf diese Weise eingefügten Programmtextzeilen meistens durch ein Zeichen "C" am linken Rand der Liste gekennzeichnet. Die Zeilenangaben in der Fehlerliste beziehen sich immer auf die Zeilen des Übersetzungslistings. Dort erfolgt eine durchgehende Numerierung *aller* Programmzeilen (inklusive der durch die COPY-Anweisung eingefügten Zeilen).

Die Textzeilen eines Bibliothekselements werden bei Verwendung des oben beschriebenen COPY-Befehls unverändert in den Programmtext eingefügt. Daher müssen die Programmteile, die in einem Bibliothekselement enthalten sind, auch den allgemeinen COBOL-Regeln genügen (z.B. Einhaltung des COBOL-Programmschemas usw.).[1]

Beispiel

In einer COBOL-Bibliothek ist ein Bibliothekselement mit dem Namen TELSATZ abgelegt. Der Inhalt dieses Bibliothekselements ist die Beschreibung des Datensatzaufbaus für das Demonstrationsbeispiel 8 (Telefonverzeichnis-Datei ITELVER, vgl. auch Abschnitt 5.5.1). Im Programmtext des Demonstrationsbeispiels 8a soll anstatt der Datensatzbeschreibungen eine COPY-Anweisung verwendet werden.

---

[1] Es gibt auch die Möglichkeit, beim Einfügen von Bibliothekselementen in ein Quellenprogramm Textteile zu verändern. Die REPLACING-Phrase wird in diesem Band allerdings (aus methodischen Gründen) nicht behandelt.

Bibliothekselement TELSATZ:

```
02 NAME          PIC X(20).
02 ADRESSE.
   03 STRASSE    PIC X(20).
   03 PLZ        PIC X(4).
   03 ORT        PIC X(20).
02 TELNR         PIC X(16).
```

Ausschnitt aus dem COBOL-Quellenprogramm:

```
 ...

 WORKING-STORAGE SECTION.
 77  S                   PIC X.

 01  WS-TELSATZ.
     COPY TELSATZ.

 PROCEDURE DIVISION.
********************
...
```

Ausschnitt aus der Übersetzungsliste:

```
         ...

         WORKING-STORAGE SECTION.
         77  S                   PIC X.

         01  WS-TELSATZ.
             COPY TELSATZ.
C            02 NAME             PIC X(20).
C            02 ADRESSE.
                03 STRASSE       PIC X(20).
C               03 PLZ           PIC X(4).
C               03 ORT           PIC X(20).
C            02 TELNR            PIC X(16).

         PROCEDURE DIVISION.
        ********************
        ...
```

Kapitel 7

Kommunikation zwischen Objektprogrammen

Lehrziele

Nach dem Durcharbeiten dieses Kapitels sollten Sie

- *verstehen, warum komplexe Problemstellungen im allgemeinen als ein System von mehreren selbständigen, getrennt übersetzbaren COBOL-Programmen realisiert werden,*
- *die Grundprinzipien der Kommunikation zwischen Objektprogrammen kennen,*
- *wissen, wie innerhalb eines Systems von zusammengebundenen Objektprogrammen (run unit) der Steuerfluß von einem Programm an ein anderes übergeben werden kann,*
- *wissen, wie Daten zwischen Programmen übergeben werden können (Parameterübergabe) bzw. wie mehrere Programme dieselben Datenelemente (Datenfelder, Dateien) bearbeiten können (externe Datenelemente),*
- *Programmsysteme entwickeln können, in denen mehrere Objektprogramme miteinander kommunizieren.*

7.1 Modulare Programmsysteme, Programmkommunikation

Im Kapitel 1 haben Sie bereits gelernt, daß für die Programmierung komplexerer Problemstellungen das zu lösende Problem schrittweise in kleinere, handhabbare Teilprobleme zu zerlegen ist. Die so gebildete Struktur erleichtert die Codierung der Problemlösung des Gesamtproblems wesentlich. In allen bisherigen Beispielen haben wir immer die gesamte Problemlösung in einem einzigen (gut strukturierten) COBOL-Programm codiert und durch die Ausführung des (übersetzten) Objektprogramms realisiert.

Im allgemeinen werden gut abgegrenzte, eventuell auch mehrmalig verwendbare Teilproblemlösungen (wie z.B. Prüfroutinen für Datumseingaben, Komponenten von Dateiverwaltungssystemen, größere Unterprogramme usw.) jedoch als eigenständige, getrennt übersetzbare COBOL-Programme realisiert. Diese einzelnen Programme sind wesentlich einfacher zu handhaben als ein großes Programm mit der gesamten Problemlösung: Werden die Schnittstellen zwischen einzelnen Programmen vorab exakt festgelegt, so können diese Programme von mehreren Programmierern getrennt (parallel) entwickelt werden. Änderungen in einem Systemteil führen nur zu Änderungen in dem entsprechenden Programm, während die anderen Programme oft unberührt bleiben. Nur dieses eine Programm muß dann neu übersetzt werden. Da einzeln übersetzte Programme auch unabhängig voneinander ausgeführt werden können (zumindest wenn man die notwendige Programmumgebung in geeigneter Weise simuliert), kann vor der Integration in das Gesamtprogrammsystem auch ein Modultest des einzelnen Programms erfolgen.

Werden mehrere COBOL-Programme einzeln übersetzt, so entstehen mehrere Objektprogramme. Zusammengehörige Objektprogramme müssen vor der Programmausführung zu einem ausführbaren Objektprogrammsystem (engl.: *run unit*) zusammengebunden werden.

Eine **run unit** stellt eine komplette Problemlösung eines Programmierproblems dar und besteht aus einem Objektprogramm bzw. aus mehreren miteinander kommunizierenden Objektprogrammen. Eine run unit ist entweder ein „dauerhaftes" Objektprogrammsystem („statisch" gebunden und als eigene selbständige Einheit auf der Magnetplatte gespeichert) oder nur ein temporäres Gebilde („dynamisch" gebunden und nur während der Programmausführungszeit als Einheit vorhanden).

Während der Entwicklungszeit eines Programmsystems und daher auch bei der Programmierausbildung (oftmalige Übersetzungsvorgänge) bindet man die einzelnen Objektprogramme im allgemeinen dynamisch zu einer run unit zusammen, weil damit die für das statische Binden notwendige Zeit eingespart werden kann. Für den Echtbetrieb eines fertiggestellten Systems wird am Ende der Programmentwicklung statisch gebunden.

Die Kommunikation zwischen den einzelnen Objektprogrammen umfaßt zwei Bereiche: Es wird einerseits der Steuerfluß von einem Programm an ein anderes übertragen, andererseits kann es auch sein, daß mehrere Programme die gleichen Daten bearbeiten müssen bzw. daß ein Programm Daten verarbeiten muß, die ein anderes Programm erzeugt oder bereits verwendet hat (Parameterübergabe bzw. Adressierung externer Datenobjekte). Es müssen also sowohl Steuerfluß als auch Daten zwischen den Programmen transferiert bzw. ausgetauscht werden können (Schnittstelle zwischen Programmen).

Die **Übergabe des Steuerflusses** von einem Programm an ein anderes erfolgt durch die Ausführung einer CALL-Anweisung, die im Ablauf in etwa dem PERFORM-Befehl entspricht. Während mit dem PERFORM-Befehl allerdings der Steuerfluß nur innerhalb eines Programms verlagert werden kann, ruft die CALL-Anweisung eigenständige Objektprogramme innerhalb einer run unit auf.

Abb. 7.1 veranschaulicht die Funktion und die Wirkungsweise einer CALL-Anweisung.

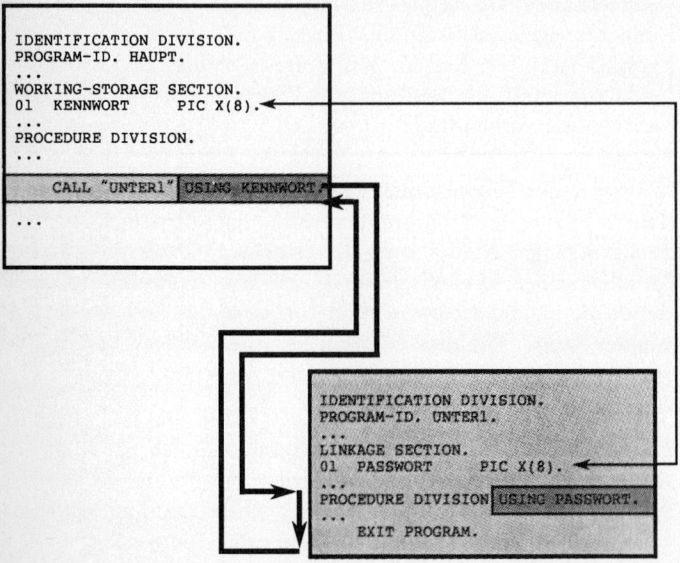

Abb. 7.1: Funktion und Wirkungsweise einer CALL-Anweisung

Das aufrufende Programm überträgt die Ablaufsteuerung an das aufgerufene Programm und wartet mit der Ausführung der folgenden Anweisungen, bis die Befehle des aufgerufenen Programms ausgeführt sind und der Befehl EXIT PROGRAM erreicht wird. Dann wird die Ablaufsteuerung wieder an das aufrufende Programm zurückgegeben und die Programmausführung wird mit dem der CALL-Anweisung folgenden Befehl fortgesetzt.

Gleichzeitig mit dem Aufruf eines anderen Programms können auch Daten des aufrufenden Programms an das aufgerufene Programm „übergeben“ werden. Wie diese **Parameterübergabe** erfolgt, wird im Detail in den Abschnitten 7.2 bis 7.4 behandelt.

Eine weitere Möglichkeit zur Kommunikation zwischen getrennt übersetzten Programmteilen besteht in der Verwendung gemeinsamer (geteilter) Datenobjekte (engl.: shared objects). Ohne besondere Angaben sind Datenfelddefinitionen bzw. Dateibeschreibungen immer nur für jenes Programm (intern) gültig, das die entsprechenden COBOL-Einträge enthält (engl.: internal objects). Das heißt, daß ein Datenfeld A in einem Programm PROG1 nicht identisch ist mit einem gleichbenannten Datenfeld in einem Programm PROG2. Analoges gilt auch für Dateien: Ein Programm „kennt“ immer nur die „eigenen“ Daten. Daher muß z.B. eine Datei, die in einem aufgerufenen Programm verarbeitet werden soll, auch in diesem Programm erfolgreich geöffnet worden sein. Dies ist im allgemeinen allerdings nur dann möglich, wenn dieselbe Datei nicht bereits im aufrufenden Programm geöffnet wurde.

Bei der Definition einer Datei oder eines Datenfelds kann vereinbart werden, daß dieses Datenobjekt ein **externes Objekt** (engl.: external object) sein soll. Das betreffende Objekt wird dann nicht dem einzelnen Programm zugeordnet, sondern der gesamten run unit. Daher kann jedes Objektprogramm innerhalb der run unit dieses externe Objekt adressieren, sofern dieses im Programm auch definiert ist. Die einzelnen Programme „teilen“ sich also bestimmte Objekte.

Der Gebrauch der EXTERNAL-Klausel wird im Abschnitt 7.5 behandelt.

7.2 COBOL-Anweisungen im aufrufenden Programm

7.2.1 CALL-Anweisung

Funktion

> Die **CALL-Anweisung** überträgt die Ablaufsteuerung innerhalb einer run unit von einem Objektprogramm an ein anderes („Aufruf eines Unterprogramms“).

Format

```
       { Bezeichner-1 } [                            ]
CALL   {              } [ USING { Bezeichner-2 } ... ]
       { Literal-1    } [                            ]
```

Syntaktische Regeln

- Literal-1 muß ein nicht-numerisches Literal sein, das (unter Hochkommata) den Namen des aufzurufenden Programms angibt. Bezeichner-1 muß ein alphanumerisches Datenelement sein, das den Namen des aufzurufenden Programms enthält.
- Jeder der in der USING-Phrase angeführten Parameter muß ein Datenfeld adressieren, das in der DATA DIVISION des aufrufenden Programms mit Stufennummer 01, 77 oder als elementares Datenfeld definiert wurde.

Beschreibung

Literal-1 bzw. der in Bezeichner-1 enthaltene Wert identifizieren das aufzurufende Programm (Name, der im PROGRAM-ID-Paragraphen des aufgerufenen Programms vergeben wurde, vgl. auch Abb. 7.1). Bei der Ausführung des CALL-Aufrufs wird die Ablaufsteuerung nach den bereits beschriebenen Regeln innerhalb der run unit an das aufgerufene Programm übergeben. Dabei ist es auch möglich, Nicht-COBOL-Objektprogramme (also z.B. übersetzte PASCAL- oder ASSEMBLER-Programme) aufzurufen.[1]

Wird ein Programm innerhalb einer run unit zum ersten Mal aufgerufen, so befindet es sich in seinem definierten Anfangszustand. Bei jedem weiteren Aufruf befindet sich das Programm in jenem Zustand, in dem es „verlassen" wurde (dies gilt für Feldinhalte, für den Öffnungszustand von Dateien, für die Positionierung des Dateipositionsanzeigers etc.).[2]

Aufgerufene Programme können selbst wieder andere Programme aufrufen. Es kann sich ein Programm jedoch niemals (weder direkt noch indirekt über mehrere CALL-Aufrufe) selbst aufrufen (keine rekursive Programmierung in COBOL!).

Mit Hilfe der USING-Phrase ist es möglich, die Inhalte einzelner Datenfelder des aufrufenden Programms dem aufgerufenen Programm verfügbar zu machen. In der USING-Phrase wer-

---

[1] Oft werden vorhandene systemnahe Programme dazu verwendet, um z.B. Bildschirmmasken in einem COBOL-Programm einzusetzen. Eine *Bildschirmmaske* ist ein Bildschirm„formular" und besteht aus Textkonstanten, aus Ausgabefeldern, die vom Programm mit bestimmten Dateninhalten versorgt werden können, und aus Eingabefeldern, die vom Programmbenutzer „ausgefüllt" werden können. Der Programmbenutzer füllt diese Eingabefelder auf dem Bildschirm wie auf einem Papierformular aus (mehrere Datenfelder auf einmal), durch das Drücken der Datenübertragungstaste (Enter-Taste) werden die auf der Bildschirmmaske eingegebenen Daten dem Programm zur Verfügung gestellt und es wird die Programmausführung fortgesetzt.

Wie Sie Bildschirmmasken erzeugen bzw. im Programm verwenden können, ist von der jeweils verfügbaren Programmierumgebung abhängig und daher nicht Gegenstand dieses Bands. Wenn Sie in Ihren Programmen Bildschirmmasken einsetzen wollen, so müssen Sie sich die relevanten Informationen von Ihrem Kursleiter oder aus schriftlichen Unterlagen (Arbeitsbüchern, Systemmanuals) besorgen.

[2] Ein „Rücksetzen" eines Programms auf den Anfangszustand kann durch die CANCEL-Anweisung erreicht werden (Näheres dazu folgt im Abschnitt 7.2.2).

den jene Felder angeführt, deren Inhalte an das aufgerufene Programm „übergeben“ werden sollen. Wie das aufgerufene Programm diese Daten „empfängt“, wird in den Abschnitten 7.3 und 7.4 behandelt.

Beispiele

- Von einem Programm HAUPT aus soll ein Programm UNTER1 aufgerufen werden. Gleichzeitig mit dem Aufruf sollen für das aufgerufene Programm, dessen Name auch im Feld UNTER-NAME verfügbar ist, die Inhalte der Datenfelder KENNWORT und MELDUNG zugänglich gemacht werden.

```
CALL "UNTER1" USING KENNWORT, MELDUNG.
```

oder

```
CALL UNTER-NAME USING KENNWORT, MELDUNG.
```

- Wenn das Feld AUSWAHL den Wert „1“ enthält, soll das Programm UPRO1 aufgerufen werden, wenn AUSWAHL den Wert „2“ enthält, das Programm UPRO2.

```
EVALUATE AUSWAHL
WHEN "1"
     CALL UPRO1,
WHEN "2"
     CALL UPRO2,
WHEN OTHER
     DISPLAY "FALSCHE EINGABE" UPON BS,
END-EVALUATE.
```

7.2.2 CANCEL-Anweisung

<u>Funktion</u>

Die **CANCEL-Anweisung** ermöglicht die Initialisierung eines bereits ein- oder mehrmals aufgerufenen Programms durch das aufrufende Programm. Beim nächsten Aufruf des Programms befindet sich dieses wiederum in seinem definierten Anfangszustand.

<u>Format</u>

$$\underline{\text{CANCEL}} \left\{ \begin{array}{l} \text{Bezeichner-1} \\ \text{Literal-1} \end{array} \right\} \ldots$$

Es gelten analog die bei der Beschreibung der CALL-Anweisung angeführten Regeln.

<u>Beispiel</u>

Das bereits mehrere Male aufgerufene Programm UPRO1 soll in seinen Anfangszustand zurückversetzt werden.

```
CANCEL "UPRO1".
```

Übungsaufgabe Nr. II–54 im Arbeitsbuch ←

7.3 COBOL-Einträge im aufgerufenen Programm

7.3.1 LINKAGE SECTION

Die Datenfelder, die das aufgerufene Programm vom aufrufenden Programm „übernimmt", müssen in einem eigenen Abschnitt der DATA DIVISION beschrieben werden. Nach der

FILE SECTION und der WORKING-STORAGE SECTION ist die LINKAGE SECTION damit der dritte Teil der DATA DIVISION. Die LINKAGE SECTION ist nur dann von Bedeutung, wenn das Programm unter der Steuerung einer CALL-Anweisung abläuft, die eine USING-Phrase enthält.

> In der **LINKAGE SECTION** werden Datenfelder für jene Daten definiert, die im aufrufenden Programm verfügbar sind, die aber sowohl vom aufrufenden als auch vom aufgerufenen Programm verwendet werden sollen.

Die Struktur der LINKAGE SECTION gleicht jener der WORKING-STORAGE SECTION, die darin enthaltenen Datenbeschreibungseinträge entsprechen den allgemeinen Regeln zur Beschreibung von Datenfeldern (vgl. auch Abschnitt 2.4). Es darf allerdings (ausgenommen für die Definition von Bedingungsnamen) keine VALUE-Klausel verwendet werden.

7.3.2 PROCEDURE DIVISION-Überschrift

Sollen Daten als Parameter vom aufrufenden Programm an das aufgerufene übergeben werden (USING-Phrase beim CALL-Aufruf), so muß die PROCEDURE DIVISION-Überschrift des aufgerufenen Programms folgendem Format genügen:

PROCEDURE DIVISION USING { Datenname-1 } . . . .

In der USING-Phrase werden jene Datenfelder angeführt, welche die vom aufrufenden Programm übernommenen Parameter enthalten sollen. Diese Datenfelder müssen in der LINKAGE SECTION definiert sein.

Die Parameter„übergabe“ erfolgt in der Reihenfolge, die durch die Auflistung der Datenfelder in den beiden USING-Phrasen (beim CALL-Aufruf im aufrufenden Programm und bei der PROCEDURE DIVISION-Überschrift im aufgerufenen Programm) festgelegt ist: Der Inhalt des ersten im CALL-Aufruf angegebenen Datenfelds wird an das erste in der PROCEDURE DIVISION-Überschrift angeführte Datenelement „übergeben“, der Inhalt des zweiten an das zweite usw. Die Objektprogramme verhalten sich dabei so, wie wenn die einzelnen angeführten Datenelemente, die im aufgerufenen Programm (in der LINKAGE SECTION) definiert sind, dieselben Speicherbereiche im Hauptspeicher belegen würden wie die im CALL-Aufruf angegebenen Datenelemente des aufrufenden Programms. Die einander entsprechenden Datenelemente müssen daher die gleiche Anzahl an Zeichenpositionen definieren.[3] Im aufgerufenen Programm muß die Bezugnahme auf diese Daten über die in der LINKAGE SECTION vergebenen Datennamen erfolgen.

7.3.3 EXIT PROGRAM-Anweisung

Funktion

Die **EXIT PROGRAM-Anweisung** kennzeichnet das logische Ende eines durch die Ausführung einer CALL-Anweisung aufgerufenen Programms.

Format

```
EXIT PROGRAM
```

[3] Die in der LINKAGE SECTION definierten Datenfelder haben bei der Kommunikation zwischen Programmen eine ähnliche Funktion wie die in der FILE SECTION definierten Dateipuffer bei der Verarbeitung von Dateien: Im aufgerufenen Programm sind durch die Einträge in der LINKAGE SECTION spezielle „Kommunikationspuffer“ definiert, die von diesem Programm angesprochen werden können. Alle Daten, die dieses Programm „von außen“ in Form von Parametern erhalten soll, müssen durch die Verwendung der beiden USING-Klauseln beim CALL-Aufruf bzw. in der PROCEDURE DIVISION-Überschrift in diese Kommunikationspuffer gebracht werden. Durch die beiden USING-Klauseln wird somit festgelegt, welche Datenfelder des aufrufenden Programms in welche Kommunikationspuffer „übertragen“ werden sollen.

Syntaktische Regel

Wird die EXIT PROGRAM-Anweisung in einer zusammenhängenden Folge von unbedingten Anweisungen innerhalb eines COBOL-Satzes angegeben, so muß sie der letzte Befehl dieser Sequenz sein.

Beschreibung

Die EXIT PROGRAM-Anweisung beendet die Ausführung eines mit Hilfe einer CALL-Anweisung aufgerufenen Programms, die Steuerung des Programmablaufs wird wieder an das aufrufende Programm zurückübergeben. Die Ausführung der run unit wird im aufrufenden Programm mit dem der CALL-Anweisung folgenden Befehl fortgesetzt.[4]

Die EXIT PROGRAM-Anweisung ist nur dann von Bedeutung, wenn das betreffende Programm durch eine CALL-Anweisung aufgerufen wurde. Andernfalls wird diese Anweisung als „leere“ Anweisung interpretiert.

7.4 Beispiel für die Datenübergabe an ein aufgerufenes Programm

Das von einem Programm HAUPT aufgerufene Programm UNTER1 (vgl. auch Abschnitt 7.2.1) würde entsprechend den Ausführungen der Abschnitte 7.2 und 7.3 folgendermaßen aussehen:

[4]Beachten Sie den Unterschied zwischen der EXIT PROGRAM-Anweisung und dem STOP RUN-Befehl: Die EXIT PROGRAM-Anweisung beendet lediglich die Ausführung des aufgerufenen Programms und überträgt die weitere Ablaufsteuerung innerhalb der run unit an das aufrufende Programm zurück. Der STOP RUN-Befehl beendet die Ausführung der gesamten run unit und überträgt die Steuerung an das Betriebssystem.

```
IDENTIFICATION DIVISION.
PROGRAM-ID. UNTER1.
...
DATA DIVISION.
FILE SECTION.
...
WORKING-STORAGE SECTION.
...
LINKAGE SECTION.
01  MELDUNGSFELD    PIC X(80).
01  PASSWORT        PIC X(8).
...
PROCEDURE DIVISION USING PASSWORT, MELDUNGSFELD.
...
    IF PASSWORT = "COBOL"
    THEN ...
    ELSE MOVE "Das eingegebene Kennwort ist falsch!"
              TO MELDUNGSFELD
    END-IF.
...
    EXIT PROGRAM.
```

Durch den Aufruf „CALL UNTER1 USING KENNWORT, MELDUNG“ wird die Steuerung des Programmablaufs vom Programm HAUPT an das Programm UNTER1 übergeben, gleichzeitig wird der Inhalt des Felds KENNWORT im Feld PASSWORT des aufgerufenen Programms verfügbar gemacht, ebenso der Inhalt des Felds MELDUNG im Feld MELDUNGSFELD. Die Inhalte von PASSWORT und MELDUNGSFELD können im aufgerufenen Programm verändert werden, bei Erreichen der EXIT PROGRAM-Anweisung wird die Steuerung wiederum an das aufrufende Programm zurückgegeben. Gleichzeitig werden die geänderten Feldinhalte ebenfalls zurückgeliefert: So kann etwa das Feld MELDUNG (im aufrufenden Programm) nach der Ausführung der CALL-Anweisung den Inhalt "Das eingegebene Kennwort ist falsch!“ enthalten.

7.5 EXTERNAL-Klausel

Wie bereits erwähnt ist es in COBOL auch möglich, Datenobjekte (Datenfelder, Dateien) als externe Objekte zu definieren.

Funktion

Durch die **EXTERNAL-Klausel** wird ein Datenobjekt als externes Objekt definiert. Ein externes Objekt kann (innerhalb einer run unit) von jedem Programm, das eine entsprechende Daten- bzw. Dateibeschreibung enthält, angesprochen werden.

Format

IS EXTERNAL

Syntaktische Regeln

- Die EXTERNAL-Klausel darf nur in der FILE SECTION im FD-Eintrag einer Datei oder in der WORKING-STORAGE SECTION in einem Datenbeschreibungseintrag mit der Stufennummer 01 angegeben werden.
- Innerhalb eines Programms muß der Name des externen Datenobjekts eindeutig sein (keine Qualifizierung möglich).
- Die Verwendung der VALUE-Klausel in Verbindung mit einer EXTERNAL-Klausel ist nicht erlaubt.

Beschreibung

Jedes Programm, das ein durch eine EXTERNAL-Klausel als „extern“ definiertes Datenobjekt beschreibt, kann dieses Datenobjekt auch ansprechen und verwenden. Die Beschreibungen des Datenobjekts in den einzelnen Programmen müssen allerdings den gleichen (Daten- bzw. Datei-)Namen festlegen.

Beispiel

```
IDENTIFICATION DIVISION.
PROGRAM-ID. PROG1.
...
FILE SECTION.
FD  STUDENTEN EXTERNAL.
01  STUD-SATZ       PIC X(90).
...
WORKING-STORAGE SECTION.
01  SPEICHERFELD    PIC X(20) EXTERNAL.
...
PROCEDURE DIVISION.
...
    DISPLAY SPEICHERFELD UPON BS.
...
    OPEN INPUT STUDENTEN.
    CALL PROG2.
    CLOSE STUDENTEN.
...
    STOP RUN.



IDENTIFICATION DIVISION.
PROGRAM-ID. PROG2.
...
FILE SECTION.
FD  STUDENTEN EXTERNAL.
01  STUD-SATZ       PIC X(90).
...
WORKING-STORAGE SECTION.
01  SPEICHERFELD    PIC X(20) EXTERNAL.
...
PROCEDURE DIVISION.
...
    DISPLAY SPEICHERFELD UPON BS.
...
    READ STUDENTEN AT END ...
...
    EXIT PROGRAM.
```

Da das Feld SPEICHERFELD in beiden Programmen als externes Datenfeld (mit identischer Datenbeschreibung) definiert ist, kann es von beiden in einer run unit zusammengefaßten Programmen PROG1 und PROG2 verarbeitet werden. Da auch die Datei STUDENTEN als extern definiert wurde, kann sie z.B. im aufrufenden Programm geöffnet und im aufgerufenen Programm verarbeitet werden.

7.6 Demonstrationsbeispiel 10

Problemstellung

Um die Ausführungen über die Kommunikation von Programmen zusammenzufassen, sei am Ende dieses Kapitels wiederum ein Demonstrationsbeispiel dargestellt. Wir wollen den Programmtext unseres nunmehr bereits ausreichend bekannten Beispiels „Fakturierung und Lagerbestandsfortschreibung“ (vgl. auch Demonstrationsbeispiel 9 im Abschnitt 5.5.2) ein letztes Mal ändern: Die Problemlösung soll nicht in einem einzigen COBOL-Programm erfolgen, sondern soll als Programmsystem aus 4 COBOL-Programmen zusammengesetzt sein, die dem Hauptproblem P sowie den drei Teilproblemen TP1, TP2 und TP3 entsprechen. An diesem Beispiel soll nochmals die Übergabe von Parametern zwischen TP2 und TP3 gezeigt werden (vgl. auch Schnittstellentabelle im Abschnitt 1.3.2.3). Für die Dateibeschreibung der Lagerbestandsdatei soll ein Bibliothekselement LAGSATZ verwendet werden.

Musterlösung

Der Programmentwurf (Programmstruktur und -logik) bleibt von dieser Änderung völlig unberührt. Die Abbildungen 7.2, 7.3, 7.4 und 7.5 zeigen Ihnen eine vollständige Musterlösung.

```
 IDENTIFICATION DIVISION.
*************************

 PROGRAM-ID.    DEMO10.

***********************************************************
*                                                         *
*  Programmautor: Hans Göpfrich                           *
*  Installation:  Firma Frisch & Billig GmbH              *
*  Version:       2.5 (02.01.1988)                        *
*  Kompilierungsdatum: 02.01.1988                         *
*                                                         *
***********************************************************
*                                                         *
*  Programmfunktionen:                                    *
*       1. Fakturierung                                   *
*       2. Fortschreibung des Lagerbestands               *
*                                                         *
***********************************************************
```

```
*                                                            *
*        Direktzugriffsdatei, Programmkommunikation          *
*                                                            *
*                          Hauptprogramm                     *
*                                                            *
**************************************************************


 ENVIRONMENT DIVISION.
**********************

 CONFIGURATION SECTION.
*---------------------*
 SOURCE-COMPUTER. IBM-3083.
 OBJECT-COMPUTER. IBM-3083.
 SPECIAL-NAMES.
     CONSOLE IS BS,
     DECIMAL-POINT IS COMMA.


 DATA DIVISION.
***************

 WORKING-STORAGE SECTION.
*-----------------------*
 77  E-KU-BEG-KENN     PIC X.
 77  SUMME             PIC S9(6)V99.


 PROCEDURE DIVISION.
********************

 RECHNUNGSSCHREIBUNG.
     MOVE "J" TO E-KU-BEG-KENN,
     PERFORM UNTIL E-KU-BEG-KENN NOT = "J"
          CALL "DEMO10P1",
          MOVE 0 TO SUMME,
          CALL "DEMO10P2" USING SUMME,
          CALL "DEMO10P3" USING SUMME,
          DISPLAY "Noch eine Rechnung schreiben (J/N)?"
                   UPON BS,
          ACCEPT E-KU-BEG-KENN FROM BS,
     END-PERFORM,
     STOP RUN.
```

Abb. 7.2: COBOL-Programmliste für das Demonstrationsbeispiel 10 (Hauptprogramm P)

```
 IDENTIFICATION DIVISION.
*************************

 PROGRAM-ID.    DEMO10P1.

*************************************************************
*                                                           *
*      Fakturierung und Lagerbestandsfortschreibung         *
*                                                           *
*       Direktzugriffsdatei, Programmkommunikation          *
*                                                           *
*                      Unterprogramm 1                      *
*                                                           *
*************************************************************


 ENVIRONMENT DIVISION.
**********************

 CONFIGURATION SECTION.
*---------------------*
 SOURCE-COMPUTER. IBM-3083.
 OBJECT-COMPUTER. IBM-3083.
 SPECIAL-NAMES.
     CONSOLE IS BS,
     DECIMAL-POINT IS COMMA.

 INPUT-OUTPUT SECTION.
*--------------------*
 FILE-CONTROL.
     SELECT OPTIONAL RECHNUNG ASSIGN TO RECH.


 DATA DIVISION.
***************

 FILE SECTION.
*------------*
 FD  RECHNUNG.
 01  FAKTURENZEILE        PIC X(80).

 WORKING-STORAGE SECTION.
*-----------------------*
 01  KOPFZEILE1           PIC X(64) VALUE ALL "*".

 01  KOPFZEILE2.
     05 FILLER            PIC X(22)
                              VALUE "FRISCH & BILLIG GmbH".
     05 FILLER            PIC X(34) VALUE SPACES.
     05 D-DATUM           PIC XX/XX/XX.

 01  KOPFZEILE3           PIC X(14) VALUE "Marktstraße 1".

 01  KOPFZEILE4           PIC X(17) VALUE "4711 Suppenhausen".
```

```
01  KOPFZEILE6.
    05 FILLER            PIC X(18) VALUE "BEZEICHNUNG       ".
    05 FILLER            PIC X(18) VALUE " PREIS/EINHEIT    ".
    05 FILLER            PIC X(18) VALUE "      MENGE      G".
    05 FILLER            PIC X(10) VALUE "ESAMTPREIS".

01  KOPFZEILE7           PIC X(64) VALUE ALL "-".


PROCEDURE DIVISION.
********************

TP1.
    OPEN EXTEND RECHNUNG,
    ACCEPT D-DATUM FROM DATE,
    WRITE FAKTURENZEILE FROM KOPFZEILE1 AFTER PAGE,
    WRITE FAKTURENZEILE FROM KOPFZEILE2 AFTER 1,
    WRITE FAKTURENZEILE FROM KOPFZEILE3 AFTER 1,
    WRITE FAKTURENZEILE FROM KOPFZEILE4 AFTER 1,
    WRITE FAKTURENZEILE FROM KOPFZEILE6 AFTER 2,
    WRITE FAKTURENZEILE FROM KOPFZEILE7 AFTER 1,
    CLOSE RECHNUNG.

ENDE-TP1.
    EXIT PROGRAM.
```

Abb. 7.3: COBOL-Programmliste für das Demonstrationsbeispiel 10 (Unterprogramm TP1)

```
 IDENTIFICATION DIVISION.
*************************

 PROGRAM-ID.    DEMO10P2.

**********************************************************
*                                                        *
*      Fakturierung und Lagerbestandsfortschreibung      *
*                                                        *
*       Direktzugriffsdatei, Programmkommunikation       *
*                                                        *
*                    Unterprogramm 2                     *
*                                                        *
**********************************************************

 ENVIRONMENT DIVISION.
**********************

 CONFIGURATION SECTION.
*---------------------*
 SOURCE-COMPUTER. IBM-3083.
 OBJECT-COMPUTER. IBM-3083.
 SPECIAL-NAMES.
     CONSOLE IS BS,
     DECIMAL-POINT IS COMMA.

 INPUT-OUTPUT SECTION.
*--------------------*
 FILE-CONTROL.
     SELECT LAGERBESTAND ASSIGN TO    LAGER
                         ORGANIZATION INDEXED
                         ACCESS       RANDOM
                         RECORD KEY   L-ANR.

     SELECT RECHNUNG     ASSIGN TO    RECH.

 DATA DIVISION.
***************

 FILE SECTION.
*------------*
 FD  LAGERBESTAND.
 01  LBD-SATZ.
     05 L-ANR           PIC X(4).
     05 FILLER          PIC X(28).

 FD  RECHNUNG.
 01  FAKTURENZEILE      PIC X(80).

 WORKING-STORAGE SECTION.
*-----------------------*
 77  E-ANR              PIC X(4).
 77  S                  PIC X.
 77  W-GES-PREIS        PIC S9(6)V99.
```

```
 01  E-MENGE              PIC S9(4) SIGN IS LEADING
                                    SEPARATE CHARACTER.

 01  PRUEFFELD REDEFINES E-MENGE.
     05 VORZEICHEN        PIC X.
     05 BETRAG            PIC X(4).

 01  RUMPFZEILE.
     05 D-BEZ             PIC X(15).
     05 FILLER            PIC X(4).
     05 D-PREIS           PIC Z.ZZ9,99.
     05 FILLER            PIC X(11).
     05 D-MENGE           PIC ----9.
     05 FILLER            PIC X.
     05 D-EINHEIT         PIC XX.
     05 FILLER            PIC X(7).
     05 D-GES-PREIS       PIC ----.--9,99.

 01  WS-LBDSATZ.
     COPY LBDSATZ.
C    05 W-ANR             PIC 9(4).
C    05 W-BEZ             PIC X(15).
C    05 W-EINHEIT         PIC XX.
C    05 W-PREIS           PIC 9999V99.
C    05 W-BESTAND         PIC 9(5).

 LINKAGE SECTION.
*---------------*
 77  W-GES-SUMME          PIC S9(6)V99.


 PROCEDURE DIVISION USING W-GES-SUMME.
****************************************

 TP2.
     OPEN I-O LAGERBESTAND,
          EXTEND RECHNUNG,

     DISPLAY "Bitte Art.Nr. eingeben (4-stellig, "
             "Ende = 0000):" UPON BS,
     ACCEPT E-ANR FROM BS,

     PERFORM UNTIL E-ANR = "0000"
          IF E-ANR NOT NUMERIC
          THEN DISPLAY "Die Artikelnummer muß 4-stellig "
                       "numerisch eingegeben werden!"
                        UPON BS,
          ELSE PERFORM TP5,
               PERFORM TP6,
          END-IF,
          DISPLAY "Bitte Art.nr. eingeben (4-stellig, "
                  "Ende = 0000):" UPON BS,
          ACCEPT E-ANR FROM BS,
     END-PERFORM,
```

```
    CLOSE LAGERBESTAND, RECHNUNG.

ENDE-TP2.
    EXIT PROGRAM.


TP5.
    MOVE E-ANR TO L-ANR,
    MOVE "0" TO S,
    READ LAGERBESTAND INTO WS-LBDSATZ,
         INVALID KEY MOVE "1" TO S,
    END-READ.

TP6.
    IF S = "0"
    THEN DISPLAY "Bitte Menge eingeben (4-stellig + Vor"
                 "zeichen an erster Stelle):" UPON BS,
         ACCEPT E-MENGE                       FROM BS,

         PERFORM UNTIL ((VORZEICHEN = "+") OR
                        (VORZEICHEN = "-")) AND
                       (BETRAG NUMERIC)
             DISPLAY "Es wurde ein falscher Wert "
                     "eingegeben!" UPON BS,
             DISPLAY "Bitte Menge eingeben (4-stellig + "
                     "Vorzeichen an 1. Stelle):" UPON BS,
             ACCEPT E-MENGE FROM BS,
         END-PERFORM,

         MULTIPLY E-MENGE BY W-PREIS GIVING W-GES-PREIS,
         ADD W-GES-PREIS TO W-GES-SUMME,
         MOVE SPACES      TO RUMPFZEILE,
         MOVE W-BEZ       TO D-BEZ,
         MOVE W-PREIS     TO D-PREIS,
         MOVE E-MENGE     TO D-MENGE,
         MOVE W-EINHEIT   TO D-EINHEIT,
         MOVE W-GES-PREIS TO D-GES-PREIS,
         WRITE FAKTURENZEILE FROM RUMPFZEILE AFTER 1,

         SUBTRACT E-MENGE FROM W-BESTAND,
         REWRITE LBD-SATZ FROM WS-LBDSATZ,
    ELSE DISPLAY "Diese Artikelnummer existiert nicht in "
                 "der Lagerbestandsdatei!"  UPON BS,
         DISPLAY "Bitte nochmals versuchen!" UPON BS,
    END-IF.
```

Abb. 7.4: COBOL-Programmliste für das Demonstrationsbeispiel 10 (Unterprogramm TP2)

```
 IDENTIFICATION DIVISION.
*************************

 PROGRAM-ID.    DEMO10P3.

************************************************************
*                                                          *
*       Fakturierung und Lagerbestandsfortschreibung       *
*                                                          *
*        Direktzugriffsdatei, Programmkommunikation        *
*                                                          *
*                     Unterprogramm 3                      *
*                                                          *
************************************************************


 ENVIRONMENT DIVISION.
**********************

 CONFIGURATION SECTION.
*---------------------*
 SOURCE-COMPUTER. IBM-3083.
 OBJECT-COMPUTER. IBM-3083.
 SPECIAL-NAMES.
     CONSOLE IS BS,
     DECIMAL-POINT IS COMMA.

 INPUT-OUTPUT SECTION.
*--------------------*
 FILE-CONTROL.
     SELECT RECHNUNG      ASSIGN TO    RECH.


 DATA DIVISION.
***************

 FILE SECTION.
*------------*
 FD  RECHNUNG.
 01  FAKTURENZEILE      PIC X(80).

 WORKING-STORAGE SECTION.
*----------------------*
 77  E-WG               PIC 9(6)V99.
 77  W-RETOUR           PIC S9(6)V99.

 01  FUSSZEILE1         PIC X(64) VALUE ALL "-".

 01  FUSSZEILE2.
     05 FILLER          PIC X(21) VALUE SPACES.
     05 FILLER          PIC X(5)  VALUE "SUMME".
     05 FILLER          PIC X(24) VALUE SPACES.
     05 FILLER          PIC XX    VALUE "DM".
     05 FILLER          PIC X     VALUE SPACES.
     05 D-GES-SUMME     PIC ----.--9,99.
```

```
 01  FUSSZEILE4.
     05 FILLER           PIC X(21) VALUE SPACES.
     05 FILLER           PIC X(7)  VALUE "Gegeben".
     05 FILLER           PIC X(22) VALUE SPACES.
     05 FILLER           PIC XX    VALUE "DM".
     05 FILLER           PIC XX    VALUE SPACES.
     05 D-WG             PIC ZZZ.ZZ9,99.

 01  FUSSZEILE5.
     05 FILLER           PIC X(21) VALUE SPACES.
     05 FILLER           PIC X(6)  VALUE "Retour".
     05 FILLER           PIC X(23) VALUE SPACES.
     05 FILLER           PIC XX    VALUE "DM".
     05 FILLER           PIC X     VALUE SPACES.
     05 D-RETOUR         PIC ----.--9,99.

 01  FUSSZEILE7.
     05 FILLER           PIC X(21) VALUE SPACES.
     05 FILLER           PIC X(23)
                             VALUE "Betrag dankend erhalten".
     05 FILLER           PIC X(20) VALUE SPACES.

 01  FUSSZEILE8          PIC X(64) VALUE ALL "*".

 LINKAGE SECTION.
*---------------*
 77  W-GES-SUMME         PIC S9(6)V99.


 PROCEDURE DIVISION USING W-GES-SUMME.
***************************************

 TP3.
     OPEN EXTEND RECHNUNG,
     WRITE FAKTURENZEILE FROM FUSSZEILE1 AFTER 1,

     MOVE W-GES-SUMME TO D-GES-SUMME,
     WRITE FAKTURENZEILE FROM FUSSZEILE2 AFTER 1,

     DISPLAY "Rechnungssumme: DM ", D-GES-SUMME UPON BS,
     DISPLAY SPACES                            UPON BS,
     DISPLAY "Gegeben (6-stellig + 2 Dez.stellen):"
                                            UPON BS,
     ACCEPT E-WG                            FROM BS,

     PERFORM UNTIL (E-WG NUMERIC)
         DISPLAY "Nicht-numerischer Wert wurde eingegeben,"
                 " bitte nochmals versuchen!" UPON BS,
         ACCEPT E-WG                          FROM BS,
     END-PERFORM,

     MOVE E-WG TO D-WG,
     DISPLAY "Gegeben: DM  ", D-WG UPON BS,
     WRITE FAKTURENZEILE FROM FUSSZEILE4 AFTER 2,
```

```
        SUBTRACT W-GES-SUMME FROM E-WG GIVING W-RETOUR,
        MOVE W-RETOUR TO D-RETOUR,
        DISPLAY "Retour:  DM ", D-RETOUR UPON BS,
        WRITE FAKTURENZEILE FROM FUSSZEILE5 AFTER 1,

        WRITE FAKTURENZEILE FROM FUSSZEILE7 AFTER 2,

        WRITE FAKTURENZEILE FROM FUSSZEILE8 AFTER 1,

        CLOSE RECHNUNG.

    ENDE-TP3.
        EXIT PROGRAM.
```

Abb. 7.5: COBOL-Programmliste für das Demonstrationsbeispiel 10 (Unterprogramm TP3)

Erläuterungen:

Da die EXTERNAL-Klausel nicht auf allen gängigen COBOL-Compilern verfügbar ist, wurden im oben dargestellten Beispiel die Dateien jeweils in jenen Unterprogrammen geöffnet bzw. geschlossen, in denen auf sie zugegriffen wird. Wenn Sie auf Ihrem Compiler auch die EXTERNAL-Klausel verfügbar haben, so können sie beide Dateien auch als externe Dateien definieren und nur im aufrufenden Programm einmal öffnen und schließen, damit sie in allen Programmen der run unit angesprochen werden können.

Anhand des Datenfelds für die Berechnung der vom Kunden zu bezahlenden Gesamtsumme wird die Übergabe von Datenfeldern zwischen den Programmen gezeigt.

Die in der Programmliste durch das Zeichen „C" gekennzeichneten Zeilen sind nicht zu codieren. Diese Programmteile werden durch den COPY-Befehl bei der Programmübersetzung vom Compiler aus der COBOL-Bibliothek kopiert und an der betreffenden Stelle im Programmtext eingefügt.

Übungsaufgabe Nr. II–55 im Arbeitsbuch ⟵

Kapitel 8

Zusammenfassendes Schlußbeispiel

Demonstrationsbeispiel 11

Problemstellung

Der Hobby-Radfahrer Johann Trittfest hat eine mehrtägige Radtour durch Österreich und Südtirol hinter sich. Jeden Tag ist er eine Etappe gefahren und hat dabei alle wichtigen Daten dieser Radtour (Orte, Seehöhe, Durchfahrtszeiten und Tageskilometerstände) auf einem Zettel notiert. Zu Hause möchte er eine statistische Auswertung dieser Daten vornehmen.

Entwickeln Sie ein COBOL-Programmsystem, das folgende Funktionen erfüllt:

- Erfassen der auf Papier notierten Daten über ein Datenerfassungsprogramm und Abspeichern der Daten in einer indizierten Datei RUNDFAHRT.
- Statistische Auswertung der Datei RUNDFAHRT.

Sehen Sie dazu ein Programmsystem vor, das aus einem Hauptprogramm und zwei eigenständigen Unterprogrammen besteht:

- Das Hauptprogramm HAUPT soll lediglich zur Auswahl der gewünschten Funktion („1“ = Datenerfassen, „2“ = Auswerten) und zum Aufruf der beiden entsprechenden Unterprogramme dienen. Zunächst soll ein Auswahlmenü am Bildschirm angezeigt werden, die Eingabe der Auswahl soll über die Terminaltastatur erfolgen. Bei falschen Eingaben soll vor dem neuerlichen Anzeigen des Auswahlmenüs eine Fehlermeldung ausgegeben werden. Die einzelnen Funktionen sollen beliebig oft aufgerufen werden können (Abbruchbedingung: AUSWAHL = „0“).

- Das erste Unterprogramm ERFASS soll der dialoggesteuerten Erfassung der einzelnen Sätze der Datei RUNDFAHRT dienen. Die Sätze dieser *indizierten* Datei RUNDFAHRT sollen folgenden Satzaufbau haben:

Laufende Nummer R-LNR	Ortsangabe R-ORT	Durchfahrtszeit Stunden R-STD	Minuten R-MIN	Seehöhe in m R-HOEHE	Tages-km-Stand R-KM
3-stellig, alphanumerisch	40-stellig, alphanumerisch	je 2-stellig, numerisch		4-stellig, numerisch	3-stellig, numerisch

Die Eingabe der Datensätze soll über die Tastatur erfolgen. Die laufende Nummer des Datensatzes (= Schlüsselfeld) soll dabei vom Programm aus automatisch versorgt und für jeden neuen Datensatz jeweils um 1 erhöht werden. Es sollen beliebig viele Datensätze eingegeben werden können (Abbruchbedingung: Ortsangabe = „_“).

- Das zweite Unterprogramm AUSWERT soll die Datei RUNDFAHRT auswerten und eine Liste mit folgendem Layout drucken:

für jede Etappe

```
Statistik Radtour Österreich/Südtirol
*************************************

1. Etappe:

LNr. Ort                                      Zeit Seehöhe Tages-km-Stand
--------------------------------------------------------------------------
XXX  XXXXXXXXXXXXXXXXXXXXXXXXXXXXXXXXXXXXXXXX XX/XX   XXXX             XXX
XXX  XXXXXXXXXXXXXXXXXXXXXXXXXXXXXXXXXXXXXXXX XX/XX   XXXX             XXX
 :                    :                         :       :                :
XXX  XXXXXXXXXXXXXXXXXXXXXXXXXXXXXXXXXXXXXXXX XX/XX   XXXX             XXX
--------------------------------------------------------------------------

Gefahrene Zeit:                              XX.XX h
Gefahrene Höhenmeter (Steigungen):           XXXXX m
Gefahrene Tageskilometer:                      XXX km
Durchschnittsgeschwindigkeit der Etappe: XXX.XX km/h

                                      . . .

Gesamtstatistik zur Rundfahrt:

Insgesamt gefahrene Zeit:      XXX.XX h
Insgesamt gefahrene Höhenmeter: XXXXX m
Insgesamt gefahrene Kilometer:   XXXX km
Durchschnittsgeschwindigkeit:  XXX.XX km/h
```

Es sollen dazu folgende Werte vom Programm berechnet werden:

- Pro Etappe:
  - Die Zeit in h, die Johann Trittfest an diesem Tag unterwegs war (unter der vereinfachenden Annahme, daß er die Etappe ohne Unterbrechung durchgefahren ist),
  - der Höhenunterschied in m, den er an diesem Tag insgesamt *bergauf* zurückgelegt hat,
  - die Kilometer, die er an diesem Tag zurückgelegt hat,
  - die Durchschnittsgeschwindigkeit in km/h, mit der Johann Trittfest an diesem Tag unterwegs war (= gefahrene Tageskilometer dividiert durch die gefahrene Zeit in h).
- Für die gesamte Rundfahrt:
  - die Zeit in Stunden, die Johann Trittfest insgesamt unterwegs war (= Summe der Tageszeiten),
  - der Höhenunterschied in m, den er insgesamt zurückgelegt hat,
  - die Strecke in km, die er insgesamt gefahren ist und
  - die Durchschnittsgeschwindigkeit in km/h, mit der er

insgesamt unterwegs war (= insgesamt gefahrene Kilometer dividiert durch insgesamt gefahrene Zeit in h).

Beachten Sie dazu:

- Eine Etappe ist die Strecke, die Johann Trittfest in *einem* Tag zurücklegt. Eine Etappe hat beliebig viele Abschnitte, jeder Abschnitt entspricht einem Datensatz. Johann Trittfest fährt beliebig viele Etappen.

- Die Zeit ist in Stunden und Minuten angegeben. Man kann daher für die Berechnung von Zeitdifferenzen nicht unmittelbar die Abfahrtszeit von der Ankunftszeit subtrahieren, sondern muß eine Umrechnung in Minuten vornehmen. Die Zeiten auf der Liste sind allerdings wieder in Stunden anzugeben! Annahme: Da Johann Trittfest mit dem Rennrad unterwegs ist, kann er die Wegstrecken nur tagsüber zurücklegen (keine Nachtfahrten!).

- Den Beginn einer neuen Etappe erkennt man am Tageskilometerstand 0.

- Steigungen erkennt man daran, daß die Höhenangabe eines Datensatzes größer ist als die des vorhergehenden. Wenn nicht, liegt ein Gefälle vor, das bei den Berechnungen nicht berücksichtigt werden muß.

- Für die Berechnung der Summen- bzw. Durchschnittswerte am Ende eines „Etappenblocks" bzw. am Ende des Programms ist es notwendig, bestimmte Daten des ersten Satzes einer Etappe bzw. bestimmte Daten des vorläufig letzten Satzes einer Etappe in dafür vorgesehenen Datenfeldern zwischenzuspeichern.

Zum besseren Verständnis ist in der Folge eine Musterdatei dargestellt:

001THUMERSBACH	08300758000	Etappenbeginn
002FUSCH/GLOCKNERSTRASSE	09000811014	Steigung
003FERLEITEN	09301142022	Steigung
004FUSCHER TOERL	11222428035	Steigung
005EDELWEISSSPITZE	12052571037	Steigung
006FUSCHER TOERL	13492428039	Gefälle
007HOCHTOR	14302504045	Steigung
008HEILIGENBLUT	16451288061	Gefälle
009DOELLACH/MOELLTAL	17301013071	Gefälle
010DOELLACH/MOELLTAL	09301013000	Etappenbeginn

```
011WINKLERN              10000965010   Gefälle
012ISELSBERG             10551204016   Steigung
013LIENZ                 11200673033   Gefälle
014SILLIAN / GRENZE      15001000067   Steigung
015TOBLACH               16151240080   Steigung
016SCHLUDERBACH          17301437094   Steigung
017MISURINA-PASS         18301756101   Steigung
...
```

- Entwickeln Sie für das Hauptprogramm und die beiden Unterprogramme je ein *detailliertes* Struktogramm.
- Schreiben Sie die drei COBOL-Programme. Verwenden Sie dabei das unten angeführte Bibliothekselement RSATZ für die indizierte Datei RUNDFAHRT:

```
05 LNR          PIC 999.
05 ORT          PIC X(40).
05 STD          PIC 99.
05 MIN          PIC 99.
05 HOEHE        PIC 9999.
05 KM           PIC 999.
```

Gehen Sie davon aus, daß die Datei bereits in leerem Zustand existiert.

Musterlösung

Struktogramme:

Die Abbildungen 8.1, 8.2 und 8.5 zeigen Ihnen die drei für die Programmierung notwendigen Struktogramme. Während die ersten beiden Struktogramme unmittelbar aus der Problemstellung abgeleitet werden können, wird beim Auswertungsprogramm – das ein etwas komplexeres Problem darstellt – nochmals ein kompletter Programmentwurf vorgeführt (Abbildungen 8.3, 8.4 und 8.5).

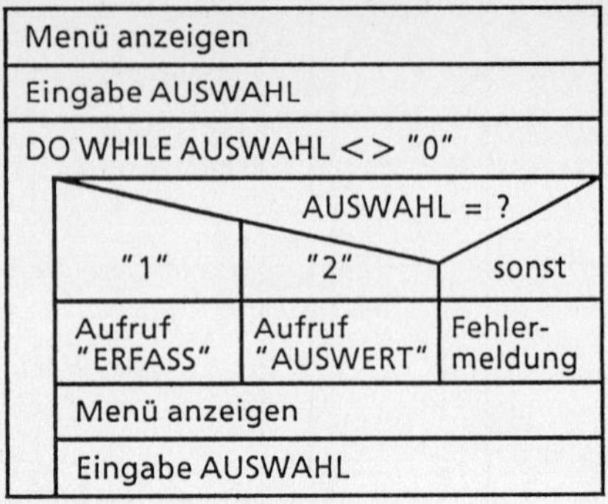

Abb. 8.1: Struktogramm für das Demonstrationsbeispiel 11 (Hauptprogramm DEMO11)

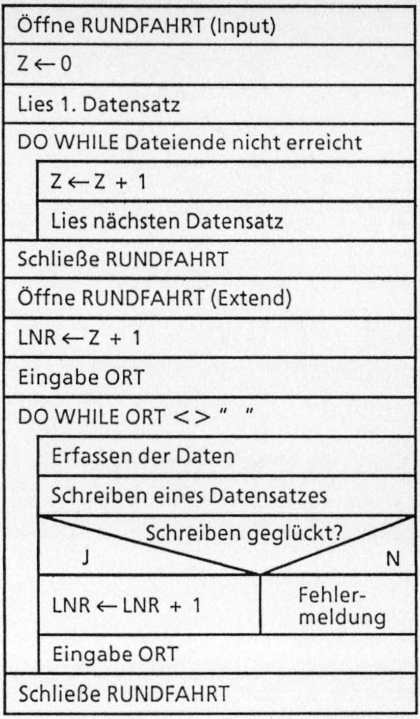

Abb. 8.2: Struktogramm für das Demonstrationsbeispiel 11 (Unterprogramm ERFASS)

Erläuterungen:

Die Datei kann in sequentiellem Zugriff bearbeitet werden. Die Anzahl der bereits in der Datei vorhandenen Datensätze wird festgestellt, indem alle Datensätze der Datei sequentiell gelesen werden und dabei ein Zähler mitgezählt wird. Nach dem Erreichen des Dateiendes ergibt der um 1 erhöhte Zähler die erste neu zu vergebende laufende Nummer (Schlüssel). Das Schreiben der neuen Datensätze erfolgt in einer einfachen Schleife.

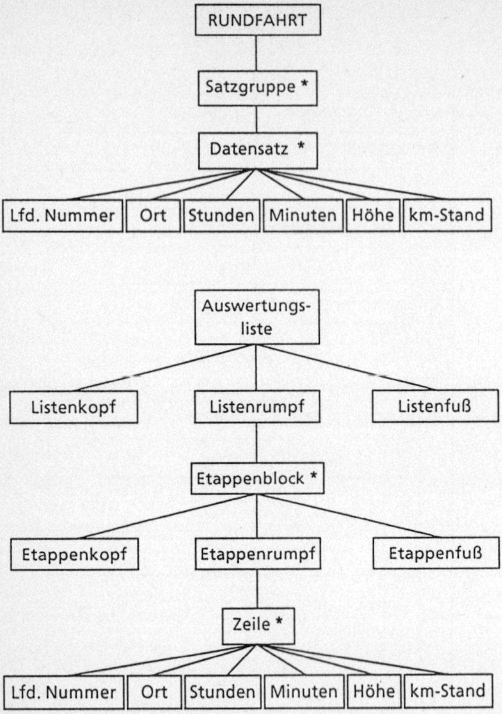

Abb. 8.3: Datenstrukturdiagramme für das Demonstrationsbeispiel 11 (Unterprogramm AUSWERT)

Erläuterungen:

Die Struktur des Programms ergibt sich aus der Anordnung der Datensätze in der Datei RUNDFAHRT: Die Datei ist eine Wiederholung von Gruppen zusammengehöriger (d.h. zu einer Etappe gehöriger) Datensätze. Jede Gruppe kann aus beliebig vielen Datensätzen bestehen. Für jede Gruppe von Datensätzen soll eine Etappenauswertung vorgenommen und ein „Etappenblock“ auf die Auswertungsliste gedruckt werden, für jeden Datensatz innerhalb einer Gruppe soll eine Zeile innerhalb eines solchen Etappenblocks

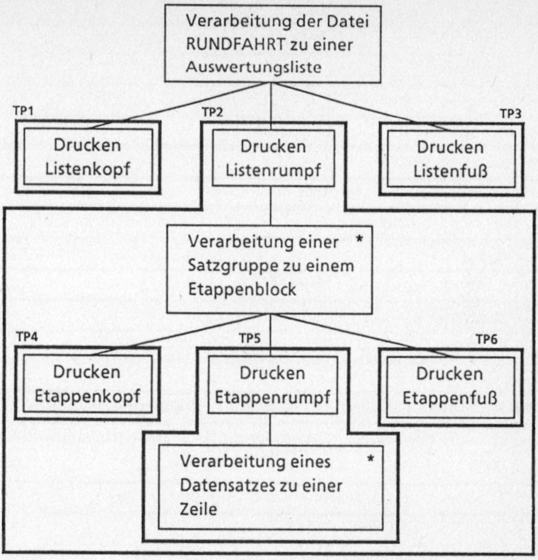

Abb. 8.4: Programmstrukturdiagramm für das Demonstrationsbeispiel 11 (Unterprogramm AUSWERT)

ausgegeben werden.[1]

Aus diesen Entsprechungen zwischen den Datenelementen ergibt sich die Programmstruktur: Es sind zwei ineinander geschachtelte Schleifen zu verarbeiten. Innerhalb der äußeren Schleife wird aus *einer* Gruppe von Datensätzen *ein* Etappenblock erzeugt (hier werden also alle Berechnungen ausgeführt, die sich auf *eine* Etappe beziehen), innerhalb der inneren Schleife wird aus *einem* Datensatz *eine* Zeile auf der Liste erzeugt (hier werden alle Berechnungen und Arbeitsschritte durchgeführt, die sich auf *einen* einzelnen Datensatz beziehen). Für die Ableitung des Struktogramms braucht man sich dann nur noch überlegen, wo genau (vor oder innerhalb welcher Schleife) Datensätze gelesen, Feldinhalte neu initialisiert, Daten für die notwendigen Berechnungen zwischengespeichert, Berechnungen durchgeführt und Ausgaben auf die Liste gedruckt werden müssen.

[1] Man nennt ein derartiges Problem in der Datenverarbeitung auch „Gruppenverarbeitung".

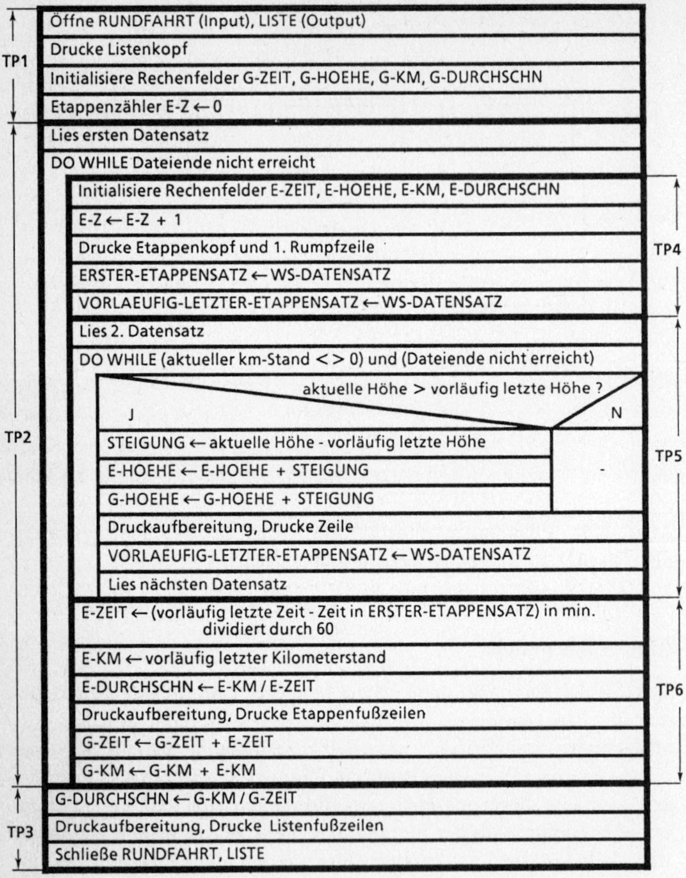

Abb. 8.5: Struktogramm für das Demonstrationsbeispiel 11 (Unterprogramm AUSWERT)

Wir benötigen vier Ergebnisfelder für die Berechnung der gewünschten Etappenwerte (E-ZEIT, E-HOEHE, E-KM, E-DURCHSCHN) und vier Ergebnisfelder für die Berechnung der Rundfahrt-Gesamtwerte (G-ZEIT, G-HOEHE, G-KM, G-DURCHSCHN). Die Gesamtwerte werden, nachdem die Listenüberschrift gedruckt worden ist, noch vor dem Lesen des ersten Datensatzes (also vor Ausführung der äußeren Schleife) initialisiert (auf 0 gesetzt). Das Initialisieren der etappenbezogenen Werte muß jeweils am Beginn der Verarbeitung einer neuen Etappe (also innerhalb der äußeren, aber noch vor der Verarbeitung der inneren Schleife) durchgeführt werden. Gleiches gilt für das Hochzählen eines Etappenzählers, der für die Etappenüberschriften auf der Liste benötigt wird. Auch dieser Etappenzähler E-Z ist vor der äußeren Schleife zu initialisieren.

Ebenfalls innerhalb der äußeren, aber noch vor der inneren Schleife muß die Etappenüberschrift, nach der inneren Schleife müssen die Etappenfußzeilen mit den berechneten Werten ausgedruckt werden. Da man, um die Etappenzeit berechnen zu können, am Ende einer Etappe die Zeitangabe des ersten Etappendatensatzes benötigt, muß diese Angabe noch vor dem Lesen des zweiten Datensatzes in einem Zwischenfeld „aufgehoben" werden. Wir speichern, da dies programmtechnisch einfacher ist (Verwendung einer MOVE CORRESPONDING-Anweisung), gleich den ganzen ersten Datensatz in einer Datenstruktur ERSTER-ETAPPENSATZ. Da man das Ende einer Etappe aber erst durch das Lesen des ersten Satzes einer neuen Etappe (Tageskilometerstand = 0) feststellen kann (reading ahead), andererseits aber die Daten des letzten Datensatzes einer Etappe für die Berechnung z.B. der Zeitdifferenz noch benötigt werden, muß der jeweils zuletzt gelesene Datensatz ebenfalls in einer Datenstruktur zwischengespeichert werden (VORLAEUFIG-LETZTER-ETAPPENSATZ).

Für die Verarbeitung eines Datensatzes in der inneren Schleife (Feststellung einer positiven Höhendifferenz, gegebenenfalls Addition der Steigung zu E-HOEHE bzw. G-HOEHE, Drucken einer Zeile und Speichern des zuletzt gelesenen Satzes als vorläufig letzten Etappensatz) wird ein einfaches reading ahead durchgeführt: Der zweite Datensatz der Datei wird vor der inneren Schleife gelesen, am Ende der Schleife wird der jeweils nächste Datensatz aus der Datei in den Dateipuffer eingelesen. Die innere Schleife wird ausgeführt, solange die Datensätze zur gleichen Etappe gehören oder bis das Dateiende erreicht wird. Ist die innere Schleife bei Erreichen des ersten Datensatzes einer neuen Etappe abzubrechen (km-Stand = 0), so werden noch die notwendigen Berechnungen für die Etappe durchgeführt (Zeitdifferenz, Durchschnittsgeschwindigkeit) und die Etappenfußzeilen werden ausgedruckt, anschließend wird an den Beginn der äußeren Schleife verzweigt und es werden alle Arbeitsschritte für die nächste Etappe ausgeführt. Wird durch den Lesebefehl in der inneren Schleife das Dateiende erreicht, so wird nicht nur diese Schleife abgebrochen, sondern es wird – nach der Ausgabe der Etappenfußzeilen der letzten Etappe – auch die Ausführung der äußeren Schleife beendet. Dann werden noch die letzten Berechnungen durchgeführt, die Listenfußzeilen aufbereitet und ausgedruckt und es wird das Programm beendet.

Programmlisten:

Die Abbildungen 8.6, 8.7 und 8.8 zeigen Ihnen vollständige COBOL-Programmlisten zu diesem Demonstrationsbeispiel.

```
 IDENTIFICATION DIVISION.
*************************

*************************************************************
*       Demonstrationsbeispiel 11 (Hauptprogramm)           *
*                                                           *
* Autor: Hans Göpfrich                     Datum: 02.01.1988 *
*************************************************************

 PROGRAM-ID.    DEMO11.

 ENVIRONMENT DIVISION.
**********************

 CONFIGURATION SECTION.
*---------------------*
 SOURCE-COMPUTER. IBM-3083.
 OBJECT-COMPUTER. IBM-3083.
 SPECIAL-NAMES.
     CONSOLE IS BS.

 DATA DIVISION.
***************

 WORKING-STORAGE SECTION.
*-----------------------*
 77  AUSWAHL            PIC X.
```

```
PROCEDURE DIVISION.
*******************

HAUPTPROGRAMM.
    PERFORM MENUE-AUSGEBEN,
    ACCEPT AUSWAHL FROM BS,

    PERFORM UNTIL AUSWAHL = "0"
        EVALUATE AUSWAHL
        WHEN "1"
            CALL "ERFASS",
        WHEN "2"
            CALL "AUSWERT",
        WHEN OTHER
            DISPLAY "Bitte richtige Auswahl treffen!"
                  UPON BS,
        END-EVALUATE,

        PERFORM MENUE-AUSGEBEN,
        ACCEPT AUSWAHL FROM BS,
    END-PERFORM,

    STOP RUN.

MENUE-AUSGEBEN.
    DISPLAY "Auswerteprogramm Radtour 1987"    UPON BS,
    DISPLAY "============================="    UPON BS,
    DISPLAY SPACES                             UPON BS,
    DISPLAY "Bitte wählen Sie aus:"            UPON BS,
    DISPLAY SPACES                             UPON BS,
    DISPLAY "Erfassen der Etappendaten ... 1" UPON BS,
    DISPLAY "Auswerten, Statistik ........ 2" UPON BS,
    DISPLAY SPACES                             UPON BS.
```

Abb. 8.6: COBOL-Programmliste für das Demonstrationsbeispiel 11 (Hauptprogramm DEMO11)

```
IDENTIFICATION DIVISION.
************************

************************************************************
*         Demonstrationsbeispiel 11 (Unterprogramm 1)      *
*                                                          *
* Autor: Hans Göpfrich                  Datum: 02.01.1988 *
************************************************************

PROGRAM-ID.    ERFASS.
```

```
 ENVIRONMENT DIVISION.
**********************

 CONFIGURATION SECTION.
*---------------------*
 SOURCE-COMPUTER. IBM-3083.
 OBJECT-COMPUTER. IBM-3083.
 SPECIAL-NAMES.
     CONSOLE IS BS.

 INPUT-OUTPUT SECTION.
*--------------------*
 FILE-CONTROL.
     SELECT RUNDFAHRT ASSIGN TO    RAD
                      ORGANIZATION INDEXED
                      ACCESS       SEQUENTIAL
                      RECORD KEY   R-LNR.


 DATA DIVISION.
***************

 FILE SECTION.
*------------*
 FD  RUNDFAHRT.
 01  DATEIPUFFER.
     05 R-LNR          PIC X(3).
     05 FILLER         PIC X(51).

 WORKING-STORAGE SECTION.
*-----------------------*
 77  EOF               PIC X.
 77  S                 PIC X.
 77  Z                 PIC 999.

 01  WS-RUNDFAHRTSATZ.
     COPY RSATZ.
C    05 LNR            PIC 999.
C    05 ORT            PIC X(40).
C    05 STD            PIC 99.
C    05 MIN            PIC 99.
C    05 HOEHE          PIC 9999.
C    05 KM             PIC 999.


 PROCEDURE DIVISION.
********************

 SAETZE-ZAEHLEN.
     OPEN INPUT RUNDFAHRT,
     MOVE 0 TO Z,

     MOVE "0" TO EOF,
     READ RUNDFAHRT INTO WS-RUNDFAHRTSATZ
          AT END MOVE "1" TO EOF,
     END-READ,
```

```
    PERFORM UNTIL EOF NOT = "0"
        ADD 1 TO Z,
        READ RUNDFAHRT INTO WS-RUNDFAHRTSATZ
            AT END MOVE "1" TO EOF,
        END-READ,
    END-PERFORM,

    CLOSE RUNDFAHRT.

SAETZE-ERFASSEN.
    DISPLAY "Datenerfassung für die Datei RUNDFAHRT" UPON BS,
    DISPLAY "**************************************" UPON BS,
    DISPLAY SPACES    UPON BS,

    OPEN EXTEND RUNDFAHRT,
    ADD 1, Z GIVING LNR,

    DISPLAY "ORT (40-STELLIG, ENDE = ' '):" UPON BS,
    ACCEPT ORT FROM BS,

    PERFORM UNTIL ORT = ALL " ",
        DISPLAY "Durchfahrtszeit (Std.):"     UPON BS,
        ACCEPT   STD                          FROM BS,
        DISPLAY "Durchfahrtszeit (Min.):"     UPON BS,
        ACCEPT   MIN                          FROM BS,
        DISPLAY "Seehöhe in m (4-stellig):"   UPON BS,
        ACCEPT   HOEHE                        FROM BS,
        DISPLAY "Kilometerstand (3-stellig):" UPON BS,
        ACCEPT   KM                           FROM BS,

        MOVE "0" TO S,
        WRITE DATEIPUFFER FROM WS-RUNDFAHRTSATZ
             INVALID KEY MOVE "1" TO S,
        END-WRITE,

        IF S = "0"
        THEN DISPLAY "Datensatz wurde geschrieben!" UPON BS,
             ADD 1 TO LNR,
        ELSE DISPLAY "Schreiben klappt nicht!" UPON BS,
        END-IF,

        DISPLAY "ORT (40-STELLIG, ENDE = ' '):" UPON BS,
        ACCEPT ORT FROM BS,
    END-PERFORM,

    CLOSE RUNDFAHRT.

ERFASS-ENDE.
    EXIT PROGRAM.
```

Abb. 8.7: COBOL-Programmliste für das Demonstrationsbeispiel 11 (Unterprogramm ERFASS)

```
 IDENTIFICATION DIVISION.
*************************

************************************************************
*         Demonstrationsbeispiel 11 (Unterprogramm 2)      *
*                                                          *
* Autor: Hans Göpfrich                   Datum: 02.01.1988 *
************************************************************

 PROGRAM-ID.    AUSWERT.

 ENVIRONMENT DIVISION.
**********************

 CONFIGURATION SECTION.
*---------------------*
 SOURCE-COMPUTER. IBM-3083.
 OBJECT-COMPUTER. IBM-3083.
 SPECIAL-NAMES.
     CONSOLE IS BS.

 INPUT-OUTPUT SECTION.
*--------------------*
 FILE-CONTROL.
     SELECT RUNDFAHRT ASSIGN TO    RAD
                      ORGANIZATION INDEXED
                      ACCESS       DYNAMIC
                      RECORD KEY   R-LNR.

     SELECT LISTE     ASSIGN TO    AUSWERT.

 DATA DIVISION.
***************

 FILE SECTION.
*------------*
 FD  RUNDFAHRT.
 01  DATEIPUFFER.
     05 R-LNR           PIC X(3).
     05 FILLER          PIC X(51).

 FD  LISTE.
 01  AUSGABEZEILE       PIC X(132).

 WORKING-STORAGE SECTION.
*----------------------*
 77  EOF                PIC X.

 01  ETAPPENZAEHLER.
     05 E-ZEIT          PIC 9(5)V99.
     05 E-HOEHE         PIC 9(5).
     05 E-KM            PIC 9(3).
     05 E-DURCHSCHN     PIC 9(3)V99.
```

```
01  GESAMTZAEHLER.
    05 G-ZEIT            PIC 9(5)V99.
    05 G-HOEHE           PIC 9(5).
    05 G-KM              PIC 9(4).
    05 G-DURCHSCHN       PIC 9(3)V99.

01  RECHENFELDER.
    05 STEIGUNG          PIC 9(4).
    05 E-Z               PIC 99.

01  L-KOPFZEILE1.
    05 FILLER            PIC X(23)
                          VALUE "Statistik Radtour Öster".
    05 FILLER            PIC X(14)
                          VALUE "reich/Südtirol".

01  L-KOPFZEILE2         PIC X(37) VALUE ALL "*".

01  E-KOPFZEILE1.
    05 D-E-Z             PIC Z9.
    05 FILLER            PIC X(9) VALUE ". Etappe:".

01  E-KOPFZEILE2         PIC X    VALUE SPACE.

01  E-KOPFZEILE3.
    05 FILLER            PIC X(08)
                          VALUE "LNr. Ort".
    05 FILLER            PIC X(38)
                          VALUE SPACES.
    05 FILLER            PIC X(20)
                          VALUE " Zeit Seehöhe Tages-".
    05 FILLER            PIC X(08)
                          VALUE "km-Stand".

01  E-KOPFZEILE4         PIC X(74) VALUE ALL "-".

01  E-RUMPFZEILE.
    05 LNR               PIC ZZ9.
    05 FILLER            PIC XX VALUE SPACES.
    05 ORT               PIC X(40).
    05 FILLER            PIC X  VALUE SPACES.
    05 STD               PIC Z9.
    05 FILLER            PIC X  VALUE "/".
    05 MIN               PIC 99.
    05 FILLER            PIC X(4) VALUE SPACES.
    05 HOEHE             PIC ZZZ9.
    05 FILLER            PIC X(12) VALUE SPACES.
    05 KM                PIC ZZ9.

01  E-FUSSZEILE1         PIC X(74) VALUE ALL "-".

01  E-FUSSZEILE2         PIC X    VALUE SPACE.
```

```
01  E-FUSSZEILE3.
    05 FILLER              PIC X(42) VALUE "Gefahrene Zeit:".
    05 D-E-ZEIT            PIC Z9.99.
    05 FILLER              PIC XX    VALUE " h".

01  E-FUSSZEILE4.
    05 FILLER              PIC X(20)
                            VALUE "Gefahrene Höhenmeter".
    05 FILLER              PIC X(22)
                            VALUE " (Steigungen):".
    05 D-E-HOEHE           PIC ZZZZ9.
    05 FILLER              PIC XX    VALUE " m".

01  E-FUSSZEILE5.
    05 FILLER              PIC X(44)
                            VALUE "Gefahrene Tageskilometer:".
    05 D-E-KM              PIC ZZ9.
    05 FILLER              PIC XXX   VALUE " km".

01  E-FUSSZEILE6.
    05 FILLER              PIC X(25)
                            VALUE "Durchschnittsgeschwindigk".
    05 FILLER              PIC X(16)
                            VALUE "eit der Etappe: ".
    05 D-E-DURCHSCHN       PIC ZZ9.99.
    05 FILLER              PIC X(5)  VALUE " km/h".

01  L-FUSSZEILE1.
    05 FILLER              PIC X(15)
                            VALUE "Gesamtstatistik".
    05 FILLER              PIC X(15)
                            VALUE " zur Rundfahrt:".

01  L-FUSSZEILE2           PIC X     VALUE SPACE.

01  L-FUSSZEILE3.
    05 FILLER              PIC X(31)
                            VALUE "Insgesamt gefahrene Zeit:".
    05 D-G-ZEIT            PIC ZZ9.99.
    05 FILLER              PIC XX    VALUE " h".

01  L-FUSSZEILE4.
    05 FILLER              PIC X(16)
                            VALUE "Insgesamt gefahr".
    05 FILLER              PIC X(16)
                            VALUE "ene Höhenmeter: ".
    05 D-G-HOEHE           PIC ZZZZ9.
    05 FILLER              PIC XX    VALUE " m".

01  L-FUSSZEILE5.
    05 FILLER              PIC X(16)
                            VALUE "Insgesamt gefahr".
    05 FILLER              PIC X(17)
                            VALUE "ene Kilometer: ".
    05 D-G-KM              PIC ZZZ9.
```

```
       05 FILLER           PIC XXX   VALUE " km".

   01  L-FUSSZEILE6.
       05 FILLER           PIC X(20)
                            VALUE "Durchschnittsgeschwi".
       05 FILLER           PIC X(11)
                            VALUE "ndigkeit: ".
       05 D-G-DURCHSCHN    PIC ZZ9.99.
       05 FILLER           PIC X(5)  VALUE " km/h".

   01  WS-DATENSATZ.
       COPY RSATZ.
C      05 LNR              PIC 999.
C      05 ORT              PIC X(40).
C      05 STD              PIC 99.
C      05 MIN              PIC 99.
C      05 HOEHE            PIC 9999.
C      05 KM               PIC 999.

   01  ERSTER-ETAPPENSATZ.
       COPY RSATZ.
C      05 LNR              PIC 999.
C      05 ORT              PIC X(40).
C      05 STD              PIC 99.
C      05 MIN              PIC 99.
C      05 HOEHE            PIC 9999.
C      05 KM               PIC 999.

   01  VORLAEUFIG-LETZTER-ETAPPENSATZ.
       COPY RSATZ.
C      05 LNR              PIC 999.
C      05 ORT              PIC X(40).
C      05 STD              PIC 99.
C      05 MIN              PIC 99.
C      05 HOEHE            PIC 9999.
C      05 KM               PIC 999.


  PROCEDURE DIVISION.
 ********************

  AUSWERTUNG-ERZEUGEN.
      OPEN INPUT RUNDFAHRT,
           OUTPUT LISTE,

      WRITE AUSGABEZEILE FROM L-KOPFZEILE1,
      WRITE AUSGABEZEILE FROM L-KOPFZEILE2,
      MOVE SPACES TO AUSGABEZEILE,
      WRITE AUSGABEZEILE,

      INITIALIZE ETAPPENZAEHLER,
                 GESAMTZAEHLER,
                 RECHENFELDER,
                 ERSTER-ETAPPENSATZ,
                 VORLAEUFIG-LETZTER-ETAPPENSATZ,
                 E-RUMPFZEILE,
```

```
MOVE "0" TO EOF,
READ RUNDFAHRT NEXT INTO WS-DATENSATZ
     AT END MOVE "1" TO EOF,
END-READ,

PERFORM UNTIL EOF NOT = "0"
     INITIALIZE ETAPPENZAEHLER,

     ADD 1 TO E-Z,
     MOVE E-Z TO D-E-Z,

     WRITE AUSGABEZEILE FROM E-KOPFZEILE1,
     WRITE AUSGABEZEILE FROM E-KOPFZEILE2,
     WRITE AUSGABEZEILE FROM E-KOPFZEILE3,
     WRITE AUSGABEZEILE FROM E-KOPFZEILE4,

     MOVE CORR WS-DATENSATZ TO E-RUMPFZEILE,
     WRITE AUSGABEZEILE FROM E-RUMPFZEILE,

     MOVE WS-DATENSATZ TO ERSTER-ETAPPENSATZ,
     MOVE WS-DATENSATZ TO
             VORLAEUFIG-LETZTER-ETAPPENSATZ,

     MOVE "0" TO EOF,
     READ RUNDFAHRT NEXT INTO WS-DATENSATZ
          AT END MOVE "1" TO EOF,
     END-READ,

     PERFORM UNTIL (KM IN WS-DATENSATZ = 0) OR
                   (EOF NOT = "0")
          IF HOEHE IN WS-DATENSATZ >
             HOEHE IN VORLAEUFIG-LETZTER-ETAPPENSATZ
          THEN SUBTRACT
                 HOEHE IN VORLAEUFIG-LETZTER-ETAPPENSATZ
                 FROM
                 HOEHE IN WS-DATENSATZ
                 GIVING STEIGUNG,
               ADD STEIGUNG TO E-HOEHE,
               ADD STEIGUNG TO G-HOEHE,
          ELSE CONTINUE,
          END-IF,

          MOVE CORR WS-DATENSATZ TO E-RUMPFZEILE,
          WRITE AUSGABEZEILE FROM E-RUMPFZEILE,

          MOVE WS-DATENSATZ TO
               VORLAEUFIG-LETZTER-ETAPPENSATZ,

          MOVE "0" TO EOF,
          READ RUNDFAHRT NEXT INTO WS-DATENSATZ
               AT END MOVE "1" TO EOF,
          END-READ,
     END-PERFORM,
```

```
        COMPUTE E-ZEIT =
            (((STD IN VORLAEUFIG-LETZTER-ETAPPENSATZ * 60) +
              (MIN IN VORLAEUFIG-LETZTER-ETAPPENSATZ)) -
             ((STD IN ERSTER-ETAPPENSATZ * 60) +
              (MIN IN ERSTER-ETAPPENSATZ))) / 60,
        MOVE KM IN VORLAEUFIG-LETZTER-ETAPPENSATZ TO E-KM,
        COMPUTE E-DURCHSCHN = E-KM / E-ZEIT,

        MOVE E-ZEIT      TO D-E-ZEIT,
        MOVE E-HOEHE     TO D-E-HOEHE,
        MOVE E-KM        TO D-E-KM,
        MOVE E-DURCHSCHN TO D-E-DURCHSCHN,

        WRITE AUSGABEZEILE FROM E-FUSSZEILE1,
        WRITE AUSGABEZEILE FROM E-FUSSZEILE2,
        WRITE AUSGABEZEILE FROM E-FUSSZEILE3,
        WRITE AUSGABEZEILE FROM E-FUSSZEILE4,
        WRITE AUSGABEZEILE FROM E-FUSSZEILE5,
        WRITE AUSGABEZEILE FROM E-FUSSZEILE6,
        MOVE SPACES TO AUSGABEZEILE,
        WRITE AUSGABEZEILE,

        ADD E-ZEIT TO G-ZEIT,
        ADD E-KM TO G-KM,
    END-PERFORM,

    DIVIDE G-KM BY G-ZEIT GIVING G-DURCHSCHN,

    MOVE G-ZEIT      TO D-G-ZEIT,
    MOVE G-HOEHE     TO D-G-HOEHE,
    MOVE G-KM        TO D-G-KM,
    MOVE G-DURCHSCHN TO D-G-DURCHSCHN,

    WRITE AUSGABEZEILE FROM L-FUSSZEILE1,
    WRITE AUSGABEZEILE FROM L-FUSSZEILE2,
    WRITE AUSGABEZEILE FROM L-FUSSZEILE3,
    WRITE AUSGABEZEILE FROM L-FUSSZEILE4,
    WRITE AUSGABEZEILE FROM L-FUSSZEILE5,
    WRITE AUSGABEZEILE FROM L-FUSSZEILE6,

    CLOSE RUNDFAHRT, LISTE.

ENDE-AUSWERT.
    EXIT PROGRAM.
```

Abb. 8.8: COBOL-Programmliste für das Demonstrationsbeispiel 11 (Unterprogramm AUSWERT)

Mit Testdaten liefert unser Programmsystem folgende Auswertungsliste:

```
Statistik Radtour Österreich/Südtirol
*************************************

 1. Etappe:

LNr. Ort                                      Zeit Seehöhe Tages-km-Stand
--------------------------------------------------------------------------
  1  THUMERSBACH                              8/30    758              0
  2  FUSCH/GLOCKNERSTRASSE                    9/00    811             14
  3  FERLEITEN                                9/30   1142             22
  4  FUSCHER TOERL                           11/22   2428             35
  5  EDELWEISSSPITZE                         12/05   2571             37
  6  FUSCHER TOERL                           13/49   2428             39
  7  HOCHTOR                                 14/30   2504             45
  8  HEILIGENBLUT                            16/45   1288             61
  9  DOELLACH/MOELLTAL                       17/30   1013             71
--------------------------------------------------------------------------

Gefahrene Zeit:                              9.00 h
Gefahrene Höhenmeter (Steigungen):          1889 m
Gefahrene Tageskilometer:                     71 km
Durchschnittsgeschwindigkeit der Etappe:    7.88 km/h

 2. Etappe:

LNr. Ort                                      Zeit Seehöhe Tages-km-Stand
--------------------------------------------------------------------------
 10  DOELLACH/MOELLTAL                        9/30   1013              0
 11  WINKLERN                                10/00    965             10
 12  ISELSBERG                               10/55   1204             16
 13  LIENZ                                   11/20    673             33
 14  SILLIAN / GRENZE                        15/00   1000             67
 15  TOBLACH                                 16/15   1240             80
 16  SCHLUDERBACH                            17/30   1437             94
 17  MISURINA-PASS                           18/30   1756            101
--------------------------------------------------------------------------

Gefahrene Zeit:                              9.00 h
Gefahrene Höhenmeter (Steigungen):          1322 m
Gefahrene Tageskilometer:                    101 km
Durchschnittsgeschwindigkeit der Etappe:   11.22 km/h
Gesamtstatistik zur Rundfahrt:

                        . . .

Insgesamt gefahrene Zeit:       64.00 h
Insgesamt gefahrene Höhenmeter: 12354 m
Insgesamt gefahrene Kilometer:    551 km
Durchschnittsgeschwindigkeit:   15.60 km/h
```

→ **Übungsaufgabe Nr. II–56 im Arbeitsbuch**

Anhang A

Weitere COBOL-Sprachelemente

Im Anhang A werden einige weitere wichtige (d.h. in der Praxis gebräuchliche) COBOL-Klauseln, -Anweisungen bzw. -Konzepte kurz beschrieben. Diese Liste soll Ihnen verdeutlichen, daß es über den in diesem Buch behandelten Stoff hinaus noch eine ganze Reihe von COBOL-Elementen gibt, die Ihnen Ihre Arbeit als Programmierer wesentlich erleichtern können. Eine nähere Erläuterung dieser Konzepte, Klauseln und Anwendungen geht jedoch über den Rahmen dieser Einführung hinaus.

INDEXED BY-Klausel

Die INDEXED BY-Klausel dient dazu, einer durch eine OCCURS-Klausel definierten Tabelle einen Index zuzuordnen, der *ausschließlich* für die Adressierung der Tabellenelemente verwendet werden kann (Spezialindizierung).

OCCURS ... DEPENDING ON-Klausel

Durch die OCCURS ... DEPENDING ON-Klausel wird eine Tabelle definiert, die eine variable Anzahl von Tabellenelementen aufweisen kann ("Tabelle variabler Länge").

INSPECT-Anweisung

Die INSPECT-Anweisung ermöglicht das Zählen und/oder Ersetzen von Zeichen oder Zeichenfolgen innerhalb eines Datenelements (Zeichenkettenmanipulation).

SEARCH-Anweisung

Die SEARCH-Anweisung wird verwendet, um spezialindizierte Tabellen (INDEXED BY-Klausel) nach einem Tabellenelement zu durchsuchen, das eine bestimmte Bedingung erfüllt.

SET-Anweisung

Die SET-Anweisung kann verwendet werden, um einen Tabellenindex einer spezialindizierten Tabelle (INDEXED BY-Klausel) auf einen bestimmten Wert zu setzen.

STRING-Anweisung

Die STRING-Anweisung ermöglicht die Verkettung von mehreren Datenfeldinhalten (bzw. Teilen davon) in einem einzelnen (Ergebnis-)Datenfeld.

UNSTRING-Anweisung

Die UNSTRING-Anweisung ermöglicht es, den Inhalt eines Datenfelds auf mehrere verschiedene Ergebnisfelder aufzuteilen.

File-Status-Abfragen

Im FILE-CONTROL-Eintrag für eine Datei kann ein File-Status-Feld vereinbart werden, in dem vom Dateiverwaltungssystem bei jedem Dateizugriff automatisch ein zweistelliger „Return-Code“ abgespeichert wird. Der in diesem File-Status-Feld abgelegte Wert kann im Programm abgefragt werden und gibt genauen Aufschluß darüber, ob ein Dateizugriff gelungen ist oder nicht bzw. warum er nicht gelungen ist.

REPORT-WRITER-Modul

Für das Anfertigen von Listen sieht COBOL mit dem REPORT-WRITER folgendes Konzept vor: Durch Datenbeschreibungseintragungen in der DATA DIVISION wird exakt definiert, wie eine Liste aussehen soll (Listen-, Seiten- und Gruppenüberschriften, Detailzeilen, Gruppen-, Seiten- und Listenfußzeilen usw.). In der PROCEDURE DIVISION werden nur einige wenige Anweisungen codiert, die ein automatisches Erzeugen der Liste im definierten Layout veranlassen (INITIATE, GENERATE, TERMINATE usw.).

SORT-/MERGE-Modul

Der SORT-/MERGE-Modul ermöglicht die Sortierung einer oder mehrerer Dateien bzw. das Zusammenmischen von zwei oder mehreren gleichartig sortierten Datenbeständen nach einem oder mehreren Sortierkriterien. Gleichzeitig kann bei der Sortierung bzw. beim Mischen jeder einzelne Satz einer speziellen Verarbeitung unterzogen werden.

Anhang B

Reservierte COBOL-Wörter

Die folgende Liste enthält die reservierten COBOL-Wörter der COBOL-Norm. Die im vorliegenden Band erklärten COBOL-Wörter sind in dieser Übersicht fett gedruckt.

ACCEPT
ACCESS
ADD
ADVANCING
AFTER
ALL
ALPHABET
ALPHABETIC
ALPHABETIC-LOWER
ALPHABETIC-UPPER
ALPHANUMERIC
ALPHANUMERIC-EDITED
ALSO
ALTER
ALTERNATE
AND
ANY
ARE
AREA
AREAS
ASCENDING
ASSIGN
AT
AUTHOR

BEFORE
BINARY
BLANK
BLOCK
BOTTOM
BY

CALL
CANCEL
CD
CF
CH
CHARACTER
CHARACTERS
CLASS
CLOCK-UNITS
CLOSE
COBOL
CODE
CODE-SET
COLLATING
COLUMN
COMMA
COMMON
COMMUNICATION
COMP
COMPUTATIONAL
COMPUTE
CONFIGURATION
CONTAINS
CONTENT
CONTINUE
CONTROL
CONTROLS
CONVERTING
COPY
CORR
CORRESPONDING
COUNT
CURRENCY

DATA
DATE
DATE-COMPILED
DATE-WRITTEN
DAY
DAY-OF-WEEK
DE
DEBUG-CONTENTS
DEBUG-ITEM
DEBUG-LINE
DEBUG-NAME
DEBUG-SUB-1
DEBUG-SUB-2
DEBUG-SUB-3

DEBUGGING
DECIMAL-POINT
DECLARATIVES
DELETE
DELIMITED
DELIMITER
DEPENDING
DESCENDING
DESTINATION
DETAIL
DISABLE
DISPLAY
DIVIDE
DIVISION
DOWN
DUPLICATES
DYNAMIC

EGI
ELSE
EMI
ENABLE
END
END-ADD
END-CALL
END-COMPUTE
END-DELETE
END-DIVIDE
END-EVALUATE
END-IF
END-MULTIPLY
END-OF-PAGE
END-PERFORM
END-READ
END-RECEIVE
END-RETURN
END-REWRITE
END-SEARCH
END-START
END-STRING
END-SUBTRACT
END-UNSTRING
END-WRITE
ENTER
ENVIRONMENT
EOP
EQUAL
ERROR
ESI
EVALUATE
EVERY
EXEPTION
EXIT
EXTEND
EXTERNAL

FALSE
FD
FILE
FILE-CONTROL
FILLER
FINAL
FIRST
FOOTING
FOR
FROM

GENERATE
GIVING
GLOBAL
GO
GREATER
GROUP

HEADING
HIGH-VALUE
HIGH-VALUES

I-O
I-O-CONTROL

IDENTIFICATION
IF
IN
INDEX
INDEXED
INDICATE
INITIAL
INITIALIZE
INITIATE
INPUT
INPUT-OUTPUT
INSPECT
INSTALLATION
INTO
INVALID
IS

JUST
JUSTIFIED

KEY

LABEL
LAST
LEADING
LEFT
LENGTH
LESS
LIMIT
LIMITS
LINAGE
LINAGE-COUNTER
LINE
LINE-COUNTER
LINES
LINKAGE
LOCK
LOW-VALUE
LOW-VALUES

MEMORY
MERGE
MESSAGE
MODE
MODULES
MOVE
MULTIPLE
MULTIPLY

NATIVE
NEGATIVE
NEXT
NO
NOT
NUMBER
NUMERIC
NUMERIC-EDITED

OBJECT-COMPUTER
OCCURS
OF
OFF
OMITTED
ON
OPEN
OPTIONAL
OR
ORDER
ORGANIZATION
OTHER
OUTPUT
OVERFLOW

PACKED-DECIMAL
PADDING
PAGE
PAGE-COUNTER
PERFORM
PF
PH

PIC
PICTURE
PLUS
POINTER
POSITION
POSITIVE
PRINTING
PROCEDURE
PROCEDURES
PROCEED
PROGRAM
PROGRAM-ID
PURGE

QUEUE
QUOTE
QUOTES

RANDOM
RD
READ
RECEIVE
RECORD
RECORDS
REDEFINES
REEL
REFERENCE
REFERENCES
RELATIVE
RELEASE
REMAINDER
REMOVAL
RENAMES
REPLACE
REPLACING
REPORT
REPORTING
REPORTS
RERUN
RESERVE
RESET
RETURN
REVERSED
REWIND
REWRITE
RF
RH
RIGHT
ROUNDED
RUN

SAME
SD
SEARCH
SECTION
SECURITY
SEGMENT
SEGMENT-LIMIT
SELECT
SEND
SENTENCE
SEPARATE
SEQUENCE
SEQUENTIAL
SET
SIGN
SIZE
SORT
SORT-MERGE
SOURCE
SOURCE-COMPUTER
SPACE
SPACES
SPECIAL-NAMES
STANDARD
STANDARD-1
STANDARD-2
START
STATUS
STOP

STRING
SUB-QUEUE-1
SUB-QUEUE-2
SUB-QUEUE-3
SUBTRACT
SUM
SUPPRESS
SYMBOLIC
SYNC
SYNCRONIZED

TABLE
TALLYING
TAPE
TERMINAL
TERMINATE
TEST
TEXT
THAN
THEN
THROUGH
THRU
TIME
TIMES
TO
TOP
TRAILING
TRUE
TYPE

UNIT
UNSTRING
UNTIL
UP
UPON
USAGE
USE
USING

VALUE
VALUES
VARYING

WHEN
WITH
WORDS
WORKING-STORAGE
WRITE

ZERO
ZEROES
ZEROS

+
-
*
/
**
>
<
=
>=
<=

Anhang C

Literatur

Für die Durcharbeitung dieses Kurses müssen Sie sich keine zusätzliche Literatur beschaffen. Dementsprechend ist die Lektüre der nachfolgend angegebenen Titel nicht obligatorisch, sie empfiehlt sich jedoch dann, wenn Sie beim vorliegenden Lerntext Verständnisschwierigkeiten haben bzw. wenn Sie Ihr Wissen vertiefen wollen.

Von den zahlreichen Veröffentlichungen über die im vorliegenden Kurs behandelte Thematik werden in der Folge – alphabetisch aufgelistet – nur einige besonders empfehlenswerte Titel genannt und in Stichworten charakterisiert.

- American National Standards Institute, Inc. (Hrsg.): American National Standard for Information Systems – Programming Language COBOL, ANSI X3.23-1985, New York 1985.

  Dieses Werk enthält die gesamten Spezifikationen des amerikanischen Normungsinstituts für die Programmiersprache COBOL (ANS-COBOL-85). Diese Spezifikationen stellen die derzeit auch international gültige COBOL-Norm dar und sind die Grundlage für die Compiler-Implementierungen der einzelnen EDV-Herstellerfirmen bzw. Softwarehäuser.

- Barta, G.; Maresch, W.: COBOL auf dem PC – Ein Lehrgang für professionelle Programmierung, Oldenbourg Verlag, 2. Auflage, München – Wien 1987.

  Mit diesem Lehrbuch können Sie

  – Programmieren lernen und

  – COBOL lernen.

  Für diese beiden Themenbereiche wurde ein gemeinsamer Weg der Darstellung gefunden, der nur grundlegendes EDV-Wissen voraussetzt und schrittweise aufbauend den umfangreichen Lehrstoff vermittelt. Alle Beispiele sind strikt nach den Regeln der Strukturierten Programmierung und nach der ANSI-COBOL-Norm 1974 programmiert, wobei die vier meistverbreiteten PC-COBOL-Compiler herangezogen wurden.

- Brown, P.; Gwillim, V.: User Guide to COBOL 85, NCC Publications, Manchester 1985.

  Dieses Buch beschreibt den COBOL-Standard 1985 und orientiert sich nicht an konkreten Compiler-Implementierungen. Es umfaßt eine vollständige Beschreibung von COBOL-85, verwendet dafür aber keine umfassenden vollständigen Programmieraufgaben, sondern nur kleine, unvollständige Beispiele. Das Buch hat eher Handbuchcharakter, eignet sich also vor allem als Nachschlagewerk für professionelle COBOL-85-Programmierer.

- Habib, R.: COBOL für PCs – Professional COBOL, Personal COBOL, Level II COBOL, 2. Auflage, IWT-Verlag, München 1987.

  Dieses Buch enthält nicht nur eine sehr ausführliche Beschreibung für die im Titel genannte Compilerserie, sondern stellt auch eine allgemeine Einführung in die Programmiersprache COBOL dar. Sämtliche Sprachelemente werden anhand vieler Beispiele ausführlich erläutert. Im Hinblick auf moderne Dialoganwendungen werden verschiedene Anweisungen und Techniken zur Bildschirmsteuerung besonders detailliert behandelt. Ein besonderer Aufwand gilt zahlreichen Hinweisen und Beispielen im Rahmen der Strukturierten Programmierung. Am Ende jedes

Kapitels befinden sich jeweils vollständige Programmierbeispiele.

- Hamann, G. O.: Datenverarbeitung mit COBOL auf Mikro-/Personalcomputern – Eine programmierte Unterweisung, Taylorix Verlag, 2. Auflage, Stuttgart 1987.

  Gegliedert in Lerneinheiten, Prüfungseinheiten und Lösungen werden die wichtigsten Teile von ANS-COBOL-74 vermittelt. Schwerpunkte sind dabei die in der Praxis wichtigsten Bereiche, wie z.B. die Dateiverarbeitung. Darüber hinaus wird auch die Struktogrammtechnik in den Grundzügen behandelt. Für das Durcharbeiten dieser Programmierten Unterweisung sind keinerlei Vorkenntnisse erforderlich. Das Werk ist allerdings sehr umfangreich.

- Huckert, K.: Programmieren mit COBOL, 2. Auflage, Wuth-Verlag, Lünen 1986.

  Um Anfängern den Einstieg zu erleichtern, versucht der Autor, anhand zahlreicher Fallbeispiele und Übungsaufgaben die Einstiegsschwierigkeiten zu überwinden. Die Vorteile der Struktogrammtechnik werden im direkten Vergleich mit den Programmablaufplänen veranschaulicht. Die dargestellten Programmierbeispiele sind bereits an die COBOL-Norm 1985 angelehnt.

- Jackson, M. A.: Grundsätze des Programmentwurfs, Toeche-Mittler Verlag, 6. Auflage, Darmstadt 1986.

  Es wird eine konstruktive Methode des Programmentwurfs beschrieben, die auch im vorliegenden Band zugrunde gelegt wurde (Datenstrukturorientierte Entwurfsmethode). Dabei handelt es sich um einen unmittelbar in die Praxis umsetzbaren Ansatz, der sich von vielen anderen dadurch unterscheidet, daß eine schrittweise Überwachung der Entwurfsergebnisse erreicht wird, ohne allzu stark auf die Intuition des Systemplaners bzw. Programmierers vertrauen zu müssen. Das Buch vermittelt einen grundsätzlichen Einblick in die wichtigsten Fragen des System- und Programmentwurfs bei der Programmierung von kommerziellen Anwendungen.

- McCracken, D.: COBOL – Anleitung zur Strukturierten Programmierung, Oldenbourg Verlag, 5. Auflage, München – Wien 1987.

  Jedes Kapitel dieses Buchs baut auf einem oder mehreren Programmierbeispielen auf, mit denen die Programmierbegriffe anhand sinnvoller Anwendungen behandelt werden. Diese Beispiele stammen aus einer Reihe von kommerziellen Anwendungsgebieten und machen mehr als die Hälfte des Buchs aus. Der gesamten Darstellung liegt das Konzept der Strukturierten Programmierung zugrunde: Es werden nur wenige einfache Ablaufstrukturen benutzt und es wird großer Wert darauf gelegt, Programme so zu schreiben, daß sie leicht zu verstehen sind. Stärken des Buchs sind die praxisorientierte Darstellung der Beispiele sowie die zahlreichen Übungsaufgaben. Zur Darstellung der Programmlogik werden allerdings Flußdiagramme verwendet. In der genannten Auflage wird ANS-COBOL-74 vermittelt, die wichtigsten Neuerungen der dritten COBOL-Norm 1985 werden in einem Anhang behandelt.

- Ortolf, H.-J.: Strukturierte Programmierung in COBOL – Eine Einführung in die Datenverarbeitung, Vahlen Verlag, München 1985.

  Alle Beispiele haben zum Ziel, den Leser mit der Ableitung von Struktogrammen vertraut zu machen. Das Buch bietet einen guten Überblick über die wichtigsten ANS-COBOL-74-Teile, interessant ist auch der Versuch, nicht nur Programmabläufe, sondern auch Daten- bzw. Programmstrukturen mit Hilfe von Struktogrammen darzustellen.

- Singer, F.: Programmierung mit COBOL, Teubner Verlag, 5. Auflage, Stuttgart 1983.

  Dieses Buch bietet nicht nur eine Einführung in die Programmiersprache COBOL, sondern bringt auch einen systematischen Überblick über die Norm des American National Standards Institute. Es berücksichtigt – obwohl bereits 1983 erschienen – die dritte COBOL-Norm und steht daher unter dem Zeichen der Strukturierten Programmierung. Anschaulichkeit und Praxisnähe werden durch die vielen kompletten, auf Computern verschiedener Hersteller gerechneten Beispielprogramme erreicht. Auf spezielle Programmentwicklungshilfsmittel (z.B. Struktogramme) wird allerdings nicht näher eingegangen.

Index

UTB für Wissenschaft

Grundwissen der Ökonomik BWL

Herausgegeben von
Prof. Dr. F. X. Bea, Tübingen, Prof. Dr. E. Dichtl, Mannheim
und Prof. Dr. M. Schweitzer, Tübingen

Ahlert
Distributionspolitik
DM 26,80 (UTB 1364)

Bea/Dichtl/Schweitzer
Allgemeine Betriebswirtschaftslehre
Band 1 · Grundfragen
4. A. DM 27,80 (UTB 1081)
Band 2 · Führung
3. A. DM 29,80 (UTB 1082)
Band 3 · Leistungsprozeß
3. A. etwa DM 27,80 (UTB 1083)

Berg
Materialwirtschaft
DM 14,80 (UTB 859)

Bleicher
Unternehmungsentwicklung und organisatorische Gestaltung
DM 22,80 (UTB 749)
in Verbindung mit
Bleicher
Unternehmungsentwicklung und organisatorische Gestaltung – Arbeitsbuch
DM 18,–

Bloech/Lücke
Produktionswirtschaft
DM 26,80 (UTB 860)

Böcker
Marketing
2. A. DM 34,80 (UTB 919)
in Verbindung mit
Böcker/Thomas
Arbeitsbuch zu Marketing
DM 25,80

Büschgen
Bankbetriebslehre
DM 16,80 (UTB 917)

Drukarczyk
Finanzierung
3. A. DM 29,80 (UTB 1229)

Göpfrich
Wirtschaftsinformatik II
3. A. DM 19,80 (UTB 803)

Göpfrich
Arbeitsbuch Wirtschaftsinformatik II – COBOL
3. A. ca. DM 16,80 (UTB 1283)

Hammann/Erichson
Marktforschung
DM 16,80 (UTB 805)

Hansen
Wirtschaftsinformatik I
5. A. DM 26,80 (UTB 802)
in Verbindung mit
Hansen
Arbeitsbuch Wirtschaftsinformatik I
3. A. DM 19,80 (UTB 1281)

Preisänderungen vorbehalten

GUSTAV SEMPER BONIS ARTIBUS FISCHER
STUTTGART NEW YORK

Arbeitsbuch Wirtschaftsinformatik I
EDV-Begriffe und Aufgaben

Von Prof. Dr. Hans Robert Hansen, Wirtschaftsuniversität Wien

3., völlig neubearb. u. stark erw. Aufl. 1987, 548 S., DM 19,80 (UTB 1281)

Dieses völlig neu gefaßte Arbeitsbuch dient zur Einübung von grundlegendem Wissen der betrieblichen Datenverarbeitung. Der behandelte Stoff entspricht dem Inhalt der 5. Auflage des erfolgreichen Lehrbuchs „Wirtschaftsinformatik I" (UTB 802) des Autors und stimmt damit im wesentlichen mit dem Lehrangebot überein, das an den meisten Hochschulen im Rahmen der EDV-Einführungsveranstaltungen vermittelt wird.

In einem einführenden kleinen Lexikon werden die wichtigsten Grundbegriffe der Wirtschaftsinformatik gekennzeichnet. Mehr als 900 der in der EDV-Praxis gebräuchlichsten Wörter werden in alphabetischer Reihenfolge erläutert. Im zweiten Teil sind die 250 Übungsaufgaben samt Musterlösungen enthalten, auf die in dem oben erwähnten Lehrtext hingewiesen wird und die zur selbständigen Lernerfolgskontrolle dienen. Der dritte Teil besteht aus fünf neunzigminütigen Klausurarbeiten mit jeweils 50 bis 60 Multiple-Choice-Fragen. Mit Hilfe der angegebenen Bewertungsmaßstäbe und Lösungen, die auf die Klausurarbeiten folgen, kann der Leser diese selbst korrigieren.

Wirtschaftsinformatik I
Einführung in die betriebliche Datenverarbeitung

Von Prof. Dr. Hans Robert Hansen, Wirtschaftsuniversität Wien

Berichtigter Nachdruck der 5. Aufl. 1987, 768 S., 351 Abb., DM 26,80 (UTB 802)

Über 30.000 verkaufte Exemplare im Jahr 1987!
Aus Rezensionen der 5. Auflage:

"... mit großer Sorgfalt auf Praxisnähe zugeschnittene, didaktisch brilliant aufbereitete Einführung"
(Informatik-Spektrum)

„Buch des Monats im März 1987 - Wertung: Sehr gut, brandaktuell, empfehlenswert - für DV-Praktiker, Allgemein Interessierte, Studenten"
(Computer Magazin)

„Standardwerk für Wirtschaftsinformatiker: Ein Buch, das man für alle, die sich mit der kommerziellen Datenverarbeitung befassen, uneingeschränkt empfehlen kann."
(Frankfurter Zeitung - Blick durch die Wirtschaft)

GUSTAV FISCHER
SEMPER BONIS ARTIBUS
STUTTGART NEW YORK

UTB für Wissenschaft

Grundwissen der Ökonomik BWL

Herausgegeben von
Prof. Dr. F. X. Bea, Tübingen, Prof. Dr. E. Dichtl, Mannheim
und Prof. Dr. M. Schweitzer, Tübingen

Heigl
Controlling – Interne Revision
DM 14,80 (UTB 750)
in Verbindung mit
Heigl/Haas
Controlling – Interne Revision Arbeitsbuch
DM 29,-

Ihde
Distributions-Logistik
DM 9,80 (UTB 751)
in Verbindung mit
Ihde u.a.
Distributions-Logistik Arbeitsbuch
DM 26,-

Küpper
Ablauforganisation
DM 22,80 (UTB 1117)

Kupsch
Unternehmungsziele
DM 16,80 (UTB 861)

Meyer
Operations Research Systemforschung
2. A. DM 22,80 (UTB 1231)

Opitz
Numerische Taxonomie
DM 16,80 (UTB 918)

Plötzeneder
Wirtschaftsinformatik III
DM 19,80 (UTB 862)

Scherrer
Kostenrechnung
DM 29,80 (UTB 1160)
in Verbindung mit
Scherrer
Kostenrechnung – Arbeitsbuch
DM 25,80

Schweiger/Schrattenecker
Werbung
DM 26,80 (UTB 1370)

Tschammer-Osten
Haushaltswissenschaft
DM 16,80 (UTB 869)

Wagner/Dirrigl
Die Steuerplanung der Unternehmung
2. A. Etwa DM 24,80 (UTB 863)

Wysocki
Sozialbilanzen
DM 22,80 (UTB 1080)

Preisänderungen vorbehalten

GUSTAV SEMPER BONIS ARTIBUS FISCHER
STUTTGART NEW YORK